TANSUO
CHUANGXIN
FAZHAN

# 探索·创新·发展

## 论文集

常恩元 / 主编



航空工业出版社
北京

## 内 容 提 要

在北京城市副中心腹地的古运河畔，历经五十年发展历程的北京市通州区第六中学，已成为具有一定知名度和影响力的高品质学校。学校坚持先进的育人理念，始终将学生的发展作为第一要务，坚持立德树人，关注学生的全面发展与个性成长，注重学生学习内驱力的激发，彰显学生内生式成长与多元化发展。“崇尚先进、争创一流”的核心价值追求，已成为六中人特有的精神品格，并融入六中师生的血脉。

本书从学术角度总结和展示北京市通州区第六中学各项工作的教学研究与发展成果，是六中人集体智慧的结晶。

图书在版编目（CIP）数据

探索·创新·发展：论文集 / 常恩元主编．— 北京：航空工业出版社，2022. 11

ISBN 978-7-5165-3163-1

Ⅰ．①探… Ⅱ．①常… Ⅲ．①中学－教学研究－北京－文集 Ⅳ．① G632.0-53

中国版本图书馆 CIP 数据核字（2022）第 191165 号

**探索·创新·发展：论文集**

Tansuo Chuangxin Fazhan：Lunwen Ji

航空工业出版社出版发行

（北京市朝阳区京顺路 5 号曙光大厦 C 座 4 层　100028）

发行部电话：010-85672688　010-85672689

金世嘉元（唐山）印务有限公司印刷　全国各地新华书店经售

2022 年 11 月第 1 版　2022 年 11 月第 1 次印刷

开本：787 × 1092　1/16　字数：381 千字

印张：23.5　定价：88.00 元

# 在探索中创新，在创新中发展（序）

常恩元

在千年古运河畔，在北京城市副中心腹地，有一所五十年发展历程的学校——北京市通州区第六中学。如今在历任校长和教师的共同努力以及社会各界的大力支持下，学校已成为在市区具有一定知名度和影响力的高品质学校，得到了社会的高度认可与家长的广泛赞誉。五十年的办学历程，是六中人不断探索奋进的历程，更是六中人不断创新发展的历程。“崇尚先进、争创一流”的核心价值追求，已成为六中人特有的精神品格，并融入六中师生的血脉。《探索·创新·发展》论文集，从学术角度反映了六中各项工作的研究与发展的历程，是六中人集体智慧的结晶。

通州六中 1972 年 2 月 22 日建校开学，当时正处在“文革”后期，学校十分简陋，办学条件异常艰苦。学校位于西顺城街，是建在旧城墙废墟上的一所学校。学校没有围墙就发动学生和泥脱坯、垒院墙；没有整齐的平地，更谈不上操场，就组织师生平整土地，建操场；大约用了两年时间持续开展建校劳动（在此期间没有组织学生下乡参加麦收、秋收劳动），才使学校初具雏形。那时在校园的东北侧是办公室、教师宿舍、传达室、厨房，西边是四间教室，再往西则是当地老乡存放的杂物以及粪堆，南面是将要干枯的臭河沟，臭气难闻。开学时只能选一块较为平整的地面，扫了雪，贴上“开学典礼”四个字就算是开学了，教室没有桌椅，学生只能从家里带板凳来上课。可见当时的办学条件是多么的简陋，多么的艰苦，但为了使学校得到好的发展，更显现了六中人艰苦创业的精神品质。建校初期学校只有四个班的办学规模，干部教师。据老校长常琬玉（1974 年 11 月至 1987 年 7 月先后任校长、书记）回忆，当时领导干部只有常校长、曹宪瑞（1972 年 2 月至 1974 年 11 月任革委会主任）两人，教师有侯钟奇、刘秀玲、秦怀国、王树荣、秦温秀、张福生、张士宗、孙健飞、马庆瑞、李华、谢梦伶等十余人，以及勤杂人员 3 人。到了 1973 年教育局党委要求领导班子要老中青三结合，因此就将刘秀玲（1989 年 10 月至 2007 年 6 月先后任书记、校长）吸收到领导班子中来，并且成立了党支部，曹宪瑞是党支部书记。六中就是在这种极其困难的条件下，开启了办学之路，并靠着一代代六中人的不懈奋斗，才有了六中今天的辉煌。对历史的回顾，就是要继承老一代六中人严谨治学、无私奉献、不懈奋斗的精神，并在当下得到弘扬与光大，推动学校高质量发展，满足老百姓对优质教育的渴望与期盼。

在 50 年的办学历程中，六中的占地面积也曾出现过变迁，主要原因是 20 世纪的 70 年代末 80 年代初，东方化工厂落户通州，为解决化工厂外事接待、职工住房、子女入学等问题，先后建立东方生活区、东方宾馆、东方小学，使六中近 80000 平方米的面积，仅剩如今的 16000 多平方米，严重制约了学校各项活动的开展，但六中人没有气馁，而始终在坚守着“小学校大作为”办学追求，并取得了突出的成绩。

**在这里有着先进的育人理念。**在多年的办学实践中，学校始终将学生的发展作为第一要务，坚持立德树人，关注学生的全面发展与个性成长，注重学生学习内驱力的激发，彰显学生内生式成长与多元化发展。何凤慈、宇文泰然、郭芯羽、王佳熠、肖京东、殷乐等，仅仅是六中上万名毕业生中的代表，在他们身上诠释了学校的办学理念。

**在这里有着一流的师资队伍。**在干部队伍中涌现了通县教育局党委书记、局长沈友实；通县文教委主任王海京；通州区名校长刘秀玲、侯玉俊；北京市特级校长、通州区“运河计划”教育顶尖人才常恩元等。在教师中有通州区名师汪淑敏；北京市特级教师谭文军、马力等。学校市区级骨干教师及市区学科教学竞赛获奖教师占比区域领先。正是这些优秀的师资，成就了学生的发展，并成为学校的宝贵资源。

**在这里有着丰富的课程体系。**课程是实现育人目标的主要载体，学校围绕育人目标统筹推进国课程、地方课程和校本课程的实施。并注重兴趣拓展、个性发展类校本课程的开发与建设，如围绕“卓越教育”特色的系列课程：“好习惯”《好品质》《好人生》《做最好的自己》《做优秀六中人》《学习方法指导》《生活中的数学》《数学小百科》《初中数学开放性问题及其解法》《化学真奇妙》《化学真奇妙生活健康都需要》《物理实验探究》《生活和物理》《化学计算技巧》《趣味化学》《生物栽培》《生物实验问题探究》《细胞工程和基因工程与人类社会》《生态与环境》《对抗细菌的武器——抗菌药物》等。又如社团类课程（体育、艺术、科技、人文）：田径、乒乓球、足球、篮球、武术、体育舞蹈、健身操、空竹、跳绳、踢毽、绘画、书法、模型制作、科学实验、戏剧表演、朗诵等。再如实践类课程：主要围绕“卓越教育”系列进行设计实施。有主题教育、四个节、四个一、社会大课堂等，让学生经过在校的三年学习，拥有学校的气质与痕迹。

**在这里有着浓郁的研究氛围。**六中成绩的取得，一个很重要的因素就是六中人的研究热情与氛围。“研”不仅仅体现在教研、考研上，更主要的是体现在科研上。早在1986年我校就开始参加教改教科研课题研究。当时派出四名教师参加了由北京师范大学林崇德教授主持的国家“七五”重点课题“学习与发展”的子课题“中学生能力发展与培养”的实验研究，自此学校的科研逐步走上了规范化的轨道，并带动了教育教学质量的全面提升。在30多年的时间里，学校的科研稳步推进，无论是课题申报数量，还是研究的质量与深入程度，都得到了长足的进步，推动了学校教育教学工作的开展。

**在这里有着创新发展的土壤。**“办卓越教育——激励每一名师生主动发展，成为最好的自己”是学校的理念遵循，“卓越”二字可以理解为“卓然独立，越而胜己”。“卓越教育”是为实现每个学生拥有幸福和有意义的人生而进行的教育。“卓然独立”是一种价值取向，强调自我本位，强调自我的发愤图强。“越而胜己”从积极进取的意义讲，是人生发展过程中一个不断超越自我的过程。学校鼓励教师创新，创办学校体育节、建立通州青少年法制教育学校、探索学校德育社区化、实施“主体参与——自我体验型”德育模式、鼓励多种教学方式在学校并存等，这些都是六中人创新发展的实践体现。

**在这里有着一流的办学业绩。**50年来，学校的教育教学成绩稳居通州区前列，多次受到市区表彰和奖励。先后荣获联合国教科文组织中国可持续发展教育项目示范校、全国“奥林匹克教育”示范校、全国青少年校园篮球特色学校、全国国防教育示范校、北京市教师教育基地、北京市初中建设工程优秀校、北京市“人民满意学校”、北京市德育工作先进集体、北京市文明礼仪示范校、北京市教科研先进集体、北京市基础教育课程改革优秀校、北京市传统体育项目（田径）学校、北京市艺术教育特色学校、北京市科技教育示范学校、北京市绿色学校、北京市节能减排示范学校、北京市中小学文明校园、首都文明校园、北京市学校文化建设示范校、京城最具加工力中学等荣誉。是通州区优质中学，也是通州区唯一一个北京市农村中小学教师研修工作站。学校在管理、队伍建设、教育教学改革、教育科研、课程开发、体育、艺术、科技、卫生、对外交流等方面全面推进。通州区综合评价优秀学校、初三毕业班工作优秀学校、体育先进校、艺术先进校、科技先进校、卫生先进校等区级表彰连续不断，师生校外竞赛获奖捷报频传，这些成绩见证了六中人智慧与付出。

《探索·创新·发展》一书再现了学校管理、队伍建设、教育教学改革等的研究成果，在编写过程中难免会出现疏漏，还请各位教育同人及广大读者朋友给予批评指正！

正高级教师、北京市特级校长、北京市名校长发展工程人选

通州区“运河计划”教育顶尖人才

常恩元

二〇二一年八月一日

# 团队研修，卓越共生（序）

谭文军

通州区第六中学将迎来建校五十周年，《探索·创新·发展》论文集将要出版，里面收录了大量的学校管理、班主任工作、教学改革等文章，是全体同人心血与智慧的结晶。看到同事们的成长，学校的发展，我心里百感交集、无限感慨。

一路走来，六中从当初在通州区默默无闻的学校成长为现如今鼎鼎大名，无数家长梦寐以求想把孩子送进深造的学校，这是六中几代人怎样的拼搏与奋斗才有的结果啊！

伴随着学校的发展，回首自己走过的路，依稀看见自己成长的足迹。1990年12月我从通州区草寺中学（现北京理工大学附属中学通州校区）调到六中。当时作为高中英语教师来教初中数学，这种情况可以说在通州区数学界也绝无仅有。当初的我在数学教学的天地里就是完全的外行，成长起来绝对是困难重重。正是六中前辈们的大力扶持与无私帮助，才铸就了今天的我。到如今，我在六中这片沃土上已经战斗了31年，我已经成长为北京市数学特级教师、正高级教师。伴随我的成长，也见证了六中从发展到壮大、从成熟到卓越，可以说我与六中共成长。

**六中人一直在思考：什么是教育？教育的真谛是什么？**

教育的真谛是对灵魂的唤醒，而不是知识、技能的积累。通过教师唤醒人潜在的本质，激发学生对探索求知的责任感，使学生清楚地意识到要成为完整的人全在于自身的不懈努力和自身的不断超越，并取决于日常生活的指向、生命的每一瞬间和来自灵魂的每一次冲动，没有教师对灵魂的唤醒，就没有真正教育的发生。

什么是教育？激发我们对教育本质的思考。我们应该培养什么样的人？是教育的首要问题。怎样培养人？为谁培养人？是必须思考的问题。我们要培养德、智、体、美、劳全面发展的社会主义建设者和接班人，是教育工作的根本任务。为此，六中始终以培养“全面发展的人”为核心，始终坚持“办卓越教育、建全景课程”。“卓然独立，越而胜己”，是培养学生能够不断战胜困难，不断超越自我，不断进步。卓越教育就是通过六中三年的培养，使每名学生在自己原有的基础上不断进步，完成自我的超越与蜕变。卓越教育以学生为本，关注学生的全面发展与个性成长，全景课程是卓越教育实施的途径与保障。六中提供给学生以立体、多元的课程体系，课程的实施形式是真实的、贴近生活的，它的实施过程是360度、全方位、无死角的，为每位学生全面而有个性的发展提供了丰富的课程门类和广阔的课程选择空间，从不同角度促进学生的卓越成长，帮助学生完成自我的超越与蜕变。

**六中人一直在探索：怎样形成卓越教育？如何培养卓越教师群体？**

六中始终关注教师的发展，坚持打造卓越教师队伍。通过学习使每位教师认识到培育“卓越教师”，构建“卓越课堂”，争做“四有”好老师重要性和必要性。同时意识到，一个教师自己卓越固然重要，一个团队卓越对于学校的发展更重要。团队研修，卓越共生的模式已然形成。

**团队研修：**以团队研修为基点，构建卓越教师群体。

六中始终关注教师的发展，狠抓团队建设，建设一支政治素养好、理念先进、专业能力强、具有开拓精神的卓越教师队伍是学校工作的重点。根据不同成长期教师的发展需求，学校分阶段、有步骤地进行教师培训，促使骨干教师理念先行，能力提升，发展自我，形成特色，从而带动本组教师共同发展。

作为学校数学学科的教研组长、通州区初中校首批特级教师、正高级教师、通州区“运河计划”教育领军人才，时刻牢记自身骨干的职责与辐射作用的发挥，在自身发展的同时，起到应有的示范引领作用。积极弘扬“崇尚先进、争创一流”的核心价值追求，践行六中人“特别能奉献、特别能钻研、特别能协作、特别能战斗、特别能创新”精神品格。我以数学组和名师工作室为平台，带领本组和工作室教师，团队研修，卓越共生。同时，响应连片式研修机制，参与河北廊坊、湖北武当山、内蒙古翁牛特旗等学校协同发展活动，使老师们的认识发生着转变。以启发式教学为主体，以探索发现、合作交流为辅助。从主要教给学生基础知识和基本技能到注重培养学生的抽象思维能力和推理能力转变。从关注学生能力发展到重视学生数学素养的培养，提升学生的创新意识和实践能力。促进学生在情感、态度与价值观等方面的发展，从而使学生形成良好的生活能力、工作能力、学习能力。

**课堂研修：**以课堂研修为抓手，构建卓越课堂。

针对教师缺乏整体教学观的实际情况，六中组织教师学习学校“卓越课堂”实施指导意见，深刻认识到学校“卓越课堂”关注十大转变：由重教师教向重学生学转变；由重知识传授向关注育人转变；由执行预设向注重生成转变；由教学形式单一向形式多元化转变；由关注个体向面向全体转变；由学生个体学习向合作学习转变；由学生被动学习向主动学习转变；由教师的师道尊严向民主平等转变；由单一的师生对话向师生、生生多项信息沟通转变；由传统教学手段向现代信息化、数字化转变。在具体的教学实践中要求教师关注用整体的观点指导卓越课堂教学细节的落实。整体把握初中数学主线的教学有两层意义：一是要求教师从数学的课程目标、知识内容、思想方法等维度去重新认识数学，最终落在教师教学方式的转变。二是要求学生改变学习方式，主动学习，积极思考。在教学实践中提倡整体把握各学科主线的教学，即教师更新教学观念，转变教学方式。科学对待教材，进行定位，认真把握教材的素养教育方向。使“教材”真正成为有利于学生独立思考、自主探索、合作交流的“学材”。现在老师们都能自觉在教学中优化教学内容，打破编排顺序，实现课堂教学整体优化，变书本数学为生活数学。整体把握教材已成为卓越课堂的出发点。

**主题式研修：**以主题式研修为平台，构建卓越课堂的生长点。

六中教师团队始终注重主题式研修。教师研究的主题有：如何让学生学习方式的改变成为卓越课堂的突破点？怎样让及时反馈、准确评价成为卓越课堂的亮点？为什么“激活思维”会成为卓越课堂的灵魂？怎样让问题设计成为卓越课堂的生长点等系列问题。

教师在教学过程中更加充分考虑到学生身心发展规律和认知规律，关注学生的个性发展，充分发挥学生的学习主动性和积极性，使学生成为学习的主人。变被动训练为自主探究。在开放的教学情境中让学生自主探究，个性潜能得以充分发挥，综合素质得到提升。

多年来，在六中这片沃土上，从领导的英明决策、身先士卒，到教师们的锐意进取、勇敢拼搏，才有了今天青年教师迅速成长，骨干教师不断提升，一支高素质的教师队伍业已形成，学生们的素质都已提升。

最后祝六中精神代代相传，六中之花处处开放。

正高级教师、北京市教学特级教师、通州区“运河计划”教育领军人才

谭文军

二〇二一年八月五日

# 春秋四载一朝起航（序）

周子夏

我很荣幸能接到为《探索·创新·发展》一书写序言的任务。

今年是我来到六中工作的第五年，在六中陪伴我成长的这四年中，春秋四载，一载褪稚嫩，一载蓄力量，一载学合作，一载见希望。希望诸位读者可以从我的文字中感受到六中校园的美好和六中人的精神。

**在六中的第一年，是我褪去大学校园稚气的一年。**刚刚大学毕业的我怀揣着对教师职业的热情与好奇进入六中，接任两个班的数学教学工作。开学一个月之后，我又接任其中一个班的班主任工作。接任班主任工作后，也是我迅速成长的开始，其中本书中收录的德育类论文《她，渴望你的关注》便是我在工作第一年所写，这篇论文分别在《通州教育》“我在课改中成长”和“教育教学叙事研究案例”征文中获得一等奖。起初每当班级出现学生矛盾、家校合作等问题，我都会询问有经验的老师，工作时从观察中模仿，从请教中学习已是家常便饭。六中许许多多的班主任老师们，你都可以从细微之处观察到他们对学生的温暖与关爱，有一句话说“当你的内心有足够的温暖时，你才能温暖别人”，我想读者朋友们，你们也可以从本书中读出六中人的丝丝温暖。

**在六中的第二年，是我积蓄力量的一年。**学校开设青年班主任工作坊，我记得每个月我们几个青年班主任都需要上交一份教育案例，字数不限，只为积累班级素材。从工作坊的活动中我所学习到的也为我第四年参加北京市班主任基本功大赛奠定了很多基础。另外，我还加入通州青骨工作室，每月一次活动，讲课磨课、听课评课、专家讲座……在工作室的学习，让我对于数学教学有了很多深刻的认识与思考。六中为青年教师、青年班主任提供很多优质的学习平台，只有不断地学习才能促使人的思考与进步，我想便是这种积极进取的精神成就了六中的辉煌历史。

**在六中的第三年，是我见证合作共赢的一年。**本就紧张忙碌的初三工作，下学期又突然遭到新冠疫情的突袭，但是我们数学备课组的 5 人，每天晚上都会以微信语音或者钉钉视频的方式进行研讨。每人发言自己所教班级的授课进度，学生遇到的难点，这些难点该如何以线上教学的方式突破和第二天的复习计划，等等。我们组内除了线上授课外，还会单独为学生录制讲解习题的微课，录好的微课视频也会在组内的微信群里共享。经过大家一年的共同探索、共同合作，在最后的中考数学成绩中我们在全区取得了优秀率第二、及格率第三、平均分第三的可喜成绩。身在六中，我时常能感受到有一种精神就是遇难不怕难，遇难肯钻研的精神。

**在六中的第四年，是我收获颇丰的一年。**三年，我的第一届学生以优异的成绩顺利毕业，三年就像一个轮回，我又站到新的起点，回到了初一年级继续接任两个班的数学教学工作和一个班的班主任工作。这一年，我代表学校参加了北京市第四届班主任基本功大赛并获得一等奖和最佳方略奖，从 2020 年 9 月下旬开始的培训到 12 月 22 日比赛，三个多月的时间里我经历了太多，现在回想起培训期间的一幕幕，我想我永远不会忘记 2020 年 12 月 1 日那晚研修中心的 C52 教室，漆黑的夜晚，C52 的灯下几个可爱的人仍在努力着，一起写稿改稿；我想我永远不会忘记自己为了完善魅力展示的视频而去录音棚录歌，在录完歌的那晚，打车回家的路上，看着车窗外霓虹灯划过，心中只有说不出的感慨；我想我永远不会忘记，当比赛结果出来时，我收到的祝贺短信：我在你身上验证了一句话，越努力越幸运。

何为幸运？我看到了身边太多努力的身影，努力像是会传染一样，而且六中人身上永远有一股韧劲。大学四载，六中四载，在六中的这四年又何尝不像身处一所大学之中，在这里我的所见所闻所感已经深入我的灵魂。一份序言，无以展现六中人的全貌，《探索·创新·发展》一书将继续带你感受六中人的钻研精神与智慧之处。

2022 年我校将迎来建校五十周年，五十个春秋，五十年的薪火相继、开拓进取，我相信 2022 年又是一个新的起点，几代六中人将再度起航，共创灿烂辉煌的未来；六中人的精神将继续在创新中延续，不断谱写我校新的华美篇章。

北京市第四届班主任基本功大赛一等奖和最佳方略奖获得者<br>周子夏<br>二〇二一年八月六日

# 砥砺奋进五十载扬帆开启新篇章（序）

李　晴

在“办卓越教育——激励每一名师生主动发展，成为最好的自己”这一办学理念的指引下，通州六中的教师不断追求卓越，无论是学校管理、队伍建设，还是教育教学改革实践等，都形成了一系列研究成果。在通州六中五十年建校之际《探索·创新·发展》论文集应运而生。

我始终认为六中是一所“小而精”的学校，“小”顾名思义，通州六中占地面积小，各项活动场地有限，但是在这种情况下，六中人仍将“精”发挥到淋漓尽致。

“精”首先体现在管理精细化。从建校初期学校只有四个班的办学规模，干部教师大约二十人，到如今干部教师队伍中人才涌现，为通州六中的良好发展注入了强大的能量。窥一斑而知全豹，本论文集管理篇正是从学校管理、教师管理、课程管理、教育教学管理、文化管理等多领域充分体现了学校精细化管理的策略。办学实践中学校突出以人为本的管理思想，渗透情感交流。管理始终着眼于通州六中科学高品质发展、教师专业发展以及学生正向发展，这是六中人的共识。因此，通州六中拥有“心往一处想，劲往一处使”的团队，目标统一且明确。为了将目标变成现实，在行动上分工明确，使各项工作和活动之间和谐同步。无论是教学还是德育工作，在正确的领导下实行“谁分管的谁负责”“谁的岗位谁负责”“谁的班级谁负责”“谁的课堂谁负责”，使得各项工作能够有序开展。同时还有制度保障，以及督导、激励等机制，便于把每项工作做到公平、合理。在管理上体现对于质量与效率的关注，把质量观贯穿于整个工作的始终。为了促进教师专业发展，学校为教师搭建各种平台，形成“卓越教师”校本培训体系，以构建发展支撑系统促进班主任队伍专业成长等一系列成果。学校利用文化导行、依托实践活动、发挥团组织作用促进学生正向发展，提升青少年道德素质，同时还利用多元化评价促进学生干部的成长。学校、教师、学生互相成就，共同促进高质量发展。

“精”其次体现在教师教学的精益求精。本论文集教学篇中的呈现，便是六中教师在课堂教学主阵地上展开广泛探索、创新的成果。伯林纳将教师教育专业发展过程分为五个阶段：新手水平、高级新手水平、胜任水平、熟练水平、专家水平。教学论文篇的教师（论文作者）分属于不同的发展阶段，有入职几年的新手教师，也有骨干教师，乃至特级教师，论文研究的范畴涉及初中阶段几乎所有的科目。但每位教师都有同一个身份，即研究人员。他们在自己的教学岗位上积极探索与耕耘，即便在同一个学科之下，教师们也能从不同角度进行研究，最终集思广益，将研究成果应用于课堂教学实践当中。研究的出发点广泛，囊括教学方式的变革、线上教学的方式方法、针对试题进行的考研、技术手段如何辅助教学等。研究面向的对象多元，既包含小升初衔接问题、初三学生中考复习策略研究还包含针对学困生的教学策略。研究的意义深远，教师注重在课堂中渗透美育、促进学生形成学科核心素养、培养学生创新能力等。在论文中我们不难看出六中教师的思考与反思，大家力争解决教学中的“真问题”，正是具有这样的研究氛围，教师们总是在追求卓越的道路上不断发展，精益求精，创造了一流的办学业绩，得到了社会的认可。

“精”最后体现在德育工作中与各方的精诚合作。“立德树人”是教育的根本目标，通州六中始终关注学生的全面发展，在这里有精彩纷呈的活动，在活动中促进教育目标的达成。陶行知先生创设的“生活教育”，实践和倡导的“生活即教育，社会即学校”的思想。通州六中在发挥学校教育主阵地作用的同时，善于紧密联系家庭和社会教育。在学校德育工作中渗透心理学知识与方法，用心教育、用爱唤醒。与社会教育相互协调，依托社会实践活动推进德育社区化，实施“主体参与——自我体验型”德育模式。使家庭教育与学校教育理念合拍、方法相容，通过与家长经常沟通、形成合力。最终成功将一名名学生引领到正确的发展道路之上，实现立德树人的目标。

最后，祝愿北京市通州区第六中学五十岁生日快乐！坚信六中人在五十载砥砺奋进后仍能继续扬帆开启新篇章！

北京市第四届启航杯教学风采展示活动一等奖获得者

李　晴

二〇二一年八月七日

# 目 录

CONTENTS

探索学校文化管理，助力学校内涵发展 …………………… 常恩元 001

学校品牌建设的认识与思考 …………………………… 常恩元 010

建立学校内部督导机制，引领学校科学发展的初步研究 …… 常恩元 017

健全教师激励机制促进学校高质量发展的实践研究 ……… 常恩元 026

基于学生发展构建“卓越”教师校本培训体系的探索 ……… 常恩元 037

细化教师校本培训规划，引领教师专业成长 ……………… 张志国 044

办卓越教育　建全景课程 ……………………………… 王宏岩 054

秉承可持续发展教育观，实现学校的内涵发展 …………… 凤　仙 059

班主任与家长的交往艺术 ……………………………… 王东文 065

以教师教学方式变革促进学生学习方式变革的校本化探索与研究

…………………………………………………………… 常恩元 068

科研传承助推教师专业发展 ……………………… 凤仙、杨海伶 077

润物细无声——浅谈校园硬件文化建设 ………………… 杨凤启 086

浅谈如何提高学校总务工作的管理 …………………… 邓小利 090
秉承初心，铿锵前行 …………………………………… 金佳会 094
如何打赢这场没有硝烟的战役 ………………………… 杨海伶 099
慢下来，会更美 ………………………………………… 孔月敏 103
关爱特别的他 …………………………………………… 吴东霞 109
用我的耐心化解你的不满 ……………………………… 路秀宇 113
鼓起勇气，战胜病痛 …………………………………… 陈建华 120
浅谈疫情期间网络教学中的班级管理 ………………… 李金艳 123
快乐着自己的快乐 ……………………………………… 卢红英 129
透过“调皮”看善良 …………………………………… 滕　跃 132
从发现自我的过程，转变教育思想 …………………… 许海霞 135
携手苏格拉底帮助“失控”学生 ……………………… 杨晓萌 138
敬学，勤学，乐学 ……………………………………… 白晨曦 143
她，渴望你的关注 ……………………………………… 周子夏 149
归属感与价值感——赢得学生的良药 ………………… 李　晴 152
中考名著阅读的方法策略 ……………………………… 许海霞 157
“根之茂者其实遂，膏之沃者其光晔” ……………… 许启红 161
作文呼唤“真”情 ……………………………………… 王桂芳 166
创设散文教学的高效课 ………………………………… 张玉清 171
“五动”策略促学生个性发展 ………………………… 滕　跃 177
几多情致，几多诗意 …………………………………… 金佳会 183

初中数学教师课堂提问有效性策略的校本化研究 …………… 常恩元 188
从问题出发，点燃学生创造之美 ………………………… 谭文军 200
初中数学课堂教学中的美育渗透 ………………………… 任万燕 207
创新数学教学模式，激发学生学习潜能 ………………… 杨海伶 214
数学教学中渗透美育 ……………………………………… 陈雨佳 218
我是这样帮助学生理解函数的 …………………………… 张春玲 223
信息技术辅助数学教学 …………………………………… 路秀宇 227
基于目标的问题引领式线上教学初探 …………………… 孔月敏 234
分析学生前认知以学定教提高英语阅读实效性 ………… 侯晓青 241
灵活运用网络，语言学习更高效 ………………………… 卢红英 247
利用现代教育技术提高英语教学的有效性 ……………… 喜　然 253
在英语教学中更好地应用信息技术 ……………………… 吴东霞 258
初中物理教学中实施美育的初探 ………………………… 和剑菲 262
家校携手，培养学生物理学科素养 ……………………… 宋丽丽 266
物理核心素养下的教学方式的转变 ……………………… 袁　磊 270
基于不同学习主题，开展中考针对性复习策略 ………… 冯月雪 276
初中历史线上教学的问题及策略 ………………………… 张倩男 279
浅析地理情境化试题的情境分类 ………………………… 王喜跃 285
促进学困生学习质量的对策研究 ………………………… 陈建华 290
“教”应是教会“学” ………………………………… 杨世琦 296
利用科普阅读资源促进生物教学的初步研究 …………… 杨淑艳 300

初中生物科普阅读策略及能力考查的研究 ………………………… 刘军丽 305

初中道德与法治教学中美育的渗透 ………………………………… 邵 艳 313

初中师生对使用自制体育教具的态度调查研究

…………………………………………… 王赛男、田春利、杨洋、高波 318

关于义务教育阶段初中舞蹈社团建设与发展的研究 ………… 杜银华 327

“体态律动”在初中音乐教学中的实施和运用 ……………… 杜银华 332

引领学生感知色彩世界 ……………………………………………… 李金艳 336

劳动技术课堂中培养学生核心素养 ……………………………… 张 京 340

以“测试”聚焦疑点，以“数据”反思课堂 ………………… 周子夏 344

基于互联网开展创造教育的策略 ………………………………… 李 晴 352

# 探索学校文化管理，助力学校内涵发展

常恩元

**摘要**：中国梦就是要实现人民群众对美好生活的向往。党的十九大报告明确指出，“努力让每个孩子都能享有公平而有质量的教育”就是中国梦的重要组成部分。当今，随着教育领域综合改革与城市副中心建设的不断推进，人民群众对优质教育的期盼日益强烈。通州区第六中学以改进学校管理作为着力点，通过深入探索文化管理，助力学校内涵发展，带来了学校办学质量的提高，效益的提升及办学特色的凸显，取得了显著成效。

**关键词**：文化管理；助力；内涵发展

党的十九大报告明确提出，建设教育强国是中华民族伟大复兴的基础工程，必须把教育事业放在优先位置，加快教育现代化，办好人民满意的教育。要全面贯彻党的教育方针，落实立德树人根本任务，发展素质教育，推进教育公平，培养德智体美全面发展的社会主义建设者和接班人，努力让每个孩子都能享有公平而有质量的教育。这既是国家的要求，也是副中心建设和教育领域综合改革的迫切需要，更是学校职责所在。通州区第六中学 1972 年建校，至今即将走过半个世纪的发展历程，作为学校的管理者要在做好现状分析的基础上，与师生一道主动寻求突破点。正如一位学者所说：“学校在现有硬件条件不变的情况下，深入挖掘有利于自身发展的各种优势资源，寻求自我内在品质提升的发展模式。”[1]

切入点在哪？就是文化管理，通过探索学校文化管理，走内涵发展之路，提升办学品质，提升综合实力，让学校成为在市区具有一定影响力和知名度的品牌学校。

## 一、时代呼唤学校走内涵发展之路

“内涵发展”就是要抓住事物的本质属性，强调事物“质”的发展。从学校发展的角度看，就是要关注学校发展的内容和实质，实现教育“质量”的提升，从过去注重增加投入、扩大规模、拓展空间、加快速度的外延式粗放型发展，向注重挖掘学校内部潜力、增强学校实力和竞争力、提高教育教学质量、提升办学效益及其知名度和美誉度的内生化精细化发展转变。[2]

### （一）学校内涵发展是教育回归其本质的迫切要求

教育的终极目标是促进人的发展，纵观我们的教育还时常看到功利化的烙印，过度关注分数、关注升学率，致使学生的发展出现片面化、不充分的倾向，甚至以牺牲学生的身心健康为代价，换来所谓的“政绩”。再看看我们的学校很难辨别有什么不同，大部分给人以似曾相识的感觉，学校之间的差别除了名称没有什么区别，致使教育出现单一化、凝固化、刻板化。在大力实施素质教育的今天，我们的教育要摈弃应试的方式，走出本质目的之外的困局，给学生一个人格心灵“唤醒”的环境，重建我们的教育观，引领教育真正走上内涵发展的道路，切实回归教育育人的本质上来。

### （二）学校内涵发展是中华民族伟大复兴的要求

改革开放以来，党中央一直高度重视教育事业的发展。十八大以来，以习近平同志为核心的党中央在谋划国家发展的大局中，始终把教育事业放在优先发展的战略地位。习近平总书记也对优先发展教育先后做出了一系列重要指示。他认为：“教育决定着人类的今天，也决定着人类的未来。人类社会需要通过教育不断培养需要的人才。”教育是提高人民综合素质、促进人的全面发展的重要途径，是民族振兴、社会进步的重要基石，是对中华民族伟大复兴具有决定意义的事业。时代越是向前，知识和人才的重要性就愈发突出，教育的地位和作用就愈发凸显。他要求：“坚持科教兴国战略和人才强国战略，坚持把教育放在优先发展的战略位置，继续大力推动教育改革发展，使我国教育越办越好，越办越强。”由此可见，学校内涵发展是中华民族伟大复兴的必然要求。

### （三）学校内涵发展是老百姓对优质教育的期盼

人民群众对优质教育的期盼日益强烈，中国梦就是要实现人民群众对美好生活的向往，努力让每个孩子都能享有公平而有质量的教育，就是中国梦的重要组成部分。从区域上看，学生“有学上”的问题已基本解决，但“上好学”问题还待改进。学校坚持内涵发展，就是要解决教育发展不平衡不充分问题，满足人民日益增长的享受更加公平更高质量教育愿望的需要。促进义务教育学校内涵发展，必须在“内”字上下功夫。校长要成为行家里手，引领学校内涵发展；干部教师要确立正确的教育理念，认同学校内涵发展；教师要修炼内功，推动学校内涵发展；学校课程要成为体系，提升学生的内涵与品质；教学要优质高效，助力学校内涵发展；制度要坚持创新，保证学校内涵发展；学校文化要注重凝练，支撑学校内涵发展。要通过内涵发展满足老百姓对优质教育的期盼。

### （四）学校内涵发展是教师专业成长的需要

在学校办学的诸多要素中，核心是人，学生的成长及学校的发展，前提是教师的发展，没有一流的教师，学生的成长及学校的发展都将受到影响。教师的专业成长与发展，与学校的关注及内涵发展密切相关。学校从实施文化管理入手，通过扎实有效的文化管理，有效整合学校的物质和精神资源，强调人的能动作用，追求组织结构的扁平化，强调团队精神和情感的管理，增强教职员工的归属感和主人翁责任感，让教职员工达成心灵共识、情感交融、人际和谐的理想境界。使文化管理鲜明的导向与引领作用得到充分的发挥，体现对教职员工的激励、凝聚、塑造之功能，对内聚人心，对外树形象，发挥其重要的作用。教师专业成长的前提是通过学校管理模式的转变，带来学校发展方式的变化，也就是以学校内涵发展为教师专业成长创设良好的内外部环境。

### （五）学校内涵发展是学生全面发展的需要

易中天老师曾说：“今日之中国，学校是工厂，班级是车间，学生则是流水线上批量生产的齿轮和螺丝钉，只不过有的镀金，有的镀铜，有的压塑料膜，但指导思想和生产模式则是一样的，目标是‘望子成龙’，标准是‘成王败寇’，方法是‘死记硬背’，手段是‘不断施压’，还美其名曰‘压力即动力’。”[3]学校内涵发展，是在破除教育“功利思想”侵蚀背景下的有效途径。就拿我校来讲，坚持“办卓越教育——激励每一名师生主动发展，成为最好自己”的办学理念，进一步明确“培养自主发展、具有卓越气质六中人”的育人目标，大力弘扬“崇尚先进、争创一流”学校核心价值追求。坚持教师优先发展，培育一流的教师团队；坚持建立和完善“卓越教育”课程体系，满足不同学生的成长需求；坚持教育教学改革，提升学生的实际获得感；坚持营造有利于学生全面发展、个性发展的良好内外部环境，激励学生做最好的自己。

### （六）学校内涵发展是提升学校办学质量的需要

如今“以质量为核心的优质均衡是义务教育均衡发展的高级阶段，也是实现义务教育普及和资源配置初步均衡之后必然的发展方向”[4]。以提高质量和效益为宗旨，着眼于办出特色、提升水平，必须坚持学校内涵发展，应是当前和今后一个时期学校发展的着力点和攻坚点，它不仅有助于推进区域内义务教育的“优质均衡”发展，也能更好地满足人民群众日益增长的“上好学”的需求。学校要通过内涵发展，提升办学实力，不忘教育者的初心与使命，坚守“常态教育”，在没有特殊政策、资金的支持下，坚持整合内部资源和内部挖潜，缩小与市区一流学校的差距，让老百姓的孩子在家门口享受优质的教育服务，为他们的健康成长贡献力量。

## 二、实施学校文化管理助力学校内涵发展的实践与探索

从经验管理到科学管理、再到文化管理，是现代管理理论发展的新方向，文化管理就是侧重管理中软要素的管理，通过价值观念和组织精神的培育，促进人的自我实现与发展，影响人的思想和行为，用一种无形的文化力形成行为准则、价值观念和道德规范，凝聚员工的归属感，调动员工的积极性和创造性。文化管理的本质就是对人的重视与尊重，体现“以人为本”的思想，是“人化管理”，是以人为出发点，并以人的价值实现为最终管理目的的尊重人性的管理。“当代学校管理呈现了新的发展走向，文化管理已成为教育改革新的生长点，成为学校发展的新境界、新趋势及新阶段。”[5]实现学校内涵发展，必须对学校传统管理方式进行扬弃，通过管理理念与方式的转变，实现内涵发展的目的。

### （一）转变管理思想，树立正确的学校管理价值观

深入开展学校办学思想和管理思想的探究与分析活动，查找影响学校内涵发展的问题与成因，确立“以人文本、和谐发展”的学校管理思想，引导干部形成

正确的学校管理价值观，重塑和改进学校管理文化。突出抓好政绩观、人本管理观、文化管理观、开放管理观、校本管理观的“五观”建设。“实现从强调物本管理转向关注人本管理；从强调常规管理转向关注创新管理；从强调有形管理转向关注无形管理；从部门优化管理转向整体优化管理；从强调刚性管理转向关注柔性管理”[6]的五个转变。为实现学校内涵发展，提供思想观念保障。学校管理方式的转变与创新，也最大限度地调动了教职员工参与和助推学校内涵发展的积极性和主动性，激发了学校的办学活力，确保了学校优质高效可持续发展。

## （二）营造一个相互尊重、充满人文关怀的氛围

管理工作中尊重教师的主体地位，尊重教师的人格，尊重教师的工作，尊重教师的合理需要，从满足教师就餐、学习、工作条件改善等最基本的需求入手，到满足教师自我实现的需要，鼓励教师实现自身的人生价值，切实维护教师的职业尊严；通过共同参与各种活动增进干群间的情感，密切干群关系，提高相互信任度，做到关心每一个人，关注每一个人的价值与奉献，激活教师的自我意识和自主精神；以人文关怀提高教职工的职业幸福感，着力解决教职工思想、情感、工作和生活中面临的困惑与问题，全力构建充满人文情怀、健康向上、和谐愉快的工作生活环境，从而培育教师的团队精神和合作意识，建立起和谐的人际关系。

## （三）着力建立有温度的人性化制度体系

坚持“激励为主、惩罚为辅、尊重差异、体现民主，促进发展”的原则。从促进师生发展着眼，紧密结合学校与师生的实际，完善和修订学校规章，使学校的规章能够更好地体现民声、民意，具有“规范人文性”。如学校在修订《教师职评办法》《岗位聘用工作实施办法》《教师年度考核办法》时，早在2020年的8月29日的教代会上进行了解读，并将三个方案发布在学校的微信群及公邮，让全校教师审议，2021年的7月10日再次召开全校教师会进行解读，7月12日教代会全票通过，保障了教师的知情权、参与权及评议权，维护了教师的合法权益。另外，在实施中突出“以人为本、和谐发展”的管理理念，做到“制度无情，管理有情”，使管理有条框，但不冰冷，有弹性，但不盲从，引导教职工从文化层面上去解读制度的内涵，让全体教职工在制度文化的熏陶下，明确自己的职责，自觉地干好本职工作。

### （四）推进管理的民主化，发挥教师的主人翁作用

加强民主管理和民主监督，建立民主协商对话制度；教职工申诉制度；设立校长信箱；建立领导接待日；聘请教师为学校效能建设监督员；推行校务公开；征求合理化建议；开展民主评议等活动，使广大师生能够参与到学校的管理工作中来，真正成为学校的主人，在学校教育教学活动及管理中发挥主人翁作用。

### （五）转变管理方式，改变工作作风和方法

要求干部要深入到教师学生之中，主动发现问题，践行“流动式管理”。变“管理”为“服务”，变“控制”为“解放”，变“命令”为“民主”，变“权威”为“平等”，变“粗犷”为“细腻”，变“肤浅”为“深入”。坚持制度管理与人本管理相结合，刚性管理与弹性管理相结合。做到“职位不同，人格平等，能力不同，机会均等”，对关系教职工切身利益的事项，坚持公正、公平和公开的原则，实行透明化管理，尊重教职工需求，倾听教职工的心声，努力构建一个平等、民主、和谐的校园。如教师的职评关注度极高，每年教委职评会后，学校第一时间公布年度指标，将学校《教师职评办法》发布在微信群及公邮中，在参评教师述职，教师评议，职评小组量化考核后，每位参评教师要复核签字确认，对未推荐上的人选，学校第一时间做好思想工作，要将职评作为帮助教师发现问题，激励教师主动发展的有效手段，起到引领激励的作用，充分体现学校职评工作的公正、公平和公开。

### （六）建立科学的工作评价和激励机制

突出发展性、层次性、公平性和可操作性，为教师发展搭建平台，提供机会，让每一名教职工获得成功，让每一名教职员工的人生价值在这里得到充分的体现。如在学校《绩效奖励激励工资方案》中明确规定“初级教师三超区直按 1.2 倍的系数奖励”，有别于中高级教师，激励教师发展。教师校外获奖校内大屏播报，教师会集体颁奖，提高教师的成就感与自豪感。

### （七）关注教师发展，培育优秀的教师团队

教师是学校最重要的教育资源，也是学校核心发展力的重要支柱，教师在教育教学改革中的关键作用已经得到了人们更为广泛的认同，已经日益成为教育关注和探索的重点话题和热门话题。促进教师专业发展的因素既有来自外部的推动力，更重要的是内部的驱动力。学校拟定教师专业发展规划；建立新教师入职培

训班、骨干教师提升班、研究生发展协会，实施分层培训；启动通州区“运河计划”教育领军人才、特级教师、市区骨干教师工作室，充分发挥其带动作用，培育优秀的教师团队；建立教师发展支持制度，教师合理的发展需求，学校在人财物上给予全力支持；广泛开展优秀教师典型的评奖树活动，鼓励教师学习身边的榜样，学校将“我身边的榜样”教师征文汇编成册，人手一本互相学习；完善促进教师发展的体制机制，激发教师发展的驱动力。

### （八）坚持价值引领，形成推动学校内涵发展的核心动力

引领干教师确立学校发展的共同愿景，明确学校办学目标并内化为教师的理想，让每一位教师自觉建立起与学校发展相一致的愿景与追求，在自己的岗位上尽心尽职努力工作，在学校发展过程中体现人生价值。日常工作中通过多种方式强化学校“办卓越教育——激励每一名师生主动发展，成为最好自己”的办学理念，明确“培养自主发展、具有卓越气质六中人”的育人目标，大力弘扬“崇尚先进、争创一流”学校核心价值追求。逐步形成学校独有的精神文化，凝聚成推动学校内涵发展的核心动力，促进学生、教师、学校的共同发展。

## 三、实施学校文化管理助力学校内涵发展取得的成效

学校管理模式的转变，激发了教职员工的工作热情，使干部教师为着同一目标而努力奋斗，在这里实现着自己的梦想与追求，人生价值得到了充分体现，为学校发展注入了强大的活力。学校的发展更加注重内容和实质变化，通过转变管理方式、优化结构、资源共享、效能提升以及制度保障等举措，使学校现有的教育教学资源得到了最大的开发与利用。这种从外在到内容、从量变到质变的发展过程，突出体现在以下三个方面。

### （一）内涵发展带来学校办学质量的提高

学校内涵发展突出表现就是“质量”上的发展，“有质量”是义务教育学校内涵发展的根本特征。一是教育教学质量的提升。坚持立德树人，探索课堂教学改革，注重学科育人，注重由知识传授向知识育人的转变。落实全员、全程、全方位育人的要求，突出实践育人，践行“动态德育”“直接德育”成为学校德育工作的突出亮点。联合国教科文组织中国可持续发展教育项目示范校、全国校园篮球特色学校、首都文明学校、北京市学校文化建设示范校、北京市课程建设先

进学校、北京市教科先进学校、北京市农村教师研修站、北京市最具加工力中学、通州区综合评价优秀校、初三毕业班工作优秀校、会考优秀学校、体育艺术卫生科技优秀学校等奖项纷纷落户六中。二是人才培养质量高。学生乐学、善思、刻苦、创优，具有广泛的兴趣爱好，能够在思想上与行为上体现学校的核心价值追求，学习力、实践力、创新力强。每年大批毕业生升入北京四中、人大附中、清华附中、北大附中、北师大附属实验中学、十一学校、潞河中学等知名学校。许多体育特长生不需要加分，同样升入知名高中校。科技特长生在市区及国家级竞赛中摘金夺银已成常态，在区域内具有一定的知名度。艺术特长生时常代表通州区参加市级以上的竞赛与展示活动，学生出色的表现得到了家长及社会的认可。三是学校管理质量高。规范优质高效成为学校管理的亮点，学校管理活而不乱，充满生气与有活力，校内的人力、物力和财力资源得到优化配置，做到人尽其才、物尽其用、财尽其效，为学校的办学质量持续提升给予了有力支持。

### （二）内涵发展带来学校办学效益的提升

学校的办学效益，主要是非经济效益，体现在师生受益、办学效益、社会效益等方面。六中学生遵规守纪、勤奋好学得到了高一级学校的认可。六中教师严谨治学、敬业奉献区域知名，通州区初中校第一批特级教师、正高级教师在这里产生，“运河计划”教育领军人才及市区骨干教师所占比例在区域内领先于其他学校，区级“新蕾杯”“春华杯”“秋实杯”教学竞赛及市级“京教杯”基本功竞赛获奖教师区域领先。学校办学的综合实力显著增强，在校外报刊、杂志、电视等媒体的宣传报道频繁，学校的影响力和竞争力不断上升，拥有良好的知名度和社会声誉。学校注重社会效益的提升，首先，提升自身的办学质量，满足辖区老百姓孩子“上好学”的需求；其次，走出校园，开展家教指导，普及家教知识，提升辖区居民的育子水平，参与社区文化活动，精神文明建设，为和谐社区的形成奉献学校的力量；最后，开放办学，与友邻单位密切联系，资源共享，共同发展。

### （三）内涵发展带来学校办学特色的凸显

学校特色发展是学校内涵发展基于学校自身条件和发展愿景标准水平上的个性化、独特性发展。学校特色发展是办学内涵与品质的重要体现，有别于其他学校的标识。内涵发展促进了“卓越教育”办学特色的形成，学校秉承“办卓越教育——激励每一名师生主动发展，成为最好自己”的办学理念，着重抓好三大领域：卓越学生、卓越教师、卓越学校的培育，凸显以培养“自主发展、具有卓越气质的六中人”为核心目标，通过课程、课堂、文化、活动、行为、机制六大途径落实“卓越教育”办学特色。“卓越教育”办学特色得到了专家学者及同行的认可，《北京晨报》《北京教育》等报纸杂志也进行了相关报道，在校内外引起了较为广泛的关注。

如何将学校办得更好，让学生拥有更多的实际获得感？这应是我们每个教育人应该思考的问题。尤其是随着教育领域综合改革与城市副中心建设的不断推进，对教育提出了更高的要求。对学校教育来讲，既是机遇也是挑战，作为六中人要秉承“崇尚先进、争创一流”的六中核心价值追求，按照“世界眼光、国际标准、中国特色、高点定位”副中心建设的要求，迎难而上，锐意改革，在理念上与行动上再有新突破，完善管理，丰富内涵，提升品质，创造适合每一名学生的教育，最终转化为实实在在的育人成果，增强学生的实际获得感，切实将学校办成百姓身边的好学校。

**参考文献：**

[1] 周靖毅.王牧华.学校内涵发展的嬗变与路径选择[J].当代教育科学，2015(6)：7-10.

[2] 马佳宏.义务教育学校内涵发展：时代需要与方略构想[J].教育与经济，2018(12)：3-8.

[3] 秦春华.很多中学越来越像“富士康”，老师越来越像拎着皮鞭的“监工”[EB/OL].https：//www.sohu.com/a/330295199_100253427.中小学校长论坛官微，2019(7)：30.

[4] 焦楠.从外延发展到内涵发展：学校发展观的时代转向[J].西北师范大学学报(社会科学版).2016(6)：103-108.

[5] 王铁军.把握学校文化管理的脉搏[J].中国教育报，2008—8—5(12).

[6] 袁先潋.文化力建设策略[M].重庆：西南师范大学出版社，2009.

# 学校品牌建设的认识与思考

常恩元

当今“品牌”是非常流行的名词，人们在购置衣食住行等商品时都很看重品牌。“品牌”这一概念源于市场经济领域，20 世纪 50 年代，美国的创意高手大卫·奥格威（DavidOgilvy）第一次在《一个广告人的自白》中明确提出了品牌的概念，他指出品牌是一种错综复杂的象征，它是产品属性、名称、包装、价格、历史声誉、广告方式等的无形组合。如今许多消费者会结合对产品的印象及自身或他人的经验做出合理的选择。学校品牌是品牌概念的具体化，是一种以课程服务为基础的优质教育服务组织品牌，它是指经过精心培育和市场选择形成的，为教育消费者所偏好、给办学组织带来较大的经济和社会效益并引导教育消费的优质教育服务产品及其属性、学校整体形象、与消费者的一致性承诺关系等的总称，具有多样化、优质性、独特性、高层次性、增值性等特点，并通过教育市场认同性、地位排他性、时间的长效性和效应的扩散性来体现。品牌不仅仅是老百姓的口碑，更是心碑，矗立在人们的心中。如今，关注学校的品牌建设是时代发展的迫切需要。

## 一、正确认识理解学校品牌建设意义深远

学校品牌建设是优质教育服务设计与生产的过程，也是知名度、美誉度、忠诚度的积累过程，是学校办学目标、办学过程、办学成果的具体体现，是学生欢迎、家长满意、社会认可的优质学校，只有正确认识与理解学校品牌才能更好地

办好学校。每一所学校在办学过程中都想拥有一个自身的品牌，以此来得到社会的认可、好评与支持，使其成为一种无形的资产，树立学校的形象，吸引优秀的人才，为学校带来实质性的附加值，并形成品牌效应，就如同人民大学附属中学、北京四中、北京师范大学附属实验中学、清华大学附属中学等知名学校一样，令学生与家长敬仰与向往。

学校品牌从宏观政策视角看，应该体现好教育的特征：追求以人为本；追求更加公平；追求更有质量；追求更有效率；追求适应社会等。学校品牌从实践的视角看，体现了好学校的特征：把学生的需要放在首位；充满活力与智慧；突出团体文化和创造出一种团体感；强调人际交往；教师具有创造性；通过一整套的标准清楚地展现办学目标；为学生的学习和成长提供理想的环境；有一个好校长；等等。品牌学校对学生具有极强的吸引力，喜欢和愿意来学校学习，并在学校具有使命感、责任感和温暖感。

学校的品牌建设不是可有可无，它是时代发展的迫切需求，有着积极的意义，特别是对学生的成长意义更为重大。教育的终极目标是促进人发展，其本质是为学生终身发展奠定坚实的知识、能力和人格基础，尤其是学生能够适应终身发展和社会发展需要的必备品格和关键能力的培养。学校要基于学生发展的多样化与个性化需求，努力创办适合每一名学生的教育，给学生一个心灵“唤醒”的环境，满足老百姓对优质教育的期盼，实现学生“上好学”的愿望。学校要将品牌建设纳入工作日程，有所思考、有所行动。

## 二、提升规划学校品牌建设方案设计能力

在常态的教育中，只有那些具有独特风格魅力和鲜明特征的学校，才能更具区别性，才更容易被公众所识记，形成深刻的印象与价值感。学校品牌建设方案的确定，精心准确的价值定位十分重要，学校要对学生、家长及社会作出庄严的承诺，学校品牌定位是校际间智慧的比拼与较量，关系到凸显自身品牌的差异性，关系到学校特色的形成。学校品牌建设的出发点是基于学生的发展，培育特色学校，使其具有鲜明的特征，让学校充满生机与活力，更具使命感、价值感。特色学校的“特色”，是一种先进独特、富有时代特征并相对稳定的学校文化。不只表现为学校具有个性化的外显环境、校本化的课程体系、独特的教育教学管理制

度、优于同类学校的特色项目，更表现为凝聚在学校每个成员身上的一种精神品质。特色学校归根结底是一种文化生长和积淀。[1]“特色”应是学校风格、优势和水平的集中体现，也是衡量学校水准的指标。每一所学校条件、教育资源不一样，但是学生家长都有接受优质教育的强烈愿望。特色学校建设要以质量为根本。提高教育质量是基础教育学校品牌建设的基础。[2]学校品牌的设计要注重软件，体现办学的核心价值、核心理念，不仅是给予人们视觉上的冲击，便于公众辨别和认同学校形象。更重要的是要调动每个员工的工作积极性和对学校的认同感和归属感,使各职能部门都能各行其职,有效合作,提升学校的办学综合实力。

学校品牌建设方案的设计要基于校情。利用SWOT战略分析法，通过对学校办学的优势、劣势、机会和威胁等加以综合评估与分析确定学校发展品牌。有效利用学校内外部资源，积极应对学校品牌建设中的困难与挑战，在战略与战术两个层面设计完成预定目标的对策与方法，使学校品牌建设方案的设计与校情高度吻合。

学校品牌建设方案的设计要与时代发展相结合。办学者要注重学校发展的顶层设计，思考与践行办什么样的学校问题。要将“中国梦”的实现，“四个全面”的推进，学习型社会的建立，个人幸福与价值的追求同学校品牌建设方案的设计有机联系在一起。特别是我们进入中国特色社会主义新时代，人民对美好生活的向往日趋强烈，同样期盼高品质的教育。办公平而有质量的教育是每一名教育人的责任与使命，也是为人民服务的具体体现，学校办学要满足老百姓对优质教育的期盼，关注学生的实际获得，切实实现学生“上好学”的需求。

学校品牌建设方案的设计要思路清晰。学校品牌是学校发展的生态模式和高级形态。办学者要坚持以教育消费者价值为导向，基于学生的发展，提高教育供给能力与水平，满足学生全面发展与个性发展的需求。学校品牌的设计要坚持以自主创新为动力，注重内生性，品牌的创建与经营靠的核心动力是内部的动力，没有自主发展意识的觉醒，就不会有学校品牌的形成。学校品牌的设计要突出重点，注重软件建设，兑现对消费者的价值承诺，关注教育教学服务质量提升。学校品牌建设方案的设计要坚持以整合校内外资源为基础，为学校的品牌建设提供服务。学校品牌建设方案的设计要致力于学校整体发展和可持续发展，学校品牌的形成不是朝夕之功，需要一个艰辛过程，办学者要始终致力于品牌的价值与内涵的建设。

学校品牌建设方案的设计要与学校发展战略相联系。关于学校发展战略的定位每所学校都可能不尽相同，如“培养世界的中国人”“让每个人都成功教育”“办人民满意的教育”“办区域的一流学校”“做最好的自我”，等等。基于教育发展的趋势，学校办学应由重数量向重质量、重文化转变，由重外延发展发展向重内涵发展、生态发展转变。办学者要结合自身学校的实际，科学地确定学校发展战略主题。

### 三、突出重点持续推进学校品牌建设工程

学校品牌建设是一项系统工程，它是基于先进教育理念指导下的创建特色学校的实践活动。办学者要对什么是好的教育？什么是好的学校？学校的发展战略、使命、价值等要素有着清晰的认识与正确的理解，才能在科学设计学校品牌建设方案的基础上加以实施。

学校品牌建设涉及多个领域，如技术层面的学校物质基础、日常工作；制度层面的日常操作规程、运行机制、管理体制；愿景层面的学校战略、使命；价值层面办学价值、承诺等。这些工作的完成都需要师生员工的全力支持和参与，在学校办学的诸多要素中人是最积极、最活跃的要素，人是学校品牌的积极构建者，是学校的形象大使，没有人的参与品牌建设无从谈起。正如习近平总书记所说“人民是历史的创造者，人民是真正的英雄”。西南联大特殊时期办学，八年虽然只毕业了3882名学生，但走出了2位诺贝尔奖获得者、4位国家最高科学技术奖获得者、8位两弹一星功勋奖章获得者、171位两院院士及100多位人文大师。梅贻琦曾说：“所谓大学者，非谓有大楼之谓也，有大师之谓也”，西南联大就是大师的大学，人才济济。1941年时西南联大179名教授和副教授中，156人有留学经历，占87%。全校5个学院的院长均为留美博士，26个系的系主任除中国文学系外，皆为留学归来的教授，正是大批优秀的师资成就了西南联大。因此，学校品牌建设核心要关注“人”的品牌建设，人是品牌的中心，学校要尊重人、激励人、发展人、成就人，以人的发展推进学校品牌建设。

学校品牌建设要突出关注管理的改进。从经验管理到科学管理、再到文化管理，是现代管理理论发展的新方向，文化管理则是侧重管理中软要素的管理，

通过价值观念和组织精神的培育，促进人的自我实现与发展，影响人的思想和行为，用一种无形的文化力形成行为准则、价值观念和道德规范，凝聚员工的归属感，调动员工的积极性和创造性。文化管理的本质就是对人的重视与尊重，体现“以人为本”的思想，是“人化管理”，是以人为出发点，并以人的价值实现为最终管理目的的尊重人性的管理。“当代学校管理呈现了新的发展走向，文化管理已成为教育改革新的生长点，成为学校发展的新境界、新趋势及新阶段。”[3]按照马斯洛人本主义心理学理论，人的需要有五个层次，即个人生理需要、安全需要、归属需要、被尊重需要和自我实现需要。“人的需要是从最底层的生理需要开始的，由低到高，依次向上，只有低层次的需要得到满足以后，较高层次的需要才能被激发并起到激励作用。”[4]教师职业的特点决定了日常的工作中在能保证前四个层次需要得到满足的基础上，才能形成自我实现的需要。作为学校有责任创设条件，搭建平台，营造氛围，满足教师的自我实现的需要，激发教师内驱力，引领教师专业成长，培育名师，助力学校品牌建设，推动学校可持续发展。

## 四、与时俱进不断巩固学校品牌建设成果

任何事物都要经历从无到有，从小到大，从弱到强，甚至从强到衰败、消亡的过程。企业也好学校也好，时刻要有危机意识，与时俱进。始终拥有战略思维，增强使命感，致力于学校整体发展和持续发展，以自主创新为动力，在抓好内部管理的同时，坚持以消费者价值为导向，注重品牌的核心建设，关注质量的不断提升，关注内部的文化培育，提高品牌的价值，提升服务水平，不断增强品牌的知名度、美誉度和忠诚度。

在十几年前，大家可能还会记得这样一句广告词“波导手机，手机中的战斗机！”，波导手机曾占据了国内手机市场的一席之地，销量甚至超过当时如日中天的诺基亚。但好景不长，2004年就开始走下坡路，因缺乏核心技术，逐渐被诺基亚攻占，昔日的手机霸主也随之陨落，令人惋惜。主要原因就是放弃了品牌手机，而转型为手机代工厂。2019年富贵鸟宣布破产，其实10年前富贵鸟还是一个非常知名的牌子，一直都是许多消费者的重点关注对象。但是富贵鸟宣布破产，理由是面临债券违约的情况，中国真皮鞋王从此落幕。究其原因，出了债务

的问题，跟运营管理问题也有非常大的关系，富贵鸟品牌一直都墨守成规，总以为自己是老大的位置，就不需要创新，在经营上疏于管理，摇摆不定，投资的风险大大上升。另外行业发展越来越快，导致大量的品牌应运而生，价格优势更加明显，富贵鸟高不成低不就，致使出现了诸多运营的问题。

上述两个例子对我们也是一个警醒，缺少居安思危的意识，不进则退，致使两个品牌的衰落，让品牌在人们的心中“黯然离去”。教育改革与发展的道路上没有旁观者，尤其是面对人民群众对高品质教育的需求与期盼，教育改革形势的不断变化，学校办学面临着巨大的压力与挑战。现实中不少学校对品牌重“树”轻“守”，在品牌树立之后就认为一劳永逸，学校知名度有了，老百姓认可了，发展应该没问题了。其实，学校品牌也是有“生命周期”的，即有诞生、成长、鼎盛、衰亡的过程，好的高品质学校往往会成为其他学校模仿、竞争的对象，如果不积极创新，适应形势的变化，再加上校长、教师的更替，生源的变化，政策的调整，应对能力的减弱，很可能会削弱学校的品牌，沦为一般的学校。

巩固和维护学校的品牌，作为学校的掌门人校长来说，应对学校的发展状况与趋势，有着超前的认识，能够清醒地分析学校内外部环境的变化，沉着积极应对危机与挑战，妥善处理好保守性维系与积极性维系的关系。通过保守性维系不断满足消费者的需求，提高教育服务质量；学校的干部教师还要不断提升危机的化解能力，保持品牌的美誉度；再有学校要有积极应对挑战的勇气，不断调整自己的品牌发展战略，使学校处于高水平发展的地位，使学校办学的内涵日趋丰富，并体现出三高的特点，即高品位、高品质、高品牌。通过品牌的积极性维系，进一步提升品牌的内在价值。在品牌的维系中要注重创新，世界著名管理学家彼得·德鲁克在其著名的《动荡年代的管理》一书中，对“创新”的阐释是“创新是有系统地寻求新机会：在一种技术、一个业务流程、一个市场的薄弱之处寻找机会。在新知识萌芽中寻找机会。在市场的需求和短缺中寻找机会”。其解释对学校进行品牌创新有很强的借鉴意义。学校要不断寻找品牌的生长点，让品牌增加新的个性与内涵，永葆品牌活力。学校要善于对品牌进行不断的评估，并重新定位策划，持续推进学校品牌建设，使学校品牌得到新的发展，彰显学校的特色。总之，学校品牌建设是一项系统工程，办学者应站在消费者的角度思考学校的战略发展，提升自身教育的供给水平与能力，满足学生多样化发展需求，提供优质的教育服务。学校要通过品牌建设，丰富办学内涵，提升办学品质，实现人民群众对美好生活的向往，让老百姓期待的优质教育变成现实。

**参考文献：**

[1] 张李红 . 王朝贤 . 从特色项目到特色学校建设的问题与对策 [J] . 教育科学论坛 .2017（9）：65—67.

[2] 那岚业 . 基础教育学校品牌研究 [D] . 西安：陕西师范大学 .

[3] 王铁军 . 把握学校文化管理的脉搏 [N]. 中国教育报，2008—8—5(12).

[4] 陈丽 . 何育萍 . 走向学校有效管理的实践探索 [M] . 北京：北京出版社，2007：170.

# 建立学校内部督导机制，引领学校科学发展的初步研究

常恩元

我国现行的教育督导工作体系多以国家、省市、区县为主的分级督导，主要任务是规范学校办学行为，保证教育法律、法规、规章和国家教育方针、政策的贯彻执行，落实素质教育，提高教育质量，促进教育公平，推动教育事业科学发展，强调“督”与“导”并重。2013 年国务院教育督导委员办公室又建立了责任区督学制度，要求各级督导部门为区域内每一所学校设置责任督学，对学校进行经常性督导（每月不得少于 1 次）。进一步完善了现行的教育督导工作体系，使督导的针对性进一步增强，更有利于学校的发展。上述的督导工作体系，主要是外在的强制性督导，对于学校来讲多处于被动状态。为了适应时代的发展，关注办学质量的提升，建议在中小学建立内部督导机制，实现外部督导与内部督导相结合，形成督导合力，引领学校科学发展。

## 一、中小学内部督导有效运行机制的建立是时代发展的要求

### （一）进一步完善督导运行体系的需要

让每一名学生享受公平而有质量的教育，是国家的要求，对学校办学也提出了新的挑战。学校必须从改进管理入手，激发办学活力。建立学校内部督导制度就是一种有益的尝试。澳大利亚的教育具有世界上一流水准，教育体系也得到各个国家的认可，基础教育的质量也是位居世界前列。澳大利亚从州政府教育部到地区、再到学区、从学区到学校的一个完整的教育行政督导体制，同时表现出的

教育行政体制的高水平、高效率，学监制在教育行政管理体制中起到了承上启下的作用。学校内部形成学校董事会，它是由教师、家长和学生三个方面组成的，对学校的管理有监督和制约作用。[1]这种权力下移的督导体制值得我们借鉴学习，它提升了学校管理的自主性，有利于促进学校发展，使校内自主督导体系的作用不断凸显，并形成带有校本特色的教育督导体系。除了国外出现校内督导体制外，国内在此方面也有尝试。如北京市东城区史家实验学校，在《以内部督导促进教育集团优质均衡发展》一文中写道："集团学校的巨大规模和内部差异性决定了其必须建设有效的制度，协调发展。因此，集团学校开始尝试内部督导机制的建立。"[2]再有，北京市育英学校提出："育英学校在办学和育人方面取得了一些成绩，赢得了良好的社会声誉，在此过程中，校内督导评估机制建设发挥了积极作用，已成为学校强化育人质量监控的重要途径。"[3]从国内外的教育督导实践看，校内督导已经产生，并且收到了良好的效果。

### （二）提升学校治理体系和治理能力现代化的需要

在党的十八届三中全会上，习近平总书记将全面深化改革总目标设定为"完善和发展中国特色社会主义制度，推进国家治理体系和治理能力现代化"。这是继"工业现代化、农业现代化、国防现代化、科学技术现代化"后的"第五个现代化"。具有根本性、全局性、长期性、稳定性四大特征，是更高层次的现代化。前四个现代化侧重于解决硬件问题，旨在大力发现生产，"第五个现代化"则侧重于解决软件问题，是建立在前四个现代化基础上的现代化，体现的是思想观念的变化，是更高层次的现代化。推进"第五个现代化"将使国家治理更加规范科学、高效透明。从"管理"到"治理"的跨越是全面深化改革的"破题"之举，过去的改革我国更多地将精力放在了行政管理、社会管理等内容上，而十八届三中全会提出国家治理体系，囊括了各领域制度和规则的建立、执行、监督和问责，使制度及体制机制更加完善，决策更加科学，把各方面制度优势转化为管理各领域社会事务的效能优势。教育治理体系和治理能力现代化是教育现代化的必然要求，也是实现国家治理现代化的重要内容。学校僵化的管理思想，缺乏人性冰冷的管理制度，以工具人为假设管理模式，单一的评价方式等都需要管理者去破除、改进，通过校内督导体制的建立，可以落实依法办学，引领学校管理变革，激发办学活力，促进学校科学发展。

### （三）丰富办学内涵实现高质量发展的需要

“内涵发展”就是要抓住事物的本质属性，强调事物“质”的发展。从学校发展的角度看，就是要关注学校发展的内容和实质，实现教育“质量”的提升，从过去注重增加投入、扩大规模、拓展空间、加快速度的外延式粗放型发展，向注重挖掘学校内部潜力、增强学校软实力和竞争力、提高教育教学质量、提升办学效益及其知名度和美誉度的内生化精细化发展转变。[4]在推进学校内涵发展中，学校内部督导将发挥重要的职能作用，通过对学校管理、队伍建设、课程设置、育人方式、办学成效等方面的督导，有利于问题的发现及解决。帮助学校抛弃功利化思想的侵蚀，重建教育价值观，并基于学生发展的多样化与个性化需求，努力创办适合每一名学生的教育，给学生一个心灵“唤醒”的环境，摈弃应试的方式，走出本质目的之外的困局，切实回归教育育人的本质上来。满足老百姓对优质教育的期盼，实现学生“上好学”的愿望。

## 二、高标准选聘校内督导人员是保证学校科学发展的需要

校内督导的建立需要选聘高水的人员来实施学校的督导任务，这些人员应具备先进的理念，扎实的专业知识，丰富的教育教学经验和能力，显著的工作业绩，具有一定的知名度和影响力。校内督导人员选聘可以专职与兼职相结合，专职即学校在编制允许的条件下，成立校内督导机构，选聘专职人员负责此项工作；兼职可以是校内特级教师、市区骨干教师、外聘的专家、学者、退休校长、优秀教师、社会人士、家长代表等。建议在具备条件的情况下国家设立校内督学准入制度，推进校内督导工作的开展，使校内督导工作更具针对性与实效性。

关于督学准入制度，从国外看对督学要求极其严格。如英国督学的聘任要求非常高，可以用“面面俱到”来形容，督学不但要有丰富的专业知识和较高的专业水平，而且还应对自己本专业以外的其他教育问题有浓厚的探究欲望。除此之外，督学在教学方面也要积累足够的经验并具备卓越的教学表现，另外督学的道德品质、文学素养功底、社会适应的本领等方面也都要有出色的表现。选拔过程同样是非常严格的：面试、口头答辩、培训、见习是每名候选人员必须经历的过程，如果有任何一方面达不到国家标准这名候选人都不能继续参加应聘。美国的教育督导人员分两种，即教育行政人员兼任督学和专职督学人员。兼任督学包括

学监、副学监和校长等，各州一般会下设专职督导员代替其开展工作。只有具备足够的专业知识、教学经验和能力才能成为兼职督导人员，但具体要求根据其职责各不相同。法国对各级督导人员聘用条件与选聘方式不同，包括审议、考试、培训、实习等环节。日本强调督导人员的专业性，即注重选择对象对教育的建议和指导能力。督导人员一般是从大学以外的公立学校教师、行政人员队伍中进行选拔，对于他们的要求是要有丰富的学识与良好的个性特征和品质。熟悉各项法律法规、管理技能和学校工作特点，随时关注现代社会和教育的动态及趋势、更新评估教育工作的方式方法等都是督导人员必须具备的能力。

国内一些学校的校内督导人员主要以校内的干部、优秀教师为主体，如北京市育英学校建立了“扁平化—矩阵式”管理机制，形成了促进自身发展的管理路径，确立了“从问题出发，走动管理，问道教师、问道学生、问道家长”的管理原则。建立校内干部月度督导评估意见反馈制度。每月 4 日，干部要把自己发现的学校各方面存在的问题提报给校长，校长审阅后按问题内容责成相关人员进行处理，并由学校督责小组进行督办落实，实现了学校内部督导评估反馈工作的常态化，对学校各项工作的提升起到了强大的推进作用。再如北京市东城区史家实验学校，以史家小学为主体携手 5 所学校，组建了一个集“入盟入带一贯制”为一体的史家教育集团。成立了六个中心，其中包括督导评价中心，保障集团的良好运转，促进各校区的优质均衡发展。另外，在国内一些学校内部督导机构的人选多为一些即将退休的优秀教师，这些教师的教学经验比较丰富，教学任务轻，督导的时间可以得到一定的保障。但也存在一些问题，如教育思想陈旧、理念落伍、缺少创新意识等，降低了督导的实效。总体看来，校内督导的人员构成相对单一，有待进一步扩充。另外，校内督导人员还应与时俱进，要具有敏锐的信息收集能力，相应的管理、指导、评估能力，较强的沟通、识别、应变能力，良好的性格特征和自我发展与提升的意识。

### 三、注重评价改进功能的挖掘完善校内督导内容

2012 年 8 月 29 日国务院第 215 次常务会议通过的《教育督导条例》，第十一条教育督导机构对下列事项实施教育督导：一是学校实施素质教育的情况，教育教学水平、教育教学管理等教育教学工作情况；二是校长队伍建设情况，教

师资格、职务、聘任等管理制度建设和执行情况，招生、学籍等管理情况和教育质量，学校的安全、卫生制度建设和执行情况，校舍的安全情况，教学和生活设施、设备的配备和使用等教育条件的保障情况，教育投入的管理和使用情况；三是义务教育普及水平和均衡发展情况，各级各类教育的规划布局、协调发展等情况；四是法律、法规、规章和国家教育政策规定的其他事项。覆盖了学校办学的多个领域，可以专项督导与综合督导相结合。那么作为学校内部督导来讲，在关注整体督导的同时，可以有所侧重，引领学校变革，激发学校办学活力，促进学校特色化发展。就整体督导可以从办学思想、学校规划、学校管理、队伍建设、教育教学、体育美育卫生健康教育、安全工作、学生发展、学校发展、创新与特色等方面实施。学校内部督导可以重点关注以下六方面内容：

### （一）关注学校的办学思想

教育决定着人类的今天，也决定着人类的未来，人类社会需要通过教育来不断培养所需要的人才。时代越是向前，知识和人才的重要性就愈发突出，教育的地位和作用就愈发凸显。只有把教育做好，国家才有未来。有什么要的办学思想就有什么要的办学行为，端正办学思想不是一句空话，应该转变为实实在在的育人行为。要指导学校克服功利化思想的侵蚀，不以分数、升学率作为评价学生、教师的唯一指标，不以拼时间、拼体力，牺牲师生的身心健康为代价换取所谓的成绩，倡导学校的“绿色成绩”，落实好培养什么人、怎样培养人、为谁培养人这一根本问题。

### （二）关注学校的管理方式

学校的管理要通过对教职员工价值观念和组织精神的培育，促进人的自我实现与发展，影响人的思想和行为，用一种无形的文化力形成行为准则、价值观念和道德规范，凝聚员工的归属感，调动员工的积极性和创造性。校内督导要引领学校完成管理方式的变革，实现从经验管理到科学管理、再到文化管理的转变，重视与尊重教职员工，体现“以人为本”的思想，要凝聚人心，共谋发展。实现从强调物本管理转向关注人本管理；从强调常规管理转向关注创新管理；从强调有形管理转向关注无形管理；从部门优化管理转向整体优化管理；从强调刚性管理转向关注柔性管理。最大限度地调动教职员工参与和助推学校内涵发展的积极性和主动性，激发学校的办学活力。

### （三）关注学校的队伍建设

习近平总书记曾讲：“一个人遇到好老师是人生的幸运，一个学校拥有好老师是学校的光荣，一个民族源源不断涌现出一批又一批好老师则是民族的希望。”学生从开始接受学校教育时起，每天接触时间最多的不是家长而是教师，教师的言谈举止、学识、人格魅力等都会对学生产生深远的影响。没有一流的教师团队，就没有学生的成长与学校的发展，学校办学必须树立教师优先发展的思想。校内督导要高度关注队伍建设，针对问题及时提出改进建议，并进行跟踪督导，帮助学校队伍建设取得成效，培养有理想信念、有道德情操、有扎实学识、有仁爱之心的“四有”好老师。

### （四）关注学校的育人方式

教育的终极目标是促进人发展，其本质是为学生终身发展奠定坚实的知识、能力和人格基础，尤其是学生能够适应终身发展和社会发展需要的必备品格和关键能力的培养。基于学生的未来成长需要办学者转变思想，坚持“五育”并举，在育人方式上实现创新。校内督导应指导学校完善顶层设计，实施学校供给侧改革。学校要突出德育的时代性，注重体验式育人；挖掘课程教材的育人功能，满足学生多样化成长需求；落实好体育艺术“2+1”活动，开好体育课、音美课，培养学生的体育锻炼习惯，提升学生的审美情趣与艺术鉴赏力；深化劳动教育，培养学生正确劳动价值观和良好劳动品质；拓宽实践育人渠道，注重学生综合素质培养，完善综合素质评价，引领学生全面发展与个性化成长。

### （五）关注学生的实际获得

中国特色社会主义进入了新时代，人民对美好生活的向往日趋强烈，同样期盼高品质的教育。办公平而有质量的教育是每一名教育人的责任与使命，也是为人民服务的具体体现，学校办学要满足老百姓对优质教育的期盼，关注学生的实际获得，切实实现学生“上好学”的需求。注重培养学生有理想、有正确的价值取向；养成遵纪守法、诚实守信、敬廉崇洁、合作乐群、自尊自信、尊重他人、乐观向上的良好品质；懂礼貌，讲文明，勤俭节约、热爱劳动、爱护环境。培养学生端正的学习态度，具有独立思考、合作学习、认真探究等良好的学习习惯，实践能力与创新精神强。学生身心健康，拥有良好的运动习惯及高水平的艺术鉴赏力与技能。学生的劳动意识不断增强，并拥有良好的劳动习惯。学生在学校得到全面而有个性的发展，有兴趣爱好专长的学生占比高。

### （六）关注学校的特色发展

特色学校是指在先进的教育思想理念指导下，从本校的实际出发，经过长期的办学实践，形成了独特的、稳定的、优质的办学风格和优质的办学成果的学校，简言之，特色学校就是认识和优化了的个性学校。特色学校拥有独特性、优质性、稳定性、文化性。学校的这种特色融于教育活动的每一个环节，与学校的育人理念、办学思想、培养目标、学校文化、课程等一脉相承，是基于办学规律、学生成长规律上的特色，能够实现与社会需要完美结合。它也是从学校教育工作的整体上或全局上形成的、具有比较稳定的、区别于其他学校的独特风格或独特风貌，并培养出具有特色的人才的学校。校内督导要关注学校的特色发展，指导办学者处理好学校特色与特色学校的关系，明晰学校特色发展“为什么”“做什么”和“怎么做”三个基本问题，丰富学校办学内涵、提升办学品质。

## 四、建立“四位一体”校内督导模式助力学校可持续发展

“四位一体”的校内督导，是指建立“督管、督育、督学、督改”的督导模式，从四个方面加强对学校内部办学质量的督导。

### （一）督导学校的管理，鼓励学校管理创新

督导学校的管理重点是关注管理的规范性与创新性。规范性主要是指党和国家教育方针、政策、法律、法规等的落实情况，能否依法办学，以及管理工作是否规范；创新性主要是管理工作上能否激发学校的办学活力，最大限度地调动教职员工工作的积极性与主动性。另外，在学校内部督导中还存在一些弊端需要引起我们的关注。由于学校的内部督导机构多为一些机构兼任，因此，在督导的实权来说，学校必须给予学校内部督导机构在监督管理方面的实权，避免学校的内部督导机构在督教、督学的过程中受到一些权力部门的干扰，而影响到他们的督导效果。[5]

### （二）督导学校的育人，鼓励育人方式创新

督育应该不仅仅局限于课堂教学的质量，应该关注德智体美劳“五育”并举的落实，全面发展素质教育，强调的是学校与教师的育人方式。如德育工作不断完善德育工作体系，认真制订德育工作实施方案，深化课程育人、文化育人、活

动育人、实践育人、管理育人、协同育人。教学工作严格按照国家课程方案和课程标准实施教学，确保学生达到国家规定学业质量标准，着力培养认知能力，促进思维发展，激发创新意识，实现课堂教学由“教”向“学”的转变，注重启发式、互动式、探究式教学，充分发挥教师主导作用，引导教师深入理解学科特点、知识结构、思想方法，科学把握学生认知规律，上好每一堂课。学校强化体育锻炼，坚持健康第一的思想，养成良好的体育锻炼习惯。实施学校美育提升行动，培养学生艺术爱好与特长，提升学生的艺术鉴赏力与技能。加强劳动教育，充分发挥劳动综合育人功能，培养学生的劳动意识与习惯。

### （三）督导学生的学业，提升学生实际获得

公平而有质量的教育是国家的要求，学生的实际获得就是有质量教育的重要组成部分。校内督导要关注学生德智体美劳的全面发展与个性成长，注重育人实效的评估，找出问题提出改进建议。另外，还要关注学生纵向成长及不同类型学生的进步，如在英国督学会对在校学生进行综合了解，特别会对学生的学业成就方面的状况进行评判，充分考虑学生学业成就增值情况，特别是后进生是否在学校取得进步。[6]所以，校内督学还要关注督导的跟踪服务、增值服务，助力学生的学业成长。

### （四）督导学校的改进，发挥诊断评价作用

校内督导一项很重要的职能就是发现学校办学中暴露出来的问题，并结合自身的经验，进行初步的诊断分析，拟定改进的建议，并针对这些问题，建立督导计划，给出整改的时间和期限。督改对校内督导的管理部门来讲是最为重要的，因为督改的效果，直接关系到学校暴露出来的问题是否得到真正的解决，学校的内部督导机构应密切监督督导出来的问题的整改效果，只有这样，才能够真正发挥校内督导机构的作用，保证督导的效果得到不断提高。

实践证明，校内督导在推进学校发展，提升办学质量方面起到了积极的作用。另外，为了进一步提高校内督导的实效，还应妥善处理好四个结合，即宏观督导与微观督导相结合，综合督导与专项督导相结合，评价督导与改进督导相结合，校内督导与校外督导相结合。使学校内部督导在形式上得到进一步补充与丰富，从而更加科学化、全面化、立体化。我们希望学校内部督导由尝试到早日铺开，助力学校发展，办百姓满意的教育。

**参考文献：**

[1] 郭爽.澳大利亚教育督导制度特点对我国的启示[J].基础教育研究，2019(19)：30-31.

[2] 金强，马淑芳.以内部督导促进教育集团优质均衡发展[J].北京教育，2019(12)：26-27.

[3] 于会祥.重视学校内部督导评估强化育人质量监控[J].北京教育，2016(7)：19.

[4] 马佳宏.义务教育学校内涵发展：时代需要与方略构想[J].教育与经济，2018(12)：3-8.

[5] 李古月，李亚伟.高校校院两级教学督导体系研究与实践[J].山东商业职业技术学院学报，2016，16(5)：19-21.

[6] DepartmenforEducation.TheCommonIn-spectionFramework：Education，SkillsandEarly Years[R].London：Departmentfor Education，2018：12-14.

# 健全教师激励机制促进学校高质量发展的实践研究

常恩元

**摘要**：在学校办学的诸多要素中，人是最活跃、最首要的资源，教师又是人力资源中最富有朝气、活力与创造力的有生力量。没有教师的发展，就没有学生的成长与学校的发展。教师承担着传播知识、传播思想、传播真理的历史使命，肩负着塑造灵魂、塑造生命、塑造人的时代重任，是教育发展的第一资源，是国家富强、民族振兴、人民幸福的重要基石。构建完善的教师激励机制，充分激发广大教师的教育情怀和工作热情，是学校管理者的责任与使命。为此，学校立足于现状分析，积极探索与完善教师激励机制，激发教师工作的积极性、主动性与创造性，提升教育教学实效，促进学校高质量发展。

**关键词**：健全；激励机制；促进；高质量发展

激励是是管理过程中不可或缺的环节和活动。有效的激励可以成为组织发展的动力保证,实现组织目标。[1]激励以组织成员的需要为基点,以需求理论为指导。激励有物质激励和精神激励、外在激励和内在激励等不同类型。就学校来讲，激励是教师在各种刺激的影响下，产生兴奋状态，并有效地完成工作目标的心理过程。就如何建立科学有效的教师激励机制这一话题，是许多学校管理者始终思考的问题，如果教师工作没有热情，缺少积极性、主动性、创造性，就会造成学校管理涣散，学生成长、学校高质量发展将无从谈起。学校管理者一定要清楚，并深刻认识到建立科学完善的教师激励机制的重要性与必要性，要立足学校办学实际，加强研究与探索，建立健全学校科学有效教师激励机制，促进学校高质量发展。

## 一、建立科学有效的教师激励机制的必要性分析

学校管理中，当学校对教师激励水平下降或者低于其心理预期，就容易引发教师消极的工作心态甚至是抵触情绪，严重时还会影响到学校的日常工作。科学有效的激励机制既是提高教师满意度的关键，也是提升教师工作积极性、主动性、创造性的重要举措，同时也是体现学校管理者智慧及有效管理的一项重要指标。

### （一）科学有效的教师激励机制是落实立德树人，引领学生健康成长的需要

教育兴则国兴，教育强则国强。对于当今中国来说，教育不仅仅承载着传播思想、传播真理、塑造灵魂的时代重任，更承载着服务中华民族伟大复兴的历史重要使命。教育人有责任、有义务解决好“培养什么人、怎样培养人、为谁培养人”这一根本问题，自觉承担起“为党育人、为国育才”的历史重任。学校办得好不好，不是看它的条件何等优越、规模如何大，而应是要以长远的眼光、历史的视野看它培养出什么样的人才。立德先立师，树人先正己。“师也者，教之以事而喻诸德者也。”学校要基于未来人才的培养，通过教师激励机制的建立与完善，引领教师成为“有理想信念、有道德情操、有扎实学识、有仁爱之心”的四有好老师。做学生锤炼品格的引路人，做学生学习知识的引路人，做学生创新思维的引路人，做学生奉献祖国的引路人。坚持教书和育人相统一，言传和身教相统一，潜心问道和关注社会相统一，学术自由和学术规范相统一。帮助学生系好人生第一粒扣子，解决好世界观、人生观、价值观这个“总开关”，努力培养德智体美劳全面发展的社会主义建设者和接班人，并在未来能够担当中华民族伟大复兴的历史重任。

### （二）科学有效的教师激励机制是激发学校办学活力的需要

如今“以质量为核心的优质均衡是义务教育均衡发展的高级阶段，也是实现义务教育普及和资源配置初步均衡之后必然的发展方向”[2]。以提高质量和效益为宗旨，着眼于办出特色、提升水平，必须坚持学校内涵发展、高质量发展，应是当前和今后一个时期学校发展的着力点和攻坚点，它不仅有助于推进区域内义务教育的“优质均衡”发展，也能更好地满足人民群众日益增长的“上好学”的需求。学校要通过内涵发展、高质量发展，提升办学实力，不忘教育者的初心与使命，通过健全完善教师激励机制，激发教师工作的积极性、主动性与创造性，

坚守“常态教育”，在没有特殊政策、资金的支持下，坚持整合内部资源和内部挖潜，缩小与市区一流学校的差距，让老百姓的孩子在家门口享受优质的教育服务，为孩子们的健康成长贡献力量。

### （三）科学有效的教师激励机制是实现中华民族伟大复兴的需要

教育是提高人民综合素质、促进人的全面发展的重要途径，是民族振兴、社会进步的重要基石，是对中华民族伟大复兴具有决定意义的事业。党的十八大以来，以习近平同志为核心的党中央在谋划国家发展的大局中，始终把教育事业放在优先发展的战略地位，并对优先发展教育先后作出了一系列重要指示。他认为：“教育决定着人类的今天，也决定着人类的未来。人类社会需要通过教育不断培养需要的人才。”时代越是向前，知识和人才的重要性就愈发突出，教育的地位和作用就愈发凸显。他要求：“坚持科教兴国战略和人才强国战略，坚持把教育放在优先发展的战略位置，继续大力推动教育改革发展，使我国教育越办越好，越办越强。”如今，中国教育已进入高质量发展阶段，人民群众对优质教育的期盼日益强烈，中国梦就是要实现人民群众对美好生活的向往，努力让每个孩子都能享有公平而有质量的教育，就是中国梦的重要组成部分。从区域上看，学生“有学上”的问题已基本解决，但“上好学”问题还待改进。学校要以健全教师激励机制为突破口，激发学校办学活力，实现学校内涵发展、高品质发展，解决教育发展不平衡不充分的问题，满足人民群众日益增长的享受更加公平、更高质量教育的愿望与需求。

### （四）科学有效的教师激励机制是引领教师实现人生价值追求的需要

“为人师表”既是国家对教师的要求，也是高尚师德的具体表现。它要求教师的人格应该是高尚的，容不得世俗与卑微。教师高尚的人格又表现为健康的价值观，高尚的道德情操以及渊博的知识等。民国著名教育家廖世承曾说：教师的使命，不在教书，在教育整个的青年；不在追求物质的报酬，在得到精神上的快乐。精神上得到快乐，是教师继续前行的重要动力。

有研究表明，对于具备一定工作能力和经验的教师而言，满意度和工作绩效之间两者的正相关度较高。当学校的激励机制不完善，会直接影响大多数教师的工作积极性，淡化专业发展意识。[3]在教育教学活动中，教师的一言一行都会对学生的各个方面产生影响。尤其是在现实社会中，教师的价值观也受到了社会的冲击，受到物质、金钱、名利等的诱惑。在物欲横流、诱惑四伏的环境中，在许多不平而无奈的现实面前，心理上会产生困惑，容易失去平衡，崇高的历史责任感与现实的功利主义产生了冲突。能否坚守自己的职业观——淡泊名利、甘为人梯，对教师、对学校都是一个挑战。为此，学校有必要通过科学有效的激励机制建设，帮助教师克服外界的干扰，引领每名教师去实现自己的人生价值。

## 二、健全科学有效的教师激励机制的实践与探索

党的十九大报告明确指出，中国特色社会主义进入了新时代，如何办好人民满意的教育，满足老百姓对优质教育的渴望，培养未来能够担当中华民族伟大复兴重任的人才，深入回答“培养什么人、怎样培养人、为谁培养人”的根本问题，更需要学校办学活力的激发，尤其是要通过教师激励机制建设，激发教师工作积极性、主动性与创造性就显得尤为重要，为此，学校从十个方面进行了初步探索。

### （一）建立目标价值激励机制

目标是教师人生追求的价值取向，有效的目标，既满足教师精神需要有很强的牵引力，又在学校管理上有着极大的鼓动力。学校在明确办学目标、奋斗方向、发展愿景的同时，每学年初都要组织教师填写“职业生涯规划书”。通过表格了解教职工的发展期待，进而设置平台、创造条件，让大家去发挥、去进取。其目的在于，引导教师确立自己的奋斗目标，并将学校的发展目标内化为自己的发展意愿，最终实现自身成长与学校发展的同频共振。如新教师入职，学校给新教师提出的要求是“一年入门、二年过关、三年合格、四年成熟、五年争做骨干”的奋斗目标，并有具体的检验标准与办法，通过目标的导向让教师们知道自己的努力方向在哪里，通过学校提供的平台和自身的努力来达成既定的目标，从而促进教师的专业成长。

### （二）建立心理契约激励机制

著名心理学家 Levinson（1962）的著作《人、管理和心理健康》中，明确地将心理契约的定义为组织与员工之间的一种非书面式的、隐形的相互期望与信诺关系。心理契约虽然表现的是一种非正式的、不断变化的关系，但却是决定着员工组织行为的重要因素。关于心理契约理论结构的代表理论研究主要有二维结构说与三维结构说。[4]关于三维结构学说，是由 Rousseau Tijorimala（2010）通过

研究调查分析，将心理契约分为交易、关系及团队成员三个维度。

交易维度是指按照学校与教师之间的协议约定，学校向教师提供约定的薪酬待遇，满足教师的物质需求，而教师应按照学校的管理规定，承担起自己的职责，完成自己的教育教学任务；关系维度是指学校为老师提供良好的工作环境与职业晋升渠道，教师应该为学校不断增强自身的专业知识能力，提高自己教育教学水平与工作业绩，彼此都应该为了对方的权利而履行自身应承担起的承诺与义务；团队成员维度是指学校与教师双方注重人际交往，注重彼此的支持与关怀，进而强调和谐的人际环境与氛围的建设。

### （三）注重精神荣誉激励机制

积极开展优秀班主任、教学能手、师德标兵、服务育人楷模、荣誉教师和优秀团队等评选活动，并以“我身边的榜样”“今日做明师”“讲述六中故事”等活动为载体，营造争做“优秀教师”的氛围。通过室外大屏公布教师校外获奖，利用学校微信公众号宣传教师的事迹，树立学习的榜样。让教师中才华出众者能够获得表现的机会与舞台，对有潜力的教师帮助他们找到认可的位置，让教师在成长的道路上感受到学校的关注与信任。在管理实践中，有意识地把优秀教师尤其是青年教师推上教育教学改革的第一线，使一批学有所长、教有特色的年轻人走上学科组及年级组的岗位，把那些能力突出的教师推上学校管理岗位，让他们用自身的热情和智慧去追寻教育梦想，使自身的价值得以充分体现，从而有效地激发他们的进取心和成就感。

### （四）强化专业发展激励机制

学校在给予教师提供薪酬待遇的基础上，更是立足长远，为教师制订培训进修计划、提供受教育和不断提高自身水平的学习机会，重视教师的个体成长和发展。支持和保障教师参加培训、教研、学术研究等活动，如国内外访学、会议交流、教育教学专题培训等，形成积极向上的氛围，激励教师主动外出参加学习培训活动，提升教师对工作的努力程度，争取更好成绩。另外，学校还先后出台了《优秀人才管理办法》《教师队伍建设与教师专业发展规范》，为教师发展指明了方向。再有，学校还制定了《课堂教学诊断制度》，及时帮助教师诊断改进教育教学问题，提高教育教学能力，促进教师专业成长。

### （五）建立任务驱动激励机制

学校青年教师普遍具有高学历，有激情，他们不满足于完成一般性事务工作，更热衷于从事体现自我价值和水平的工作，学校结合实际，为青年教师设计具有一定挑战性的工作目标，激励他们不断突破，取得更佳的成绩，在设计过程中学校严格控制难度，避免过犹不及，挫伤年轻的热情和信心。如在学校教育教学成果奖中，明确规定“教育教学核心业绩，较中高级教师相比，初级教师三超区直按 1.2 倍的系数奖励”，鼓励年轻教师努力工作，创佳绩，有效地调动了年轻教师工作的热情，为学校注入了活力。

### （六）健全团队考核激励机制

人们常讲众人拾柴火焰高，团结就是力量，在教师管理中，学校注重团队考核，评价教师先团队后个人，集体强大了，个人才有价值。团队考核的意义不再是传统上的“火车跑得快，全靠车头带”，将领导比作火车头。而是当今，高速列车动车组至少 50% 的车厢带动力，所有车轮一同运转，跑出了真正的高速度。团队考核也体现了“雁阵效应”，大雁群在迁徙时，飞行中一只大雁的羽翼能借助前一只大雁的羽翼所产生的动力，使飞行省力，这就是所谓的“雁阵效应”[5]。带给我们的启示是：靠着团结协作精神，相互影响和相互促进，才使得大雁凌空翱翔，完成长途迁徙。雁阵如此，学校管理工作亦如此，唯有团结协作、顽强拼搏才能使学校充满生机与活力，使学校发展得更好。

### （七）完善学校文化激励机制

学校文化是学校之魂，是凝聚和激励学校全体成员的精神力量，是深化学校内涵发展，提升学校办学质量的前提和重要环节，也是学校内涵发展、高质量发展的强大动力。学校发展最终是一个靠内功推动、外力协助的自觉持续的发展过程，文化自觉是学校文化管理的最高境界，是增强学校的内在能动力。华东师范大学教授、博士生导师郑金州，把学校文化界定为学校全体成员或部分成员习惯形成共同具有的思想观念和行为方式。它可以凝聚人心、聚集人气，为学校内涵发展、高质量发展凝聚共识；它可以整合学校愿景、使命、方略以及相应的战略举措，为学校发展统一行动；它还可以规范教育教学行为、激励参与文化建设的主体、改造不符合内涵发展、高质量发展的文化客体，更为学校内涵发展、高质量发展提供动力的源泉。学校文化可以反映出学校的指导思想、发展目标、价值导向等，学校要善于利用主流文化激励教师为实现组织目标而不懈努力，忘我工作。实现教师管理由“他控”转为“自控”；由“他律”变成“自律”；由“追求知识”到“追求意义”；由“个人发展”到“共同发展”。

### （八）完善岗位晋升激励机制

切实落实教师岗位职责，把师德表现和教育教学实绩作为岗位晋升的重要依据。职评的指导思想就是要遵循教育发展规律和教师成长规律，坚持以能力和业绩为导向，坚持日常表现与师德、能力、业绩相结合，充分调动教师的积极性，为全面实施素质教育提供制度保障和人力支持。学校职评坚持面向全体；坚持民主、公开、竞争、择优，鼓励优秀人才脱颖而出；坚持重师德、重能力、重业绩、重贡献，激励教师提高教书育人水平。学校岗位晋升激励机制起到了很好的导向引领作用。

### （九）健全绩效工资激励机制

马斯洛认为，人类需要像阶梯一样从低到高按层次分为五种，分别是生理需要、安全需要、社交需要、尊重需要和自我实现需要。生理需要是最低层次的需要，而自我实现是最高层次的需要。在马斯洛的需要层次理论中，生理需要是人最基本的需要，但也是推动人们行动的首要动力。学校注重优化薪酬体系，薪酬发放的本质在于对员工努力工作的付出提供等值的报酬，只有使员工的付出能够得到让其满意的相应报酬时，才能更激发其工作积极性和对未来的憧憬。为此，学校首先考虑的就是建构公平合理的工资激励机制，以满足教师的生理需要。学校绩效工资分配办法，坚持向教育教学实绩突出的一线教师和班主任倾斜，充分体现“多劳多得、优绩优酬”的原则，以激励有作为、肯担当的干部教师，爱岗敬业，尽职尽责，努力工作，潜心育人，为学生成长与学校发展作出贡献。

### （十）突出关心爱护激励机制

教师的教育教学行为源于需要，始于动机，故在激励过程中，需了解教师的需要是进行有效激励的基础，如教师的思想、心理、价值观、能力、需求等，都是实行激励过程中要考虑的重要影响因素，管理者只有了解这些影响因素，才能更好地把握他们与各种环境相互作用的规律，选取最有效的激励措施。为此，学校坚持以人为本，突出人文关怀，竭尽全力满足教师生活、学习、工作、发展的各种需求，在增强教师职业荣誉感和幸福感上下功夫。如教师在合理化建议中，多次提出对食堂的不满，表现出卫生差，服务水平低，技术能力不强，饭菜质量难以满足师生的口味等问题。学校高度重视，多次组织师生召开座谈会，进一步了解情况，核实问题，研究改进措施，最终学校校务会研究改变学校食堂管理方式，引入竞争机制，通过社会化招标，选用重质量讲信誉的优质企业经营学校食堂，使师生用餐问题迎刃而解。学校为了满足教师的学习需要，为教师订购报纸杂志，购买知网资料。学校设立校长信箱和校长接待日，随时发现和解决教师工作中的问题与困惑。突出学校对教师的关心爱护，让教师有家的感觉，从而努力工作。

## 三、健全科学有效的教师激励机制的成效与思考

在前期进行深入调研分析与实践探索的基础上，使学校教师激励机制更加健全，也为学校带来了可喜的变化，有成效，更有深入的思考。

### （一）教师激励机制建设的成效

1. 激励机制的健全带来学校办学质量的提高

“有质量”是义务教育学校内涵发展的根本特征。

一是教育教学质量的提升。坚持立德树人，探索课堂教学改革，注重学科育人，注重由知识传授向知识育人的转变。落实全员、全程、全方位育人的要求，突出实践育人，践行“动态德育”“直接德育”成为学校德育工作的突出亮点。联合国教科文组织中国可持续发展教育项目示范校、全国校园篮球特色学校、首都文明学校、北京市学校文化建设示范校、北京市课程建设先进学校、北京市教师教育基地、北京市教科先进学校、北京市农村教师研修站、北京市最具加工力中学、通州区综合评价优秀校、初三毕业班工作优秀校、会考优秀学校、体育艺术卫生科技优秀学校等奖项纷纷落户六中。

二是人才培养质量高。学生乐学、善思、刻苦、创优，具有广泛的兴趣爱好，能够在思想与行为上体现学校的核心价值追求，学习力、实践力、创新力强。每年大批毕业生升入北京四中、人大附中、清华附中、北大附中、北师大附属实验中学、十一学校、潞河中学等知名学校。许多体育特长生不需要加分，同样升入知名高中校。科技特长生在市区及国家级竞赛中摘金夺银已成常态，在区域内具有一定的知名度。艺术特长生时常代表通州区参加市级以上的竞赛与展示活动，

学生出色的表现得到了家长及社会的认可。

三是学校管理质量高。规范优质高效成为学校管理的亮点，学校管理活而不乱，充满生机与有活力，校内的人力、物力和财力资源得到优化配置，做到人尽其才、物尽其用、财尽其效，为学校的办学质量持续提升给予了有力支持。

2. 激励机制的健全带来学校办学效益的提升

学校的办学效益，主要是非经济效益，体现在师生受益、办学效益、社会效益等方面。六中学生遵规守纪、勤奋好学得到了高一级学校的认可。六中教师严谨治学、敬业奉献区域知名，通州区初中校第一批特级教师、正高级教师在这里产生，“运河计划”教育领军人才及市区骨干教师所占比例在区域内领先于其他学校，区级“新蕾杯”“春华杯”“秋实杯”教学竞赛及市级“京教杯”基本功竞赛获奖教师区域领先。学校办学的综合实力显著增强，在校外报刊、杂志、电视等媒体的宣传报道频繁，学校的影响力和竞争力不断上升，拥有良好的知名度和社会声誉。学校注重社会效益的提升，首先，提升自身的办学质量，满足辖区老百姓孩子“上好学”的需求；其次，走出校园，开展家教指导，普及家教知识，提升辖区居民的育子水平，参与社区文化活动，精神文明建设，为和谐社区的形成奉献学校的力量；最后，开放办学，与友邻单位密切联系，资源共享，共同发展。

3. 激励机制的健全带来学校办学特色的凸显

学校特色发展是学校内涵发展基于学校自身条件和发展愿景标准水平上的个性化、独特性发展。学校特色发展是办学内涵与品质的重要体现，有别于其他学校的标识。内涵发展促进了“卓越教育”办学特色的形成，学校秉承“办卓越教育——激励每一名师生主动发展，成为最好自己”的办学理念，着重抓好三大领域：卓越学生、卓越教师、卓越学校的培育，凸显以培养“自主发展、具有卓越气质的六中人”为核心目标，通过课程、课堂、文化、活动、行为、机制六大途径落实“卓越教育”办学特色。“卓越教育”办学特色得到了专家学者及同行的认可，《北京晨报》《北京教育》等报纸杂志也进行了相关报道，在校内外引起了较为广泛的关注。

**（二）教师激励机制建设的思考**

1. 作为管理者要关注教师潜能的充分发挥

美国哈佛大学的威廉·詹姆斯（W. James）教授在对员工激励的研究中发现，

按时计酬的分配制度仅能让员工发挥20%—30%的能力，如果受到充分激励的话，员工的能力可以发挥出80%—90%，两种情况之间60%的差距就是有效激励的结果。[6]作为管理者要深入研究，把激励制度对员工创造性、革新精神和主动提高自身素质的意愿等因素考虑进去，使教师最大限度地努力工作。

2. 作为管理者要掌握多种激励方法

学校不同，教师不同，如果用相同的激励方法，可能产生的效果就会不尽相同，在管理者的心中应有自己清醒的认识，了解不同的激励方法的异同，并学会灵活运用，如物质激励与精神激励、正激励与负激励、内激励与外激励等，不同的激励类型对行为过程会产生程度不同的影响，所以激励类型的选择是做好激励工作的一项先决条件。

3. 作为管理者要关注激励过程

激励的目的是使组织中的成员充分发挥出其潜在的能力。激励是“需要→行为→满意”的一个连锁过程。一个人从有需要直到产生动机这是一个“心理过程”，如当一位老师在市级的基本功大赛中获得大奖后，他渴望得到学校、领导或同事的赞赏、认可与肯定，这就是他渴望被激励的心理“动机”。这时，如果学校、领导能及时而得体地用表扬“激励”，他在今后的工作会更加努力，甚至做得更好，这就使他产生了好的“行为”，而这种行为肯定会导致好的“结果”，最后达到学校、领导和同事都满意、认可的效果。

4. 作为管理者要关注激励技巧

激励机制就是在激励中起关键性作用的一些因素，由时机、频率、程度、方向等因素组成。它的功能集中表现在对激励的效果有直接和显著的影响，因此，认识和了解激励的机制，对搞好激励工作大有益处。如恰当把握激励的时机，何时用、何时不该用，都要根据具体情况进行具体分析。有效控制激励频率，能因人、因事、因地制宜地确定适宜的激励。有效把握激励程度，一定要做到恰如其分。有效控制激励方向，实施正确的激励，引导教师追求更高层次的目标。

如何将学校办得更好，让师生拥有更多的实际获得感？这应是我们每位学校管理者应该思考的问题。尤其是随着教育领域综合改革与城市副中心建设的不断推进，对教育提出了更高的要求。对学校教育来讲，既是机遇也是挑战，作为六中人要继续秉承“崇尚先进、争创一流”的六中核心价值追求，按照“世界眼光、国际标准、中国特色、高点定位”副中心建设的要求，迎难而上，锐意改革，在理念上与行动上再有新突破，完善管理，以教师激励机制建设为切入点，不断丰富内涵，提升品质，创造适合每一名学生的教育，最终转化为实实在在的育人成果，增强学生的实际获得感，切实将学校办成百姓身边的好学校。

**参考文献：**

［1］激励［EB/OL］.https：//baike.baidu.com/item/%E6%BF%80%E5%8A%B1/981767？ fr=aladdin.

［2］焦楠.从外延发展到内涵发展：学校发展观的时代转向［J］.西北师范大学学报（社会科学版）.2016（6）：103-108.

［3］金丽霞.开放大学师资队伍状态与教师成长实现路径［J］.现代远程教育研究，2016（5）：89-95.

［4］艾光磊.心理契约视角下FD公司知识型员工激励设计研究［D］.郑州：中原工学院.

［5］雁阵效应［EB/OL］.https：//baike.baidu.com/item/E9%98%B5%E6%95%88%E5%BA%94/9729244？ fr=aladdin.

［6］激励［EB/OL］.https：//baike.baidu.com/item/%E6%BF%80%E5%8A%B1/13132931？ fr=aladdin.

# 基于学生发展构建“卓越”教师校本培训体系的探索

常恩元

培养公民面向未来21世纪的核心素养是全球教育的共同追求，随着我国基础教育课程改革的不断深入，在人才培养的要求上也在发生着变化，核心素养的落地备受关注。2016年9月，《中国学生发展核心素养》研究成果的发布，为素质教育指明了方向，更成为教育改革和人才培养的重要指标。为此，学校基于学生的未来发展，坚持以教师校本化培训方式的创新为突破口，积极构建“卓越”教师校本培训体系，将校本培训系统化、常态化、精细化、特色化，力求实效，助力学生成长与学校的内涵发展。

## 一、构建“卓越”教师校本培训体系的背景

学校坚持“办卓越教育——激励每一名师生主动发展，成为最好自己”的办学理念，“卓越教育”已成为学校的办学特色，具体体现在卓越学生、卓越教师、卓越学校的培育上，学生的成长、学校的发展，要以教师为依托。学生从开始接受学校教育时起，每天接触时间最多的不是家长而是教师，教师的言谈举止、学识、人格魅力等都会对学生产生深远的影响。构建中学“卓越”教师校本培训体系有着极其重要的意义。本课题研究的主要是未来学校特级、市区骨干、学科带头人及区级以上教育人才的培养。

### （一）落实国家文件的需要

21世纪是知识经济、信息技术飞速发展的全球经济一体化的崭新时代。提

升基础教育质量、培养适应新的社会生活和社会发展的人迫在眉睫，而教师质量则是实现这一目的的前提条件。早在20世纪七八十年代，芬兰与美国就率先开始了旨在培养卓越教师的教师教育改革。当今的卓越教师培养已是世界教师教育的发展潮流。相对来说，我国起步稍晚。1985年《中共中央关于教育体制改革的决定》指出“建立一支数量充足、合格稳定的师资队伍，是实行义务教育的最根本方法，希望教师在数量满盈的基础上走向质量提升”。随后国家又出台了大量文件均涉及教师的培养问题，从“合格”层面向“卓越”层面的提升成为教师培养的趋势。2018年1月20日，中共中央国务院颁发的《关于全面深化新时代教师队伍建设改革的意见》明确指出“到2035年，教师综合素质、专业化水平和创新能力大幅提升，培养造就数以百万计的骨干教师、数以十万计的卓越教师、数以万计的教育家型教师”。可见教师的培养从国家层面给予了高度关注。

### （二）学生成长与发展的需要

培养什么人、怎样培养人、为谁培养人的教育根本问题，需要教师去回答，教师的世界观、人生观、价值观都会对学生产生深远的影响。党的十九大明确指出：“要全面贯彻党的教育方针，落实立德树人的根本任务，发展素质教育，推进教育公平，培养德智体美全面发展的社会主义建设者和接班人。”为学校的育人工作指明了方向。学生发展核心素养的提出开启了我国教育教学改革的新征程，使学校教育由过度关注“教书”转向“育人”。“培养什么样的人”在我国的历次教育改革中均受到重视，而“怎样培养人”一直被忽视，需要教师在充分认识自身对学生影响重要性的基础上，加以理解，并付诸行动。另外，学生的成长既要满足国家提出的培养目标，又要落实学校的培养目标，使每一名学生通过学校的三年教育，拥有学校的气质与痕迹。

### （三）提升学校办学品质的需要

培育卓越教师是提升办学品质和丰富办学内涵的需要，办百姓身边的好学校是教育人的责任与使命，一流的办学质量和丰富办学内涵离不开大批卓越教师的支持。正如梅贻琦所说：“所谓大学者，非谓有大楼之谓也，有大师之谓也。”可见，优秀教师的重要性。培育卓越教师是落实学校“办卓越教育——激励每一名师生主动发展，成为最好自己”办学理念的需要，办卓越教育具体体现在培养卓越学生、卓越教师、卓越学校的培育上，学生的成长、学校的发展，要以教师为依托，培养卓越教师势在必行。

（四）探索教师校本化培养的需要

2014年8月，教育部发布的《关于实施卓越教师培养计划的意见》要求从分类推进卓越教师培养模式改革，建立高校与地方政府、中小学“三位一体”培养新机制，体现了卓越教师的培养是多主体、多因素合力的结果。学校要立足实际在卓越教师培养上进行深入的实践探索，在卓越教师培养体系建构、培养途径、方法手段、评价等方面形成具有推广价值的成功经验。

## 二、“卓越”教师校本培训体系的内涵及架构

卓越教师校本培训体系的构建是立足于学校，采用不同的组织形式，以学校教师个体或群体为培训主导者，面向全体教师开展的培训学习，解决教育教学及行政管理中出现的突出问题，促进教师专业化发展的一种校本培训模式。其显著特征：一是坚持以问题为导向，立足学生成长与学校发展，以满足教师自身发展

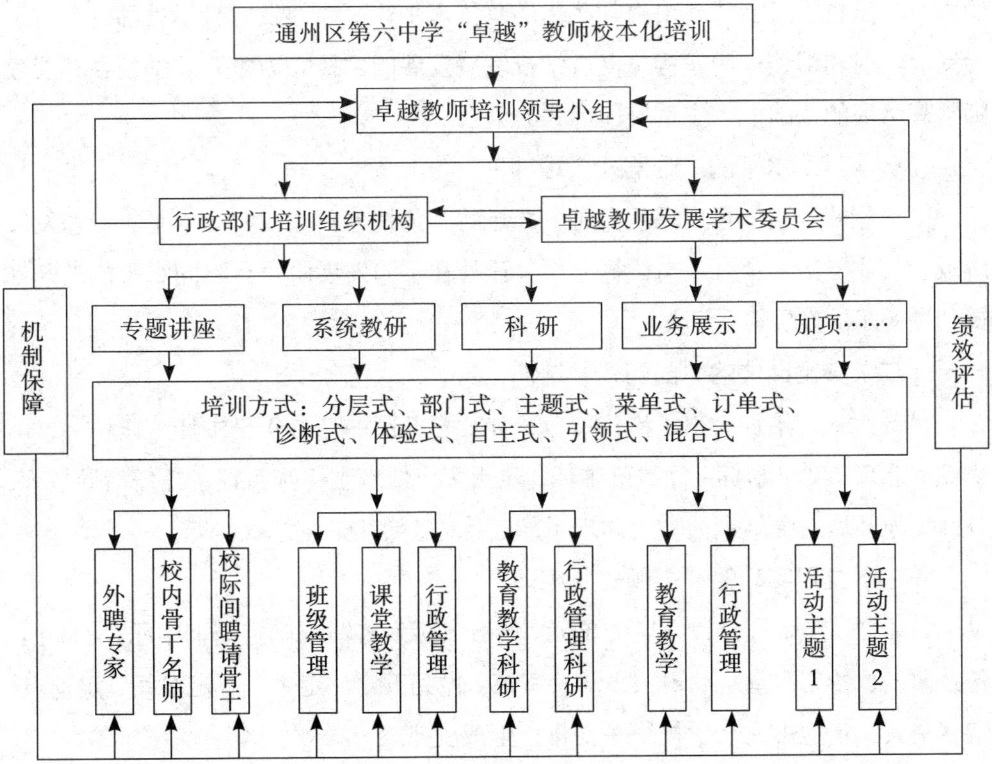


通州区第六中学卓越教师培训体系框架图

内需为前提，激发教师的自我潜能，实现研究成果的内外部辐射；二是坚持以校本培训的主导，突出价值导向，引领教师专业成长，寻找教师职业幸福感，实现教师培训由“输血”到“造血”的转变。三是坚持培训学习面向全校所有教师，既有教育教学人员，也有行政处室的人员，内容丰富，形式多样，使校本培训的内涵得到丰富。

从卓越教师校本培训体系框架来讲，注重行政组织与学术指导相结合，在学校卓越教师培训领导小组的领导下，坚持互动交流，互通有无，形成共识，注重培训内容的针对性，形式方法的多元有效性，培训管理的科学性，不断提升培训的实效。

## 三、“卓越”教师校本化培训的形式创新与探索

开展富有针对性、实效性的校本培训是促进教师从具备从教资格走向合格、从合格走向卓越的有效途径，是教师提升素质与能力的重要环节。学校骨干教师的数量和质量不仅能体现出教师队伍的总体水平，更能够发挥骨干教师的示范、带动、辐射和引领作用，构筑促进学校发展发展的“核心力量”。学校在开展教师常规培训的基础上，注重培训形式的创新。

### （一）基于水平的“分层式”培训

“分层式”培训可以采用多种方式进行，如按年龄段、实际水平、专业发展阶段、人才层次、学科、岗位等分层，让处在不同发展阶段、不同水平的教师都得到进一步的发展。

### （二）突出岗位的“部门式”培训

“部门式”培训突出了岗位特色，如德育部门的“青年班主任工作坊”，由我校的北京市“紫禁杯”优秀班主任、通州区十佳班主任张新颖主任任指导教师，有计划地开展系统培训活动，体现了部门特色、专业特色。

### （三）立足实际的“主题式”培训

“主题式”培训是以学期为单元，结合实际发展需求确定培训主题，各部门、各教研组、各工作室主动申报，学校审核。做到五定：定主题、定时间、定地点、定召集人、定主讲人。学校统一安排，形成安排表。

### （四）可供选择的“菜单式”培训

“菜单式”培训是指满足教师不同发展需求可供选择的培训。学校在教师发展需求前期调研的基础上，结合学校的办学目标、任务，拟定教师培训菜单，体现“必选 + 自选”的特色，具有灵活性、针对性和实效性的特点，使培训内容更加适合教师的需求，让每位教师都有选择自己感兴趣培训内容的权利，有利于教师的自主成长与发展。

### （五）基于个体的“订单式”培训

“订单式”培训是根据教师的个性化需求，设计、开展专门的培训课程。如学校市区级骨干、学科带头人、特级教师、优秀班主任的培养，在统一培训的基础上，可以依据教师的个人需求设计针对性的课程，对教师提供定制化的服务，帮助教师发展，形成业务上的风格与特色。

### （六）改进问题的“诊断式”培训

“诊断式”培训即在诊断教师发展中存在问题基础上，设计培训内容，坚持以实践为导向、以问题解决为中心。这种“临床教学”性培训活动，让学员“在做中学，在学中做”，体现参训教师的主体性、参与性、实践性和体验性，实现教师培训的供给侧服务与教师合理专业发展需要间的无缝对接，有利于教师问题的解决，有利于帮助教师补齐发展中的短板。

### （七）任务驱动的“体验式”培训

“体验式”培训即通过任务情境的创设引入需要探索的问题，让教师带着任务去学习，最终通过完成任务来获得新知或提高教育教学能力。如在进行课堂小组合作学习培训时，我们将 4 名老师分为一组，完成一个问题的讨论，每人都有具体的任务，让教师以学习者的身份，思考自己的课堂教学。让教师在情境的参与中，提升课堂教学技能。

### （八）互为参与者的“自主式”培训

每位教师都是一个独立的个体，都有着各自的优点与长处，教师们时常既是参与者，也是培训者。学校鼓励教师将自己成功的经验拿出来与大家分享，这样既丰富了培训内容，拓展了教师的视野，也使分享者感受到了自身的价值，获得了自信。

### （九）示范辐射的“引领式”培训

“引领式”培训主要是发挥优秀教师的优势，通过传、帮、带等形式，将自身先进的理念，高超的教育教学造诣，令人敬重的人格魅力等辐射到更多的教师，促进优秀教师团队的形成。学校在原有师徒结对的基础上，启动了“通州区‘运河计划’教育领军人才、特级教师、市区骨干教师工作室”“学校优势学科发展工作室”。

### （十）便捷灵活的“混合式”培训

借助先进的信息化手段，运用好“互联网＋教育”“移动互联网＋教育”“微信＋教育”和“AI+ 教育”等数据平台，实施“互联网＋教师教育”创新行动，紧密结合教师教育教学及管理工作实际，以发展学员自主学习为目标，实施“线上与线下”学习相结合，进而推动教育的改革和发展。

## 四、“卓越”教师校本培训的思考

### （一）校本培训要树立教师优先发展的思想

在学校办学的诸多要素中，核心是人，学生的成长及学校的发展，前提是教师的发展，没有一流的教师，学生的成长及学校的发展都将受到影响。所以，将教师优先发展作为学校的办学的首要任务，纳入学校发展规划，列入重要日程，统筹安排，精细化实施，力求实效，培育卓越的教师团队，助力学生成长与学校发展。

### （二）校本培训要以激发教师的内需为核心

兴趣是最好的老师，如果教师对校本培训不感兴趣、不关注、不支持，培训活动很难达到预期的成效。学校在正面引导的同时，要研究校本培训的创新点，在课程设置、组织方式、考核评价等方面要有新突破，提升吸引力。另外，要加大保障力度，服务教师发展，满足教师成长的需求，在校本培训中表现突出的教师，在评优、评先、外出学习等方面优先安排。

### （三）提升校本培训实效要关注精准化实施

校本培训精细化要贯穿于整个培训过程。一是方案设计要精准，克服想当然，脱离教师的实际需求，应做细前期调研，科学安排好各项培训活动。二是在课程的设置上要精确，既有面向全员的培训，也有面向不同组别、个人的个性化、特色化培训。三是实施途径上要精当，力求方法多元，要有新鲜感、吸引力。四是服务管理上要精心，热情周到地满足教师专业发展需求。

**（四）校本培训活动落实要突出科学化安排**

广大教师教育教学任务繁重，妥善处理好工作与培训时间上的冲突，是培训组织者必须要关注、思考、解决的问题。突破点是在课程设置、培训方式上进行调整，如根据培训课程内容设置长短课，在时间上安排更加灵活。还可以在培训方式上采用线上与线下相结合，教研与培训相结合等，实现培训活动与工作时间、课余时间的全天候对接，这样为培训活动的落实提供了保证。

习近平总书记曾讲：“一个人遇到好老师是人生的幸运，一个学校拥有好老师是学校的光荣，一个民族源源不断涌现出一批又一批好老师则是民族的希望。”我们将竭尽全力关注学生的发展，努力培育一支“卓越”教师的队伍，为学校办学品质的提升作出贡献。

**说明：**本文系北京教育科学“十三五”规划2019年度校本研究专项课题（立项编号CFBA19114）“基于学生发展的中学卓越教师培养校本化策略的实践研究”阶段性成果。

# 细化教师校本培训规划，引领教师专业成长

张志国

**摘要：**为进一步加强我校教师队伍建设，提高教师队伍整体素质，学校制定“十四五”时期校本培训规划。明确校本培训目标，打造一支政治坚定、团结协作、勤于育人、具有先进教育教学理念和创新精神的教师队伍，培养新入职教师迅速成长，中期教师逐步成为骨干教师和名师，促进课堂教学效果的提升。通过“听、说、读、写、带、做、练、思”八项内容，每月开展有针对性的分层校本培训活动。教师在一个培训周期（五年）内，至少要达到200个学时。

为落实北京城市副中心建设对教育提出的新要求，进一步加强我校教师队伍建设，提高教师队伍整体素质，根据上级部门关于教师培训的文件要求，结合我校教师队伍建设实际情况制定本培训规划。

## 一、需求分析

### （一）教育背景分析

1. 北京城市副中心建设的总体要求已经把通州区教师素质提升工作作为城市副中心教育改革发展的重要内容，列为了北京市教师工作的重点任务，为更好地服务于副中心建设，迫切需要一支师德高尚、业务精湛、结构合理、充满活力的高素质教师队伍。

2. 随着中考中招、高考高招改革的推进，干部教师对改革总体思路、中考考

试与命题方面的变化、改革的进程安排已经有了一定了解，但是干部教师推进改革的管理能力和教育教学实践能力需要进一步提高。

### （二）教师队伍状况

1. 我校现有教师总人数 109 人，平均年龄 42 岁。任课教师 83 人，平均年龄 40.8 岁，50 岁以上 21 人，40—49 岁 28 人，30—39 岁 13 人，30 岁以下 21 人。三年以内新教师 10 人，占全体任课教师 12%；一线任课教师中有 15 人为“教非所学”，占任课教师总数 18%。教师队伍结构表现为“一少两多”，一为 30—40 岁的任课教师少，只有 13 人，占比 16%；二为“教非所学”教师多，有 15 人，占比 18%；三为 40 岁以上中老年教师多，有 49 人，占比 59%。

2. 现有任课教师全部达到本科学历，骨干教师 16 人，占任课教师 19%；市级骨干、特级教师 1 人。教师队伍整体肯于奉献，上进心强，学校的干劲足、科研氛围浓厚。

### （三）学校发展目标

**办学理念：**办“卓越”教育——激励每一名师生主动发展，成为最好的自己。

**办学目标：**将学校办成令师生向往，家长、社会高度认可，具有丰富内涵与高品质的区域一流学校。

**育人目标：**实施“卓越”教育，培养自主发展、具有卓越气质的六中人。（实施途径：课程、课堂、文化、活动、行为、机制）

**共同愿景：**创建人文校园、和谐校园、活力校园、幸福校园和美丽校园，让学校成为师生的精神家园，在这里享受学习、工作的幸福与快乐，成为主动发展、具有卓越气质的六中人。

**价值追求：**崇尚先进、争创一流

学校的一训三风：

**校训：**明德　笃行　求实　创新

**校风：**勤奋　文明　拼搏　创优

**教风：**融情　优教　严谨　创新

**学风：**刻苦　求知　励志　创优

### （四）教师发展需求

根据前期问卷调查和部分教师访谈，教师需求主要集中在以下几个方面：

1. 近三年新毕业教师，即发展初期教师还不能适应我校教育教学的整体要求，教育教学理念、方法、手段需要掌握与提高。

2. 新形势下，学生的知识水平增长迅速，尤其是对日新月异的新知识的掌握要远远胜于教师，尤其是毕业十年以上，有了一定的教育教学经验的发展中期教师和已经取得过突出成绩、荣获过各种市区奖励、近年事业停滞不前的发展瓶颈期教师，与学生相比较他们原有的知识，以及获取知识的途径、手段已经落后于学生。

3. 新中考改革背景下，教非所学教师的教学能力和水平已不能完全适应新形势的需要，综合素质急需提升。

二、校本培训目标

（一）学校综合办学能力达到一个新的高度。面向全体教师，以提高全体教师的整体素质和学校的教育教学质量为目的，打造一支政治坚定、思想过硬、团结协作、无私奉献、勤于育人，具有先进教育教学理念和创新精神的教师队伍，具体目标为：

1. 政治素养好。具有较高的政治理论水平，教育思想端正。

2. 理念先进。认真学习教育教学的法规、文件及先进经验，了解教育教学的发展状况与趋势，能用先进的教育教学理念指导日常工作的开展。

3. 专业能力强。精通教育教学理论，具有较强的组织、协调、指挥能力和科研能力。

4. 具有开拓精神。工作中具备勇挑重担，迎难而上，争创一流的品质。

（二）建设一支师德高尚，理念先进，专业素养高，业务能力强，年龄梯次合理的德育骨干队伍（包括班主任队伍、团队干部、政治教师）。

（三）入职三年内新教师发展初期培训，帮助他们了解本学科的发展趋势，完善知识结构，提升知识层次，使他们具有较强的教育教学能力、实践创新能力和教育教学科研能力。在“春蕾杯”“启航杯”教学基本功大赛中取得优异成绩。

（四）引导教师树立自主学习、终身学习的意识。特级教师、名师数量、市级骨干数量在现有基础上力争增加 1—2 人，区级骨干增加 3—4 人。

（五）课堂的十个转变目标

由重教师教向重学生学转变；由重知识传授向关注育人转变；由执行预设向注重生成转变；由教学形式单一向形式多元化转变；由关注个体向面向全体转变；由学生个体学习向合作学习转变；由学生被动学习向主动学习转变；由教师的师道尊严向民主平等转变；由单一的师生对话向师生、生生多项信息沟通转变；由传统教学手段向现代信息化、数字化转变。

## 三、校本培训原则

### （一）整体性原则

校本培训面向学校不同发展阶段的教师，发展期、发展中期、发展瓶颈期教师，每个教师都得到应有的发展。

### （二）针对性原则

我校的校本培训围绕学校的办学目标和特色，以提高教育教学质量为核心，以提升教师专业能力为重点，开展有针对性的培训。

### （三）实效性原则

校本培训的目标、内容、方式具有实效性，解决教育教学中的实际问题，使教师有实实在在的提高，真正为建设教师队伍起到重要作用。

### （四）开放性原则

充分挖掘、聚合并利用校内外优质资源，积极争取市区级教研机构和专家的支持，采取走出去、请进来的方式开阔教师眼界、拓展教师思路。

## 四、校本培训内容

### （一）师德师风建设与德育队伍建设

面对“十四五”时期通州区教育改革面临的新形势、新任务，充分了解学校在发展过程中尚待解决的新矛盾、新问题；把脉教师在专业发展道路上的困惑、思考、需求、目标，有的放矢地设计和实施培训项目。学习贯彻《中小学教师职业道德规范》，进一步规范教师教育教学行为。坚持立德树人，提升教师师德素养，努力培养和造就一支师德高尚、业务精湛、结构合理、充满活力的教师队伍。

开展德育干部、班主任专题培训，重视教师德育知识的学习实践，提高德育队伍素质，促进德育工作水平提高。

## （二）教师全员培训方面

教师全员培训从加强针对性、注重实效性出发，基于教师职业道德素养，现代教育理论，教育教学技能训练，教育教学实践研究等内容。开发基于水平的“分层式”培训；突出岗位的“部门式”培训；立足实际的“主题式”培训；可供选择的“菜单式”培训；基于个体的“订单式”培训；改进问题的“诊断式”培训；任务驱动的“体验式”培训；互为参与者的“自主式”培训；示范辐射的“引领式”培训；便捷灵活的“混合式”培训。

1. 教育观念培训。组织教师学习“中高考改革背景下的应对措施”“新时期的教师应该这样当”“中考改革背景下的教—学—评改进”等，使教师在接受校本培训的过程中，通过现代教育理论的学习，逐步形成新的教育观念，使之符合新课程的教育要求。

2. 专业技能培训。专业技能培训旨在夯实教师专业基础，提高教师的核心素养和教学能力。通过培训让教师熟练掌握课程目标、性质、类型、内容和教学的形式与手段，提升改革背景下的教学实践能力和水平。

3. 课题研究。帮助教师在课题研究和问题解决的过程中进行自我监控和评价，培养教师的教育科研能力，做到“教与研”紧密结合，研究与行动合二为一，促使教师的教学水平和研究能力共同发展。

## （三）新教师培训方面

新教师培训按照教师的专业态度、专业知识、专业技能、专业行为“四项”修炼内容，采取制订成长计划、跟踪调研指导、团队拓展训练、导师带教提升等策略，积极创设有利于青年教师快速成长的学术环境，努力提高新教师实施教育教学的能力和水平，尽快适应并融入教育综合改革和教育教学工作中。

## （四）发展中期与发展瓶颈期教师培训方面

针对教师队伍的现状和发展要求，注重强化职业态度与精神，唤醒、激活教师对专业的卓越追求。帮助教师在学科教学中落实现代教育理念，培养学生的创新意识，激发和培养学生探索未知世界的欲望和能力。这一内容的培训包括教学案例分析、观摩（包括上课与说课）研讨、问题研究、经验交流等。

## （五）骨干教师培训方面

骨干教师培训将立足于工作实际，从教师可持续发展和终身学习的战略高度出发，本着前瞻性和实效性相结合，整体提高与重点突出相结合的原则，分阶段、有步骤地进行。同时，加强动态管理、定量考核，促使骨干教师理念先行、能力提升、发展自我，形成特色。

五、校本培训方式

通过“听、说、读、写、带、做、练、思”对教师进行培训。

（一）“听”即课例观摩

一是听骨干教师们的教学公开课，体会一节好课的标准。二是听专家讲座。准确把握课程改革的动向，切实转变教育教学理念。三是听骨干教师讲座。听他们如何把理论与本校、本学科的实际相结合，以及日常教学中的一些实际的、共同性的问题的解决方法。

（二）“说”即评课议课

通过说课教师展示自己在课堂教学中如何运用先进的教学方式，如何渗透、落实新课程理念，通过以教研组为单位有针对性的讨论、分析、研究、交流、研讨，帮助教师把理论与教学实践结合起来，指高教师的实践能力。

（三）“读”即文献学习

学习学科教学改革、课程与教材改革、新中高考改革、学生综合评价方面的相关政策、文献，帮助干部教师准确理解改革的精神和要求，提升改革背景下的教学管理能力和水平。

（四）“写”即教案书写

每位教师要独立设计一份教案。教案要反映出学科教学改革和招生考试制度改革等方面深刻变化。

（五）“带”即专家、骨干引领

加强学科研修工作室建设，充分发挥辐射、引领和带动作用。依托我校运河计划领军人才、市、区级骨干教师队伍，开展培训工作，通过体验式随堂听课、参加研修活动和做研究课等方式参加教学实践活动，全面提升教师的教学实践能力。

1. 带动全员素质提升。利用研修工作室开展学科教学改革与新中高考改革的专题培训，充分利用教科院、考试院等相关部门的专家资源，面向全体一线任课教师开展学科教学改革、课程与教材改革、新中高考改革等内容的专题培训。

2. 带动青年教师成长。专家（市区名师、骨干）针对青年教师书写的教学设计提出建设性的意见，通过专家（市区名师、骨干）指导，使青年教师掌握书写教学设计的标准、规范、方法。

3. 教学相长，促发展瓶颈期教师再成长。以研修工作室为依托，采取请进来的方式，对各学科教研组长、备课组长、区级以上骨干教师开展学科教学改革和新中高考改革专题培训，帮助骨干教师和发展瓶颈期教师把握改革的精神和要求，帮助他们加强学情分析，精准诊断学生，提升推进改革的能力和水平。

### （六）“做”即做课题研究

开展以校本为主的课题研究，解决实际问题，提高教师的教科研能力。通过学科研修工作室活动，提炼教学中的有关问题，在骨干教师的带领下，组织教师展开针对性的探究。

### （七）“练”即实践应用

在工作实践中验证、应用、巩固所学知识，完成自己的教学设计，形成自己的教学特色。

### （八）“思”及总结反思

观摩优秀课堂，反思自己课堂，不断改善、跟进、提高。在学习名师们先进的教学思想、理念和教学风格的基础上，通过名师带徒、主题研究、合作研修、典型示范、交流研讨、经验提炼、反思提升等形式，引领教师专业发展。

## 六、校本培训步骤

| 主题 | 基本形式 | 预期目标 | 考核方式 | 培训时间 | 学时 | 学分 | 责任人 |
|---|---|---|---|---|---|---|---|
| 课例教研 | 讨论、辅导、测试、同伴切磋、骨干示范 | 完成一份优秀课例 | 课例评优 | 每年 3 月 | 20 | 1 | 王宏岩<br>张志国 |
| 中考改革背景下的教—学—评改进 | 讲座、交流、示范、研讨 | 提高课堂教学时效 | 课堂教学评优 | 每年 4 月 | 40 | 1 | 王宏岩<br>张志国 |
| 教育法规学习 | 讲座、讨论、辅导 | 认清形势，提升素质 | 笔记、答卷 | 每年 7 月 | 20 | 1 | 凤　仙 |
| 如何培养学生的学习习惯 | 讲座、交流、示范、研讨 | 掌握学生培养方法 | 笔记、答卷 | 每年 9 月 | 20 | 1 | 王宏岩<br>张志国 |

续表

| 主题 | 基本形式 | 预期目标 | 考核方式 | 培训时间 | 学时 | 学分 | 责任人 |
|---|---|---|---|---|---|---|---|
| 如何指导学生掌握科学的学习方法 | 示范、交流、现场诊断、同伴切磋 | 让学生掌握科学的学习方法 | 笔记、答卷 | 每年9月 | 20 | 1 | 王宏岩<br>张志国 |
| 有效教学专题研究 | 示范、交流、现场诊断、同伴切磋 | 提高课堂教学时效 | 课堂教学评优 | 每年10月 | 20 | 1 | 王宏岩<br>张志国 |
| 中考改革背景下教学方法的改变 | 讲座、交流、示范、研讨 | 更新观念、转变方法、适应形势 | 笔记、教案、课堂教学的改变 | 每年11月 | 20 | 1 | 王宏岩<br>张志国 |
| 新形势下 德育途径的探究 | 讲座、交流、示范、研讨 | 提升理念 | 知识答卷 | 每年11月 | 20 | 1 | 凤　仙 |
| 新教师培训 | 示范、现场诊断、同伴切磋 | 提高教学设计能力 | 新教师基本功测试 | 每月进行 | 20 | 1 | 王宏岩<br>凤　仙<br>张志国 |

## 七、校本培训资源

### （一）培训者资源

1. 学科研修工作室统筹。建立以学校骨干教师为核心的学科研修工作室，负责青年教师培训的指导、实施、考核、评价等具体事宜。

2. 专家引领。学校根据教育教学形势的发展和本校青年教师的实际需要，每学期列出计划，邀请市、区有关专家、学者到我校作形势报告、师德教育、理论宣传和业务培训等各项工作。

3. 骨干带动。我校的教科研骨干，在本人业务领域都有所专长，他们将先进的教学思想、理念和教学风格，自己教学改革与研究的成果，自己优秀的教学案例、课例、教学心得体会和反思等汇集成教学资源，为青年教师成长提供第一手资料，引领青年教师专业发展。

### （二）学习资源（图书、网络、视频、开放性培训平台）

鼓励教师积极参加学校及上级有关部门组织的各级各类基本功比赛。依托学校图书室、校园网、各种教学刊物，拓展校本培训和交流平台，引导教师自主学习。为教师们购置大批反映新课程改革、新教育理念的书籍和光碟，鼓励教师们积极阅读、观看，同时我们还将订购许多反映教研教改前沿水平的教育期刊杂志，定期分发到各个学科组中，方便教师们阅读。

（三）其他培训资源

1. 固定的学习时间。每周二为教研组活动时间，专人负责，提前安排学习内容，同时记录、检查考勤。

2. 外派骨干培训。选派一定量的骨干教师参加国家级、市级的培训。这些派出培训的骨干教师是学校最佳的校本培训资源。他们参加培训后结合教学实际开讲座，培训其他教师。

3. 校际之间的师资交流培训。通过与北京市三帆中学的手拉手项目、“通、武、廊第六教育共同体”“通州区中学第五教育共同体”校际间的合作与交流，更好地发挥教育共同体对学校工作的推动作用，促进校际间教师的互动、沟通，开阔教师眼界。

4. 硬件资源开发。确保经费投入，购买课改学习资料，尽量做到人手一份。订阅教育教学刊物，从电脑室网络中，充分利用网络资源。

八、校本培训评估

（一）校本培训要求

1. 老师要高度重视，明确本次培训的学习内容、时间安排和学习要求，认真执行培训计划。

2. 培训过程中，教师无故不能请假，教务处做好每次培训考勤记载。

3. 培训结束后，学校教务处将培训计划、总结、培训笔记、反思文章、教学设计整理归档，并办理教师继续教育学分。

（二）考核评价方法

1. 学校将校本培训工作纳入学校考核评估的范畴。

2. 教师参加培训的成绩将作为职称评定的重要依据。开展各教研组、课题组的达标验收和示范课评比活动，对校本培训工作中的先进组及先进个人予以表彰。

3. 成立专门的考核评估小组，每学期定期从教师教育理念、课堂教学质量、师生关系、教学基本功、教育科研能力等方面进行考核，并将检查情况及时通报。

4. 教育教学研究、教育科学研究通过成果展示，论文获奖或发表情况进行考核。

5. 现代信息技术应用，以书面测试、实际操作进行考核。

6. 教师基本功通过基本功大赛及上交的材料评比形式和获奖情况进行考核。

7. 教师参加继续教育的考勤情况，作为考核内容之一。

以上考核合格者可根据“校本培训学时计算方法”，折计校本培训学时。不合格者要通过相应的培训或自学提高自己，待下一次组织测评合格后方可计入。教师在一个培训周期（五年）内，至少要达到200个学时（包括集中专题培训、技能培训、学术活动与课题研究、主讲公开课、听课、撰写论文）。除完成培训任务外，在竞赛中获奖及发表论文等均算入学分。

# 办卓越教育　建全景课程

王宏岩

**摘要：**通州六中始终坚持“办卓越教育建全景课程”，提供给学生以立体、多元的课程体系，课程的实施形式是真实的、贴近生活的，它的实施过程是360度、全方位、无死角的，为每位学生全面而有个性的发展提供了丰富的课程门类和广阔的课程选择空间，从不同角度促进学生的卓越成长，帮助学生完成自我的超越与蜕变。

**关键词：**卓越教育；全景课程；设计；实施

北京市通州区第六中学以培养“全面发展的人”为核心，始终坚持“办卓越教育　建全景课程”。

这里的“卓越”不是成名成家，它是指“卓而不同，超越自我”，是能够不断战胜困难，不断超越自我，不断进步。卓越教育就是通过六中三年的培养，使每名学生在自己原有的基础上不断进步，完成自我的超越与蜕变。

卓越教育以学生为本，关注学生的全面发展与个性成长，全景课程是卓越教育实施的途径与保障。“全景”是把相机环360度拍摄的一组或多组照片拼接成一个全景图像，此图像最大的三个特点是：3D的、全方位；最大限度地保留了场景的真实性；具有360度环视的效果。顾名思义，全景课程就是提供给学生以立体、多元的课程体系，课程的实施形式是真实的、贴近生活的，它的实施过程是360度、全方位、无死角的，有利于每名学生综合素质的提升和全面发展。

## 一、3D 的全景课程的设计

“全景课程”为每位学生全面而有个性的发展提供了丰富的课程门类和广阔的课程选择空间，从不同角度和“文化基础、自主发展、社会参与三个方面”促进学生的卓越成长，帮助学生完成自我的超越与蜕变。为此，根据不同学生的发展基础、潜能与需求，建构了适合每个学生发展的“全景课程”三大模块，为每一位学生铺就通往自己卓越人生的道路。

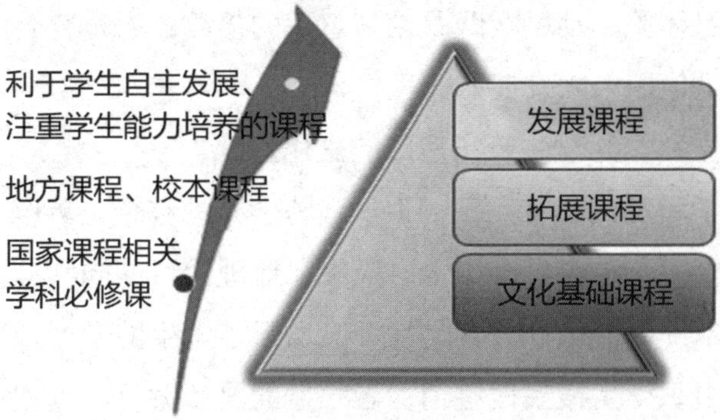


实施“卓越”教育培育自主发展六中人

（一）文化基础课程。即国家课程相关学科必修课：语文、英语、历史、地理、思品、数学、物理、化学、生物、音乐、美术、体育和综合实践活动等课程。

（二）拓展课程。即在国家课程基础上拓展的地方课程、校本课程。其中市级地方课程含专题教育综合课程、中华优秀传统文化、书法、中国梦、职业生涯、我们的城市、我爱北京等；通州区地方课程含通州历史、通州生物、通州地理、创业；拓展类校本课程含“生活中的数学”《化学真奇妙——生活健康都需要》《车辆模型与航空模型》《化学计算技巧》《国学教育》《通州城的形成与发展》《通州新城发展和面临形势》《篮球》等及各学科研究性学习，如通州区交通问题研究、通州区水资源净化问题的研究等。

（三）发展课程。即利于学生自主发展、注重学生能力培养的德育课程和校本、社团类课程，包括学农与游学、人文社团、科技社团、艺术社团、体育社团等。德育课程包括“卓越之始”“卓越之钥”“卓越之路”课程，校本教材为《好习惯》《好品质》《好人生》《做最好的自己》《做优秀六中人》《学习方法指导》等。

3D 全景课程注重“人文底蕴、科学精神、学会学习、健康生活、责任担当、实践创新”等中国学生六大素养的培养，使学生的学习不是片面地停留在书本知识习得上，让学生能够在实践中立体地感悟社会和人生，在体验中丰富自己的经验和阅历，开拓自己的视野，提升自身的素质。

## 二、逼真的全景课程实施形式

全景课程的实施形式注定是多样的，以往单纯的闭门造车的教学很难给学生提供一个逼真的、贴近学生生活的课堂学习环境。在通州六中的全景课堂上，教师们关注学生学习体验、动手实践及创新意识的培养，通过整合，提供给学生贴近他们生活，满足他们未来发展的课程。

### （一）整合学科，为学生筑牢宽厚的文化基础

学校依据各学科的内容特点，大力加强跨学科的整合。英语、语文学科在排练课本剧、校园剧时，与音乐、美术、历史、地理学科共同活动，既增强了课本剧、校园剧的艺术性、准确性、真实性，又增强了学生的学习积极性；数学学科与思想品德学科组织学生搜集侵害消费者权益的典型案例，以“如何维护消费者权益——生活中的数学打折问题研究”为题，共同开展教学活动；地理学科教师组织学生探究了《通州的交通状况》，生物组进行了《泡菜制作的研究》等。

艺术和体育学科以体验艺术、丰富体育生活为主，充分利用已有的校本课程、科技节、艺术节、体育节、文化节及各类社团资源，进行合理整合与规划，形成具有六中特色的实践活动课程。

### （二）整合课堂，让学生有广泛的社会参与

1. 在实践中培养学生科学精神与问题解决能力。为学生构建开放性的学习空间，提供丰富、多元的科学实践活动，在校内，教师们组织学生进行实验小发明和制作的展示，科技论文的撰写和电子报的制作，科普读物阅读和交流。

在校外，组织学生参观自然博物馆、中国科技馆，组织学生到植物园、污水处理厂、现代农业园、化工厂等开展实地调研，培养学生的创新精神和实践能力，推进课程实施。

2. 在活动中培养学生责任担当与家国情怀。每学期三个年级都要参加“走入自然，了解社会”活动。道德与法治、社会学科的校内外实践活动以道德、法制和情感的真实体验为主，校内安排时事讲坛和电子报制作、模拟法庭、社会主义核心价值观知识测试等活动；校外与其他学科参观国家博物馆、首都博物馆、抗

日战争纪念馆等历史社会类博物馆活动进行整合，共同实施。

## 三、360 度的全景课程实施路径

### （一）以生为本，因材施教

全景课程的实施路径是 360 度的，不留死角的。不抛弃一名学生，不让一名学生掉队，就要做到“以生为本，因材施教”。“以生为本”就是要面向全体学生，关注每一位学生；“因材施教”就是注重每一位学生的成长，发展每一位学生的个性。

学校始终关注学生的差异，面对来自不同的家庭，有着不同的性格特征和行为秉性，有着不同的发展潜能，不同学习特点、学习需求的学生，进行有针对性、有差异性的教学，为一个个有差异的学生个体搭建起一座座通往知识的桥梁。

在教学过程中教师们采取有意注意的方式，关注不同层面的学生，针对他们的潜能、知识层次、学习态度设置不同的教学目标，采取不同的教学方法、反馈方法，使学生在这种有针对性的教学活动中，找到自信，都能够获得成功的个人体验。

### （二）建设 360 度的卓越德育课程——让学生有自主发展的能力

学校德育课程秉承“办卓越教育——让每个学生得到发展”理念，将“学生”的发展作为一切工作的逻辑起点和最终落脚点，帮助学生不断完成自我蜕变和自我超越。

1.“卓越之始”课程——梦想从这里起航

每年四五月份，学校主动与周边小学联系，了解毕业生情况，与学生见面，为学生答疑解惑。7 月中旬，利用新生家长会让家长对我校分班的公平性、教学的实施情况等进行深入了解。9 月，新生一到校就会收到《做优秀六中人》《初中学习方法指导读本》，班主任、德育干部负责讲解，教育学生要遵守纪律；教会学生如何与同学相处，在学习中如何互相支持和帮助。11 月，期中后的新生家长会，学校领导、班主任、学科教师要与家长交流，让家长了解学校发展史、班级发展目标、新生入学半学期的表现。

2.“卓越之钥”课程——学会自我发展

利用校会、年级会、班会，学优生、进步生、优秀往届生经验介绍等活动分享成功者的经验，帮助新初三学生尽快适应紧张的学习生活。利用班队活动教育学生要热爱学习，重视学习，努力使自己不断进步。教会学生自我调节，增强抗挫折能力。通过开展形式多样、生动活泼的专题教育活动，促进学生发展，激励学生的集体荣誉感。分享《感动中国》里感人的故事，了解奥运会运动员的优秀事迹，帮助学生树立正确的人生观和价值观。

3.“卓越之路”课程——留下闪光足迹

好习惯：以《做优秀六中人》德育课程读本学习为抓手，全面抓实、抓牢养成教育。

好品质：用“通州六中学生20个好品质”引领学生的价值取向。

好人生：通过模拟政协、社会实践挑战赛、实事辩论赛、丝绸之路挑战赛、渴望宣言国际活动、通惠河污水改造、模拟实验室等树立学生理想信念、人生目标、社会服务意识、社会参与意识，引导学生坚定人生理想，明确努力方向。

### （三）360度的课程评价

全景课程的评价是360度的、全方位的。学校关注学生的发展，建立了学生、教师、家长、管理者、社区和专家等共同参与、交互作用的评价制度，以多渠道的反馈信息促进学生的发展。学校倡导发展性评价、综合性评价、分层评价、多样化评价、多元化评价，重视学生知识以外的综合素质的发展，尤其是创新、探究、合作与实践等能力的发展，以适应人才发展多样化的要求。

卓越教育注重激发学生内在的发展动力，促进其不断进步，实现自身价值，“全景课程”为国家培养出了一批批关注社会、具备宽广视野、有创造力、有目标、有责任感、能自我发展的合格人才。

**参考文献：**

[1]《中国学生发展核心素养》[J].上海教育科研，2016年10期.

[2]杨志成.全息课堂教学策略（上）[J].小学教学研究，2019年第1期.

[3]王晓虹，赵翀.关于“全景式课程”建设的思考与实践[J].现代教学，2017年Z3期.

# 秉承可持续发展教育观，实现学校的内涵发展

凤 仙

**摘要：**通州六中以可持续发展教育为抓手，通过建构可持续发展教育模式，在学校的各个工作领域普及可持续发展教育理念，引导广大师生不断培养自身的可持续发展意识与行动力，使其成为学校全面提高学校办学质量、构建优质教育、体现科学管理、推动学校特色建设的强大动力。

**关键词：**可持续发展教育；多角度

## 一、将可持续发展教育理念融入学校办学思想

多年的可持续发展教育实践让我们清醒地认识到：就人的发展而言，教育功能划分为三个阶段：获取、生成、发展，其中为师生提供发展所需的“不竭动力”是教育的最高境界。本着教育为可持续发展服务的理念，我校将“以人为本，面向全体，关注差异，关注师生能力与潜质的挖掘，为每一名师生的健康成长创设环境，使每一名师生在原有基础上得到良好发展”作为学校的办学理念，尊重生命个体，尊重师生的差异性与多样性，以人为本，为每一名师生的可持续发展服务。我们将可持发展教育理念渗透到学校的各个工作领域，以期通过可持续发展教育实现教育方式的最优化、教育效果的最大化。在以校长为组长，德育、教学、总务后勤等各部门联合组成的可持续发展教育领导小组的带领下，积极构建健康向上的校园可持续发展教育文化，有计划地进行可持续发展教育专题培训，引导广大师生将积极、健康、向上的学校精神文化从外在的精神追求，内化为校园文化

主体的自我发展要求，激励广大师生不断前进。经过长期积淀、选择、凝聚，我们逐步形成了自己独特的精神文化，具体表现为："崇尚先进，争创一流"的价值取向；"团结协作，积极进取"的团队精神；"团结勤奋，文明求实"的校风；"严谨求精，创新奉献"的教风；"乐学勤思，刻苦创优"的学风。这些以人为本的六中精神文化，进一步确立了以可持续发展为宗旨的学校发展目标，凸显了以"尊重"为核心的教育价值观，形成了师生持续的创造力和学校生动发展的推动力。

## 二、满足学习主体多元需求，探索可持续教学模式，提高学习主体的可持续学习能力

本着实现可持续发展教育综合性、跨学科性、实践性的宗旨，我们从三级课程建设入手，根据学生特点和学校办学理念的要求，依托对基础教育课程改革的理解及教学实践，提出"关注差异，关注生活"的课程建设和实施理念，积极创建"适合学生学习、利于学生发展"的课程模式。"关注差异"就是正视学生的实际，以"尊重"为指导，面向每一位学生，从不同学生表现出的差异性与多样性入手，因材施教，减轻学生负担，最大限度实现课程建设的"低耗高效"；"关注生活"就是在课程建设和实施过程中，贴近学生的实际生活，密切联系他们的生活经验，引导学生真正成为学习活动的主体。

在教学实践中，我们本着"主体探究、综合渗透、合作活动、知行并进"的16字原则开展教学活动，形成了以培养学生基础学习能力与可持续学习能力为目标的"三维四向五角度"的教学框架，"三维"指知识掌握、价值判断、能力形成；"四向"指情感生成、潜力挖掘、能力拓展、社会意识；"五角度"指认知角度、思辨角度、合作角度、探究角度、提升角度。在教学实践中注重学生三种探究能力的培养，即通过指导学生的课前预习形成意识探究能力；通过课中引导学生自主合作形成问题探究能力；通过课后指导学生完成实践性作业形成应用探究能力，使学生在这种有针对性的教学活动中，受到尊重，找到自信，学会合作，自主发展。

## 三、以专题教育活动深化可持续发展价值观教育

我们在专题教育中立足于让学生在自我实践中去体验，在体验中去感受，在感受中去思考，通过自我思考不断对自己的思维和行为作出评判、作出修正，从

而使自身不断完善、不断进步，学会正确处理人与人、人与自然、人与环境、人与文化的关系，使自身的公民意识、社会意识得到提升。

### （一）在科技教育中培养学生的创新精神与实践能力

我校每年都组织科技节，为每一名学生提供学习科技知识、拓宽科技视野、获取科技前沿信息、展示科技制作水平、交流科技经验的绝佳机会。在以车模、航模为科技龙头项目的基础上，我们的科技活动领域已拓宽到健康教育、学科知识、信息技术、科技英语、科技制作、资源开发与利用等诸多领域，科技教育内容异彩纷呈，例如，我们组队参加了“索尼探梦”网上电脑绘画设计、科技知识参观、生物知识竞赛、科技英语演讲，结合学校实际组织了急救知识培训、地震知识讲座、人防知识讲座等专题科普教育活动。在北京市青少年科技传播行动中，“我把太阳抱回家”项目、科技教育独幕剧、生物竞赛表演剧、校园科普剧均在北京市获得一、二等奖，我校自行研发的“七彩动态广告发光字”克服了传统 LED 显示屏高成本、高消耗的弊端，引领了能源节约的新趋势，在北京市青少年科技创新大赛中一举获得一等奖，同时，在北京市中学生节能型场馆设计大赛、节能环保乐队大赛、我有一双灵巧手——金点子大赛、金鹏科技论坛、科技大赛论文类、绘画类等诸多领域连年获得一、二等奖，在首届青少年节能减排——走进地毯生活创新大赛、木梁承重比赛等专项科技竞赛中也都取得了一等奖的好成绩。

### （二）在节能减排教育中开展低碳生活养成教育

在引导广大师生关注生活、关注环境的教育实践中，我们积极倡导师生们尊重资源、低碳生活，以“协调统一，全方位开展节能减排教育”这一市级科研课题为引领，深入落实节约资源和环境保护的基本国策，积极构建以课程建设为主阵地，以增强师生节能减排意识为工作重点，以管理创新为突破口的节能减排教育网络，有效营造了节能减排的良好教育氛围，使节能减排教育常态化、规范化，为促进节约型社会建设作出贡献。

1. 站在促进学校全面发展的角度高度重视节能减排教育工作，加强对节能减排工作的管理，建立节能减排工作领导机构，健全管理机制，落实目标责任制，确保节能目标的实现。

2. 面向全体师生大力开展节约教育与宣传，积极探索、落实学生思想道德教育、综合实践活动、新课程改革中的节能减排教育的理念与要求，不断培养、提高广大师生节能减排意识与行动力，促进师生养成良好的节约习惯。

3. 在工作中以人为本，不断建立、完善各项节能减排制度与措施。在《通州六中节能减排工作制度汇编》中已包括《通州六中用水、用电管理办法》《通州六中节约使用固定资产实施方案》《通州六中“绿色采购方案”》《通州六中教室、专用教室能源管理办法》《通州六中设备运行与维修管理办法》等涉及节能、降耗、环保、采购、日常管理、报损维修等各个领域的管理措施30余项，广泛应用于学校运行的各个环节，使我校节能减排工作逐渐呈现人本化、制度化、规范化、科学化的特点，并逐渐被广大师生认可和拥护。

4. 遵循寓教育于活动之中的教育规律，通过开展多种主题教育活动对学生进行节能减排教育，让学生在潜移默化中深受影响，形成良好的节俭意识，增强责任感、使命感，人人心中都树立“以节约为荣，以浪费为耻”的自觉意识，在日常的学习生活中从自身做起，从点滴小事做起，人人争当节能减排的倡导者和先行者，养成自觉节能、从我做起的良好行为习惯。

### （三）在生态与环境教育中培养学生的环境与资源意识

通州区新的城市定位使通州区突出以运河为纽带的城市形象及文化内涵，这是学校开展可持发展教育的最佳时机，为此我们多次和北京市水务局通州分局、北运河管理处合作，开展了“运河儿女运河情，美丽家乡伴成长”系列社会实践教育活动，活动内容包括“走进母亲河”的环保考察活动、“我是小小解说员”污水处理解说词评比活动、“中水利用的构想”征文活动、校级节水短信、节水小窍门征集活动，并代表通州区参加北京市节水家庭评选、节水之星评比活动。

学生们针对北运河现状，通过参观、专家讲解等途径，了解到水泥硬化的城市河道的弊端，开始了对自然生态河流可持续发展模式的思考。通过参观通州区不同淡水河道，观测不同地点、不同水位、不同水质情况下水生植物生长态势，认知了水生植物根系对污水的过滤作用，在北运河管理处工程师的带领下，学生们通过电脑网络、专业书籍、走访专业人士等途径，搜集到了很多耐污能力强、适宜北方生长的淡水水生植物资料。在实验教师的帮助下，亲自动手，利用专业仪器测量北运河水质，完成了对通惠河的水质采样、检测等工作，检测出河水中含有的主要污染物，完成了《通州六中关于通惠河水质鉴定的报告》。

学生们根据水生植物根系对污水有过滤作用这一特点，利用培养箱分别试种了30余类单种水生植物进行比较试验，顺利完成了试验项目，并向北运河管理处提交了《通州六中本土水生植物改善通惠河水质实验报告》，该项目受到市区专家的高度评价，被评为市级“勇于创新奖”。

**四、校园环境建设以人文本，体现“节能减排”理念**

（一）依托“校安工程”，加快硬件设施建设，构建节约型、生态型校园建筑特色。2010年7月我校启动校安工程，施工中一律采用新型节能保温材料和节能照明产品，在教学楼顶、层室内屋顶平铺了高阻热、低线性、膨胀比低的建筑材料，教学楼外墙采用的环保型节能材料使用寿命超过30年，各层楼梯拐角处均安装声光控照明设备，各办公室、教室、走廊都采用节能灯具，室内照明开关都设计成多个按钮，根据室内实际情况打开日光灯数量，从而有效提高了资源使用效率，降低了学校运转成本。

（二）通过校园节约文化氛围的营造，让学生感悟和理解“节能减排”理念，实现学校资源的可持续发展。我们挖掘传统文化中“节约”的思想，归纳整理包括警句、格言、诗文在内的宣传标语，制作成展板、宣传口号、小贴士，随处指导广大师生的学习与生活，“随手关灯小动作，节约能源意义大”“海纳百川，不择溪流，节约中国，共同努力”，每一条标语言辞恳切，昭示着节约资源责任深远，引导师生感受当前地球环境领域所遇到的严峻问题，进一步激发师生构建节约型社会的责任感、使命感。

**五、在可持续发展价值观念引领下，学生的低碳生活意识与能力初步养成，行为习惯、创新潜质初步形成**

**（一）以保护环境、节约资源为准则的行为习惯与生活方式正在形成**

青少年的科学生活方式与良好的行为习惯对于构建青少年价值体系至关重要，对于构建与保护人类共同的家园势在必行。在“主体探究——自我体验”育人模式的推动下，我校学生节俭意识、环保意识、尊重意识、和谐相处意识明显加强，学生们能够将创建资源节约型校园作为己任，能够在日常的学习生活中从自身做起，从点滴小事做起，共同构建“我节俭，我骄傲”的校园节约文化。

### （二）基础学习能力与可持续学习能力明显提升

在“主体探究、综合渗透、合作活动、知行并进”16字原则指引下，学生的学习状态积极，学习兴趣浓厚，自主学习、创新学习的精神得到培养，广大学生能够用目标成就、任务价值和自我效能进行有效的自我激励。“关注差异，关注生活”的课程建设理念最大限度解放了学习主体的思维，学校各科成绩均名列通州区前茅，近两年我校中考成绩稳居通州区首位。

### （三）关注身边生活，创新精神、实践能力、社会责任感基本形成

在可持续发展教育理念的影响下，我校学生关注社会、关注生活的社会责任感与行动力明显提高，学生们通过社会实践、研究性学习，敏锐地发现问题，积极将所学知识与生活实际相结合，创造性地提出解决方案，产生了巨大的社会影响。我们向通州区供电局提出的错时调整夜间照明度、向通州区园林局提出的节后景观花卉处理办法、向通州区区长提出的有效利用中水方案、向小圣庙村委会提出的村庄垃圾分类处理方案都得到有关单位的高度重视，对通州六中学生强烈的社会责任感与创新实践精神给予了高度评价。总之，可持续发展教育为通州六中的长足发展带来了不竭动力，可持续发展教育作为一种适应社会发展、人的发展所需要的新教育，正在通州六中发挥着至关重要的作用，我们将在可持续发展教育理念的指引下，积极适应时代发展与教育要求，全面推进学校各项工作，实现学校的科学发展。

# 班主任与家长的交往艺术

王东文

班主任的工作繁忙而辛苦，每天班主任都和学生朝夕相处，班级管理的好与坏和学生的积极配合有关,但是家长工作同样是班主任工作中举足轻重的一部分。在班主任工作中我是这样做的。

## 一、平等对待家长，掌握沟通艺术

班主任不但要平等地对待学生，也要平等地对待学生家长。现在很多班级，学生实际上被分为“三个世界”。在教室前三排坐的都是成绩好的学生，中间两排是成绩中等的学生，最后两排是“差生”的专座。爱屋及乌，这种划分很可能会影响到学生家长在班主任心中的“地位”。再者，班主任更不能按学生的“出身”而分别对待，不能因为家长有权有钱有势，可以为我办点私事，谋点私利，就对他格外殷勤，甚至达到巴结的程度；对那些平民百姓家长，就冷眼相看，这是违背“尊重家长”的师德要求的行为，严重影响班主任队伍的形象。

班主任与家长沟通时，要学会聆听。聆听也是一门艺术，与家长沟通，班主任既要有一张“快嘴”，主动告知学生在校的有关情况，更要有一双能认真、耐心地聆听家长言说的“大耳”，诚恳地听取家长的意见和建议，并鼓励家长提出在教育子女过程中遇到的疑难问题。从你的认真聆听中，家长可以体会到你对他们的尊重，从而有利于沟通的深入；从聆听中，我们还可以了解家长的教育方式、教育态度、期望水平、价值观念等，从而帮助我们进一步诊断学生问题之所在。

## 二、双方信息互动，相互信任尊重

学校教育长期以来得不到家庭的有力支持，是因为班主任往往把家长看成是教育的对象，或者是自己的助手，在与家长的交往中，只注重向家长灌输自己的教育要求，要家长配合工作，而没有把家长当作教育者对待，很少虚心听取家长的意见和建议，即班主任与家长的信息交流只是一种单向传输而非双向互动。要改变这种状况，真正实现班主任与家长的互动，首先，要尊重家长作为教育者的主体地位。家长是孩子的第一任教师，是孩子的监护人，他们有权了解学校的教育活动，有权知道孩子在学校的学习与生活情况，学校应为家长了解孩子提供便利，容许家长进教室听课、查阅作业、观察孩子在课堂上的表现等。其次，在双方合作互动的过程中，班主任与家长应相互尊重。一般而言，家长都是尊重班主任的，这是社会文明进步的体现。因此，重要的是班主任在与家长交往时，要尊重家长作为孩子生命中最亲近的人这一无可替代的事实，尊重家长在教养孩子上的成就，尊重家长在各自岗位上的成就，特别要尊重家长的人格尊严。班主任与家长交流时，态度要谦和，举止要礼貌，要营造和谐的互动氛围。如果居高临下，盛气凌人，对家长不尊重，甚至训斥家长，把学生在学校发生问题的责任都推给家长，则容易使家长把压抑的怒气发泄到学生头上，反而会加深师生间的矛盾，对学校教育造成不利影响。

## 三、了解家长需求，指导家教方法

孩子是父母的唯一寄托，因而对孩子的期望值极高。很多家长为了给孩子创造最佳的教育环境不惜倾注大量的金钱和精力，望子成龙，望女成凤。但是家长在履行自己的教育职责时又存在不少误区，如不理解、不尊重孩子，对孩子实行高压政策，把自己的意愿强加给孩子；或对孩子无原则地溺爱、放纵；或野蛮专制、棍棒教育，等等。由于教育的方式方法不当，结果事与愿违，有的孩子不但没有成“龙”成“凤”，反而成为危害社会的“虫”，使家长倍感失望。因此，家长最需要的是家庭教育方法的指导。

首先，要向家长宣传有关家庭教育的理论知识。班主任要把教育学、心理学的基本原理原则用通俗易懂的语言传授给家长，让家长从总体上把握家庭教育的正确方向。

其次，要向家长传授正确的家庭教育方法。要让家长懂得科学的教育方法要符合孩子的身心特点，既不要揠苗助长，也不能放任自流；不但要按照社会的道德要求去规范孩子的行为，还要根据孩子的兴趣发展他们的个性和特长。

最后，要帮助家长提高对家庭教育作用的认识。一些家长错误地认为，孩子既然上学了，对孩子的教育就是学校的事，把教育子女的责任完全推给学校。有些家长又过分注重家庭教育，甚至对学校的教育内容和教育方法持怀疑态度。两者的弊端是显而易见的。对前者，班主任要耐心提醒：学校教育不能代替家庭教育，家长要关心子女各方面的健康成长，要做孩子的表率；对后者，要向他们讲清学校教育的特点和优势，并指出家长对学校教育持怀疑态度将给子女造成不良影响。班主任要使家长认识到，学校教育和家庭教育是互相紧密联系，不可分割的，要以学校教育为主，家庭教育为辅。只有把家庭教育和学校教育结合起来，才能促进孩子健康成长。

### 四、教育优势互补，双方协调一致

家庭与学校都是青少年成长的重要场所，双方有了明确的分工，才能发挥各自的优势，扬长避短。家庭教育与学校教育的优势是互补的，即家长施教时亲情的感染性、方式的灵活性、教育的即时性等特点和班主任施教时的目的性、计划性、系统性的特点正好相互配合，优势互补。只有班主任与家长合作，实现学校教育与家庭教育的协调一致，才能取得事半功倍的教育效果。要取得家长的合作，需要班主任的换位思考，由于大多数班主任生活于学校这片净土之中，社会阅历不足，对学校以外的生活习惯、价值体系和思维方式很少了解。所以，当班主任面对各种不同背景、经验和价值观的家长时，习惯于以同样的行为模式去应付这些不一样的个体。事实上，家长有着不同的社会文化背景，班主任与家长交往时切忌一刀切，要有针对性地采取灵活的方式与他们沟通。班主任要学会换位思考，设身处地、平心静气地从家长的角度思考、分析问题："如果我是家长会不会也这样"，认真体察家长的心理，以开放、宽容的心态，认同有异于己的价值观和生活方式。只有双方心灵相通、心理相容，家长才会认同你的建议和要求，才会按你的要求对孩子进行教育，做到家庭教育与学校教育要求一致，步调一致，也只有这样，才能实现家庭教育与学校教育的相互协调。

总而言之，在多年的班主任工作中，我们用爱心去构筑信任的平台，我们在信任的基础上与家长交往，我们在与家长的合作中运用以上的多种方法，沟通的桥梁终会通到成功的那一端。

# 以教师教学方式变革促进学生学习方式变革的校本化探索与研究

常恩元

当今人类已进入21世纪，正经历着从传统的工业社会到智能化社会的转型时期，对教育提出了新的挑战与新的要求。特别是信息化的快速发展，智能时代的到来，带来了人类知识的爆炸，人们学不完世界上所有的知识，甚至刚学完的一些知识就已经过时，刚学会的技能就已经被淘汰。教育必须要放眼世界，面向未来，基于学生的当下，培养学生应具备的，能够适应终身发展和社会发展需要的必备品格与关键能力。只有这样才能适应未来社会的变化，推动人类社会的发展。学校要主动适应这一变化，以教师教学方式变革促进学生学习方式变革，最终实现学生能力的发展，切实提升学生的实际获得。

## 一、当前学校教师教学方式与学生学习方式的现状与分析

课程改革目标明确指出："改变课程实施过于强调接受学习、死记硬背、机械训练的现状，倡导学生主动参与、乐于探究、勤于动手，培养学生搜集和处理信息的能力、获取新知识的能力、分析和解决问题的能力以及交流合作的能力。"

在新一轮基础教育课程改革中，学生的学习方式的变革已成为改革的核心，是教师改变教学方式、评价方式的重要依据，也是改革最大的难点、热点问题，

作为学校有必要进行高度关注，并进行深入研究。从学校两年前的调查看，教师的教学方式与学生的学习方式还不尽如人意。

### （一）教师教学方式的现状与分析

教学方式是教师在教学过程中所形成的相对稳定的行为方式。教师科学的教学方式能够帮助学生在学习中主动思考、提出质疑、自主安排和规划时间。如果教师在教学中鼓励学生独立思考、培养意义关联、支持兴趣发展，对学生的自主、合作和探究学习均具有正向影响。新课改所倡导的以教师为主导、学生为主体的课堂教学模式，就是要通过教师有效教学方式的开展引领学生学习方式的合理运用。

关于教学方式的分类维度很多，但是到目前为止国内外还没有统一定论。通过阅读大量的国内外文献，笔者根据 Biggs 等人的分类将教师的教学方式分为：传统型教学方式与新型教学方式。[1]传统型教学方式：在教学过程中，教师以讲授为主，主要是参考教科书和教学大纲进行备课，只关注学生对于知识的理解和成绩的高低。新型教学方式：在教学过程中，教师采取合作、探究的方式进行教学，以调动学生的积极性，在备课时主要以学生的需求为主，关注学生的情感需求。我校调查数据显示，在 86 名专任教师中，使用传统型教学方式的教师达 61.63%；只有 38.37% 的教师使用新型教学方式。另外，传统型教学方式的标准差为 0.30503，小于新型教学方式 0.38306，说明新型教学方式的离散程度较大，从总体上来讲，教师还是更倾向于传统型教学方式。其主要原因为教师年龄老化，理念滞后，教师对于是否要采用新型教学方式存在认识上的误区，不知道如何衡量新型教学方式的利弊，反映出学校系统的培训工作，以及推进教师教学方式变革的针对性机制和有效措施还待加强。当前教师所使用的教学方式与课程改革所倡导的教学方式存在差距，这说明基础教育改革以来，虽然教师的教学方式在发生着变化，但是总体上，依旧是以讲授为主要教学方式，亟待改进。

### （二）学生学习方式的现状与分析

学习方式是学生在完成学习任务过程中的基本行为和认知的取向。[2]学习方式（learningstyle）是指个体在进行学习活动时所表现出的具有偏好性的行为方式与行为特征。[3]目前有关学习方式的概念、分类不同学者有着不同的理解与认识，Biggs 等人除了对教师教学方式进行分类外，还通过对学生的学习过程进行研究将学生的学习方式分为：表层式学习（表层式学习的学生，在学习知识的过程中主要是被动地接受知识，对于知识的学习主要通过死记硬背，只能学到肤浅的零散的知识）；深层式学习（深层式学习的学生，在学习知识的过程中，主要通过主动建构来完成，对学习有内在的求知欲望，注重知识的理解，对知识可以有一个深度的认识）；成就式学习（成就式学习的学生主要关注的是考试成绩，他们以成绩为动机，采取最直接最有利于获得高分的学习方法进行学习，带有一定的功利性）。[4]

从学校对 985 名学生的调查看，33.12% 的学生选择了表层式学习；28.22% 的学生选择了深层式学习；38.88% 的学生选择了成就式学习。从排序看，依次为成就式学习、表层式学习、深层式学习。说明学生在学习方式上的选择主要倾向于成就式学习，学生的观念里仍就是为了应付考试、获得家长、老师的赞扬而学习，带有很强的功利色彩和指向他人的学习目的，在学习过程中以考试、考好为主要动机，从侧面也反映出教师的教学还是以关注学生的成绩为主，没有实现从强调“双基”到三维目标，再到今天的学科核心素养落实的转变，因此成就式学习排在最前的位置。在现实教学中许多教师的课堂教学还是停留在以教师为中心的理念之中，讲授式、灌输式的教学还占主体，致使学生学习知识的过程是被动地接受，使学生丧失了学习的兴趣，只是表层式学习。在三种学习方式中选择深层式学习的学生最少，可见，以学生为中心的课堂教学还没有得到很好的落实。

**（三）教师教学方式对学生学习方式影响的分析**

从学校调查的数据及对比看，选用传统型教学方式的教师对学生学习方式的选择直接带来了影响，在选择教师传统型教学方式的学生中，有 95.23% 的学生选择自己的学习方式为表层式学习，并且 65.65% 的学生学习成绩低于选择成就式学习、深层式学习的学生，可见教师教学方式对学生学习方式及学习成绩的影响。

目前，国内外许多研究表明，教师的教学方式直接决定着学生学习方式的选择与运用。教师如果采取基本的课堂讲授模式，学生的学习方式一般也只可能是被动的机械接受式，更别提学生主动性、自主性、创造性以及社会性等学习状态的改变。[5] 另外，教学方式能够有效影响学生的学习方式。[6] 例如，以学生为主体的教学方式能够激发学生的内在学习动机和对学习的主动性，从而促进学生主动管理学习并对自己的学习负责。学者高凌飚通过使用《学习过程量表》也证明，学生的学习方式与学习成绩有关。[7]如果教师偏向于以学生为中心的教学方式，那么可以促进学生学习方式向深层式学习转变；如果教师偏向于以教师为中心的教学方式，就可能导致学生学习方式向表层式学习发展。因此，教师需要抛弃知识灌输、填鸭式的教学方式，充分认识到过度灌输对孩子想象力和创造力发展带来的不良影响。

## 二、推进“教”与“学”方式变革的意义

### （一）推进“教”与“学”方式变革是培养未来社会所需人才的需要

当今教育已进入信息智能的4.0时代，我们要用现有的知识教育未来的孩子，作为教育人我们应深刻思考21世纪应该教给孩子什么？早在1997年12月，OECD（经济合作与发展组织）就启动了素养的界定与遴选项目，组织奥地利、德国、美国、法国等12个国家研究本国核心素养框架，培养符合21世纪的人才。

2016年9月13日，北师大举行了中国学生发展核心素养研究成果发布会，公布了三年的研究成果，涉及三大领域、六大素养、18个要点。学生发展核心素养是党的教育方针的具体化、细化。2017年，《普通高中课程标准（2017年版）》又提出学科核心素养。学科核心素养是学科育人价值的集中体现，学生通过学科学习而逐步形成的正确价值观、必备品格和关键能力。因此，学科素养的落地，有赖于“教”与“学”方式的变革。

### （二）推进“教”与“学”方式变革是落实国家教育改革精神的需要

早在2001年6月8日，教育部颁发的《基础教育课程改革纲要（试行）》就明确指出：“改变课程实施过于强调接受学习、死记硬背、机械训练的现状，倡导学生主动参与、乐于探究、勤于动手，培养学生搜集和处理信息的能力、获取新知识的能力、分析和解决问题的能力以及交流与合作的能力。”

2014年3月30日，中华人民共和国教育部《关于全面深化课程改革落实立德树人根本任务的意见》指出：“人才培养模式改革不断深化，自主、合作、探究的学习方式与启发、讨论、参与的教学方式不断推广，育人的针对性、实效性进一步增强。”

2014年8月2日，中华人民共和国教育部《义务教育学校管理标准（试行）》指出："采取启发式、讨论式、合作式、探究式等多种教学方式，提高学生参与课堂学习的主动性和积极性。""营造良好的学习环境与氛围，激发和保护学生的学习兴趣，培养学生的学习自信心。遵循教育规律和学生身心发展规律，帮助学生掌握科学的学习方法，养成良好的学习习惯。落实学生主体地位，引导学生独立思考和主动探究，培养学生良好思维品质。尊重学生个体差异，采用灵活多样的教学方法，因材施教，培养学生自主学习和终身学习能力。"

2019年2月23日，中共中央国务院《中国教育现代化2035》指出："创新人才培养方式，推行启发式、探究式、参与式、合作式等教学方式以及走班制、选课制等教学组织模式，培养学生创新精神与实践能力。"

2019年6月11日，国务院办公厅《关于新时代推进普通高中育人方式改革的指导意见》指出："积极探索基于情境、问题导向的互动式、启发式、探究式、体验式等课堂教学，注重加强课题研究、项目设计、研究性学习等跨学科综合性教学，认真开展验证性实验和探究性实验教学。"

2019年6月23日，中共中央国务院《关于深化教育教学改革全面提高义务教育质量的意见》指出："坚持教学相长，注重启发式、互动式、探究式教学。""探索基于学科的课程综合化教学，开展研究型、项目化、合作式学习。精准分析学情，重视差异化教学和个别化指导。"

从上述的文件中可以看出，推进"教"与"学"方式变革是落实国家教育改革精神的需要。

### （三）推进"教"与"学"方式变革是激发学生课堂学习兴趣的需要

伟大的科学家爱因斯坦说过："兴趣是最好的老师。"兴趣可激发人的创造热情、好奇心和求知欲，兴趣可以激励人们主动去求知、去探索、去实践，并在求知、探索、实践中产生愉快的情绪和体验，没有兴趣就会没有学习的目标与动力，就很难以获得科学正确的方法。教育家苏霍姆林斯基认为："教学的依据是学生的兴趣、动机和渴望。"培养求知欲、激发兴趣，变苦学为乐学才是人性化的教学，才是以学生为中心的具体体现。在传统的教学方式下，教师讲学生听，学生多处于被动学习的状态，教师照本宣科讲得毫无激情，使学生丧失了学的兴趣，意力控制能力薄弱，学习无法专注，课堂学习时常出现分心走神、注意力不集中、坐不住、小动作多、脾气不好等现象，造成学习成绩不佳。而新型教学方式下，教师不再是传授知识的工具，可以进行创造性教学，学生真正成为课堂的主人，更好地发挥他们的主动性和积极性。

### （四）推进“教”与“学”方式变革是提升学校办学质量与品质的需要

人民群众对优质教育的期盼日益强烈，中国梦就是要实现人民群众对美好生活的向往，努力让每个孩子都能享有公平而有质量的教育，就是中国梦的重要组成部分。从区域上看，学生“有学上”的问题已基本解决，但“上好学”的问题还待改进。要满足人民日益增长的享受更加公平更高质量教育愿望的需要，学校必须在提升“品质”上下功夫，以推进教师教学方式的变革促进学生学习方式的转变。学校课堂教学改革要聚焦“教”与“学”方式的变革，以教师教学方式的变革带动学生学习方式的转变，引导学生确定合适的学习方式，激发学生的学习动机，让学生不再只是依靠单纯的记忆来学习，而是通过主动建构来学习，让学生真正渴望学习，愿意学习，从而达到事半功倍，提高学生学习成绩的目的。

## 三、学校推进“教”与“学”方式变革的主要举措

新课改的重点目标，就是要让学生的学习产生实质性变化。在学习方式上实现由被动学习、单一学习、接受学习向自主、合作、探究等学习方式的转变。这有利于激发学生的学习兴趣和主观能动性，培养学生的合作能力和探究精神，发展学生的创新意识与实践能力。学校推进“教”与“学”方式变革的主要举措：

### （一）以系统培训为先导，促进教师理念的更新

有什么样的教育理念、教育思想就会有什么样的教育行为。“教”与“学”方式的变革，与教师的育人理念、教学观、学生观等因素有着直接而密切的关系，其前提必须是教师教育观念的更新。为此，每年开学前学校都统筹规划，精心安排教师普适性的系统培训，并认真加以落实。如当前的教育理念、教育政策解读、“教”与“学”方式变革的实操等。授课教师既有高校、研究机构的专家、学者，也有来自一线的优秀教师。从理论到实践加强对教师的全方位指导，突出针对性、系统性。

### （二）以教科研为着力点，突破教与学变革之困

针对“教”与“学”方式的变革，学校坚持问题导向，以教科研为着力点。围绕“教”与“学”两大主题，通过问卷、访谈及课堂教学观察等，进行广泛调研，并及时汇总、分析数据，针对问题分析原因，研究改进措施。特别是针对教师传统型教学方式及学生表层式学习方式的改进，学校成立了由校长任组长的课题组，成员包括主管干部及教研组长、备课组长等，指导各组依据学校调研数据结合本学科“教”与“学”的实际，拟订研究计划，确定可行的操作办法，让“教”与“学”方式的变革成为本组的研究课题。

### （三）以专题教研为载体，助力教与学方式变革

围绕“教”与“学”方式的变革，学校及时启动了课堂教学改革活动年。如确定专题教研主题，组织教师学习“教”与“学”的理论依据；了解当今“教”与“学”的主要方式；引导教师分析本组“教”与“学”存在的问题；寻求“教”与“学”方式变革的措施；围绕“教”与“学”方式变革开展说课活动；举办“教”与“学”方式变革听评课等。通过校本专题教研助力“教”与“学”方式的变革，实现了课堂教学由教师中心向学生中心的转变。教师在教学中关注学生在学习过程中的内心感受，并根据不同学生的需求与兴趣，提供更多的选择机会和有针对性的帮助，为学生提供充足的时间进行思考和讨论，鼓励学生提出不同的解决方法，教师在教学中关注学科素养的落实，培养学生的实践能力与创新精神。

### （四）以激发兴趣为前提，改善学生的学习生态

孔子说：“知之者不如好之者，好之者不如乐之者。”古今中外，凡是有成就的人物，不论是科学技术，还是文学艺术方面的，都与他们对所从事的工作具有浓厚的兴趣密不可分。学生的课堂学习亦是如此。教师注重从培养学生的学习兴趣入手，激发学生内在的学习动机。如教师利用学习内容与学生的现实生活和知识背景的相关联系，巧妙创设问题情境，满足学生的好奇心，激发学生学习兴趣。再有，教师从学生实际出发，坚持以学生为中心，精心设计教学，为学生提供一个积极思考、主动探究、自我成长的民主氛围，激发学生的内在学习动机，鼓励学生自主发展。还有，教师主动与家长配合，统一教育思想，指导家长掌握科学的教育方法，激发学生奋发向上的内在动力，改善学生的学习生态。

### （五）以教学实践为平台，推进教与学方式转变

“教”与“学”方式的变革最终发生在课堂上，课堂教学实践是检验“教”与“学”方式变革的有效手段。学校以教学实践为平台，通过五种形式推进“教”与“学”方式的转变。一是授课教师发起的邀请式听评课活动，主要参与人员是学校的干部、教师；二是教研组发起的诊断式听评课活动，主要参与人员为校外的外专家、学者，校内的干部与教师等；三是教研组发起的组内研究课活动，参与人员以深入教研组的干部及本组教师为主；四是学校发起的汇报课与示范课活动，如新教师及师徒结对徒弟的汇报课，高级教师、骨干教师及师徒结对师傅的示范课等；五是全校性的评优课，每学年的第一学期为全校教学人员参加组的内评优活动，第二学期为各组推荐出的教师风采展示课。通过上述活动，帮助教师取长补短，既能学习、借鉴他人好的做法、成功的经验，还能发现自身教学中存在的问题与不足，并及时加以改进，最终达到相互学习借鉴，促进教学水平提升的目的。

### （六）以机制创新为保障，促进教学质量的提升

学校围绕“教”与“学”方式的变革坚持机制创新，如学校将听评课、研究课、汇报课、示范课、评优课等制度化、系列化、常态化；设立“教”与“学”方式的改进年，明确课堂教学改进主题；设立课堂教学创新奖、突破奖，表彰和鼓励课堂教学主动变革，并取得优异成绩的教师；开展“教”与“学”方式变革的专题研究，引导教师寻找突破点；完善课堂教学的评价体系，关注“教”与“学”方式的变革等。让教师教学方式与学生的学习方式的变革得到充分肯定和发展，引导教师着眼于学生的长远发展，不断提升课堂多种学习方式的运用和组织能力，完善多种学习方式的评价，考查学生核心素养的落实。

两年来，学校推进“教”与“学”方式的变革取得了一定的成效。一是教师的教育理念发生了转变，能够基于学生的未来发展，克服功利思想的侵蚀，坚持以学生为中心进行教学设计，选用适宜的教学方式，促进学生学习方式向深层式学习转变。二是促进了教师教学技能的提升，从调查看，有65.23%的教师选择了新型教学方式，较两年前的38.68%提升了26.55%；学生选择表层式学习的由33.12%降低到21.08%。三是课堂发生了变化，教师重视差异化教学及个别化指导，注重精准的学情分析，关注学生可持续发展能力和创新精神的培

养，课堂上教师讲得少了，更加注重启发式、互动式、探究式、体验式等教学方式的运用；学生参与活动的时间明显增多，自主、合作、探究、研究型、项目化、合作式等学习得到充分体现，课堂的吸引力明显增强，在发展学生能力的同时，学生的学业成绩区域保持高位。“教”与“学”方式的变革是一个永恒的话题，作为教育人要潜心研究，锐意改革，通过“教”与“学”方式的变革，回答好“培养什么人，这样培养人，为谁培养人”这一根本问题，为教育的发展与学生的成长作出贡献。

**参考文献**

[1][4] Biggs，J.B.Studentapproachestolearningandstudying，Researchmonograph[M]；AustralianCouncilforEducationalResearch；Melbourne.1987.

[2] BIGGSJB.Studentapproachestolearningandstudying[M].Hawthorn：Australian CouncilforEducationalResearch，1987.

[3] 百度百科，学习方式.[EB/OL].https：//baike.baidu.com/item/%E5%AD%A6%E4%B9%A0%E6%96%B9%E5%BC%8F/123208？ fr=aladdin.

[5] 谭姣连，徐晓东.用视频转变学生的学习方式[J].中国远程教育，2013(11)：57-61.

[6] ENTWISTLEN，MCCUNEV.Theconceptualbasesofstudystrategyinventories[J].EducationalPsychol-ogyReview，2004，16(4)：325-345.

[7] 高凌飚.现象描述分析学与学习观、教学观的研究[J].华南师范大学学报(社会科学版)，2000(3).

# 科研传承助推教师专业发展

凤仙、杨海伶

学校发展的决定性因素来自于内在的源源不断的生命力。随着教育改革的不断深入，教科研工作的重要性愈发明显，就六中的科研兴校、科研立校的发展之路来看，教科研始终在为学校的工作目标服务，为广大教师的专业化发展服务，为学校新的课程改革服务，通州六中作为通州区一所区直普通初中校，始终致力于依托教育科研引领办学方向，提升办学质量，以科研传承带动教师的专业化发展，提升教师的专业化水平，促进学校整体办学水平的攀升。

## 一、学校教科研的传承历史

在教科研典型引路思想指导下，我校 1986 年开始参加教改教科研课题研究。派出四名教师参加了由北京师范大学林崇德教授主持的国家“七五”重点课题“学习与发展”的子课题“中学生能力发展与培养”的实验研究。带动各个教科研组纷纷行动起来，外语组针对因厌学情绪而产生的分化状况制定了“创设情境，激发兴趣，提高质量”的课题。物理组制定了“以实验为基础的启发式综合教学”的课题。数学组制定了“数学能力的发展与培养”课题。学校形成了组组有科研课题的局面。

“八五”期间，我校继续选派教师参加林崇德教授主持的国家八五重点课题“教育与发展教师的素质与学生的能力”课题研究的实验。

“九五”期间，我校参加了市级重点课题“农村学困生成因及对策问题的研究”。该课题的研究使我校教师的教育境界得到提升。

“十五”期间大批年轻教师调入六中。为了提高新教师的素质，我校采取以老带新，滚动发展课题验究的措施，利用我校“七五”“八五”教科研形成的以课堂为中心，让学生参与整个教学活动的教学优势，依托“九五”课题研究，确立了“学生主体参与式课堂教学模式的研究”课题。并且参加了市级“三位一体”重点课题的研究、区级重点立项课题“学生主体参与式课堂教学模式的研究”。

“十一五”期间，我校的科研课题包括德育、教学、后勤总务三大方面的课题。德育课题是“构建主体参与式自我体验型德育模式的初步研究与实践”。教学课题“提高教师课堂管理水平，促进学生积极参与课堂教学活动”。总务后勤课题“建设节约型学校途径与方法问题的研究”。目前教科研工作在我校形成各部门各学科都有教科研课题研究的局面。这将有助于促进我们在“十一五”期间把研究引向深入，促进学校可持续发展。

进入“十二五”以来，全体教师的科研意识与科研积极性明显提升，在各教研组、年级组、行政科室积极申报课题的基础上，经过归纳整理，我们择优申报了多项不同级别的科研课题。

| 级别 | 类别 | 名称 | 承担人 | 立项单位 |
|---|---|---|---|---|
| 国际级 | 德　育 | 道德赋能研究项目 | 凤　仙 | 市教科院德育研究中心 |
| 国家级 | 干部管理 | 多元评价初中学生干部能力素质的研究 | 凤　仙 | 中国教育学会基础教育评价专业委员会 |
| 国家级 | 课堂教学 | 基于语文核心素养的 优秀传统文化教学实践研究 | 张玉清 | 中国高等教育学会教师教育分会 |
| 国家级 | 课堂教学 | 初中英语阅读档案袋的建立和应用研究 | 马　力 | 中国英语阅读教育研究院 |
| 市　级 | 校本课题 | 基于学生发展中学卓越教师培养校本化策略的实践研究 | 常恩元 | 北京市教育科学规划领导小组 |
| 市　级 | 干部管理 | 基于开放性问题的社会主义 核心价值观学科渗透策略的研究 | 常恩元 | 北京市教育学会 |
| 市　级 | 干训课题 | 提升干部校本化培训实效性的行动研究 | 常恩元 | 北京市中小学中等 职业学校教师培训中心 |
| 市　级 | 课堂教学 | 初中多学科性健康教育的实践研究 | 刘军丽 | 北京市教委体委艺处 |
| 市　级 | 课程建设 | 整合社会大课堂资源， 开发特色校本课程的研究 | 邸淑香 | 北京市教育学会 |
| 市　级 | 后勤管理 | 新课改背景下，教学设备“配、管、用”的研究 | 邓小利 | 北京市教育学会后勤管理研究会 |

续表

| 级别 | 类别 | 名称 | 承担人 | 立项单位 |
| --- | --- | --- | --- | --- |
| 市　级 | 后勤管理 | 中老年任课教师计算机软件安全使用方法的研究 | 陈　岳 | 北京市教育学会 |
| 市　级 | 后勤管理 | 办学条件达标后学校报损、报废资产的研究 | 李　芸 | 北京市教育学会后勤管理研究会 |
| 市　级 | 课堂评价 | 初中思想品德教学 中学生自主评价的研究 | 王玉荣 | 市教育学会教育评价与督导研究会 |
| 市　级 | 课堂教学 | 基于学科本质的适切性学习方式变革研究 | 数学教研组 | 数学教研组 |
| 市　级 | 课堂教学 | 基于学生前认知结构的教学设计与实施研究 | 语文、英语教研组 | 北京教育科学研究院课改中心 |
| 市　级 | 课堂教学 | 智慧学伴数据分析对英语学困生针对性帮助的研究 | 马　力 | 北京师范大学未来教育高精尖创新中心 |
| 市　级 | 课堂教学 | 基于边缘学生学情 开展针对性复习的策略 | 和剑菲 | 北京师范大学未来教育高精尖创新中心 |
| 市　级 | 课堂教学 | 基于情境的地理试题命制研究 | 王喜跃 | 北京师范大学未来教育精尖创新中心 |
| 市　级 | 课堂教学 | 促进学困生转化教学策略研究 | 李静思 | 北京师范大学未来教育高精尖创新中心 |
| 市　级 | 课堂教学 | 基于智慧学伴的大数据进行初中精准教学的研究 | 谭文军 | 北京师范大学未来教育高精尖创新中心 |
| 市　级 | 课堂教学 | 基于不同班级学学生学情，智慧学伴助力开展针对性复习策略 | 冯月雪 | 北京师范大学未来教育高精尖创新中心 |
| 区　级 | 课堂教学 | 初中音乐教学中歌唱技巧训练的研究 | 杜银华 | 区教育科学规划领导小组办公室 |
| 区　级 | 课堂教学 | 新课程理念下初中学生函数思想形成的教学策略的实践研究 | 谭文军 | 区教育科学规划领导小组办公室 |
| 区　级 | 课堂教学 | 乡土历史资源在初中历史教学中渗透的策略研究 | 洪　芳 | 区教育科学规划领导小组办公室 |
| 区　级 | 课堂教学 | 历史故事在初中历史教学中的应用研究 | 张倩男 | 区教育科学规划领导小组办公室 |
| 区　级 | 课堂教学 | 利用开放性生物实践，提升初中生问题意识的策略研究 | 杨世琦 | 区教育科学规划领导小组办公室 |
| 区　级 | 课堂教学 | 初中美术社团卓艺源画社小本课程读本的开发研究 | 李金艳 | 区教育科学规划领导小组办公室 |
| 区　级 | 课堂教学 | 新课程理念下基于教材阅读指导的初中数学教学有效性的实践研究 | 谭文军 | 区教育科学规划领导小组办公室 |
| 区　级 | 课堂教学 | 数学核心素养之初中学生运算能力的培养的实践与研究 | 杨海伶 | 区教育科学规划领导小组办公室 |

除此之外，我们还参加了市区级相关学科领域、工作领域的课题研究工作，申报了相关的研究子课题，目前，每一项课题都在研究之中，进展顺利。

## 二、学校教科研发展现状分析

我校立足校本，立足课堂，立足师生发展需求，基于教育教学中的问题研究开展“路径化”研究，围绕学校的日常工作，通过教育科研去发现问题、研究问题、解决问题。在“以人为本，为每一名师生的良好发展服务”的办学理念引领下，以新课程改革为契机，建立了以解决学校、教师在课程实施中所面临的各种具体问题为对象，以教师为研究的主体，以促进学生健康、主动的发展和教师专业化成长为宗旨的以校为本的教育科研机制。

在各级各类研究课题中，我们的宗旨是将教育科研扎根于教育教学与管理的深层土壤，例如我校数学组“新课程理念下初中学生函数思想形成的教学策略的实践研究”，就是集三个年级的数学智慧，整体把握函数思想的主线，在初一年级贯穿函数思想的渗透策略；利用小学与初一的函数知识的衔接，拓展学生的思维，思维上跳跃，方法上简单。初二、初三年级运用函数思想的建构策略；体现数据呈现过程的动态呈现数据的策略、从局部走向整体的想象策略、如何具体形象呈现数据的数形结合策略、体会相互联系的追问策略等；初三总复习阶段体会函数思想的延伸策略。在数学组全体老师的努力下，我校历年中考成绩始终在全区遥遥领先，该研究项目被评为北京市第四届教育教学成果二等奖。

又如《整合社会大课堂资源，开发特色校本课程的研究》课题经北京市教育学会批准，立项为北京市教育学会教育科研2011年度课题。本课题自2010年11月开始研究，至2013年6月结题，课题研究期限为两年七个月。本课题结合当前学校课程建设进程中存在的校本课程区域性特色不明显、本土社会大课堂资源使用与学科教学不匹配、区域资源跨学科使用重复交叉等弊端，以通州区“功能完备的城市副中心”这一新的城市定位为基点，有效整合区域内社会大课堂资源，创造性地开发了“聚焦通州”系列校本课程，积极践行了我校“资源服务课程建设，服务学生成长”的课程建设理念，使“关注差异，关注生活”的课程设置与实施理念落到实处，形成特色，在本土资源研发的课程实践中积极推进了三级课程建设，使“聚焦通州”系列校本课程贴近生活、贴近实际、贴近学生的学习，促进了现行课程的延伸。

基于通州区区域发展定位的校本课程建设，通州新城的发展规划，课程体系建设突出下列原则：

1. 区域性与时代性的统一

校本课程内容涉及通州区社会、人文等本地域社会资源，校本课程内容紧密结合通州区新的城市定位，随着区域建设进程的发展，校本课程体系、课程内容及时更新。

2. 工具性与人文性的统一

社会资源与校本课程的整合，强调培养学生的学科素养与人文素养的，课程丰富的人文内涵在学生获取学科知识的同时，充分地影响学生的人生观、世界观、价值观的形成，要对学生的精神世界具有深远的正导向。既有学科教育传统，又体现带有区域特点的现代社会学习特征，有利于学生在感兴趣的社会活动汇总提高学科素养，从而培养学生主动探究、团结合作、勇于创新的学习品质。

以学生综合素质提升为落脚点的“聚焦通州”课程建设思路，运河文化传承、新兴产业连接、节能减排行动、学科创新研究等四条课程系列，结合学科特点，课程优势在于：

（1）依托区域社会大课堂优势，结合学科相关知识点，利用广泛的社会资源为学生创造学习、实践机会，使社会资源成了学生拓宽知识领域、开拓视野、提高实践能力的有效载体。

（2）从学科教学实践、研究性学习、社会实践活动等多个领域进行有效探索，真正意义上使社会大课堂为新课程改革服务，使社会资源成为课程资源。

（3）以“首都城市副中心”这一城市定位辐射的课程内容时代性强、吸引力大，使课程建设紧跟形势发展，实现了课程传承和弘扬“开放、进取、包容”的运河文化精髓的建设目标，使课程文化成为创建通州区域文化品牌的有机组成部分，为繁荣通州区文化事业作出积极贡献。

（4）来自身边的社会大课堂资源走进课程，让学生近距离体验生活，感悟生活，享受本土文化滋养浸润，家乡自豪感会油然而生，立志成才的奋斗精神和服务家乡建设的人生理想可以通过课程主动得以树立，使课程的开展过程成为学生全人格构建的动态形成过程。

总之，课题研究是教育科研的灵魂所在，目前我校的十余项课题研究基本进入了中后期阶段，本着务实的原则，我们在十余项课题的带动下，我们积极开展小专题研究活动，定期组织研讨活动，及时指导教师中的工作进展，为解题做好了充分的准备。

### 三、加强教科研的领导，切实可行的管理措施保证科研工作的运行顺畅

#### （一）发挥指导小组作用加强教科研工作实践的领导与指导

为了加强教育科研工作的领导与指导，提高教科研工作的时效性，从而促进学校的发展，学校成立了以主管教学校长、教科研组长和教研组长参加的教科研工作领导与指导小组，由主管教学领导全权负责组织，教科研组长负责制订计划组织实施。各科教研组长负责在本学科落实，同时兼收并蓄，了解全校教育科研工作状态与进度，互相学习交流共同促进，扎扎实实地将教科研工作不断引向深入，学校主管教学领导坚持深入教学一线，坚持参加课改年级的教研组、备课组的备课说课讲课评课，以及理论学习等教学活动，掌握课改第一手资料，引导指导课改工作健康有序地前进并逐步深入。

#### （二）加强理论学习，促进教师形成新教育理念，适应课改新形势的需要

学校主管教学领导平时阅读理论刊物和教育杂志，将有关内容推荐给相关学科教师，同时要求教师自己学习时留心发现本学科有关教育理论及实践体会文章，及时保存下来。由于学校领导和参加课改年级的老师普遍重视学习教育理论文章，加上学校要求鼓励奖励老师自学不断总结，养成了老师学习习惯与学习意识，老师们挤出自己休息时间和节假日时间不断学习摘抄剪裁报纸杂志，不断积累总结，使得全校教师教育理念有了较大的飞跃，这为我们适应教育教学改革，促进教科研工作的不断深化，为学校的不断发展奠定了坚实有力的基础。

#### （三）以课堂教学为阵地，进行教育科研专题研究，推进教科研工作不断深入

浓厚的学习风气与学习行动促进了教师新的教育理念的形成，课堂教学是老师进行教育改革的主阵地，教改专题研究是深化教育改革的有效形式。在学校课改领导小组的统一领导与指导下，参加课改工作的年级、学科根据本学科特点和教师构成实际，制定本教研组研究专题，学校整体考虑，安排每学期教研组普听课与各组推荐、学校统一安排的重点课相结合，形成了以课堂教学为中心，以教

研专题为主线，贯穿整个学期的备课说课听课评课系列教学研究活动，促进了教学研究与教学改革的深入。

（四）发挥骨干教师与青年教师作用，引领促进教科研工作不断深入

市区级骨干教师是我们教学改革的排头兵和生力军，青年教师思维灵活接受新观念新事物快。学校重视使用培养青年教师，并发挥他们和骨干教师的作用。比如学校集体学习时间让骨干教师为全体教师讲座，骨干教师在教研组和备课组进行教材分析，讲教学设计。不仅经常在备课组和教研组说课评课，还带头为本组老师和外校教师以及区教研活动作示范课公开课。这些活动一方面促进学校骨干教师不断努力不断进取、为青年教师不断压担子，促使青年教师尽快成长，成为学校教育教学工作的骨干，另一方面也充分发挥了骨干教师和青年教师在教学改革中的示范作用。正是这些骨干教师和青年教师，在学习现代理论、教研活动中引领促进着我校教育研究工作不断深入，教育教学质量不断提高。

（五）引导教师积极撰写论文，不断总结，促进教师自身教育科研水平不断提高

近一两年，在学校领导的重视下，我们在组织老师深入学习教育理论、更新教育观念的同时，组织教师积极参加教育科研部门的教育教学论文征集工作。每次接到市区教研部门的征文通知，学校都复印下发到各教研组，并专门召开教研组长会，布置提出要求，规定上交篇数，近几年我们学校一直是征集论文的先进单位，论文中奖率在全区遥遥领先。教育理论的学习有效地提高了全校教师的理论水平与素养，通过教育教学实践教师们勇于探索不懈追求，不断地总结促进，老师们业务水平和自身素质得到更快更大的提高。

## 四、以教科研提升教师专业化水平

教师专业的发展是教师专业成长或教师内在专业结构不断更新、演进、丰富的过程，从教师专业发展的角度说，教育信念、知识、能力、自我专业发展需要和意识是至关重要的。

（一）在教科研中强化教师自我发展意识

在新课程改革之初，教师对新课标中倡导的基本理念、教学设计、课程总目标等内容进行了认真的学习。在学习过程中我们发现，教师只是关注外在的教学

行为、具体的教学技术，缺乏对自我内在教学文化的关注，教师们努力想在行为中贯彻课程理念，却经常不自觉地陷入旧的教学模式之中，针对这种现状，学校请来了北师大赵德成教授，为教师做了关于“新课程，新理念”的培训，教师们在培训后，以学科组为单位进行了研究讨论。有的教师讲：过去自己对新课程倡导的学习方式不太明白，也疏于研究，只是学点表面形式的东西，教学方式就成了标签，成了单纯的教学形式，缺乏课堂教学的深刻思考，总是极力想把新课程的理念表现出来给人看，而并没有真正吸收先进理论的精华，将其内化为个人的教学实践行为。听了赵教授的报告，深感自己的教学行为还需要内化。教师们的感受与认识正是校本培训所要达到的真实目的。教师们的认识提高后，我校请来各学科的教研员，对我校教师进行学科课程标准的培训，教师们在培训中，自我学习中加深了对课标理解提升了自我研究能力。

**（二）开展教学研究，提升教师备课、讲课能力**

每周二是我校的教研活动时间，在各个时间里第八节课，各个教研组都要进行教学研究活动。他们研究学生、教材、课堂教学。各备课组在集体研究的大背景下，开展集体备课活动，先由主备人，说出本课教学目标、重难点、知识点、教学方法等，全组人对这一方案进行讨论、分析，然后集思广义，主备人的备课教案进行取舍，定下最终方案。这种备课方式，大大提升了备课质量，避免自我备课的局限性，使教师在讨论中提高能力，在分析、取舍中完善思想。

课堂是提高教育教学质量的主渠道，为了提高课堂教学质量，我校采取了：1. 校内公开课擂台评比活动；2. 请专家听课、评课；3. 积极选派教师参加市绿色耕耘活动等。通过这些活动，充分调动了教师研究课堂教学的积极性、主动性，课堂教学质量明显提高。

**（三）开展教学反思课题研究活动，提升教师专业水平**

自我反思是指教师在教育实践中，批判地考察自我行为表现，从而不断专业化水平的过程。叶澜教授讲：一个教师写一辈子教案不一定成为名师，如果一个教师写三年的反思，有可能成为名师。我校在几年前教师中就开展教学反思研究活动，目前有 5 位教师参加了市级教学反思的课题研究活动。教师们把自己的课后反思，学后反思，书写成文，以便比较、认识、讨论、提升。教学反思是教师从事教学研究时的基本手段。随着课题研究的不断深入，我们最近开始着手编辑

《耕耘与收获（三）》，以教育科研专刊的形式汇总近期的研究成果。

**（四）依托课题研究，不断壮大骨干教师队伍**

优秀教师队伍，实现师资的整体优化，目前我校有市区级骨干教师12名，这12名教师均参与到了课题研究中来，在他们的带动下，我校数学组、英语组、语文组、政史地综合组等多个教研组近50位教师参与到研究的队伍，在全校掀起了教科研的高潮，老师们最明显的变化是善思考的多了，勤动笔的多了，教学水平提高的多了，教学成绩提高的多了，这让我们欣喜地看到了学校教科研工作的成效。

回顾六中的科研发展之路，在学校领导和全体教师的共同努力下，学校的教育科研工作走过了一段历程，老师们在不断学习实践以及总结过程中，有了初步的经验和感受，教育观念教育理念正在发生着变化，新的与课改相适应的理念正在逐步形成，学校教育教学工作者也在悄然发生着变化。在今后的教育教学工作中，我们将更加努力地学习，不断地探索实践，有效地积累并注重总结，不断提高教科研工作的实效性，争取更大成绩。

# 润物细无声——浅谈校园硬件文化建设

杨凤启

校园硬件文化建设是学校教育不可或缺的重要组成部分，是学校所具有的特定的文化氛围，健康和谐的校园文化能给师生创造一个有形而庄重的心理“磁场”，起到“润物细无声”的教育魅力。正是认识到校园硬件文化建设的重要性，我校注重加强校园硬件文化建设，使之成为一部无声的教科书。

## 一、校园硬件文化建设的原则

### （一）教育性原则

学校是教育人、培养人的场所，校园硬件文化作为学校教育的一部分，首先必须突出教育性特点，时时、处处把握教育性原则。

1. 传统文化主题墙

上端书写的是梁启超先生的《少年中国说》：“少年智则国智，少年富则国富，少年强则国强，少年独立则国独立，少年自由则国自由，少年进步则国进步，少年胜于欧洲，则国胜于欧洲，少年雄于地球，则国雄于地球。”时时提醒青少年学生们要树立强烈的责任感、使命感，以国家强盛强身为己任。

下端刻画中华传统美德的精髓“忠、孝、节、义、礼、信”，中国传统道德是中华民族思想文化传统的重要组成部分，影响学生将传统伦理道德是积淀在思想意识和行为规范里。

我国古代具有良好的学习传统，因此，我们把“学、思、勤、静”四个字，也呈现在墙上。提示学生学习过程中中，除了要求自己不断改进、完善外，更要求自己言行合一，将“四字学习法”转换并培养成为自己的学习习惯。

2. 理念文化主题墙

门厅东侧以“关注差异、追求卓越，关注全体，至善至正”为主题，昭示着学校的办学理念。校歌、校旗、校训、校风，指引着学生的成长方向。

门厅西侧以“敬业、爱生，追求卓越”为主题，展示着教师们锐意进取，积极向上的精神风貌。

（二）科学性原则

校园硬件文化建设是学校的一项整体工程，学校应精心统筹，科学规划，合理安排。

古诗词是中华民族文化艺术宝库中的一颗璀璨的明珠。从《诗经》起，一直到今天，古诗词以其广泛的内容，深邃的内涵，真挚的情感，承载着华夏民族辉煌的历史。操场北侧墙壁上增添的古诗词、水墨画文化墙，吸引了学生的目光。这些古诗词、水墨画不仅给学校增添了一分古韵，同时也让学生更多地感受到古诗词魅力。

（三）艺术性原则

在校园硬件文化建设中，要有艺术眼光，要让学生通过学校的设施、氛围等，处处受到艺术的感染，得到美的享受。使他们的思想情操自然而然地得到陶冶，心灵在无形之中得到净化。

保护环境是全社会的责任，更是每个公民应尽的义务，对学生进行环保教育渗透于学校工作的方方面面。走进我校的校园，给人的感觉是整洁、美丽、有序，这一切都提醒着每一个走进六中的人，使他们感受到环境的整洁和优美，从而激发起保护环境的意识。东侧环保主题墙，更是悄无声息地告诉学生，生活中处处有环保，增强了学生的环境保护意识。

## 二、校园硬件文化建设的挖掘

学校无闲处，处处熏陶人。环境不仅是学生生活的空间，也是培养学生文明素质的载体。我们发掘、利用校园的环境，使一草一木、一墙一板都能说话，都起到教育人、启迪人的作用。

### （一）年级教育主题文化墙

进入教学楼，你可以感受到学校走廊、楼梯文化建设的魅力和价值所在。一层主题：（初一年级）好习惯，成就好未来。二、三层主题：（以初二年级为主）这里是我成长的摇篮。四层主题，（初三年级）主题：志当存高远。那一句句足以影响学生一生的至理名言；那一篇篇教育学生安全、行规的宣传画册；那一个个激励学生成长的伟人、名人故事；那一幅幅学生活动展；那一篇篇中国古典力作精品；从一楼贯穿四楼的楼梯文化，无不折射出六中的育人理念。

### （二）创建温馨教室，促班级文化建设

教室是一个班级的载体，教室环境是班级形象的标志之一。教育家苏霍姆林斯基说："无论是种植花草树木，还是悬挂图片标语，或是利用墙报，我们都将从审美的高度深入规划，以便挖掘其潜移默化的育人功能，并最终连学校的墙壁也在说话。"六中每个班级创建自己的班级文化，班级文化建设有理论、有内容、有活力、有方案、有标准、有评比。

## 三、校园硬件文化的育人

苏霍姆林斯基说过：让校园的每一块角落都会"说话"。整个校园，要让学生视线所到的地方，都带有教育性。让每个角落成为陶冶学生的"主体的画，无声的诗"。

### （一）创意文化墙

"成长、成才"主题墙。所有的画面均来自于六中学生在学校、家庭、在校外的生活，贴近学生，每个画面都标有主题提示语，配着书形、蝴蝶形、花形等形象画框，活泼、流畅，既突出了教育性，又起到了装饰美化的效果。围绕"成长、成才"主题，不同楼层各有侧重，层层深入。一层主题：好习惯，成就好未来。二、三层主题：这里是我成长的摇篮。四层以立志成才教育为主题，激励学生发愤图强，立志成才，报效祖国。另外，还有师生的摄影、绘画、书法作品以及名人名画。

### （二）"三个 jing""三个 ling"主题墙

楼梯间：以"三个 jing""三个 ling"为教育主题，点缀师生的摄影、绘画、书法作品以及名人字画。

静，非宁静无以致远，夫学须静也。

镜，以铜为镜，可以正衣冠，以人为镜，可以知得失。

竞，优胜劣汰，适者生存。

零，千里之行，始于足下。

聆，聆听前世，清视在下，鉴莫近於斯矣。

凌，会当凌绝顶，一览众山小。

学校进行在校园硬件文化建设的同时，也要大力加强校园精神文化建设。坚持“两手抓”的政策，使校园硬件文化建设与精神文化建设相辅相成，相互促进。

总之，充分挖掘和利用校园硬件文化建设的潜移默化作用，高度重视校园硬件文化建设。校园硬件文化建设对学生的影响虽不是立竿见影的，但却是绵绵发力、久久用功的，要相信，优美的校园硬件文化建设必然会有利于全面实施素质教育，促进学生健康成长和全面发展。为迎接更灿烂的明天，我们充满信心，也会更加努力，使校园硬件文化建设更上一层楼。

# 浅谈如何提高学校总务工作的管理

邓小利

**摘要：**学校总务工作是为学校开展正常教育教学活动提供物质保障，是学校开展正常活动的条件和基础，促进学校各项工作的发展。新时代学校的总务工作，更是学校各项管理工作中的重要组成部分，对于学校的各方面工作都产生不同程度的影响。提高学校总务工作的管理，使之更好地为教育、教学工作服务，为广大师生服务，是办好学校的重要条件之一。

**关键词：**提高；学校；总务工作；管理

学校的全部工作由三大块组成：即教学科研工作、思想政治工作和总务管理工作。其中教学科研是中心工作，而思想政治工作和总务管理工作则分别是人的因素和物质条件的因素，这两个方面应给予充分保证。这三个方面的工作彼此分工，各司其责，又互相联系，互相配合，共同完成学校所担负的培养人才、创造教学科研成果的任务，三者缺一不可。没有教学科研工作，学校就不成其学校，没有思想政治工作，其他工作就会缺少动力；没有总务管理工作，教学科研、思想政治工作就失去了物质基础。巧妇难为无米之炊，再好的师资队伍、科研力量，也不能发挥其应有的力量。因此，学校总务工作是办好一所学校非常重要的基础工作。如何提高中小学总务工作的管理，我认为要从以下几个方面加以明确。

## 一、明确学校总务工作的管理职能

学校总务工作的覆盖面非常大，对于学校各方面工作都产生不同的影响。学校总务工作的职能包括管理、服务、经营和育人等四个方面。

管理是总务部门与学校教学、科研、德育等各个部门具有的基本职能，它的职能作用体现在管理学校的仪器、设备、校舍和经费等财产物资保持完好的功能，使其能正常运转，提高使用效益和服务质量，创设整洁美丽的校园环境，使学生养成良好的生活习惯，以保证学校实现培养人才的目标。也就是说，最大限度地发挥人、财、物的效益，体现在以下几个方面。

（一）提供物资保证，包括校舍、设备、办公用品等供应，只有总务部门提供了必要的物质条件之后，学校才可能开学、运行，教育教学科研才能得以顺利进行。从这一点看，总务工作是学校生存的前提。

（二）经费理财，为教育教学科研提供资金保证。在当前情况下，一个学校资金是否充足，既关系到教育教学质量，也关系到教师队伍是否稳定，更关系到学校的发展。可以说经费管理是学校工作中非常重要的一环。

（三）提供生活服务，包括饮食、卫生、交通、学习环境、校园环境等各项工作。这是搞好一切事情的基础。师生员工只有排除后顾之忧，才能一心一意搞好本职工作。

（四）创造优美环境，为素质教育的实施，提供美的享受。人才的培养一靠教育，二靠环境，创造人才成长的优美环境，既影响学校的整个面貌，打造优美的校园文化，还可以影响人的素质的提高。古希腊教育家柏拉图经常与学生一起在花园内边散步，边讨论，边学习。柏拉图的学生亚里士多德也是这样办教育。孟母三迁，三易其家，其目的还是为了找一个好点儿的环境。

（五）提高办学效益，降低人才培养成本。加强学校后勤管理工作，提高管理效益，充分有效地利用设施、设备、场地、物资，提高资金使用率，这是提高办学经济效益，降低人才培养成本非常重要的一环。

（六）言传身教，潜移默化。身教重于言教，总务工作人员的文明程度，后勤管理水平的高低，直接影响学生的成长因素，从这一意义上说，后勤人员是不用上讲台的教师。

## 二、明确学校总务工作的服务意识

学校总务后勤工作的头绪多，涉及面广，自身构成一个复杂的系统。然而学校总务后勤工作又具有以服务为形式，以育人为目的的特殊属性。为教育、教学服务、为科研服务、为师生员工生活服务，是其根本任务，概括地说“服务”是学校后勤管理工作的宗旨。

“服务”是从学校总务后勤工作的服务对象这一角度而言的，那么，具体应该服务一些什么，如何服务呢？为保证学校教育系统的正常运转，首先必须为学校教育、教学、提供基础设施，物质条件和相应的管理，同时还必须为全体师生员工提供吃、住、行的条件，以保证师生员工的正常生活。

### （一）总务工作必须为教育、教学、科研服务

教学工作是学校的重点工作，而科研工作又是重中之重。俗话说，兵马未动，粮草先行。总务处作为学校的后勤保证部门，它在提供教学设备、物质供应、改善教学条件等方面起着重要的作用。总务工作的首要任务就是为教育、教学服务，为科研服务。这就要求总务工作人员必须树立为教学服务的思想，明确总务工作的主要任务是为教学、为科研创造良好的工作环境和必要的物质条件，使总务工作在期初、期中、期末各个阶段与教学工作紧密配合，保证教学工作的顺利进行。

### （二）总务工作必须为广大师生生活服务

搞好全校师生的生活服务是总务工作者应尽的职责。总务工作者应努力改善师生的在校生活，让全校师生有一个良好的工作和学习环境。解除教师的后顾之忧，保证师生的健康，使他们有足够的时间和充分的精力投入教育教学工作中。就其基本内容来说，学校后勤工作的服务包括现代技术服务、物资管理服务、生活后勤管理服务、基本建设服务以及财务管理服务等诸多方面。这就要求后勤人员对人、财、物进行计划、组织、监督、指挥、评估等，使之最大限度地满足教育、教学、科研和师生员工生活的需要，为培养人才创造条件，为教育、教学、科研及师生员工等提供优质的服务，就成为学校后勤工作的根本任务。

## 三、明确总务工作育人的目的

管理育人、服务育人是学校总务工作根本目的。办学的根本目的是培育养才。学校是育人的场所，学校一切工作都具有育人的属性，总务工作也不例外。在这

里，就服务的属性和管理的属性而言，服务的教育性和管理的经济性是统一的。重服务，轻管理，重教育，轻经济都是错误的，反之也达不到目的。育人也是学校总务工作中根本性指导思想。

学校总务后勤工作的育人目的是通过服务和管理这两种方式来实现的。所谓服务育人，是指学校后勤管理的各部门人员，在通过对受教育者的服务过程中，以优质的服务，热情的工作态度，文明的风尚，规范的行为，模范的行动，在精神上、思想上及道德上给受教育者以潜移默化的影响，使受教育者在接受服务时受到良好的影响，接受良好的教育。所谓管理育人，是指学校后勤人员通过对其职责范围内的各项工作，在实施计划、组织、指挥、协调过程中，将自己的管理和自身的思想品质、价值观念及行为规范，对受教育者离加影响，使之受到良好的影响教育。无论是服务育人，还是管理育人，都具有两个共性：一是通过物质情景的设计和严格管理以及优质服务来对受教育者施加影响；二是通过管理者和服务者自身的思想风范和道德情操来给受教育者以潜移默化的影响，即人格的力量。这是服务育人、管理育人最明显的特点。这是由学校的性质和根本任务所决定的。学校的总目标是出好人才，多出人才。学校所有部门，全部人员都应围绕这一目标工作，而后勤管理的管理育人，服务育人，也是从这一总目标而得来的。后勤职工和学生接触频繁，与学生日常生活、学习关联密切，所以后勤职工必须充分认识这一特点，后勤部门的一切工作必须充分了解这一特点，考虑对学生的影响教育。特别是在全面实施素质教育的时候，一言一行，一举一动，都应看作是教育学生，齐抓共管，收到更好的教育效果。

# 秉承初心，铿锵前行

金佳会

**摘要：**班级良好的学风建设是班级管理的重中之重，优良学风是保证教学质量的重要条件。学风的好坏直接影响到教学改革的步伐和教学质量的提高，而班级是学生的第一家园。加强班级学风建设，才能为学生的成长营造良好的育人环境，增强学生学习的积极性和主动性。促进学生的健康成长和综合素质的全面提高。学风建设更是学生生活和生命意义的创造和生成体验。

昨夜斗回北，今朝岁起东。回首过去一年间艰苦的初三生活，思绪万千。我所带的初三（3）班在中考中取得了非常优异的成绩，共有 15 人考入了潞河中学及以上市区级重点高中，优秀率、平均分、及格率都在全校名列前茅。这些优异成绩的取得都得益于班级良好的学风建设。

学风，是读书之风，是治学之风，更是做人之风。优良学风是保证教学质量的重要条件。学风的好坏直接影响到教学改革的步伐和教学质量的提高，而班级是学生的第一家园。加强班级学风建设，才能为学生的成长营造良好的育人环境，增强学生学习的积极性和主动性。促进学生的健康成长和综合素质的全面提高。学风建设更是学生生活和生命意义的创造和生成体验。

## 一、营造氛围，明确方向

要想有所作为，必须思想先行。所以初三开学的第一天学校都会对全体初三学生进行中考意识教育，为的就是让初三学生认识到初三生活的艰苦，认识到竞争的残酷，了解到目前自己的学习状态和自己的中考目标以便尽快进入“我是初三学生”的角色中来。这当中班级浓郁学风的营造会让学生更能近距离地感受中考，进入备战状态。

首先，我让每个学生写下自己初二时的学习状态，哪科是强项，哪科是弱项，还有强弱的原因和弥补弱科的措施，更重要的是写下对初三学习的展望以及各科适合自己的学习方法并逐个在班里朗读。学生一边读，我还会一边提问，一边帮他们完善这份学习小档案。我发现学生一边在读自己的，一边也在认真地听他人的。有的学生发现，以前初二时和自己水平差不多的同学中考目标定得比自己高，计划定得比自己详尽，学习时间也比自己长，受到了不小的触动，也偷偷地把自己的目标学校由运河改成了潞河。整整三节课，师生之间的思想碰撞，学生之间的互相启迪。我发现学生们的目光变得更加坚毅了，面容更加凝重了。课后，我让学生把自己初三的第一份学习小档案全部张贴在班级板报栏里，时时刻刻提醒着大家，不忘初心。

其次，在初三的整个一年里，我充分利用班会时间，定期召开以学习为主题的班会或微班会。力求时时刻刻为学生营造一种浓郁的学习气氛。一年中，我先后召开了以“为幸福未来而学习”“我是这样学习的”“作弊——可耻”“我的一模分析”等为内容的班会。并会适时向学生及家长推荐一些好的励志文章，如白岩松的《孩子，不要抱怨读书苦，那是你去看世界的路》、一位清华在校生的演讲《刻苦拼博攀登人生理想的巅峰》……

初三是孩子们九年教育阶段最艰苦的一年，孩子们不但身体劳累，心情也会随着中考的临近而越发微妙乃至焦躁。但良好的班级学风的营造却让孩子们觉得并不是只有自己累，是全班同学在一起拼搏，一起跨越一个又一个障碍。孩子们都深深地明白，等收到录取通知书的那一刻，这一切都是值得的。

## 二、心有敬畏，心有所止

初三的工作忙碌而繁杂，但我深知，越是在特殊时期就越要狠抓班级常规，只有常规工作抓好了、抓稳了，班级的各项工作才能更好地完成。在一个秩序井然的班级里学习，班级的学习风气才能更浓郁，学生的心也才更踏实。

首先，我要求学生必须早上、中午按时到校，在校的时间里，我更要求学生要充分利用碎片时间来进行学习。因为如果把各科作业和所有复习都安排到晚上，那大部分学生就会睡得很晚，这样会导致上课犯困，学习效率就会大幅下降。我经常和学生说的一句话就是“有一种努力叫瞎忙”，就是不会时间管理，睡得很晚，表面看来在学习，实则在做无用功。因为初中阶段拼的不是智力而是时间管理。

其次，对自习课的严格管理也是保证学生取得好成绩的关键。每天下午的一节自习课是我们班雷打不动的写作业时间。开学初我就和学生一起制定了自习课公约，要求自习课零抬头、零交流，如果自习课违反纪律绝对是零容忍。还记得初三下学期的一节自习课，班内有个别同学违反了纪律。课后我通知了几名家长，让几名家长来校洽谈自己孩子自习课问题，并让几名同学在全班作检讨，检讨书上还要集齐全班同学的签名，征得全班同学的原谅后才能重新回班上自习。让违反纪律的同学在全班作检讨，是让这些同学深深地明白，自习课违反纪律不仅自己的学业荒废了，还会影响班内其他同学，必须心存愧疚，诚挚地向同学们道歉。

与家长精诚合作，让家长时刻了解孩子在校情况，得到了家长们的一致好评。自习课的纪律保证了学生们的学习效率也大幅提高了，孩子们都说“一节 40 分钟自习课做的作业比在家 1 小时写得都多”。自习课上好了，学生的心也踏实了，班级里的学风也越来越浓。心有敬畏才能行有所止。

### 三、分析成绩，查漏补缺

初三的每一次考试对每个学生来说都至关重要，而考试后的成绩分析则又是重中之重。只有对成绩分析透了，找到了自己的短板并进行查漏补缺，才能在下一个阶段有的放矢地学习，成绩才能稳步上升。我的做法是为班里的每一个学生建立一份成绩档案。

考试成绩，是每一位学生和教师不可回避的问题。科学的分析成绩，可以了解学生学习状况的大量信息。据此可以寻找学生学习上存在的问题，为进一步提升学生的学习水平提供参考。所以初三的每一次大考小考，我都做好成绩分析，帮助学生为下一阶段的学习做好准备。

首先，建立班级考试成绩档案。为了方便比对和分析，我将全班每次考试综合成绩存储在电子表格里，目的是让数据说话，为班级教学工作和学生提升学习成绩提供行动指南。

其次，根据成绩分析全班弱科并召开班会寻找解决措施。根据成绩让每一个学生用表格形式分析自己的弱科及此科的扣分点以便进行查漏补缺。班里的小峰，在一模时全区排名 332 名，通过对他的成绩进行分析得知是他的物理成绩相对较低，全区排到了 1200 多名，如果他的物理成绩上去了，那他在全区的排名就会直线上升。二模时还是这个孩子，他在全区的排名是 405 名，物理只得了 91 分，依然是物理在大幅往下拉分，尤其是选择题，扣了六分。班里比他高 4 分的同学，全区排名就比他高了 180 名。通过和他一起分析成绩，我认为二模后他应该主攻物理，并且要主攻选择题。我让他把一模、二模的所有选择题打印出来，每天做 2—3 套，让他家长给他批改后把错题标注出来，并在第二天一定要问老师，彻底弄明白。通过这样分析成绩，系统训练，小峰在中考中终于打破了物理魔咒，得了 97 分，最后成功地被潞河中学实验班录取。

科学的分析成绩，有的放矢地指导学生对问题归类处理，真正做到了学习的实质。

## 四、倾心关注，爱伴左右

一个班级浓郁学风的形成和班主任的个人魅力是分不开的。所谓亲其师才能信其道。而这个人魅力我认为就是对学生的爱，而爱的本质其实是“关注”。

首先是对学困生的关注，一个优秀的班集体是全体学生都阳光积极，学习态度端正，学习劲头十足。我经常对学生说“尽人事，听天命”这句话。意思就是在该拼搏的青春年纪就不要吝惜汗水。努力过，拼搏过，不管结果如何，我们都坦然接受，而不是等到结果出来后悔当初自己对学业的怠慢。

小游是一个学困生，他的特点是有想学习的心，但没有执行力，表现为写作业磨蹭，晚上写着作业就会睡着。第二天早起再补作业，然后上课犯困，导致成绩差，形成了恶性循环。针对他这种情况，我积极联系了他的妈妈并与他妈妈达成了共识。在学校由我监督他利用碎片时间和自习时间抓紧写当天作业。他的数学不好，有好多题不会，我就给他找了一个小老师，让他尽量在校完成数学作业。在家时由他妈妈监督他写作业，在初期，我要求他妈妈在他写作业时就坐在旁边，当孩子走神时马上提醒他。并和他妈妈约定我们要时常联系以便随时调整对他的学习关注点。一次次的课间提醒，一次次夜深人静的微信沟通，小游的成绩慢慢上来了。静静等待，用心付出。小游在中考中顺利考入了小语种贯通项目，达成了自己的理想，这都源于对他的爱和关注。

小宁是一个学习刻苦、成绩优秀的女孩子。但在体育模拟考试中，她的仰卧起坐做了 50 个，但由于动作不规范，机器总是识别不了，只显示 23 个。考试结束后，小宁哭个不停，她担心在正式考试中她的仰卧起做也会这样。我在模拟现场不停地安慰她："不会的，不会的，到正式考试咱们一定行。"可焦虑情绪还是影响了她，她的学习状态受到了影响。每次见到我，都是眼泪在眼圈里打转。看到孩子这样，我觉得要特别关注她了，而且一定要给予她一些实质性的帮助。我让她买了瑜伽垫，让她每天在家里练习并把练习的视频发给我。看到视频后不管多晚我都及时回复，帮助她纠正动作给她加油打气。经过一段时间的练习后，孩子的情绪逐渐稳定了，体考中如愿得到了满分，顺利地被潞河中学录取。倾心关注，爱伴左右，一定会收获满满。

冰心言道：爱在左，情在右。在道路的两旁，我们随时播种，随时开花，使一路上穿枝拂叶的人，即使走过荆棘，有泪可落，却不是悲凉。回首过去，我们秉承初心，砥砺奋进，用心营造班级学风；展望未来，我们一定会壮怀激越、铿锵前行。

# 如何打赢这场没有硝烟的战役

杨海伶

**摘要：**在中考之前通过如下几方面做好初三毕业班学生的教育管理工作，关注网课中学生出现的问题，及时帮助学生克服困难。调整状态，建立网络学习小组，加强学生的团队合作意识，促学生共同提高。给学生强有力的后援支持，适当给学生减少压力，增强学生的自信心。做家长和学生的引路人和主心骨。培育优秀生，从自律开始。用爱育人，以情感人。

2020年6月16日晚将近11点多，接到北京市教委紧急通知，北京市所有已经复课的中小学继续回家上网课。对于刚刚开学一个多月的初三毕业班的学生来说，无疑是雪上加霜，仅仅开学一个多月，学生刚刚适应了回到学校复习的节奏，再次回家对于每一个学生来说更是一种挑战。新冠疫情的反复让今年的所有学生经受着艰难的挑战，对于每一个老师来说，特别是初三教师更是困难重重。线上学习和讲授与线下课堂讲授相比效果差强人意，每天学生对着屏幕老师在屏幕的另一头，明明知道学生没有听讲，甚至在做其他事情，但是老师的话变得是那么的苍白无力，学生的无所谓，让老师心急如焚。对于家长来说，最考验的是学生与家长的亲子关系，有多少家长与孩子剑拔弩张，恶语相向，更有甚者大打出手。虽然学生也知道时间的重要性，但是面对手机，大多数学生无法抵制诱惑，使网上的复习效果十分不理想。

对于初三的班主任来说，无论是本学科的教学还是学生的思想品德教育，都显得格外的重要。因为对于马上要面临升学考试的学生和家长来说，最最重要的是学生能否考上理想的高中。在我看来居家网课学习，学生需要一个良好的学习习惯，家长需要与老师通力合作，积极配合方可有效果，但是往往学生自律性差，家长无暇管理学生是各科老师关注和操心的重点。由于这种上课模式对于老师和学生都是第一次，所以不仅是对学生提出了高要求，也对老师工作是一种挑战。但是无论如何，作为班主任依然要面对困难，勇于挑战和创新。

## 一、关注网课中学生出现的问题，及时帮助学生克服困难，调整状态

我深知初三家长对于班主任老师抱有多大的希望，当他们在遇到孩子不听课、不写作业、不学习等问题时都会求助于班主任的帮助，甚至说道“老师他就听您的，您找他聊一聊”，我理解家长的无助，体会他们焦灼的心情，所以在我发现学生出现这样或那样的问题时，我都会主动与学生谈心沟通，做思想工作。

虽然初三的复习时间紧，任务重，但是我依然坚持召开每周一次的班会，班会中，我会表扬肯定表现好的学生，也会指出班里存在的问题。让表现突出的学生发表见解，介绍自己的学习心得和体会，鼓励并激励更多的同学行动起来。特别是复习后期时，一些中等生的表现明显提高，我及时发现他们学习中的闪光点，鼓励他们继续努力，大大增强了他们的自信心。

## 二、建立网络学习小组，加强学生的团队合作意识，促学生共同提高

由于网课学习的枯燥性，很多同学一人在家，往往不能控制自己，很容易学一会儿就放松。我主张同学们建立学习小组，互相激励，于是本班的学生课下自主结对，利用钉钉建立几个人的学习小组，每天晚上共同进群，打开摄像头上自习。如果有问题，就在群里共同商讨讲解，自习时不出声，互相监督，学生们的学习积极性很高。在中考中这些学生们都取得了优异的成绩，我想这样的学习小组应该发挥了重要的作用。

## 三、给学生强有力的后援支持，适当给学生减少压力，增强学生的自信心

到了复习后期，由于居家的时间过长，模拟考试中的得失等原因，到最后阶段，一系列问题接踵而至，有一部分学生心理压力过大，他们学不进去，心情烦躁，睡不着觉。学生晚上 12 点了给我发来信息，告诉我他的苦恼，这时候无论多晚，我都

会耐心开导他们，告诉学生不要去想结果，不要想得多少分，而把更多的关注放在知识点上，自己还有哪些需要弥补的地方，只想学习的内容，不要想成绩，因为决定结果的是学习过程。看到学生们的困惑和焦虑，我也深深体会到了学生们的紧张，虽然他们在学校时似乎表现得无所谓，但面临中考，他们毕竟是第一次经历，心中难免紧张而无助，得到班主任的开导和鼓励，对于他们来说，真可谓是及时雨。

中考前几天，有的学生因为知识还没有掌握而焦虑、烦躁，有的学生因为前边没能好好复习而后悔，还有尖子生，因为做题总出错而心存怀疑，为自己能力下降而着急，不同水平的学生出现了不同形式的考前综合征，这种情况我及时召开了班会，把各种情况作了深刻的分析，并耐心细致地告诉学生，如何克服这些问题，教给他们考前的减压方法。

**四、做家长和学生的引路人和主心骨**

对于突发的疫情，很多家长都表现得极为焦虑，不知所措，学生居家上网课的问题令家长头疼，面对种种突发的问题，作为班主任，首先要做好上级命令精神的传达，同时更应该站在家长和学生的角度思考，如何让学生高效地完成网课学习内容，有效地提高学生成绩。在最初延迟开学期间，学生利用网络进行线上学习，家长如何做好学生的管理？怎样配合学校老师完成相应的教育教学任务？我都耐心细致地教给家长，对于学生出现的种种问题，例如不在线、上课迟到、作业不提交等令家长头疼的问题，我会与家长协商合作，共同教育学生，很多时候都是一对一的指导，深夜 12 点给学生答疑已经成了家常便饭。学生不能到校上课，面对毕业升学，家长与学生比以往更加焦虑和无助，甚至失去了目标和方向，我用写信、录音、发视频会议等多种形式召开家长会和学生会，接听家长电话回复家长微信，与学生单独谈心，解答学科问题，几乎成了除上课之外时刻在做的事情。网课期间上班和下班几乎没有了界限，正是因为这样让家长体会到老师的真诚相助，更让学生懂得感恩和努力。

**五、培育优秀生，从自律开始**

对于优秀生的培养，始终作为我工作中的一项重要内容，以往学生在学校正常学习，学生适应了学校—家这两点一线的学习和生活，但是由于疫情原因，学生要在家学习，使得一部分学生因缺失了学校管理而变得松懈，成绩也下滑明显。

对于毕业班的学生来说，培育一支过硬的优秀生队伍尤为重要，在这方面我感受颇多。首先我预知会有一批学生，由于家长管理不到位，或者学生的不自觉，他们会在学习上出现打折现象，于是我建立居家“学习小组”。对小组提出要求，每周例会让他们反馈总结自己在网课时的收获和不足，对于他们当中的好人好事，我会在全班表扬与肯定，当他们出现问题时，也会第一时间批评指正，给他们制定阶段目标。成为优秀生的一个基本条件是自律，在全班定期评选“自律之星”，同时我经常会向学生宣讲自律的重要性及自律的故事。

虽然学生很长时间没有到校，但是“学习小组”的学生的表现是可圈可点的，当他们第二次居家复习时，“学习小组”的学生们已经可以很自觉地自主完成：“互帮互助，共同学习监督”了，这也是他们在最后中考中取得优异成绩的最好见证。

### 六、用爱育人，以情感人

作为初三毕业班的每个学生和家长来说，都是第一次经历大考，难免会焦虑，纠结着急，不知所措，作为我来说，既是人师，也是人母，完全可以理解体会到他们的心情，更知道他们最需要什么？三年的积累让每个家长早已把我当成家人和朋友，每个学生也把我看成了妈妈，家长们深情表达的谢意，让我感受到被认可的温暖。学生在考前还在向我求助，“老师，我害怕考不好，我睡不着觉了……”这是学生对我的信任和依赖，难道这不是一种幸福吗？

“公平、公正，换位思考，耐心帮助”是我对待每一个家长的态度，对于我的每一个学生，则更多倾注的是“爱”，我深知每一个家长是怎样期待老师如何对待他的孩子？唯有真诚的爱，可以感化每一个人。爱的种子在我内心生根发芽，自然会开花结果。2020 年 8 月，每一位家长把学生的录取通知书发给我，向我表达谢意之时，这正是对我工作的最大慰藉。

一场疫情改变了很多事情，也改变了很多人，对于 2020 届学生来说，有一批学生经受住挑战顺利冲关成功，取得了优异的考试成绩。当然也有一些同学因为懒惰、放松等原因没能考取理想的学校，着实让人们可惜，但是命运就是如此，每一个成功都来之不易，事实经验告诉我们每一个人，在困难面前经得住考验诱惑，肯努力、肯付出的人才是笑到最后的人。

# 慢下来，会更美

## ——搭建基于学生持续发展的台阶

孔月敏

慢，是一种艺术，更是一种心境。当你慢下脚步，你就会发现，生活原来是这样的美妙。于教学，亦是如此。

九月份，秋风飒爽。一天的数学课上，我兴致盎然地正在给学生分解知识重点，用文字、图形，加上我再三斟酌决定的易于学生理解的语言，希望在我辛勤付出之后，所有的学生都能有多提升、有所成长。即使有个别的学生没有达到预期效果，我也希望他们对待学习的态度是端正的，对待课堂学习是认真的。但就在我眉飞色舞、自我陶醉的讲解时，余光中感觉到前排的一个叫文的女孩，她不在状态，时而抬头听，时而捣鼓手中的彩色便利贴纸。是的，她没有听课，只是偶尔抬头掩饰自己，但是在此时此刻，我不想点破她，想在课堂上给她一个机会，所以就用严厉的眼神注视了她一下，她也注意到我已经发现了她的不专心，便调整了一下坐姿，收起了便利贴。我心中不禁暗喜，为自己赞了一把！但是，让我万万没有想到的是，听了不到五分钟的课，她又开始动了起来，从桌斗里拿出便利贴纸在上边图画。我下意识地控制了一下自己，“还有几分钟下课，继续完成课堂任务，有问题下课后慢慢解决！”

丁零零……终于下课了，为了及时了解情况，我第一时间把文请到了教室外面：

说说吧，怎么回事？

（沉默）

知道为什么请你出来吗？

（沉默）

为什么再三走神不认真听课？

（还是沉默）

好，既然这样，那你想清楚了，我很想帮助你，如果你不说，我无从着手，就无法帮到你，你想一个人扛着还是咱们两个一起分担？

这时，一直昂头不语的她生硬硬地憋出了一句话："我什么也没有做！"

虽然她没有承认什么，但只要开口就好办！你认真听课了吗？

没有！为什么？

我小学数学就不好！刚才有个问题没跟上，我不知道该怎么办，就……

我了解你的情况了，你在学习中遇到了困难，但是你不应该知难而退！课堂上有不懂得知识点及时记下来，想办法解决问题，你想想，如果现在开始好好学习，将来成绩是不是会好起来呢？

……可能吧……（还有些犹豫地说）

那就好好学，试一试，证明自己也是可以的！

她用惊诧的眼神望了我一眼，我知道我的话对她来说有效了！

你要知道，我们能够在同一个教室里坐上三年一起学习是多么大的缘分哪，只要我站在讲台上，你就是我的学生，我都会一视同仁，有任何困难我都可以帮助你解决，并且不会以成绩作为标准来对待你的。

此时此刻，文的眼睛湿润了，慢慢低下了头，突然间，我内心有一种莫名的疼痛充斥着身体，说不上来的力量让我一把搂住了文，拍拍她的肩膀："擦掉眼泪，别让同学瞧见，好好学，老师随时恭候你来问问题，咱们把小学落下的课程赶紧补齐了，老师相信你一定行！"

那一晚，我辗转难眠，为什么会发生文这样的事情？这是一个个别案例吗？班内还有没有和文同学一样迷茫但没有表现出来的学生？小学到初中只是单纯地从一个校门跨入另一个校门吗？从六年级到七年级只是一个数字的变化吗？课堂教学中仅仅是教学内容的深入吗？之前我是不是忽略了一些什么？回想到课堂上停顿一下那个瞬间，真的感觉到，教育是慢的艺术。教师不仅要关注学生学了什么，更要关注学生怎么学的，学生在学习过程中的态度如何，从而促进学生能够全面和谐的发展。

为了调动班里几个和文有相同情况，数学基础薄弱的孩子尽快跟上大家的步伐，我决定了两项措施，一是成立一个数学学习小组，基础薄弱、成绩长期不理想导致了他们性格内向，不愿意主动和人谈论学习，更不会到办公室找老师询问，所以给他们每个人找一个学习较好的同学作为学习的师傅，有了问题可以在班内先找自己的师傅帮忙解决。当然我提出要求，在前期阶段师傅们要主动去帮扶同学，师傅有不能自己处理的问题可以找我解决。二是为了让这些同学加强计算能力，每天给他们单留两道计算题巩固提高，这些作业，每天会单留单收，有了错误我找时间会面对面和他们一起解决问题。

当第二天我找完班里的几个孩子说明计划之后，他们都愿意接受这两个方法，并一致表示会好好学，这令我很是欣慰。孩子们的内心早已期盼成长许久，只是在繁杂的学习任务下，为了应付完成老师的各种要求，缺少了成长的机会，我忽略了这一点，不免有些自责。还有一个令我惊喜的事情，第二天晚放学后，文来到办公室找我，说是她愿意承担起这个学习小组收发作业的任务，并且为了更好地完成任务她还设计了一个表格，表格上有日期、姓名、完成作业情况、改错情况这几项内容。我望着文的清澈的双眼说："谢谢你，这么有心，老师相信你一定能够出色完成这项工作！"

学生从小学迈入初中，从六年级升到七年级，思想上的波动绝非是像我们数数字从 6 到 7 那么简单，除了进入新环境的新鲜和好奇之外，内心深处可能还会有些惧怕，不知道如何对待和延续自己的学习，特别是小学基础较弱的这部分学生，他们对自己的学习更是无所适从，有很多孩子已经适应了五六年级时被放养的状态，并没有意识学好数学是他们必须尽力而为的义务和责任，进入初中后随着数学课程内容的深入，这些孩子往往就会整日处于应付交差的状态，而缺失了自己对学习的渴望，这时作为教师的我们必须为孩子们搭建一个可以帮助他们持续成长发展的台阶，以便顺利完成身份角色的转换，借助一些方法措施点燃学生内心的灯：对知识的渴望，对爱的向往，对生命的热爱，对未来的憧憬！

伟大的教育家陶行知说过："你的教鞭下有瓦特，你的冷眼中有牛顿，你的讥笑中有爱迪生。"所以说作为教师的我们绝不能以简单、粗暴的方式来对待学生，而要用生长的眼光看待学生，以一颗赤诚的爱心来感染学生，为学生找到那个可以用来向上攀爬的半个台阶，让学生可以有抓手、可以借力，这样来激发学生从内心自发地学习和创造。正如雅斯贝尔斯所说："教育意味着一棵树摇动另一棵树，一朵云推动另一朵云，一个灵魂唤醒另一个灵魂。"教师的主要任务是调动学生学习的主观能动性，让学生的学习观念发生改变，把自己的潜力发挥出来，由为别人学习变成自己学习！只有他们的学习态度发生转变了，他们才会由不学、厌学变为乐学、好学，才会主动愿意学，从而学好。

怎样才能激发学生的主观能动性呢？怎样才能搭好从6到7之间的台阶，不让学生转换角色时那么匆忙呢？我认为可以从以下几个方面做起：

### 一、与学生做朋友，走进学生的内心

和学生交流、沟通、互动，成为学生值得信赖、可以展示内心真实世界的倾听者，交流中尊重学生的内心和真实想法，并且要保护他们的隐私，想办法帮助他们解决疑问，处理问题，让他们在校期间有精神的依靠，让他们感受到爱的存在，从而增加学习的期望和自信心。

### 二、不以成绩论英雄

不管小学的学习状况如何，进入中学之初就需要让学生有强烈的意识，初中的学习虽然与小学息息相关，但是，小学的许多计算方法和思维方式在初中数学学习过程中都会反复出现，只要是肯努力付出，按照老师的指引动脑思考、步步深入，逐步完善、持之以恒，思维能力、应变能力和知识的完整性都会得到不断锻炼发展和扩充。课堂中也要平等对待、一视同仁，为每个不同层次的学生设置不同的问题，特别是让那些基础较弱、调皮的学生也能够在课堂中找到存在感。

### 三、数学基础知识的学习也尤为重要

很多学生没有解题方法，不会运算都是因为他们心中缺少数学概念造成的，

理解与记忆是学好数学的必要条件，可以从进入中学的第一天开始，让不同的学生每天在班级展板上展示小学的三五个知识点，不管是概念、公式还是方法都可以一起分享，这样，学过的数学知识每天都在学生的眼前时常出现，这些知识就会在他们的脑中留下痕迹，再遇到题目时就有可能很好地理解题目的结构并且具备知识基础解出答案。

## 四、明确方法，让学生有可以感受到的、可行的方式参与学习

比如，成立帮扶对子，强带弱的方式既能让强者巩固所学又能让弱者随时随地解决疑难问题，生生交流可以大大缩短问题解决所需要的时间；还可以成立“计算小达人”“思维王者荣耀”等兴趣小组，运算是数学的一门基本功，初中很多内容都离不开运算，比如有理数的混合运算、解方程（组）、解不等式（组）、函数等，如果运算能力不过关会影响他们以后的学习，而小学基础较弱的学生十有八九都是计算不过关的，所以首要任务就是加强提升运算能力，在最短时期内掌握计算原理学会计算方法，补齐短板，为培养数学思维清除障碍。

## 五、恰当的语言激励是一服良药

不仅是在课堂上有学生回答正确答案时的鼓励，更多的是潜移默化的肯定与激励。细想想上面故事的主角文同学，就是在得到了我的肯定之后才敢于来主动承担收发作业的任务的。那天晚课是数学课，放学后我没有着急离开，而是走到学生中间询问他们听课效果怎么样，顺便当然也是有意地问了一下文，“学会了没有？”“差不多吧，基本都能跟得上，有疑问的回家后我会再思考一下！”“嗯，真乖，都想把你带回家做我女儿了！”文抿起小嘴乐呵呵地低下头继续收拾书本……一句自带温度的话化开了孩子那冰封许久的心，一颗善良的心灵点燃了她那求知上进的心灯，正是验证了这样一句话：“如果你能真正用心去对待他们，就会收获你意想不到的美好。”

总之，在知识信息爆炸的当今世界中，教师在教育时只关注知识的传授往往会导致揠苗助长的状况频频出现，特别是在学生升学段转换身份时，教师一定要稳得住、慢下来，搭建好基于学生持续发展的台阶，让学习看得见、摸得着，真

实地发生，让学生看得见希望，让学生的学习充满活力！爱是温暖的给予，而非生硬的强求，爱是心与心的灵犀感应，而非绞尽脑汁地跨越鸿沟。教育是一种慢的艺术，是一种细活、慢活，不能急功近利，应该从自然规律出发。这就需要用耐心、爱心、平常心对待孩子的不同的个性，细心观察，发掘孩子个性中的积极因素，用一种心平气和的陪伴与守候，引领孩子慢慢长大。所以，用心不求恢宏，只在点滴，耐心不在永恒，只在当下。慢一点，等一会儿，也许我们可以听到更多花开的声音。

# 关爱特别的他

吴东霞

**摘要：**随班就读的孩子一般都有智力问题，心理的发育也不大健全，他们不善与他人交流，和同学相处不好，容易产生自卑或以自己为中心的思想。如果我们不去关爱他们，他们会出现各种问题，甚至会对社会造成危害，因此我们更应该给他们特别的关爱。

维纳斯的断臂是一种残缺的美，让世人为之惊叹！那么对于那些智力，身体或心理有缺陷的儿童，谁来包容他们的缺陷，谁来欣赏他们特有的美？我们班的小蔺同学就是这些有缺陷儿童中的一员。

小蔺出生于2000年，父亲是一名警察，母亲在国贸上班。他从小是由姥姥带大的，可能是长辈的过分宠爱，也可能是父母的疏于管教，养成了他异于常人的一种心理。由于实在是不可管教，小学三年级的时候，被某小学劝退，在另外一所小学读完六年级的他，初中被分到了我们学校。新生入学考试的时候，试卷上除了名字和选择题外，其他的包括作文什么都没写。监考老师问他原因，他说不会写，也不愿意写。入学成绩可想而知，数学、语文加起来一共30分。这30分中也有很大一部分是运气分，是蒙的。他最终被分到了我们班。

新生进班的第一天，就因为暑假留数学作业问题和数学老师吵了起来，他认为他听到留了什么作业，就没有必要再记在记作业本上了（后来跟家长了解他根本就什么都记不住）。我把他叫到教室外，和颜悦色地对他说：“你说说数学老师都留了什么作业，如果你说对了，那么你就不用记作业了。”他看了看我，张了张嘴，却什么也没说出来。我装作没看见，接着说：“没记住吧，这才多长时间，你就忘了，人都会忘记一些事情，一个人的记忆力再好，也不可能记得住每一件事，一个暑假那么长的时间，你能保证各科作业都能记得清楚吗？回去想一想，你知道会怎么做。”他没有说话回到了教室里，我在后门窗户看到他回到座位后，拿出了笔记本开始记作业。

事后我找小蔺的爸爸了解情况，得知他小时候得过一场大病，曾经下过病危通知书。病好后记忆力不好，告诉他什么事，他一会儿就忘，而且，一着急、生气就会浑身哆嗦，严重一点会昏厥。正是由于这一点，家长在教育他的时候就更加小心翼翼，生怕一不小心就刺激他犯了病，而他在与家长的斗争中一次次取胜，更是造就了一切以他为中心的处事原则。得知这一情况，在对待小蔺的时候我就更加细心了。

由于他的这种性格，在班里他几乎和全班同学都有矛盾。新生刚开始入学，本来就很忙，但是有小蔺的加入，使得我新学期伊始就忙上加忙，刚开学的两周内几乎天天有我们班的学生来办公室告他状。今天把同学的笔弄坏了，明天把同学的眼镜腿弄折了……我天天忙着处理同学与他之间的矛盾，忙着做同学的思想工作，简直是焦头烂额。出去进修的时候总是不放心，对班干部千叮咛万嘱咐，不知道他什么时候又惹什么麻烦。在我们办公室以至整个年级，老师们对于小蔺的名字简直是熟悉得不能再熟悉了。终于在我的努力下，在同学的包容中，来给他告状的人数在明显减少，也可能是因为他明白了大家对于他的忍让与宽容，他渐渐地安静下来了。随之与大家的矛盾也开始减少。好像他在一点一点地在融入我们这个班集体，看到这一点，我悬着的一颗心终于放下了。这个时候开学已经两个月了。

一天中午，政教处的王主任看到我，立刻对我说：“我觉得你应该表扬表扬小蔺，今天是检查卫生的时间，小蔺在你们班又是摆桌子又扫地，还对检查卫生的人说别扣我们班分了，我正扫着呢。”听到这些，我的心里突然涌出一种莫名的感动，我要知道他平常是连值日都不做的，下课铃一响，他背起书包就回家，谁也拦不住。当我把这句话在班会上说给全班听的时候，全班响起了雷鸣般的掌声。小蔺默默地坐在座位上，虽然他没有说话，但是他的眼中却去闪现出一抹异样的光彩。而我也从这着一抹光彩中看到了希望，这也给了我继续坚持下去的勇气。

“没有爱就没有教育。”我把这句经典名言作为从事教育教学工作的座右铭。教师只要有一颗慈爱的心，再特殊、再棘手的孩子也能转化。我认为一个老师必须热爱学生才能教好他们，没有不可教育或教育不好的学生。正如著名教育家陶行知所说的那样：捧着一颗心来，不带半根草去。对于小蔺我倾注了更多的耐心和爱心。经常课下找他聊天，了解他的喜好，关心他的日常生活。而他也越来越爱和我聊天，经常和我说一些他家的事，时间就这样在不经意间渐渐流逝了，他似乎也更加安静了。

然而好景不长，就在我还沉浸在小蔺转变的喜悦中的时候，他又出事了。语文课上玩手机，声音特别大，严重影响老师的教学，老师要没收他的手机，他坚决不给，让学生送他去政教处，他也是一动不动，就在班里坐着，把语文老师气走了。当我把他叫到办公室的时候，他一脸的无所谓，我问他：“你想过你将来干什么吗？”“我可以啃老啊。”“那同学们来学校干什么？他们是来学习的，就是为了将来上一个好点的学校，有一份好点的工作，为了将来不啃老，甚至将来能有能力照顾父母，给父母和自己一份更好的生活，而你却影响了全班的学习，学习能够改变命运，你是在阻止大家改变他们的命运，难道大家都像你一样啃老吗？你说说今天你做得对吗？”“那我怎么办？”我看了看他说：“那你想怎么办？”

小蔺仰着头想了一会儿说：“我去找老师道歉，但是我不知道怎么说。您教教我。”当小蔺站在语文办公室，流利地说出“老师，我错了。上课不应该玩手机，以后保证不玩了，你去给我们班上课吧”，整个办公室的人都愣住了。因为，他以前从未给别人道过歉。语文老师也惊呆了。想着他在楼道里反复地背诵着这几句话，终于一句没忘地说出来的时候我的心里感到特别的欣慰。这件事终于雨过天晴了。

要做好像小蔺这样的孩子的转化工作，就要给他们一份特别的关心，特别的爱，这些最脆弱、最娇嫩的鲜花渴望得到甘露，渴望得到微笑、鼓励、表扬，如果他们得到了滋润，那么他们的心里定会感受到温暖、友善，得到鼓舞，定会有人生的美好追求。其实，残缺和完美只有一步之隔，只有当你站在中间界限时才会懂得它们原本就是一个整体，也只有它们同时存在，才会放射出变幻无穷的生命光彩。小蔺就是在我们班师生的包容和关爱下慢慢地成长，在犯错误和改正的过程中不断进步，对于他每一次的进步，我都及时地给予肯定，全班同学也会给他鼓励的掌声。成功的教育是爱的教育，爱能给学生以勇气和信心，一个人只有充满自信，才会对取得成功充满渴望，才能去拼搏去奋斗，相信用我们的爱心关注小蔺，让他感觉到我们的关爱，他会慢慢地接近我们，和我们靠得越来越近。

著名教育家苏霍姆林斯基曾说："智残生不是畸形儿。他们是世界上最脆弱、最娇嫩的鲜花。"教师就是那个培养花朵的园丁，用着充满爱的滴滴甘露浇灌着这些娇嫩的花朵。而孩子的心就像一张白纸，你描绘美丽，他就记载美丽；你书写爱的格言，那他的世界也就充满了爱的色彩。我相信：小蔺和像他一样的孩子，他们一个个都会快乐地成长，因为一路有家长的呵护，有师爱相伴，有同学的友爱相帮。落红不是无情物，化作春泥更护花。我更是要把特别的爱给特别的他，伴他成长。

# 用我的耐心化解你的不满

路秀宇

**摘要**：当一个初中生突然给老师发来莫名的责备微信，我们应该怎样处理这个问题，面对青春期的初三孩子，我们应该如何正确引导，面对孩子出现问题时妈妈的手足无措，我们又如何协调家长与老师的关系。通过一个案例进行了细致的解剖，对今后更好的教育学生提供了帮助。

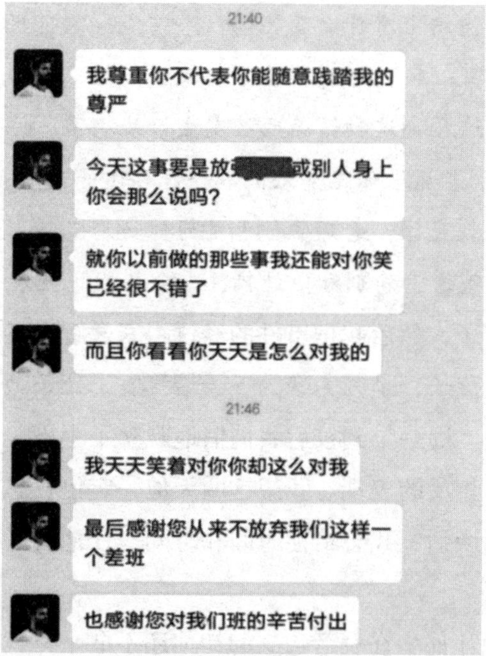


一个周五的晚上，接近22点，我的手机收到了小染同学给我发来的微信：

我尊重你不代表你能随意践踏我的尊严

今天这事要是放在某某人或别人身上你会那么说吗?

就你以前做的那些事我还能对你笑已经很不错了

而且你看看你天天是怎么对我的

我天天笑着对你你却这么对我

最后感谢您从来不放弃我们这样一个差班

也感谢您对我们班的辛苦付出

我反复读他给我发的这几句话，认真回想了“今天”晚上的事。在晚放学15分钟左右我看到小染和小浩在楼道里推推搡搡，他俩看到我就立刻停止了动作。小浩背着书包快速下楼了，小染不好意思地也要离开，可是我发现他没有穿校服裤子，而是换了自己的一条短裤穿着。我们就有了简短的对话：

谁允许你在教学楼里穿自己的短裤

我训练，我上楼找人……

谁允许你在教学楼里穿自己的短裤，你的校服裤子呢？

在书包里

拿出来穿上

我们学校规定在校期间不穿校服是要给班集体扣分的，所以我要求他马上把校服穿上。当时他也没有什么负面情绪，也没有任何抵触，而是乖乖地把校服裤子穿上了。

我先给小宇同学打了电话，平时小染跟他玩的比较多一些。我问了问他对小染的了解，小染今天的情绪有没有明显的变化，有没有和同学发生什么矛盾……小宇说他今天很正常，课间和同学有说有笑。虽然时间已经有点晚了，但我还是拨通了小染妈妈的电话。

您好，小染妈妈，今天小染放学回家情绪上有什么变化吗？

有，他和同学踢球刚回来，回家就大哭。他说老师骂他了。我就问他，老师骂你脏字了？那倒没有，老师情绪不好。这学期这种情况已经发生好几次了，他总说老师针对他，我们家长也在跟他解释，老师跟你无冤无仇不会针对你一个人，一定还是你自己有问题，老师才会找你，教育你，老师管你也是为你好。老师，您别跟他一般见识，他可能青春期，严重叛逆，您别和他计较，一会儿我说他。

我明确地跟家长说：我没有骂您的孩子，然后我把事件的经过跟家长解释了一遍。我打这个电话，也不是想要家长说孩子，是因为您的孩子给我发了几条微信，让我不明白，担心孩子会有什么意外。周一早到校后我悄悄地观察了小染，他情绪明显低沉，面无笑意，跟平时截然相反的表现。我想这两天他一定也在思考，也许他会认为老师一早来了就会找他谈话，我想给他时间和空间，让他有一个沉淀，能平静理智地跟我谈话。

晚放学后我俩在一个空闲的教室，我让他坐在我旁边，起初他还不敢坐，我就给他个微笑，请他坐下来。我们开始了对话：

染，这两天你过得开心吗？

不开心。

我也不开心，还有些伤心，我这两天都没有睡好觉，我怕你有什么不好的行为，我很担心。

……他低着头沉默不语，想说又不想说的样子。

我从开学他给我的第一印象开始讲起：

我反思了从我接班以后你的种种表现，在刚开始我还不了解你们的时候，你给我留下了深刻的印象。数学课上你积极回答问题，我曾一度认为你是一个数学优秀生。虽然之后考试成绩总是不能让我满意。课下你是个热心肠的孩子，经常会给我提些管理班集体的建议，课间的时候经常凑到我身边和我说说想法，告诉我最近自己和某某人组成了学习小组，自己要考到什么成绩，等等，可以说你给我的感觉是个开朗乐观的孩子，而且和我很亲近。我觉得我和你的关系很好。这学期你还主动要当纪律委员，虽然当时有很多同学都反对，觉得你自己的纪律都有问题，你却很真诚地跟我说，老师您相信我，我知道其他同学对我有意见，但是我想我能做好，我要管别人就要先管好我自己。我选择相信你也愿意相信你，“你来当吧！”你当时信心满满地对我点点头。你对集体的事也特别的热心，校运动会上你勇敢地报了3000米长跑，虽然没有取上名次，但这份勇敢的精神还是得到了我和同学们的认可。运动会上积极地叫来妈妈参加亲子项目，为集体加分。学校搞义卖活动，你主动拿来瑜伽垫铺在地上摆放物品……所以我很喜欢你，对你平时的关注更多一些。没有理由让你对我如此“口出狂言”，让我一头雾水，懵然不知啊？我又回想平时对你的一些教育，平时你也是个小错不断的孩子，课上话多，课下爱和同学小打小闹，作业有时完成得不太认真，但总的来说这些问题都不是很严重。每次我把你叫过来，你都在我面前诚恳地承认错误，你也知道自己的这些毛病，就是有时管不住自己，属于自制力有点差的孩子，但你人不坏，也不浑也不倔，犯了错我和你谈，你还总在我面前要撒个娇，请老师原谅。有时我都觉得你像我的儿子一样。我百思不得其解，你怎么会有对我如此的负面情绪，你感受不到我平时对你的偏爱吗？难道是周五放学在楼道里我让你把校服裤子穿上这件事伤害了你？

我把这两天自己的反思都说给了他听，他很吃惊。

老师，您怎么会记得这么多？我觉得特别愧疚，没想到你记得我的这么多事情，我自己都记不清楚了。您对我的教育我都能接受，我和我妈撒谎了。我知道您没有骂我，可是我最近太烦了，我成绩老也提高不上去，我就负面情绪特别多，我妈每天晚上都唠叨我，是不停地督促我，她总怕我写作业拖沓，就老也不放心，一晚上就没停过（这种情况得到了爸爸的证实），这种状态从我上小学一年级就开始了，一直到现在，以前我还能忍，现在就感觉自己都忍不下去了。

可是，这是你对你妈妈的做法有意见，那怎么会把怨气都撒到我身上了呢？

老师，嗯……对您也有点意见，就是有一次上数学课我正在思考问题，您就说我。小染，干吗呢？又走神儿了吧？我就觉得您冤枉我了，我就很生气。我也知道自己有上课走神儿的毛病，还有的时候多说话，我就是控制不住自己，这几天心情不好就把这些事想在一起，就给您发了那样的微信。

那小染你自己也换位思考，如果老师讲完题了，其他同学都在那里认真地写着解题过程，突然发现一个学生在转笔玩儿，你会怎么想？

他在玩，没有思考问题。

老师对你的提醒，也许是误会了你，但是那正是对你有着期盼，有着关心，才会担心你，怕你学不好啊？

是，老师，是我平时上课的有不听讲的时候，其实我特别想改掉这些坏毛病，就是控制不住自己。

你平时晚上写作业到几点，晚上 11 点多。

太晚了吧，晚上睡眠不够，白天听课自然效率不高。咱班有一部分同学在学校就写完作业，回家都是自主学习的，你是不是写作业的时候玩手机？

有点儿，老师，他自己说完都不好意思地笑了。

小染，我想跟你说一个老师的感受，上周五的时候老师教过的一个女孩来看我。她告诉我自己考上了研究生，我当时特别羡慕她，觉得姑娘长大了，学业有成，而且也越来越漂亮，我们开心地合影。看着我曾经教过的学生都越来越棒，超越了自己，我要更加努力工作，努力地教育你们，让你们在成长过程中越来越优秀，我会觉得自己的工作很有价值，而努力工作也想证明自己的工作能力，让自己的人生更有成就。

你现在的每一分努力都是在为自己的未来努力，未来你会感谢曾经这么努力的自己，你会有怎样精彩的人生都由你现在的付出来决定。你要让未来的你不后悔。如果人生可以重来，我愿意努力努力再努力，让自己成为更优秀的自己。每一次老师对你的教育都是想让你们在成长过程中少走弯路，绕过荆棘，把有限的时间和精力放在更有意义的事情上。可是人就是这样，老师和家长越希望孩子不走自己的老路，孩子好像越不领情，越要跌跌撞撞地一路走来，那么此时老师和家长就是你的领航员，当你偏离航线了，我们还是要帮你摆正，也许这个过程你会感到痛，感到不合心意，这些都是你成长过程中的经历，会是你人生的财富。

小染听完很受触动，尤其是听到曾经的学生考上了研究生，似乎自己的学习力量被激发了。他忽然站起身，对我深深地鞠躬。

老师，我觉得我自己的做法太幼稚了，自己有不高兴的时候也没有考虑您的感受，只顾自己，把平时对我妈发脾气那套都用在您身上，可是您还跟我说这么多，让我解开心结，老师，对不起。还请您能原谅我，你还要像以前一样该怎么管我还怎么管我。我再也不会乱发脾气了。

好，我接受你的道歉，以后不能跟老师、父母乱发脾气，有事情跟老师家长说出来，我们共同帮助你解决，你也要帮助老师创造出更好的工作成绩，你努力学习，好好表现，就是对老师最大的帮助，而这个帮助最大的受益人还是你自己哟！

好的，老师！

那个开朗乐观的小染又回来了。第二天刚到学校，他开心地对我说：

老师我昨天9点多就完成了作业，还自己进行了复习，我妈妈再也没像原来一样从头唠叨到尾，她还做了她自己喜欢的事。（晚上我给小染妈妈打了电话，让她今晚憋着别唠叨看孩子表现，并调整教育孩子的方法。）

老师给你点赞，希望我们彼此努力，你努力学习，我努力工作。

好的老师！

这是我最喜欢听的一句话。事情在我们耐心的谈话中愉快地解决了。之后的一段时间里，小染有了很多改变。我知道要用一个好习惯代替一个坏习惯是非常困难的，反复无常是教育的常态，在教育学生时要有一个好心态，才能冷静地思考问题，寻求到教育学生的最佳方案。而最佳方案中耐心教育是必不可少的。从这件事情上我也做了反思。

1. 青春期在搞怪

青春发育期是指青少年 13 到 23 岁的这一时间段，这个时期他们正处于身体和心灵的发育阶段。其主要特点是身心发展迅速而又不平衡，是经历复杂发展，又充满矛盾的时期。少年期生理发展的加速和性成熟的加速，使少年儿童对自己的生理状况不适应，甚至会对这种突然到来的急速发育产生陌生感与不平衡感，从而出现诸多心理生物性紊乱。由于他们对生理变化的不适应，往往把生理发育上的不协调和功能性紊乱等感觉作为严重疾病加以反应，导致对症状的过分夸大，乃至造成情绪紧张和焦虑。严重的心理生物性紊乱会使一些人感到难以忍受而影响学习和健康。作为班主任要理解孩子在青春期间的种种表现，给予正确引导。

2. 家长的引导

小染的家长曾给我打过多次电话，表示在教育孩子方面有很多无奈。我每次都和她共同分析完问题，并尝试解决问题的方法，都是一开始起作用，过几天就又不起作用了。他妈妈总跟我说，这孩子青春期反应太强烈了。他的妈妈觉得似乎只要有问题，就是青春期惹的祸，这种引导会让孩子也觉得自己现在的焦躁情绪是应该的，因为到青春期了，过度放大了青春期对孩子的影响，而忽视了孩子本身真正存在的问题。所以当孩子出现问题家长不能正确引导，找不准问题出现的真正原因，不能进行合理的教育也会制约孩子的健康成长，也给我们的学校教育带来困扰，在平时我会通过微信及时和家长沟通正确教育孩子的方法，利用家长会互相交流教育孩子的方法，更好地发挥家长的引导作用。

3. 教师的教育方法

对小染我自以为很了解，通过这件事我意识到我所观察到的只是他的一个方面，他的内心还是那么的脆弱和细腻。他会因为老师的一句话而生闷气，因为老师不经意的一句责怪而情绪低落，这次这个事件又给我敲响了警钟，教育学生不要自以为是，不能想当然，要细之又细，说出的每一句话都要慎重，要有理有据，对待每一个学生要做到最大限度的公平。理解孩子的想法与要求，要对每个孩子有足够的耐心。耐心教育才是最好的策略。在教育学生时要不急不躁，循序渐进。耐心不仅是一种态度，更是一种有效的教育策略。小染有很多优点，但是也有很多不足，对他的教育存在反复性，而我们不能因为学生的表现有反复性就认定学生教育不好。很多时候都是在教师坚持原则耐心地教育后，学生才改掉坏习惯的。

教育，有时候需要比拼耐心，能坚持到最后，往往就会取得成功。今天我和小染在心平气和的状态下解开了他的心结，让他理解老师的做法，感受到老师是爱他的，而没有对他不礼貌的行为横加指责，我想一个教师只有从压服学生走向触及学生心灵，才开始了真正的教育。而这，需要极大的耐心。

期末考试结束后，小染妈妈发来这样的微信：

路老师，可染学习态度进步了，就是在那次您和他爸爸谈话后，手机也稍微控制了，还希望您多加鼓励，另外自从上次谈完话，他给您取的微信名就从老路变成路妈，也恭喜您多了个大儿子。

师生间的相互理解促进了我们彼此共同的成长。

# 鼓起勇气，战胜病痛

陈建华

开学初我到初一（7）班上课。突然发现坐在靠门口的第一桌的小男孩左肩向上抬了一下，同时这个孩子低垂着眼睑，表情痛苦。说实话，当时我并没有在意。每周各班我只有两节课，后来我再到7班上课，已经忘记了这个孩子曾经出现的这个动作和表情。

这个小男孩后来再引起我的注意，是因为他听讲非常认真，眼神清澈，闪着光芒，反应也很快，经常举手回答问题，很机灵的一个孩子，他叫小帅。我很喜欢他这样的学生。可是随着我对他的关注，就会时常发现他左肩突然抽搐一下，孩子会显得很难受，也很不好意思，这个时候他的眼神是黯淡的，眼睑低垂。他是一个很有上进心的孩子，这时候我也会有一点怜爱他。我就想他是怎么回事？不像是故意的啊！

当我越来越多地发现他时常不受控制地抽搐的时候，我知道这个孩子正经受着病痛的折磨。他很少在课间走动，也很少与同学交流。下课了，就蜷起自己瘦小的身躯，伏在桌子上休息，或者就专注地继续学习。有时候也会拿着课本和笔记来问我问题。我与他渐渐地熟络了，我也感觉到他很愿意与我说说话。每到7班的课，我提前去班里，下课后也不着急走，我就坐在他的旁边座位上与他聊天。他其实很聪明，说起学习来头头是道，但是说话不急不缓，完全不像其他男孩子那样快言快语。慢慢我发现他说话的时候有一点点喘。我知道他说话缓慢一定是体力精力都不足。我就经常抚摩一下他的头或者轻轻扶着他的左肩，也与他不急不缓地聊着天。他放松了很多。而且我发现班上很多同学也渐渐地加入到了我俩的聊天中。人一多，就热闹多了，他也经常露出微笑，小牙白白的，加上圆圆的眼睛和圆圆的脸蛋很萌很萌的。

几次考试，小帅成绩在班里名列前茅。这更加让我关爱他了。

再后来，我与7班班主任说起他，才知道这个孩子从出生就患有抽搐症。我很震惊，我从来没有听说过还有这样一种病。从此以后，我更加关注他。我温和的语言，和蔼的态度，让小帅把我也当成了亲人。有一次早操，学生们都在晨跑。7班跑过来时，小帅突然气喘吁吁地跑到我身边，他捂着胸口，表情很痛苦。我连忙把他搂在怀里，轻轻抚拍他的后背。

他稍停了一会儿，痛苦地说："陈老师，我特别难受。"我轻搂着他，轻轻地说："没事儿没事儿，难受就先不跑。以前有过这种情况吗？"他缓了缓，轻声说："有过。"

我很难过，这么品学兼优的孩子，竟然承受着这么大的病痛。我拿出手机，问他家长电话，他说："陈老师，不用打，我休息一下就好。"过了一会儿，我感觉到他呼吸不那么急了，又问他："我打120吧？我不太放心。"小帅说："老师，真的没事儿，我心脏没有问题，就是跑步的时候又抽搐了，左边身体疼。"

此时7班班主任离得很远，我不方便找她。又过一会儿，小帅说："老师，我不疼了，我想去跑了。"我没让他去，我俩站在操场边上，我第一次直接问他本人："你身体这样，都到哪里看过？医生怎么说？"他抬起头，眼里闪着光："我一出生就这样，小时候还严重呢。医生说，我会好的。"

"嗯，没问题，你会好的。"我微笑着看着他，期望给他以希望和力量，也期望医生的话能够快点实现，让这个可爱的男孩子不要再经受这病痛，能够和其他孩子一样无忧无虑地奔跑撒欢儿。

再后来，小帅加我微信。在他的微信中，我看到他发的朋友圈，有很多都是求医治病的内容。也看到他的感慨，有很多显得很沮丧，没有信心。我默默地关注着，有时候也给他发一些能够让他乐观起来的信息。

有一天上课，小帅没来。同学们告诉我，他请假看病去了。7班的孩子都很善良，都很关心小帅。

晚上，我收到小帅发来的信息："陈老师，您晚上好！您有时间吗？我想跟您说说话。我最近身体老是难受。”

我赶紧回复：“别害怕！”

他说：“老师，我可能考试考不好了。”

“那不重要。”这是真心话，在身体健康与学习成绩上，学习真的不重要。接着小帅发来信息：“老师，您有什么方法可以发泄情绪吗？”

我稍微顿了顿，就将我几年前做全髋置换术以后的状态说给他听，告诉他，身体不适时，心情肯定不会太好，情绪容易低落。但是如果能够做一些积极的康复训练，积极地配合医生，有信心，就会战胜自己的负面情绪，战胜病痛。乐观起来，相信医生，相信科学。

小帅听后，情绪稍好了些。他平静地说：“陈老师，我今天做十五分钟的脑电图，我老抽动，医生又不让我动，我特别难受。”

我说不出话，只好文字回复：“你控制不了身体，但是可以努力控制自己的想法。医生也是为你好。你要积极地配合医生，不要害怕。难受就说出来，大家都能理解。你可以想一想有趣的事情，分散一下注意力。会好的。”

小帅：“哦，谢谢您！我最近比前几天好点了。我希望自己多一分信心。我妈也说我能好，可我就是放不下。”

“没事的，小帅，你年龄还小，有些害怕很正常。不用怕，现在的医生都很厉害的。可能康复需要的时间周期长一点，你要有信心和耐心。勇敢点，宝贝儿！”

“嗯，我听您的。”“没有伤及大脑和心脏，就不是什么大不了的。勇敢点！”“嗯，我知道了。谢谢您，陈老师。”

我知道，我说这些容易，但是小帅承受着病痛，不是我们对他的关心和鼓励就能够治愈的，减轻的效果可能都微乎其微。但是我相信，多一分关爱，多一句鼓励，小帅的心情就会好一些，求医的心态就会更乐观一些。

祝福小帅，鼓起勇气，战胜病痛，早日康复！

# 浅谈疫情期间网络教学中的班级管理

李金艳

**摘要：**疫情期间，利用网络开展教学与班级管理难度很大，充满挑战。在问题和困难面前我不断学习探索，积极利用多种信息手段，沟通调动班级范围内的各种人力资源。利用好晨会和班会的主阵地加强班级建设。建立微信群将班干部，小组长、科代表调动起来。及时了解学生的思想动态和需求，沟通交流，征求听取他们的意见建议，以促进全班一起进步达成共识，拉近师生间的距离。班主任主动热情地与家长交流，争取家长的有效合作更好地服务学生。疫情期间作为班主任虽然人不能和学生在一起，但心要和学生在一起，想他们所想，急他们所急，这样才能形成班级向上的合力。

2020年春天，一场突如其来的新冠肺炎疫情，对中国来说是一场灾难，也是一次考验。当然，对于习惯了传统教学模式的老师们来说，网络教学更是一次挑战。正常上课期间，教师可以关注到教室里学生们的一切动向，从容地驾驭课堂，班主任也可以随时地到班级查看一下，了解班级情况，发现问题，及时解决。然而疫情期间，网络化教学，班主任看不到接触不到学生，这就给班主任工作带来了很大的挑战。作为一名老教师，突然由线下到线上利用网络开展教学与班级管理工作确实难度很大，充满了挑战性。其间遇到很多问题和困惑我绞尽脑汁想办法，在不断的学习中探索和尝试，使疫情期间的班级管理工作得以顺利完成，现简要概述几点体会：

## 一、积极学习利用多种信息化手段

作为一名老教师，网络教学最难的应该就是电脑的使用。我也毫不例外没有躲过此“劫”。疫情期间，各大网络公司先后推出了一些网络学习软件，比如钉钉、腾讯会议、微信小程序等，很多年轻老师开始使用它们进行教学，这些软件功能强大，教师直播、师生互动、学情统计、布置作业、调查问卷等都可以在网上开展，班主任可以作为管理员查看在线学习的一切情况，及时跟进管理。得知大家已经纷纷行动起来，我是看在眼里急在心里。没办法只能每天抱着电脑和手机学习，时不时地还要请教女儿和同事，不懂就问，不会就查。在不断的摸索和实践中逐渐掌握了电脑软件的使用，帮助我顺利地完成了疫情期间的教学和班级管理工作。

## 二、充分沟通调动班级范围内的各种人力资源

疫情期间，班主任最难解决的问题就是调动学生的学习积极性，让他们按时参与网上学习，保质保量完成各科老师布置的作业。我班这个问题能得以解决主要得益于两个方面：一方面，课前课后及时与各任课老师进行网络或电话沟通，了解老师的要求和学生上课时的状态，并及时通过网络提醒学生和家长；另一方面，我利用班级的管理团队包括班委和课代表，让他们成立监察小组，辅助老师做好考勤和上课纪律的监管，成立学习小组实行组长负责制。他们主要负责小组成员学习的督促，作业的完成统计，上课状态表现良好和违规人员的登记记录和反馈等。学习委员及班级成绩优异者负责学习有困难的学生的课后辅导和追踪，帮助他们一起学习和进步。此团队成员已经成为我身边得力的助手，在班级中树立他们的责任感和荣誉感的同时也培养了他们的工作能力。疫情期间班级管理各项工作高效完成的同时集体的荣誉感和向心力也大大增强了。

## 三、利用好晨会和班会的主阵地加强班级建设

在网上学习期间，班级中会出现这样那样的诸多问题。由于初中的课程安排的相对较紧凑，学习任务比较重，班主任不可能占用其他老师上课时间进行班级和学生问题的处理。那么每天的晨会和每周一节的班会就要发挥出它强大的功能了。

每天晨会我要求学生们必须在7点之前打卡完毕，同时可以邀请家长在有时间的情况下一起参与晨会，以便了解自己孩子一天的学习表现情况。每天按照会议流程依次进行，高效不拖沓。首先是课代表反馈前一天的全班作业完成情况及科任老师对班级及同学的评价情况。其次是各组的组长反馈本组当天的作业上交和完成情况以及每个人的课堂表现。接着是纪律委员汇报每天同学们的签到打卡情况和上课表现情况。班长反馈班级总体情况和存在的优缺点。在反馈的过程中各组的组长做好记录，按照班级制度奖惩制度记录好加减分情况，每周进行个人和小组评比。让他们心中有纪律，心中有责任，心中有敬畏，完成好疫情期间的各种网上学习。然后给大家几分钟集中反映和讨论问题的时间，最后几分钟我总结。短短30分钟的晨会每天都是在紧张有序地进行着，班级的大部分工作都是在晨会中完成和解决的。

班会是加强班级管理，对学生进行思想教育的主阵地，也是对班级的情况进行总结和改进的好时机。在网络教学中，我每周都安排一个主题班会，以奖励制度调动每一位学生积极参与，对表现好的和较好的给予肯定、表扬和奖励，提高了学生的参与意识和思想境界，增强了学生积极向上的意识，激发了人人奋勇当先的劲头儿。在班会上我经常利用学校或者上级要求完成的任务，激发有潜能有特长的孩子们积极主动参与到活动中去，充分发挥他们的才干，让他们既有自信又有获得感。作为班主任在班会上不但要发现问题，还要提出改进措施，网络学习中表现优秀的同学，我都要在班会上及时提出表扬，在班级树立榜样。当然，在疫情期间涌现出了许多鲜活的英雄事迹，根据上级教委和学校的总体安排及时利用主题班会加强对学生的人生观、价值观教育，收到了良好的效果。班级中出现了很多感人的事迹。其中我班小旗同学看到新闻报道在疫情最艰难的情况下，“一罩难求”的时候，利用自己的压岁钱买了2000个口罩捐献给驻地村委会，用自己的行动回馈社会，还不留下姓名。作为班主任能教出这样有爱心有善举的学生我很自豪很骄傲。

## 四、做好学生的思想工作

及时与学生交流沟通。在疫情期间，我建立了班委会群，班干部、小组长、课代表参与其中，对班级中出现的问题在群中及时与学生们沟通交流，征求听取他们的意见建议，以促进全班一起进步达成共识。既尊重了学生以学生为本，又能了解学生的思想动态和需求。

做好问题学生的交流沟通，了解问题生存在的问题，及时沟通化解问题，督促其好转。由于疫情期间学生居家学习，这种网络学习的时间持续比较长，多数学生身心都处于紧张、惶恐、疲惫、厌倦的状态中。部分学困生，由于本身学习目的就不明确，怕苦怕累还贪玩，学习不努力，没有良好的学习习惯，由“不爱学和不愿意学”对自己失去信心。在这种情况下学生比较容易受到诱惑，加之自我控制能力较差，比较容易陷入网络“陷阱”难以自拔。在网络学习期间上课出现犯困，不写作业、屏蔽老师、上课打游、聊天等问题的出现。针对这些问题学生我就利用中午和晚上的时间，用微信语音或视频与他们沟通交流。了解他们的所思所想寻找解决问题的办法。我班小睿同学成绩极差年级倒数，几科成绩都是个位数字，上课不听讲玩手机的主要原因就是跟不上听不懂，加之家长工作忙不在家无人看管，所以玩手机成了主业。好在孩子比较诚实这是他的优点。我利用他的优点表扬夸奖他为切入点，让他知道自己也有可取之处，老师对他有期待。建立起他的自信心之后对他提出简单要求，每天不必完成所有作业，做一些比较基础的就可以，但必须把最基础的学会记住，完成任务后奖励他在固定的时间可以明目张胆地玩手机。达成共识后我们签订了书面协议，让家长每天负责监督检查。经过一段时间的尝试他有了明显的改变，上课听讲明显好转，作业也很少被批评点名。我班小哲学习基础不错，但是由于疫情加之青春期的身心变化，网课期间表现极其不好，迟到和不完成作业成了毛病，几乎每天都在被老师追着催着交作业。我利用微信视频多次和孩子沟通交谈，与他谈网络学习的重要性，青春期应该怎样正确对待，如何展现一个中学生该有的作为，等等。通过聊天谈心我们达成协议：他把自己的学习表现和作业情况让他的妈妈给他做记录，每天晚上用微信发给我进行汇报，督促他改掉坏毛病。经过三周的坚持孩子变化很大。再也没有出现被老师追着催着交作业的情况了。看到他的进步我及时在晨会和班会上大力表扬，他也非常高兴并对今后的学习信心满满，其他同学也受到了启发和鼓舞。疫情期间作为班主任虽然人不能和学生在一起，但心要和学生在一起，想他们所想，急他们所急，这样才能形成班级向上的合力。

### 五、及时与家长沟通交流，在争取家长支持和帮助的同时为他们排忧解难

在疫情期间上课，家长的作用至关重要，老师是遥控指挥，家长是实地查看，学生学了没有，学习效果如何，他们一清二楚。班主任要经常与学生家长交流，告诉他们要创造安静的学习环境，和孩子一起制订学习计划，及时督促学生上课，完成作业，做眼保健操，加强体育锻炼，等等。如果班主任能发动好家长，网上学习就有了成功的保障。

班主任与家长沟通要有诚意，尤其在疫情期间。真诚才能拉近彼此之间的距离。班主任主动热情地与家长交流，在心理上双方架起彼此信任的桥梁，以争取家长的有效合作。疫情期间我通过微信群、视频、电话等联系家长，召开家长会，关心家长和孩子们的健康状况。尽管良药苦口，我也尽量不让忠言逆耳。我从不把与家长的沟通变成告状，而是站在学生们的角度去思考问题，站在家长的角度为他们着想。让家长相信你是真的为他们好，本着解决问题的态度交流，而不是单纯的告状或是指责埋怨。

我班小羽在学校是个活泼乖巧的女孩，学习上也是不错的。但疫情期间却发生了很大的变化。在我电话家访的过程中得知在网课学习期间和妈妈发生了很严重的冲突，导致母女根本不说话，说话就是吵架甚至动手，妈妈急得没有办法一直跟我在哭诉。得知情况后，我先是安慰家长疫情期间要注意情绪的调控，然后我们商量了解决问题的办法，晚饭后由我出面联络，孩子家长我们三方进行视频连线沟通。将近两个小时的视频连线沟通有了明显的效果，孩子笑了！家长宽心了！看到家长和孩子流着泪拥抱在一起，母女的心结打开了，能够正常沟通，家里气氛和谐了，这是我最大的欣慰。第二天我看到了家长的朋友圈是这样写的："三尺讲台、三寸舌、三寸笔、三千桃李……有幸遇之……一生感恩"。我觉得最有效的教育也莫过于此吧！

小旗是我班比较特殊的一个学生，多次转校后来到我班，家庭关系比较复杂，父母离异各忙各的平时都不管孩子，由小旗的姑姑负责监管。平时在学校我能看得见时表现还好，疫情期间脱离了学校问题就尤为突出了。最初的网课几乎是每天每科上课都被老师催，不是没去上课就是迟到，弄得我时时都要盯着手机等着各科老师的消息。家长群里就他家的家长最多达到 3 个人，可是每当群里发消息完成各项任务时他们总是最后被催的那一个！面对这种特殊家庭和孩子我们班主

任唯一的办法就是耐心地做工作别无选择。了解到孩子出现问题其实最主要的原因还是家庭教育跟不上，父母文化水平不高、互相推脱责任、缺乏正确引导、无度的溺爱，孩子也正处于青春期正恰巧出现逆反心理，对父母有怨气经常和父母对着干。疫情期间我利用微信语音和视频与其父母、姑姑沟通，由于他家庭的特殊性，有时同样的问题要说上三遍。孩子的居所几乎是几天就一变，可以用居无定所来形容。这样的家庭环境怎么可能让孩子安心学习，特别是网上学习呢！我与其父母沟通后商定疫情期间的学习和生活尤其母亲负责照看管理。最初毫不夸张地说几乎是每天至少一通电话，有的时候是中午，有的时候甚至是晚上 11 点多还在给我打电话。从如何做一个好母亲到如何教育好一个孩子，从家庭的影响到孩子青春期的引导、从坚持原则到说话算话、从家长的以身作则到身教胜于言教等问题进行沟通指导，说实话一次次沟通之后累得我声音沙哑浑身无力，收效却是微乎其微，不成正比！这就是班主任的工作，什么样的家庭什么样的孩子我们都会遇见，不变的却是我们一颗真诚的一切为了孩子好的心！

疫情期间每个中国人都在自己的岗位上做着应该做的事情，我们班主任工作也面临着前所未有的挑战，琐碎而繁杂，虽然我们不能像白衣天使那样冲在疫情的最前线，但我们也要坚守住我们的阵地，这是我们唯一能做的，也是我们必须要做的，愿我们一直行走在路上，带着孩子们走向美好的远方。

# 快乐着自己的快乐

卢红英

高尔基也曾经说过："谁不爱孩子，孩子就不爱他，只有爱孩子的人，才能教育孩子。"热爱学生是教师的天职，他远比渊博的知识更重要。上学期我担任初一（5）班班主任工作。班主任工作在学校教育活动中有着举足轻重的作用。在这平凡的岗位上，我始终兢兢业业，全心扑在班级管理工作上。爱学生成长过程中的每一个微小的"闪光点"，实际上是我们班主任最大的乐趣。我知道，这又是我的起点，很快地又进入了角色。

班上有一个叫小王的学生，引起了我的重视。课间喜欢各个楼层串门，特别喜欢到三班教室门口去聊天，预备铃响了不动身，上课铃响了才慢吞吞地往教室走，每节课都迟到，上课总是不能集中精神认真听讲，小动作特别多，有时还扰乱课堂，成绩也令任课老师很头痛。有一天早上上课后，我去教室检查卫生，在楼道巡视时，看到她又一次慢慢悠悠地从楼下上来，我就在教室门口等着，等她上来后就问："刚才忙什么去了呀？"她左脚在地上颠着，双手插在裤兜里，扬着头，蛮不在乎地回答道："我去上厕所了啊，回来晚了。"看到她这样的神态、语言，我很气愤，真想把她批评一顿，让她知道老师的威严，我强压住心中的怒火，转念一想，她这样做，是不是有意为之？想令我在学生面前失态？或者真是因为上厕所回来晚了？还是有其他的原因？于是我就问她说："是不是身体不舒服？"她说："没有，就是上来晚了。"看到她这样的态度，我就明白了，她根本就没有想和我沟通，或者说他觉得这样的沟通没有必要。我意识到现在还在上课，不允许我们深入交谈，就让她回教室上课。

我回到办公室后想，这样的学生怎样才能把她转化过来呢？“知己知彼，百战不殆”，第一步，向学生了解。放学后找了两个小学与小王的同学，了解她在小学时的生活状态，经过了解得知：她在小学已经养成了现在各种各样的习惯，老师的批评对她没有什么用，父母在教育过程中也不起作用了，家长和老师感到束手无策，到最后老师就放任自流了。第二步，向家长了解。看模样，她的父母都是质朴勤劳的，他们一再强调自己没文化，希望孩子多学些知识，以后的生活不用像他们一样，所以孩子不管有什么要求都尽量满足。小王很有文艺方面的才能，尤其是钢琴，经常参加学校活动，但由于年龄小、自制力差、家长缺乏相应的监管，在参加活动时，跟着其他同学慢慢地学了些对自己成长发展不利的习惯，到初中后想着年龄大了些，会懂事点，没想到依然是老样子。第三步，向本人了解。看与我前面了解的情况是否相符，以此了解学生的品质。下午第四节课后，我把她请到办公室，开始还不配合，在我细心的引导下，她把在初中的表现告诉我了一部分，我想她是有顾忌的，担心全部告诉老师后会遭到更多的斥责，不过第一次谈话已基本得到了我想要的信息。其次“心病还要心药医”，了解情况后那就要对症下药。

有了前面的铺垫，我得出学生的基本情况是：自己的情况能如实相告，证明孩子的品质没有任何问题；刚来班级好多学生不认识，经常到三班教室门口去玩，参加活动时和她关系较好的几个朋友在一起，证明孩子重感情；只是自制力差，而老师在教育过程中缺乏有效的指导和鼓励，感觉不到成就感，久而久之，就形成了惯性思维。第一步，找她在三班的朋友谈话。希望她们在与小王交往中多和她谈一谈学习压力和来自家长、社会的压力，使小王明白此时的贪玩带来最直接的后果就是学业方面的荒废，然后多督促她养成基本的学习习惯。第二步，找本人谈心。把与家长交换信息后的感触告诉她，让她知道父母的不易和对她的期望，这时她开始有所触动。我便顺势列举了班上几名与她关系较好的同学的表现及其家庭情况，通过对比，她认识到自己不好的行为习惯和学习习惯，还有父母对她的付出，觉得愧对父母甚至愧对自己。第三步，交换承诺。看到她能有这样的感受，我知道她还是一个上进、自尊的孩子，于是我向她承诺：对她永不放弃、永不抛弃，耐心地陪着她一起进步，直到走向成功的彼岸。同时提出要求，她也能对我做出相应的承诺。听完我真诚的谈话后，她眼眶有些湿润，她告诉我，从小学到现在，我是第一个能够如此坦诚地和她谈话、把她当作朋友的老师，她愿意向我保证，现在开始努力改变自己，尽量不迟到、不扰乱课堂，向合格的初中生迈进。第四步，请家长配合。针对前面所了解的情况，我与她父母（电话沟通）进行了协调，制定了下一步的家庭教育措施。通过大量、细致而又有针对性的工作，小王在班上能做到不迟到、不扰乱课堂，同时能自己完成作业，看到每前进一步我都会给她鼓励，让她知道老师在时刻关注她成长的每一步。

现在我们是初二下学期了，学习任务更紧了，但这位同学过渡得比较平稳，作业、上课据各科老师反映也好，她也很快乐。看到她的进步我感到非常的开心，我想他只要坚持下去，她一定会越来越好的。教师要善于捕捉孩子们身上的亮点，对他们进行表扬和激励。一句积极的评价就是鼓舞孩子奋发向上的强大动力，孩子建立了自信心，对待各种事物的态度就会变得更加积极。其实，每一个孩子都是一块璞玉，作为老师，应该努力地去雕琢，使它永久地焕发光彩，而不是半途而废。在以后的班主任工作中，我还需要不断学习教育科学理论，提高自己的理论水平和科学的班级管理水平；同时将继续努力，让所教的每位学生都得到充足的阳光和水分，健康地发展，健康地成长，也让我们从学生的成长中品尝生活中极大的快乐。

# 透过“调皮”看善良

滕　跃

**摘要：**作为班主任，处理班级的突发事件，放慢解决问题的脚步，主动与学生沟通，聆听孩子的初衷，可以透过现象看本质，及时发现孩子身上的优点，并巧妙地利用学生的长处，适度给予孩子肯定和鼓励，让学生心理得到极大满足之后，再进行教育，让孩子自己反省问题或者教师再加以教育，最终调动其参与班级事务的积极性。

三月初，乍暖还寒时，早上我像往常一样来到学校，可是刚走上楼，就看到班里门前楼道两侧站满了学生，怎么回事？我径直向班级方向走去，发现政教主任在教导学生，我心理咯噔一下子：完了，肯定又有学生惹事了。询问之后，原来是有人爬窗户，真让我恼火，我明明说过不要爬窗户，为什么还要爬……又是那两个“调皮鬼”，我一下子火冒三丈。“冷静，冷静！”我在心里默念。

随后，我向学生了解了事实：原来班里开门的同学今天还没有来，大家着急进班，于是这两位“调皮鬼”决定爬窗户进去，从教室里把门打开。听到这里，我更没有像以往一样找到当事人，立即处理这件事情，对他们大批特批，而是采用“冷处理”的方式，“大家赶快进教室，小组长立刻收作业，准备上课吧！”我语重心长地说。学生对我的态度似乎有些难以置信，特别是两位“调皮鬼”，对我这次的冷处理似乎有些不知所措。

来到办公室，我的恼火烟消云散，反而有些许的喜悦。因为我发现了身边的

“摘玫瑰花的小姑娘”，了解实情后，萦绕在我的脑海里的一直是苏霍姆林斯基的一个教育故事：

在苏联的一所学校，校园的花房里开出了美丽的玫瑰花，每天都有很多同学前来观看，但都没有人去采摘。一天清晨，该校的一个四岁的小女孩进入花房，摘下了一朵最大、最漂亮的玫瑰花。当她拿着花走出花房时，校长苏霍姆林斯基并没有批评她而是弯下腰亲切地问摘下的花送给谁。得知她的奶奶生了重病，想送给奶奶，希望她早点好起来，她说等奶奶看完了之后我会把花送回来。了解实情后，校长牵着小女孩的手，从花房里又摘下了两朵大玫瑰花，一朵奖励她的懂事，一朵送给她的奶奶，感谢她养育了这样的好孩子。

当然，我不可能让孩子再次爬窗户，但我很欣慰他们虽然每次在班里很调皮，但这件事情我看到了他们的善意，其实他们心理还是想着他人，想着班级的。就是处理问题的方式方法不太恰当。下午班会课上，我对这件事做了如下处理：

首先，我先让爬窗户的同学说明了爬窗户的原因，两个孩子很是恐慌，愧疚自己的行为，觉得给班级丢脸了。但是，接下来我的一句话让这两个孩子目瞪口呆，似乎自己听错了什么——“今天的事情，你们的初衷没有问题，是在为班级着想”，我语重心长地说，“但是你们的问题在哪呢？”

出乎我意料的是，这两位孩子并不像往常一样强词夺理，而是发自内心地反思了自己的行为，他们能认识到自己的行为确实不妥，应该想想其他的办法。我继续追问：“为什么不能爬窗户呢？”有学生说因为您不让，有学生说因为会给班级扣分。我面对微笑地摇摇头，都不是？老师又为什么不让大家爬窗户呢？这时其中的一个“捣蛋鬼”居然说：“老师怕我摔着。”我的心像一块石头一样落地了，我的良苦用心得到了学生的理解。他们能理解我是出于对学生安全的考虑才禁止他们爬窗户的。

其次，学生互相讨论，达成共识，下次遇到这样的事，一定等开门的同学或者找老师，或者到总务处拿钥匙，不能有危险行为。再后来，学生说出了每天锁门的弊端，我才发现这个问题困惑大家很久了。最后，经过大家商议，以后没必要锁门了。这个突发事件一举两得，既暴露了班级的问题，又成了对学生进行安全教育的契机。接下来，我顺水推舟，又跟孩子再次强调了校园安全的一些问题，还有就是遇到问题一定要三思而后行，不能鲁莽行事，不顾后果。

这件事情，与其说我重新对待两位“调皮鬼”，不如说我重新审视了自己的教育观。这次的教育是成功的，我想如果要直接批评两位同学，真是对他们热心潜能的打击，他们即便服于我的管教，心里也会有委屈，也不会让其他同学意识到这件事情的严重性，更不会有接下来暴露班级问题的机会及教育全班同学的契机。

我们通州六中的教学理念之一就是关注差异，我很是喜欢这句话，因为不同学生遗传因素、成长背景、性格脾气等都不尽相同，而我们教师就是要针对不同学生的特点，因材施教，看到他们的哪怕是一点点的进步，都要无限放大，给予孩子肯定。特别是富有个性的孩子，我们否定他们行为实际上就是打击孩子的自尊自信心，长此以往，孩子必然会有一系列负面情绪，甚至是心理问题。正如习总书记说：“好老师一定要平等对待每一个学生，尊重学生的个性，理解学生的情感，包容学生的缺点和不足，善于发现每一个学生的长处和闪光点，让所有学生都成长为有用之才。”教师要怀有“仁爱”之心，分析问题、培养学生时，要更多地站在学生的角度，让学生在尝试、体验、实践中获得成长。仁爱是点亮自己心灵的火把，而应该引导儿童不断发现内心的美德和人性光辉，引领学生走出狭小的自我，成就伟大的自我。当孩子知道我的初衷之后，会觉得我是发自内心地爱他，所以会理解我。

所以，即便是调皮，我也看到了孩子的善良。这次，我的这份欣赏增强了孩子们的自信，我的这份信任树立了孩子们的自尊，我的这份教诲促进了孩子们的进步，我的这份期待激发了孩子们的潜能，我的这份仁爱也滋润了孩子们的心田。

# 从发现自我的过程，转变教育思想

许海霞

**摘要：**有人说，教育孩子的过程就是静待花开的过程。每个孩子的成长过程不一样，有的孩子成长得快，有的孩子成长得慢，所以，对这些孩子的教育方法不一，策略不同。同时，作为老师也要不断转变自己的教育思想，努力成为学生的心灵导师。

破茧成蝶完成了一次生命的华丽转身，雄鹰击山获得了生命再次重生，凤凰涅槃提升了一次精彩的生命，在欲火中获得永生，而我在刹那间，发现了自我，挑战了自我——我原来这么优秀。

——题记

冷风吹在脸上，凉凉的，伴随着如丝的细雨，缠缠绵绵的滋润着万物。手里握着一张张“市级三好生”“钢琴九级证书”“区及演讲大赛一等奖”“市运动会竞赛第一名”等证书，我心里五味杂陈，突然发现，我在不断挑战自己……原来我也是那么优秀。

蛹在幻化为蝴蝶之前总是在经历的折磨……这不禁让我想起了一年前的我……

“王老师——你班的海霞可够呛！数学那么简单的计算题都不会，唉！咋办呀？”李老师一边抱着卷子走一边和班主任交谈，无奈地摇了摇头。

“唉！别提了，甭说你数学，就是语文她都学不明白！放弃吧！别跟她较劲了！”班主任王老师一脸的不屑，连说话的声音都流露出无限的失望……这恰巧被正要交作业的我听到了。

“唰——”我的眼前一片漆黑，刚才的晴空万里瞬间不见了……一阵眩晕让我如五雷轰顶……我难道真是一个差生？我……一行行热泪顺流而下。耳边想起了呼呼的风声，不知是在嘲笑于我，还是在安慰我……

“我要扼住命运的咽喉，决不向命运低头！”贝多芬的话不时回荡在我的耳畔……“对！我也要扼住命运咽喉！我要挑战自己！我一定能行！窗外的阳光像利剑一样直射进来，劈开了阴霾的天气，也涤荡我的心灵……斑斑驳驳的阳光，洒在地上点点滴滴，勾画着一幅时空交叉的水墨画……我的心情豁然开朗……

从此，课堂上多了一个认真听讲、积极回答问题的我；课下，当别人在激烈讨论《盗墓笔记》系列时，我在默默地做着习题，执着地追着老师问问题；夜晚，当万家灯火阑珊时我在攻克一个又一个在别人看来简单但在我看来却是巨难无比的练习题；深夜，当大家都已进入梦乡时，只有我还在挑灯夜读……无数个夜晚，我仰望星空，明亮的月光倾泻如水伴着我，见证了我一个又一个的不眠之夜。当别人在放学后悠闲地玩着游戏、喝着饮料时，我却在操场上步履艰难地练习跑步；无论是刮风下雨还是骄阳似火，都没有阻挡住我追求梦想的脚步……多少次的跌倒与爬起，多少次的伤痕与泪水，多少次的嘲笑与鄙夷……刹那间，我发现自己很有韧性……“天降大任于斯人也，必先苦其心志，劳其筋骨，饿其体肤，空乏其身，行拂乱其所为，所以动心忍性，曾益其所不能。”在日复一日的坚持中，我不知不觉地成了班中的佼佼者，甚至是年级的名列前茅……我变得越来越出色，这让我信心大增……

泰戈尔说：“生如夏花之绚丽，死如秋叶之静美。”的确如此，经过一次次欲火焚烧，一次次蜕变。蝴蝶破茧而出，展翅高飞，勾勒出生命的华彩；凤凰涅槃，获得了生命的重生，幻化出生命的精灵……我经过不懈的努力，终于绽放出生命的辉煌……刹那间，我发现了自己的价值……

我的成长故事让我学会了“发现自我”，其实教育孩子何尝不是如此。每个孩子都是一株还未绽放的“花朵”，只不过在绽放的过程中有快有慢，绽放的过程中会有这样或那样的“干扰因素”，所以作为老师对待孩子的成长不要着急，不要急于求成，要给孩子成长充分的空间，静静地等待花开……清代袁枚曾说过：“苔花如米小，也学牡丹开。”孩子们或许不会像我们期待的那样完美，但他们也在为自己即将绽放的青春而奋斗。

所以，从这以后，我对孩子们转变了心态和教育方法，不再急于求成、揠苗助长，不再呵斥或急赤白脸，而是在他们犯错后或进步很慢时给予鼓励和加油，给予他们宽容和爱护。从此，我脸上再也不是嫌弃和无奈，也不再像以前一样总抱怨孩子们有多差，自己有多辛苦，还教不会学生。

小辰是我班的一位活泼好动的大男孩，在小学时就因为总和别人打架而闻名，初一刚接班时，我还没有见到学生就听她原班主任向我介绍说：“这个孩子以后有你着急的。”果不其然，从初一到初二，他几乎每天都和同学打架，班里所有的人都和他翻过脸，无论男女同学。原因是他总爱骂人，说话带脏字，仗着自己聪明，总看不起别人，用同学的话说就是“嘚瑟”。开始，我每天都帮忙解决问题，劝架、做思想工作，找家长，忙得我一点思考时间都没有。就开始急躁、抱怨他不长记性、不能改正缺点。后来，我通过自己的故事，开始反思，他的问题和我的教育方法和教育方式有关系，我没有站在他的角度分析他为什么会有这种表现，我在他出现问题时充当了什么角色，我的心态就是别再给班里惹事，没有从思想上走进他的心里，帮他解决问题。我反思后，改变了心态，对他不着急，允许他犯错误，犯错误后自己反思，哪里做得不对，哪里做得对，然后向我来阐述。我还特意推荐他看一些文章，如《读者》和《论语》，正好语文课上讲《论语》中孔子的交友观：“无友不如己者”，我就结合他的实际和他探讨如何与别人交往，如何交友，从而确立自己的交友观。经过初二的改变和成长，初三时他与同学的关系明显改善，打架现象少多了，与同学的关系也和谐了不少。他妈妈明显感到了孩子的转变，对我非常感谢，特意写了一封感谢信，还制作了锦旗向我表示感谢！其实，孩子的转变也是我的转变，孩子的成长也是我的成长。静静等待花开就是成长。

“发现自我的过程”让我学会了转变教育孩子的心态和教育思想。做一个“孩子成长过程中的心灵导师”，而不再是急于求成的、只知修枝剪叶的“园丁”。

# 携手苏格拉底帮助“失控”学生

杨晓萌

**摘要：**为帮助疫情下，在网课学习中“失控”的缘缘，我采取苏格拉底式提问的方法，不向缘缘直接提出要求和具体做法，而是通过对他有计划地连续提出一些问题，让缘缘在思考和回答的过程中，获得他所需要的答案，将被动转化为主动，将感化转变为自我要求。苏格拉底式提问，被称作认知心理治疗的基石。在一问一答中，让被问者进行自我剖析、自我解决、自我教育。层层问题，逐渐逼近答案，从而理清现状，发现问题，解决问题。

【案例】

缘缘，初一成绩平平，初二奋力追赶，初二下学期以来，一直稳居班级前三名。但当疫情来临，全国学生开始在家上网课，短短一个月的时间，缘缘的学习成绩一落千丈，学习状态也与在学校有很大反差，旷课、不完成作业、上课睡觉等一系列的问题都出现在他的身上。而这些问题的原因是，在家缺少学校的制度管理，缺乏自律，本该属于学习的时间却白白浪费，导致网课学习效果差，老师布置的任务没有完成。对此，家长束手无策，缘缘也是内心出现些许小痛苦，放纵自己的时候享受娱乐，但当看到同学们的进步，再对比自己，则是既懊恼又无奈。

各科老师和家长对他进行了多次沟通，帮助他认识到网课期间自律的重要性，但是，效果往往不太理想。我想，缘缘的情况需要让他自己对问题有个深刻的认识，通过帮助他分析问题，最终让他在问题的分析中找到答案，在接下来的网课学习中“一劳永逸”。于是，我决定利用苏格拉底式提问帮助他解决问题，摆脱现状，让他和全班同学一切携手并进。

苏格拉底式提问来源于古希腊哲学家、教育家苏格拉底，苏格拉底在教他学生获得某种概念时，不会把这种概念直接告诉学生，通常他会向学生提出问题，让学生回答，通过连续提问，让学生在思考并找答案的过程中，获得所需答案。即便学生答错了，也不是直接纠正，而是另外提出新的问题引导学生思考，找到错误所在。这种方法在今天被称作苏格拉底式提问（也称作“产婆术”）。[1]

【解决过程】

本次谈话，我按照五个步骤进行。

一、澄清问题

**我：**“缘缘，老师一直很关心你的学习状态，你可以说说你在网课期间遇到的问题和烦恼吗？”

**缘缘：**“网课的学习模式不比在学校，老师不能时刻监督我，而且在家比较放松，导致我很难将心思放到学习上，不能以一名中考考生的标准要求自己，但是在每一次放纵自己之后，尤其是看到其他同学很用功的时候我又会很后悔。”

**我：**“这种状态持续多久了？从什么时候产生的？”

**缘缘：**“应该有三周左右了。刚开始上网课的时候还好，大概在网课一周后，我对这种学习状态熟悉了，就开始课上开小差，偷懒写作业了。最严重的就是旷课。”

**我：**“你上课期间开小差以及旷课时，你都在做些什么？作业未交和迟交的原因又是什么？”

**缘缘：**“总想摆弄手机，注意力不集中，所以就开小差了；有时候课间很困，就想睡一会儿，结果上课了仍没醒来；有时作业写累了就玩玩网络游戏，个把小时很快就过去，最后导致作业要么迟交要么忘了写。”

**我：**“在这一系列的过程中，你有哪些情绪产生？”

**缘缘：**“我感觉心里很矛盾，一方面我享受娱乐带来的快乐，但是另一方面，短暂快乐之后，回归学习，我就会很后悔，很懊恼，害怕因为自己的放肆影响中考。”

## 二、证明或推翻假设

我："你能证明你这种矛盾心理的真实存在吗？"

缘缘："证明……有好几次我将手机里的娱乐软件卸载了又安装，再卸载，反复无常。"

我："你能想到什么办法推翻现在的矛盾心理吗？"

缘缘："变得自律，像上学期一样努力。我初一初二基础还是不错的，而且现在距离中考还有将近一百天，我足够努力，最后应该会考上理想高中的。"

我："你产生这样的矛盾心理，还有没有其他的原因？"

缘缘："应该没有了，还是缺乏自觉性吧。"

## 三、探究可能结果

我："以现在的学习状态，可能出现的最坏的结果是什么？你能接受吗？你有应对计划吗？"

缘缘："最坏的结果应该就是没能考上理想高中，我可能无法接受，如果真的上不了一中（缘缘的目标高中），我可能会选择复读。"

我："那你想一下最好的结果是什么？"

缘缘："尽管这样放纵自己，最后也如愿考上一中。"

我："那你认为这两种结果，哪种最可能发生？"

缘缘："以现状来看，应该是会错过理想高中。所以，我应该做好心理建设，好好地准备一下中考复习了。"

## 四、分析收益

我："你觉得现在的缺乏自律会造成哪些好的和不好的结果？"

缘缘："好的方面就是现在每天有足够时间娱乐，以前想玩的游戏和想看的视频都享用一遍；不好的方面是这样的不自律，导致成绩下降，而且娱乐过后会有一种强烈的自我谴责感。"

我："如果开始自律，又会有什么好的和不好的结果呢？"

缘缘："好的结果就是我的学习效率会有所提高，自然成绩也会上去，考上理想高中的筹码自然多一些；不好……好像短暂的卸载娱乐软件也没什么不好的，以后玩的时间还有很多。”

五、回顾原问题

我：“对于现状，你有什么计划？”

缘缘：“要想摆脱这种矛盾心理，先自律，自律一百天，给自己一个满意答复。”

我：“如果咱们班有同学和你一样，你对他有什么建议吗？”

缘缘：“我会告诉他娱乐的快乐只是一时，毕业班的学生眼光还是要放长远一些，控制好自己，也会控制好中考。”

我：“现在你重新感受一下自己的矛盾心理，如果一开始是十分，给现在打多少分？”

缘缘：“现在……也就2分吧，我想好之后，心里就没什么可矛盾的了。”

我：“那你现在心里的想法是什么？”

缘缘：“我觉得虽然前一个月的网课学习我落下不少，但是我相信我把之前娱乐的时间用在学习上，比别人多下功夫，最后一中一定会给我寄来录取通知书的！而且，我觉得以后再有类似问题，我不应该被内心的矛盾支配着，衡量清楚我到底想要的结果是什么，一切都会迎刃而解的。”

我：“最后一百天的时间，你怎么打算的？”

缘缘：“我首先要把手机中的娱乐软件卸载，然后给自己定一个详细的学习计划，还要写好标语贴在桌子上，时刻提醒自己，找回曾经的学习状态，加倍努力，赶超他人。”

我：“嗯，其实针对于睡觉耽误上课的事情，我有个建议，在每节课课前两分钟定闹铃，最好是课间去外边活动活动。”

提问结束后，缘缘情绪变得积极起来，迫不及待地卸载了游戏等娱乐软件，还将卸载的视频发给我，并且开始制订自己最近一周的学习计划。在整个交流的过程中，我并没有直接地指出缘缘存在的问题或者是给出解决方法，而是通过不断的设问，在一问一答中，让缘缘进行自我剖析、自我解决、自我教育。层层问题，只是帮助他理清现状，发现问题，解决问题。这样的提问并不是一次就可以达到最终效果，缘缘在以后的学习中，也渐渐学会应用这种提问模式不断地进行自我教育。

【效果】

我的提问结束后，“失控”一个月的缘缘不再迷茫，学习兴致极高，老师们和家长又看到了曾经活跃的缘缘。看到自己的改变，他渐渐也对那些影响学习的娱乐开始远离，缘缘的自信又回来了。在最近的模拟考试中，缘缘竟考出了班级第一的好名次。并且，缘缘也在学习着运用苏格拉底式提问进行“自我拯救”，每一次在面对自己不能调整的情绪时，便运用这种方法解决了很多问题。

【反思】

之所以帮助了“失控”的缘缘，我觉得主要原因在于利用苏格拉底式提问代替以往传统“一言堂”的思想教育，将问题抛给学生，让学生在问题中完成自我修复，这样的教育效果事半功倍；在提问过程中，每一个问题都是经过慎重考虑的，缘缘之所以做不到自律，在放肆之后还会产生矛盾心理是因为心里没有一把尺子作为好坏结果的衡量，而我的问题就是帮助他找到这把尺子，然后让他发现衡量结果，自主地消除负面情绪，消除矛盾心理，向正面去发展；“授人以鱼不如授人以渔”[2]，在缘缘接下来的网课学习中，还会反复这种矛盾心理，所以我将这种方法教给他，当身边没有人可以帮助他的时候，他仍可以通过自问自答摆脱矛盾心理，从而拯救自己。

**参考文献：**

[1] 贺琳·安德森.合作取向治疗[M].周和君，译.太原：希望出版社，2010-7-1.

[2] 刘安及门客.淮南子·说林训[M].中国：西汉.

# 敬学，勤学，乐学

白晨曦

**【活动主题】**敬学；勤学；乐学

**【背景分析】**疫情期间，同学们经过一学期的居家网络学习，自我管理不严格，难免产生一种放松、懈怠心态，导致本学期在校上课散漫、作业不能按时按质按量完成等一系列问题，这些主要归咎于学习态度的不端正。然而初二更多的是需要学生进行自主学习。因此，树立积极主动、持恒稳定的学习态度至关重要。在秉承正确态度的基础上，引导学生能够做到踏实勤奋地学习。学习是一份需要经营的事业，对事业产生浓厚的兴趣并且由衷地热爱才是至高境界。总而言之，从敬业、勤业、乐业三方面出发，引导学生敬学、勤学，从而达到乐学的境界，为成就心中的梦想加油助力。

**【教育目标】**

1. 通过各行各业敬业的正反事例，引导学生明确敬业的重要性。

2. 通过情景剧与讨论的形式，让学生发现并改正自身在学习上的不足之处，树立正确的学习态度。

3. 树立身边的勤学榜样，介绍成功者的事例，学习他们刻苦努力、持之以恒的品质。

4. 通过探讨怎样找到学习的趣味，让学生快乐学习，成就梦想。

**【班会内容】**从敬业、勤业、乐业三方面出发，引导学生敬学、勤学，从而达到乐学的境界。为成就心中的梦想加油助力。

【前期准备】

1. 根据“敬业”这个关键词，联系学生学习实际，明确班会主题思想及基本构成内容。

2. 查找有关敬业与乐业的名人名言、人物事件；准备散文《放飞梦想》。

3. 学生利用课余时间排练情景剧。反思自身在学习上的不足之处，树立正确的学习态度。

4. 发现身边的勤学榜样，学习他们刻苦努力、持之以恒的品质。

5. 思考怎样找到学习的趣味，如何快乐学习，成就梦想。

【活动形式】视频、朗诵、表演、讨论

【活动过程】

一、开场（3分钟）

1. 社会主义核心价值观对敬业的阐释

“爱国、敬业、诚信、友善”是公民基本道德规范，是从个人行为层面对社会主义核心价值观基本理念的高度凝练。其中“敬业”又是对公民职业行为准则的价值评价，要求公民忠于职守，克己奉公，服务人民，服务社会，充分体现了社会主义职业精神。

2. 对“业”的理解

①职务，工作岗位：职～，就～；②学习的功课：学～，肄～，毕～，～精于勤。

二、各行各业的敬业——心无旁骛、认真负责（12分钟）

1. 说一说你理想中的职业，并解释为什么选择这样的职业

2. 敬业的正反事例

①正面事例（敬业乐业事例《缝兜医生贾立群》《最美教师张丽莉》）

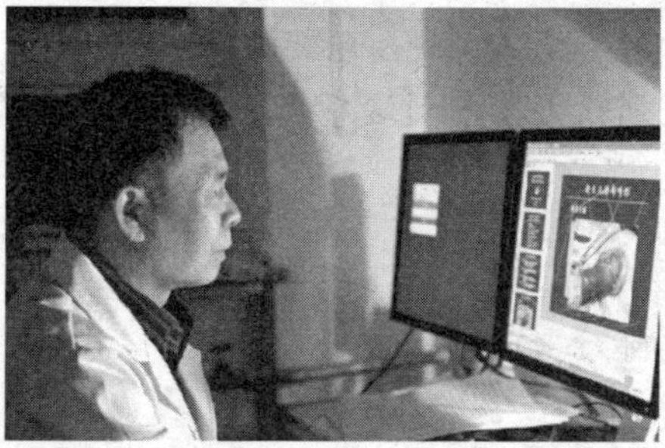

②反面事例（各行业中不负责任的例子《亿元贪官马超群》《黑心工程竹井盖》）

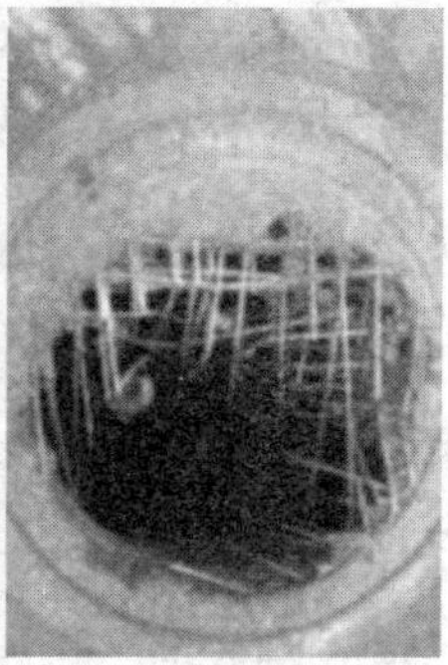

3. 对敬业的阐释

敬业就是对自己职业的心无旁骛，就是做什么事都要负起自己的责任。奥地利心理学家维克多·弗兰克说“能够负责是人类存在最重要的本质”，责任心的树立是做好本职工作的前提，始终保持认真负责的态度是职业发展至关重要的因素。职业没有高低贵贱之分，只有社会分工不同。无论身处怎样的岗位，都要敬爱各自的工作，发挥最大的潜能，做出最大的贡献！凡是职业没有不是神圣的，所以凡是职业没有不是可敬的。

4. 古今中外有关敬业的名人名言

敬业乐群——《礼记》

安其居，乐其业——《老子》

在其位，谋其事——《论语》

饱食终日，无所用心，难矣哉！——孔子

用志不分，乃凝于神。——庄子

春蚕到死丝方尽，蜡炬成灰泪始干。——李商隐

先天下之忧而忧，后天下之乐而乐。——范仲淹

凡做一件事，便忠于一件事，将全副精力集中到这事上头，一点不旁骛，便是敬。——梁启超

要成就一件大事，必须从小事做起。——列宁

不能爱哪行才干哪行，要干哪行爱哪行。——丘吉尔

知之者不如好之者，好之者不如乐之者。——孔子

学而时习之，不亦乐乎？——孔子

好读书，不求甚解，每有会意，便欣然忘食。——陶渊明

以中有足乐者，不知口体之奉不若人也。——宋濂

成功的真正秘诀是兴趣。——杨振宁

使事业成为喜悦，使喜悦成为事业。——罗素

人在履行职责中得到幸福。——罗佐夫

天才就是强烈的兴趣和顽强的入迷。——木村久一

**三、学生的敬业——尊师重教、态度端正（10分钟）**

1. 情景剧表演

①《中考如约而至》（播放短片）

两位同学同时进行表演，形成鲜明对比。

一位显得仓皇不定，被各科学习任务压得喘不过气，卒卒鲜暇；另一位同学淡定从容，能够合理安排学习任务，而且有充分的自由支配时间。

②两种不同的结果，大家希望两年后成为哪种状况？

同学们自由回答并阐述理由。

③两位同学陷入回忆，初一初二的片段历历在目。

利用图片展示两位同学初一初二在校的学习及生活情况，形成鲜明对比。

2. 讨论：对待学习还应该有哪些良好的态度？（分组讨论，代表回答）

注重学习细节是学生敬业的基石；主动进取是学生敬业的特性。

对待老师：尊崇敬重，虚心求教，选择主动，学会感恩

对待学习：专心致志，认真努力，实事求是，追求卓越

四、学生的勤业——刻苦努力、持之以恒（5分钟）

榜样的力量

请同学说一说身边勤奋学习者及事迹（两个真实事例，紧扣“勤学”）启示：学习既需要勤奋更需要持之以恒。

五、学生的乐业——快乐学习、成就梦想（10分钟）

1. 学生分组讨论如何找到学习的趣味

第一，培养兴趣。在很多时候，我们在学习课程的时候，就需要有意识地培养一种兴趣和热情。时不时地，我们觉得课程多少有些枯燥和乏味，就自然会减少这样的学习兴趣，或者觉得某些课程理解起来有些难度。此外，我们在平时可以参加各类兴趣活动，有助于培养我们对学习的兴趣。

第二，积极的态度。不可否认，我们在学习过程中需要具备良好的态度。如果我们学习缺少这样积极的态度，变得有些消沉了，自然会对这些方面缺乏一种动力。此外，我们要培养积极的学习态度，还需要找到自己的兴趣方向。

第三，劳逸结合。我们在学习中，需要适当做到劳逸结合，不要过度疲劳。

我们对学习的兴趣，并非意味着需要花费大量的时间和精力。好的学习效果从来就是需要讲究一定的思维和方法。此外，我们只有得到充分的休息以后，才会培养出对学习浓厚的乐趣。

第四，多去阅读。很多时候，我们对学习的兴趣是自发的。在学习课程中，总有些内容是自己比较感兴趣的，我们可以在业余时间阅读一些相关的书籍，从中也会受益不少。在阅读的时候，我们总会觉得是有趣味的、愉快的，获得知识的那一刻总会感到一些满足感。

第五，多去思考。我们在学习课程的时候，总会不自觉地去对某些事物产生这样或者那样的兴趣。这样的兴趣能够激发我们对学习的热情。另外，我们在平时可以试着去思考一些自己比较感兴趣的事情，可以适当地与自己所学的知识联系起来，还是比较有意思的。

2. 散文朗诵《我的梦想》（一名学生原创散文）

六、小结（5分钟）

1. 学生谈反思或收获（紧扣“敬学、勤学、乐学”）

2. 班主任总结

【课外延伸】

学生的敬业、勤业、乐业都是需要长期养成的习惯。通过本次班会，让学生及时反思自己的问题与不良习惯，自我反省，及时改正，勤奋学习，持之以恒，并且不断地发现学习中的乐趣，变“学会”为“会学”，为自己的梦想拼搏努力。

# 她，渴望你的关注

周子夏

**摘要：**本文通过叙事的方式描述了班主任如何处理家长微信群内的矛盾问题，在解决矛盾的过程中发现孩子的心理需求，从而发现产生矛盾的本质根源。作为初中生的家长更应该关注孩子的心理健康与需求，无论是家长还是班主任老师在对待孩子的问题时都应该具有敏锐的洞察力与坚持不懈的耐心。

故事是这样开始的，2017 年 11 月 6 日中午当我在班上看午自习时，收到萧山妈妈（化名）的电话，大致意思是：周老师，我已经找孩子问过了，他今天中午放学时的确没有朝雨琪（化名）竖中指。两个孩子之前是有过矛盾，但萧山没有嘲笑和看不起雨琪的意思。我安抚完并答应她：我下午会找孩子们了解清楚，您放心，这件事我会处理好的。

雨琪，她是一个沉默寡言，不爱与人沟通的孩子，再加上成绩总处于班上倒数第一的位置，身边的朋友寥寥无几。之前，我知道班上总有那么几个男生因此嘲笑她，也找他们严肃地谈过话：雨琪是你们的同班同学，她有难处、有困难你们要做的是嘲笑还是帮助？我知道也相信你们几个并不是生性恶劣的男生，希望你们向我保证以后不会出现这种事情，不要让我对你们失望！话毕，我心中清楚这个年纪的孩子，发生这种事情在所难免，也不难以杜绝。

我打开微信，原来家长群中雨琪爸爸 @ 萧山妈妈：您好，我是雨琪爸爸，刚才雨琪跟我说您家孩子又冲她比画中指，我希望您回家问问孩子是怎么回事？

大约半小时后，萧山妈妈回复：您不要听孩子的一面之词，您没有亲眼看到的事情就不一定是事实。我问了我家孩子，萧山说竖中指的事情他确实没有做。孩子间有可能因为开玩笑没有度，伤害了彼此的友情，请您回去好好做孩子工作，我也跟孩子再好好聊聊，孩子间的和谐才是他们成长路上最重要的，您说对吗？另外，我这周住院，如果需要单独沟通，请您联系萧山奶奶。谢谢！下午自习课，我先找萧山谈话，询问他中午的事情，他告诉我：老师，我真的没有朝她竖中指，之前您找我说的话我都记得，今天中午跟我一起回家的还有四个人，他们都能证明。我先后找了这四个男生询问中午放学时的事：中午是否一起回家？回家路上是否在开什么玩笑？是否看到萧山对雨琪竖中指？四个男生中除了一个和他们走到校门口就分开后，其余三个都说中午放学都没有看到雨琪，萧山更没有对她竖中指。询问后我脑海中当然会有这样的想法：这几个男生是在帮他们的好朋友开脱吗？我找来雨琪，她语音依旧是那么小，语速依旧是那么慢，显得整个人是那么胆小，问她：中午和你在一起还有其他同学吗？她跟我说了一个女孩的名字，但是当我找来那个女孩，当她也说出没有看到萧山对雨琪竖中指时，我的心中满是疑问与困惑。

我将询问结果告诉了雨琪妈妈：您好，我下午找来 5 个学生，都说没有看到竖中指，今天中午应该是孩子之间有什么误会。雨琪妈妈回复大意：周老师您再了解了解，我这刚到家问了雨琪，中午打电话的时候有同学就在旁边，跟我说有这么回事，我特意问了这件事。萧山这侮辱雨琪的话也不是一次两次了，我们是能忍都忍，我一直做雨琪思想工作，孩子这回来天天偷着哭，时间长了心理出问题怎么办，我这做家长的心里更不好受，这种行为我觉得不妥，不能再继续发展下去。于是，我决定让双方父母约好时间到学校来见面并把事情说开，如果一味地“公说公有理，婆说婆有理”，事情将不会有任何进展。

次日放学，雨琪妈妈和萧山爸爸来到办公室，一番沟通过后，雨琪妈妈的心结在于：一方面是孩子因为性格和成绩的原因受到排挤和嘲笑导致孩子心灵受到创伤，另一方面是萧山妈妈在群里的回复让她很不满意。萧山家长的心结在于：一是之前的矛盾已经解决了，并且这一次孩子真的没有做这件事，二是雨琪爸爸不应该将这件事还没有弄清楚之前就在群里发表言论，应私下了解。双方家长其实都是非常明事理的人，萧山爸爸为孩子妈妈在群里的回复向雨琪妈妈道歉，双方关系迅速有所缓和，并为孩子之间的私事以后私下讨论，不在群里发表意见一事达成一致。

见面结束后，雨琪妈妈留下来与我谈了许久，谈及家事，雨琪妈妈屡屡泪目：我和雨琪爸爸工作都很忙，对她生活上照顾很少，孩子每天中午和晚上都是自己热饭热菜。老人这边也都不能为我们照顾孩子，她虽然学习很困难，但从小自理能力特别强。因为她的成绩，我真是下了很大苦心，可她真的就是对知识记不住。我对她平时是很严厉，所以她有些话不敢对我说，就写在纸条上放在我床头。前几次，她跟我说班上有人嘲笑她，我都跟她说，咱们能忍就忍。后来她因为和萧山的矛盾想换座位，我就找您谈过一次，她说您找萧山谈了话。最近，她总和我说这些事，让我和您说，也给您添麻烦了。我说：我很理解您平时的辛苦，在学校老师们都会帮她，这一点您放心。我想雨琪她应该是一个很渴望被您关注的孩子，您应该尝试着不要对她说话那么严厉，她之前在学校受过委屈，孩子也希望受伤的心灵能有个慰藉。她在学校已经有那么多不开心的事，回到家还要面对严厉的家长，我想孩子的心理负担一定很重。您应该尝试一下，多抽出一些时间关心她，不仅仅局限于学习上，而是心理上。这一刻，我仿佛明白这件事我们无须再去计较究竟孰是孰非，而是应该通过现象看到本质。后来，我又与雨琪妈妈沟通过很多次。这一学期下来，虽然雨琪的成绩仍是一个让人头疼的问题，但现在她已再没有和妈妈反映过班上有人侮辱和嘲笑她了，我想她的心灵大概已经找到了属于她的避风港。

每一个孩子都渴望被关注。愿我们每一位老师在关注孩子学习的同时不忘记关注孩子的心理健康，愿每一位家长在照顾孩子生活的同时不忘记“照顾”孩子们的心灵。

# 归属感与价值感——赢得学生的良药

李 晴

**摘要**：刚刚升入初中的学生，由于心理发展及学习环境的变化，容易造成不适应的现象。解决好小升初衔接问题的关键在于使班级不同学生找到正确的归属感与价值感。本文结合正面管教的理论以及班级实际工作中小C同学的实例，解读赢得学生的具体做法。教师在正面管教过程中必须摒弃一味的惩罚，用和善而坚定的话语赢得叛逆学生与老师间的合作。

## 一、研究背景

美国著名儿童心理专家、教育家鲁道夫·德雷克斯说过："一个行为不当的孩子，是一个丧失信心的孩子。"研究表明，当孩子丧失信心时，会为自己选择不恰当的行为目的，而这些目的均指向归属感和价值感的获得。

刚刚升入初中的学生，由于心理发展及学习环境的变化，容易造成不适应的现象。初中的学习内容、学习方法、学习要求与小学均有差异，加之学习科目增多，学生还要学会适应不同的课堂，难度较大。特别是因为疫情防控需要，学生有9个月的居家状态，对于小学6年级的同学来说，应该是无拘无束的心理。也就造成了对手机游戏、短视频平台依赖严重的问题，学生面对新的学校、新的班级需要重新获得归属感。面对"和熟悉生活的断舍离"与"重新获得归属感"之间的矛盾，学生大致会分为几个类型：

1. 积极型：面对新的环境，充满信心，想在初中延续小学的优势、有所作为。

2. 徘徊型：容易受同伴影响，出现分化。一部分在与同类同学交往中，获得了归属感，近朱者赤；一部分因自身原因融入不了课堂，逐渐形成小团体，出现扰乱课堂纪律等不良行为。

3. 逃避型：完全无法割离手机，逃避上学，在学校易与老师发生冲突、疏远老师。解决好小升初衔接问题，特别需要教师与学生通力合作，换句话说，班主任要快速使班级不同学生找到正确的归属感与价值感，即快速“赢得”每一名学生的心。

## 二、正面管教——让学生获得归属感与价值感的具体做法

1. 班主任“信心、耐心”素养提升

新组建的班级要提升凝聚力，班主任要在陪伴中向学生传递信心与耐心。在建班初期，无论是利用早课或午休前的一点时间，还是利用微信学生群，我始终在向学生传达“我与你们同在，是一个共同体，一荣俱荣、一损俱损”。

我的班级始终是一个积极上进的集体，在班级出现问题的时候我会引导学生关注问题的解决，把犯错误（或失败）看成一次学习的机会。记得拔河比赛当中，我们班没有拿到奖项，参与拔河的同学垂头丧气，未参赛同学还有埋怨的话语。学生都回到班里我才就此事引导大家交流。我面带微笑“看看老师给大家拍的照片，参赛的你们都是好样儿的，为了咱们班太拼啦！尽管你们一个个小瘦身板儿，但是让我和咱们班其他同学看到了你们顽强的精神，了不起！”“可不咋滴！鼓掌！”一名调节气氛高手带头为他们鼓掌，全班哈哈大笑。我在语言中既肯定了大家为班拼搏的精神（堵住了埋怨的话语），又说明了失利的客观原因（肯定参赛同学，鼓舞士气，一扫不开心），同时我还说道：“友谊第一比赛第二，我们把这第一次当作学习的机会，明儿老师陪你们练拔河、学技巧，明年第一非我们莫属！”（表明信心与耐心）。

如果只关注各项评比的成绩、唯分数论，那我们不只是这一次比赛失利，恐怕在以后的比赛中大家为班争光的精气神就会大大损耗。对学生而言，归属感和价值感丧失，对班级而言，则会失去凝聚力。

2. 坚持“赢得学生”目标导向——以“小 C”同学为例

如何对学生进行正面管教，是我修炼的主要内容。面对学生出现的各种不良

甚至挑衅行为，我先让我自己冷静下来，不去与学生针锋相对或用一些方式惩罚他们。虽然这样表面上是赢了学生，但实际将学生越推越远。我尝试对行为目的进行归类，了解背后蕴藏着什么样的心理，然后抓紧各种零碎时间进行疏导，让不良行为自我消化。

下面针对网络使用问题，列举一例——沉迷网络“吃鸡”，自虐逃避上学。

（1）小 C 情况分析

我们班小 C 同学，据父母反映小学成绩就不好。谁承想，疫情期间又沉迷网络游戏不能自拔，让本不理想的成绩排名又雪上加霜。小 C 从小学开始就对老师有抵触情绪，不喜欢与老师沟通。基于以上，我每次与小 C 交流，从来都是和风细雨，没有横眉冷对。但尽管这样，本学期他仍与我有一次冲突：

源于计算机课上，他连同班里 4 名同学扰乱课堂秩序，面对老师的教育态度极差，在我办公室与家长交流时更是摔门而出。第二天，我就收到了家长短信“小 C 发烧不来上学了”。在此之前，小 C 就有过几次相同的“发烧经历”，果不其然，在他没来上学的当晚，我就看到了他朋友圈的截图：图片为百度搜索如何让自己快速发烧的搜索截图，配文更是不堪入目（辱骂老师的文字）。想必这个朋友圈是屏蔽了家长、老师，只留下了同学的。

分析行为目的，无疑是为了寻求权利，错误地认为只有当自己说了算且老师、家长拿他没有办法时，才有归属感。基于对他家长的了解，我能想象到孩子从我办公室夺门而出的那个晚上，他的家里发生了什么。后来证实，孩子爸爸在教育孩子时砸了电脑并警告孩子再也不能玩游戏，而且第二天上学给老师们道歉。所以孩子采取冲凉水澡方式让自己发烧，以逃避上学，让家长没有办法。

（2）班主任谈话

在他没来的几天，我也采取冷处理，并没有通过微信找他。

回校的那个中午，我们进行了 1 个多小时的谈话。内容大概如下（参考正面管教方法）：

①表示了对他感受的理解

我尝试分析他行为当时的心理，换言之，为他的行为找借口（课上捣乱并非有意为之，而是源于长期沉迷游戏，让他对学习失去兴趣、专注力不够；与老师、家长较劲可能认为家长或者老师解决问题的方法不对等）。

②表达了我对于他的行为的感受

我首先表达了我对他的心疼，“我们可以找解决方法，为什么要折磨自己身体，让老师和家长心疼？”，聊到这儿，孩子的眼眶湿润了。“你可能会觉得爸爸妈妈对你的管教方式不对，有时候会打你，特别你这次为什么对老师发脾气我也理解。”“你觉得是老师向家长告状，导致了爸爸打你。”他点了点头。

③引导他关注于问题解决

小C点头证明我猜准了他的心理，我继续说：“你把情绪发泄在网络上面，不会解决任何问题，是手机伤害了你，要是没有这个，谁会想到用那一系列方法去损害自己的身体呢？你已经是大男孩了，应该学着成熟一些，不能感情用事，如果你愿意，老师更愿意帮助你。”

学生沉迷网络的同时，由于初中生是非观念还较弱，很容易接触到一些不健康、不文明的事物，如果学生深陷于此，则很难拉回来。小C沉迷游戏，我想和他性格有关，比较冲动、喜欢打打杀杀宣泄情绪；另一方面则是源于在现实生活中获得的关爱较少，因为成绩不好所以觉得在班级里找不到自己的价值。

（3）赋予其归属感与价值感

引导小C获得归属感与价值感，我还和班级同学做了以下事情：

①班级设置互助小师傅

借助成立互助小组的名义，为他安排了他可接受的“小师傅”，调整了座位，坐在班级第一排。每天都会看到小师傅为他写的待完成任务单；当有作业被打回不合格时，小师傅会帮他整理笔记、然后改作业；课上小师傅会提醒他听讲，大约半个学期，小C同学的状态有了提升，而且很认可师傅的帮助、很配合师傅的“管教”。

②多关注、勤鼓励

在我的课上我会把一些问题抛给小C，他可以回答上来，然后给予大力表扬；他的体育好，我就给他机会在班里分享锻炼经验……

（4）“小C”的改变

慢慢地他有了改变，重新申请进入了班级微信群。（之前冲突时，自己退出的，我也没马上强迫他再进来。）我想是大家的共同努力使他收获了归属感，也感到了自己在班级的价值。

当然还有更开心的事：12月初的一天晚上，我收到了这样一条微信：李老师，您在吗？您能给我补补生物吗？于是12月的中午，大部分时间他都在我办公室，拿着中考教辅资料，努力地追赶大家；小C妈妈有一天中午来到学校找我，我看到的不是在我办公室泪流满面的妈妈，这次她笑容再次洋溢，和我讲着孩子现在已经不打游戏了，讲着他们亲子关系的变化。

赢得学生的步骤大概是表达出对孩子感受的理解→对孩子的同情→告诉孩子我的感受→让孩子关注于问题解决，这几步的根本即友善、关心、尊重。要让孩子感受到你是真的对他们的关心、感同身受，这样才能听得进去我们的话，正所谓“亲其师，信其道”。

我想，这是一场双赢的游戏，学生赢得的是归属感与价值感，而班级赢得的是一名又一名学生的心。班主任付出再多也值得……

**参考文献**

［1］简·尼尔森．正面（2016）［M］．北京：北京联合出版公司，2020：26.

# 中考名著阅读的方法策略

许海霞

**摘要：**中考名著阅读是语文学习的很重要的一部分。他的阅读方法关系到学生阅读能力的提高。《语文课程标准（2011 年版）》中明确指出："阅读的评价，要综合考察学生阅读过程中的感受、体验和理解，要关注其阅读兴趣与价值取向、阅读方法与习惯，也要关注其阅读面和阅读量，以及选择阅读材料的能力。重视对学生多角度、有创意阅读的评价。"本文就是针对名著阅读的阅读而探索的阅读方法。

中考改革以来，对名著的考查力度逐步加大。考查不再是单纯的简单停留在人物形象和性格、故事情节等方面，更多的考查学生对名著的理解和自己的独特感受，形成正确的价值观和人生观。因此，对名著的阅读和引领，一直是我多年探索的一个课题之一。如何能调动学生们对名著阅读的积极性，如何教给学生们名著的有效的阅读方法，也是我多年来一直不断探索的，为此我还专门到育才中学（本校）听名著的展示课，与名著教学研究成果颇丰的西城区研修中心的吴迪老师进行探讨和交流，通过交流和探索，结合《中学语文讲读教学举要》一书的教学方法和策略终于摸索出适合名著阅读的有效方法，即批注式阅读。

所谓批注式阅读，是一种以主动探究为核心的阅读实践活动。在这个过程中，学生根据阅读的主题，运用已有的生活经验和知识储备，从各个层面理解、感悟，对名著进行点评，并直接在文中进行圈点勾画，与文本进行广泛、深入、全方位的直接对话。而在何处进行批注，则是批注式阅读方法的重点。

## 一、于共鸣处批注

我们在阅读文学作品时，总会有与作者产生共鸣之处，我们可引导学生在触情点记录下自己的情感体验。例如：在阅读《范进中举》时，我拓展了一篇《严监生之死》的文章，当时，我设计的问题是：读完文章，你觉得严监生是怎样的一个人？是从文章中哪些地方感受到的？与范进有何共同之处？学生纷纷写下自己的感受，有学生写道："严监生是一个性格严重扭曲、变态之人，他已经吝啬到了极点，临死前为了两茎灯草不得咽气，太吝啬了。暴露了人性中的贪婪，与范进一样都是封建科举制度的受害者，都揭露了封建科举制度对读书人的残害。"学生通过对严监生动作、神态的描写，已经感受到了这个人物的性格特点，与作者有了相同的共鸣。

## 二、于细节处批注

细节描写往往是刻画人物的有效途径之一，通过拼读人物的细节描写，可以很好地把握名著中人物的形象及性格特点。细节描写可以分为人物的细节描写和景物的细节描写，无论是哪种细节描写都可以让我们更深入的理解人物形象。因此，引导学生在细节描写出做批注就是名著阅读的很好的一种方法。所以要引导学生在细节处进行批注。

这时就要引导学生，在能表现人物性格的语言、动作、心理、肖像的人物细节描写和景物的细节描写处作出批注，主要体会这些描写刻画了怎样的人物形象。还可以在人物的经典事件旁做批注，也可以很好地体会人物形象和性格特点。例如：在读《水浒传》时，在鲁提辖拳打镇关西的经典事件旁可以给鲁提辖作批注，他是一个伸张正义、慷慨解囊、疾恶如仇、粗中有细、勇敢无畏的提辖形象；也可以给郑屠批注，他是一个仗势欺人、欺软怕硬、泼皮无赖的"地头蛇"形象。指导学生在这样的地方做批注，时间长了，学生就知道在哪里要作批注了。

再例如：在读《红岩》时，学生对江姐十指被敌人插竹签子的细节感触颇深，一下子就能感受到江姐宁死不屈，勇敢无畏，临危不惧，誓死保护共产党人的名单的形象，而且进一步加深了对革命烈士们的崇敬之情。在这样的细节描写处加批注，感受真切而深刻，真正体现了学生们独特的阅读体验。不用老师进行过多的讲解，学生对名著中的人物形象和性格特点就有了很好的理解，真正体现了自主阅读。

## 三、于留白处批注

我们知道绘画常常运用“留白”的艺术，把一些想象和联想的空间留给读者，让读者有自己的揣摩、思索，浮想联翩，形成共鸣，经典的绘画如黄公望的《富春山居图》的留白就是如此，这也是中国山水绘画的魅力所在。而阅读名著也与绘画有异曲同工之处，于留白处批注，把自己的理解和推测写出来，补充到原文，便于理解。我引导学生在留白处进行批注，把写得简练的地方补充具体，或者把写得含蓄的地方补充明白。这种方法也称为仿写、续写，不仅可以加深对名著内容的理解，而且可以活跃学生的思维，拓展学生的联想和想象能力，打开学生的视野，提高学生的语言表达能力和逻辑及思维能力。例如：在读《海底两万里》时，我设计了两个问题：1. 假如你是一名小记者，在尼摩船长上岸时，你会问他一个什么你最感兴趣的问题？ 2. 如果你是尼摩船长你会怎样回答你自己刚才的提问？这两个问题就是引导学生展开丰富的联想和想象，结合对所读名著及尼摩船长的理解，深入思考，形成自己的认识和理解。所以。我也让学生在留白处自己做批注，有自己的理解。有的同学就写道：“在本书结尾处尼摩船长撞击军舰时，他的心理是怎样的感受？是难受、悲愤还是伤心？我觉得他是一种非常复杂的心情，既有愤怒，又有痛苦，还有自责。因为他是一名反殖民主义统治的战士，既有对穷苦被压迫国家和人民的支持与同情，又有对殖民者的痛恨，他的复杂性格导致他做事的矛盾和造成别人对他的不理解。”于留白处批注是对名著理解最有效的方法之一，也最拓展学生的思维。

## 四、于疑问处批注

引导学生在阅读的疑问点进行批注，可培养学生的问题意识，引导学生边读边思的习惯，逐步形成自己独特的思维方式。也更好地便于对名著的理解和掌握。例如：在读《骆驼祥子》时，有一个情节是孙侦探摔碎了祥子的闷葫芦罐，强抢了祥子攒了大半年的钱，但祥子一句反抗的话也没有说，只说了一句“我招惹谁了”，反映出祥子的懦弱和不知如何反抗的性格。学生在这里批注道：假如祥子反抗，他会怎样说怎样做？一部分学生认为他不会反抗，也不知怎样反抗，因为他只是想通过自己勤劳的双手改变命运，不知道是社会制度造成了他的悲剧，所以他不会反抗。另一部分人认为他会反抗，把孙侦探痛揍一顿，但最终的结果是一死，因为孙侦探有枪，还是不能真正地进行反抗，归根结底是当时的半封建半殖民地的谁会制度导致祥子成为现在的样子。由此可以看出学生对这部小说的主题也有了深刻的认识。通过这样的批注，我欣喜地发现学生对名著的理解不但很深入，形成了自己的认识，有了自己的思考，自己的独特见解。由此可见，学生阅读的思维模式已经形成，阅读名著的兴趣，不用督促就以激发起来。

经过近两年的阅读实践证明，批注不但可以提高阅读名著的有效性，还对阅读能力有很大的提高，让学生的心灵与作者进行真诚的对话，从而提升阅读质量，提高学生的综合素养和核心素养。当然，批注习惯的养成和能力的培养绝非一日之功，要坚持不懈，正确引导。另外，批注对老师也有相当高的要求，作为语文教师，首先你自己就要对每本名著熟悉，还要有自己独特的理解和感受，才能与学生进行交流和沟通。同时，做批注后还要有名著的展示课，把学生经典的批注、独特的认识和理解与其他同学分享，让学生有阅读名著的成就感，才能形成学生进一步阅读名著作批注的动力。

总之，在名著的阅读方法上我做了各种尝试，最有效也最好操作的阅读方法就是批注法。在语文教学中，我也在逐步形成自己独特的教学方法，最大化地减轻学生负担，少教多学，培养能力，激发学生学习语文的兴趣，让学生在我的沐浴熏陶中形成语文的核心素养，形成语文的思维方式。名著教学是我教学模式的探索实践之一，以后我还会在课堂教学模式的其他探索中总结经验，形成自己独特的教学风格。

# "根之茂者其实遂，膏之沃者其光晔"

## ——让中华传统美德教育浸润孩子们的心灵

许启红

**摘要：**学校是进行道德教育的重要阵地，因此必须重新审视传统文化道德教育的优势作用，采取有效措施，使中华民族优秀传统文化和传统美德在校园里发扬光大，切实提高学校素质教育实效，这已成为时代的疾声呼唤。

根基丰茂的大树，它的果实多而好；油膏肥美的灯，光亮耀眼远射。我以为学生的美德如同大树的根基，灯中的油膏，是学生健康成长的源泉。要想让学生有所成，务必加强中华传统美德教育。

中华传统美德是中华民族经过五千年的文明发展，历代流传下来的、宝贵的道德文化遗产，它凝聚着中华民族的"形"与"魂"。加强中华传统美德教育的宗旨就是为了在新的形势下，继承、弘扬、提高和发展中华民族的传统美德，把我国的优秀文化和传统美德集中起来，达到承前启后，与时俱进，古为今用的具有中国特色的价值观、道德观和行为准则。用传统美德教育学生，鼓舞学生，用正确的思想武装我们的学生，全面提高学生的素质，努力造就一代社会主义新人。

语文学科可结合一些有代表性的课文如《藤野先生》和《驿路梨花》等进行爱国和助人为乐等的高尚品德教育。孔子的"学而不厌，诲人不倦"、韩愈的"业精于勤，荒于嬉”、范仲淹的“先天下之忧而忧，后天下之乐而乐”等名言，以及孝亲观念、敬长行为、节约美德等都可渗透于语文教学之中。尤其阅读教学，面对一篇篇“文美情浓”的文章，教师因势利导，可让学生知识品行双丰收。作为一名语文教师的我，充分利用阅读教学这块宝地，让中华传统美德教育滋养孩子们纯洁无瑕的心灵。

## 一、阅读教学中让传统美德教育潜移默化

素质教育理论的前提是教育人本论，它的核心是：强调尊重、关心、理解与相信每一个人。古人所讲的“仁爱孝悌”“老吾老以及人之老，幼吾幼以及人之幼”是中华民族传统美德中最具特色的思想精华。在家庭生活中，“仁爱”以“孝悌”为根本，崇尚“父慈子孝”“兄友弟恭”，从而形成一种浓厚的家庭亲情，进而有利于形成“尊老爱幼”的社会风尚。

其实教材在编选时，就注重亲情教育，发展健康个性，逐步形成健全人格。教师在教学过程中可顺势完成思想教育工作，这时为了收到更好的教育效果，可将教育的内容拓展开来，使其更加具体化，更有针对性。每篇课文讲完后，教师都可围绕课文的主题思想另选一两篇文章做阅读训练以达到更好的教育效果和学习效果。

例如：初一学习了朱自清的一篇散文《背影》，文章歌颂了伟大的父爱，同时也表现了儿子对父亲的理解。讲完这篇课文后，我总觉得学生对文章的思想内容理解不到位，没能真正领悟到浓厚的家庭亲情。于是又选了两篇同样歌颂父亲的文章。第一篇叙事散文与《背影》异曲同工。文中的我是一名昼伏夜出的自由撰稿人，由于父亲这个年龄很嗜睡，鼾声又很大，吵得我睡不好觉，于是很恼火地说了父亲。后来父亲果然不打鼾了，而且每天除了做饭时回来，几乎整天见不到他的人影。转眼到了年底，我应邀为一个朋友的工厂写专访，对方请我吃饭，饭毕并让我随他们到附近的浴池洗澡，在那里看到一名擦背工正在为一个肥硕的男人擦背，我一看是父亲。原来父亲为了我，也和我一样昼伏夜出，并且还攒钱准备帮我还房债。朋友问我这真是你的父亲吗？我说是，我回答得那样响亮，因为我没有一刻比现在更理解、感激、敬重父亲的了。最后文中的我心情沉重地回到浴池，为父亲擦了一次背。在做题之前，我先将这篇文章有感情地读了一遍。

学生的情感完全投入到了文章之中，我清楚地看到有些学生的眼圈红了，情不能自已。选取的第二篇文章是《为你的父亲流一滴泪吧！》，欣赏完文章后学生懂得了父爱，理解了父亲的伟大之处，也更加爱自己的父亲。在指导学生做阅读题时因为有了情感体验所以感到水到渠成。是啊，学生只有有了健全的人格，本身懂得亲情与爱恨，才能理解作者所表达的思想感情，即使没有过硬的语文能力，做题时也能分析到位。

在语文阅读教学中贯彻各种传统美德教育，信手拈来，润物细无声。

**二、把教材内容的德育因素与学生的思想动向的教育结合起来，巧妙自然地对学生进行传统美德教育**

在教学中我留心观察学生，发现学生在这一段时间学习风气不浓，一点也不刻苦无意志力，于是我让学生做了两篇课外阅读。一篇是《拄拐的姑娘》写的是一个盛夏的晚上，天气闷得透不过气来，文中的我在图书馆看到一位拄拐的姑娘在书海之中度过了整整一下午，也许时间更长，她边看边写，汗水像断了线的珍珠，一滴滴地往下掉。读完此文后我激励学生道：“大家仿佛看到了一个强者在大海的风浪里拼搏、奋斗。这要是一个健全的人，也就不足为奇了。然而，对于一个残疾人来说，就没有那么容易了。她靠的是什么？意志、坚强的意志；毅力，惊人的毅力。同学们，看看她想想自己，自己不正缺乏这种精神吗？”我又重点让学生做了两道阅读练习：1. 画出文中自然环境描写的语句，说说这些语句烘托了人物的什么精神？ 2. 文章分别写了“我”怎样的心理活动？学生在老师的指引下，懂得了学习做事需要有毅力的道理。之后我又选了一篇课外阅读，《弹琴的姑娘》使学生明白了“拳不离手，曲不离口”的道理。在提高学生阅读能力的同时，学生又养成了学习刻苦、持之以恒的好习惯，而这种好的习惯又促进了学生的学习，就这样整个学习过程呈现往复的良性循环。

当我发现班内个别学生在集体活动中出现自私、不团结协作的现象后，我让学生完成了一篇《枯枝与鲜花》的课外阅读练习，并结合实际给他们上了一堂思想教育课。枯树以坚硬支持柔藤，柔藤以活力装点枯树，二者都得到了美。学生同作者一样，从这一生命现象中获得了深刻的人生感悟：人生中只有彼此信赖、关怀、宽容、帮助，才能超越自我，充分实现生命价值。

## 三、阅读的答题过程也是受教育的过程

其实教师没必要每一篇阅读都花大量的时间去做学生的思想工作，向学生渗透传统美德教育，要想办法让学生自己在学习中就受到教育，其实这本身也是一种能力的提高。我在让学生做《不加锁的幸福》一文中设计的练习题中有这样两道：1. 用简洁的语言概括出文中所写的充满浓浓亲情的三件事。2. 住在省城的“我”为什么享受不到晓薇这种不加锁的幸福呢？在《回眸》一文的阅读中，其中设了这样的一道题：“已经见不到我了，仍旧，父亲站在那儿，好一会儿，才转身离去。才走几步，他又回头看了看闸门里，似乎希望能找到我的身影。”这句话表现了父亲当时怎样的心理？这些题不仅能提高学生的阅读分析能力，也可让学生在把握文章思想内容的同时受到美德教育。

在做完一篇阅读题时，最后可让学生联系实际，谈谈你获得了怎样的人生感悟、教育等。也可让学生就文章感触最深的一句话，谈谈你的理解等。例如：我在某一篇课外阅读中，其中设了这样两道题：1.“有些事情，也许不为人所知，但躲不过良心的审视。”这句话值得深思吗？为什么？ 2. 文章最后一段话“真的，清白的良心是一个温柔的枕头。枕着这个温柔的枕头，我们得以安然入眠”实际强调了什么道理？类似这种题型，不仅在思想上使学生受到了很大的启迪，同时也培养了学生的发散思维能力。这样学生在受教育的同时，也可更透彻地理解中心。

当然将传统美德与语文阅读结合起来要掌握好一个度字，在传统美德与现代精神之间寻找一种互补的合力。长期的德育工作给人以启示：学生的德育教育，要针对教育对象思想变化的特点，把“大”道理讲“透”，把“空”道理讲“实”，把“死”道理讲“活”。中学生渐入成年，思维已趋成熟。他们开始关注社会、家庭、社交等。语文阅读课与传统美德相结合必须从学生的思想实际出发，适应他们生理和心理发展规律，把握中学生的思想脉搏、兴趣爱好、需要追求等特点，才能贴近学生生活，便于学生接受。

孟子所言“天将降大任于斯人也，必先苦其心志，劳其筋骨，饿其体肤，空乏其身，行拂乱其所为，所以动心忍性，曾益其所不能”的坚韧不拔，自强不息的精神。孔子的“推己及人”“己欲立而立人，己欲达而达人”“己所不欲，勿施于人”的做人基本原则。“以和为贵”“君子和而不同、小人同而不和”的处

理人际关系原则。“友直、友谅、友闻、益矣。友便辟、友善柔、友便佞、损矣”的交友原则。“奢为恶之首，俭为德之最”的勤俭节约精神。“正值做人，无私处世”的优良品质。“修身，齐家，治国，平天下”的志向等优秀的传统美德在语文阅读教学中都可找到其渊源。语文教师要抓住教学契机，不断优化中华传统美德教育的途径，并以此来教育、熏陶青年一代，使他们形成中华民族的道德人格，担当起历史重任。让中华传统美德教育浸润每一个孩子的心灵。

# 作文呼唤“真”情

王桂芳

**摘要**：《语文课程标准》对写作教学提出了新的要求，强调“学生说真话、实话、心里话，不说假话、空话、套话”“写作要感情真挚，力求表达自己对自然、社会、人生的独特感受和真切体验”。然而，翻看我们学生的作文，我们感受到的往往是假大空，常见学生“情感伪化”：要么是一套空话连篇的“文字泡沫”，要么是一番“虚情假意”的“浅吟轻唱”，却全然不见少年的纯真和独特体验。

我们迫切呼唤作文的真情回归，鼓励学生善于捕捉生活“动情点”，感悟生活真情，我用我心抒我情。从“真情”入手，为学生的习作注入活力，让作文成为学生生命的独白、心灵的对话。让学生大胆地在习作中坦露心迹，真情告白！因此，还学生以真诚，还作文以真实，是作文教学的迫切任务。

那么怎样才能引导学生写出真挚感情呢？

## 一、捕捉生活“动情点”，感悟生活真情

“动情点”可以是一句话、一个动作、一个眼神、自然景物或某个事件的环节等。生活中我们与人交往时一定会有令人动情的人、事、景、物，教给学生学会观察，学会捕捉，学会品味，真情实感便呼之而出。

一次作文课上，一篇例文《老师，您让我感动》感动了师生。“周二的早上，我和就要转校的一个同学在校园的东侧闲聊，忘记上课。后来您从我身边过看了

我一眼，什么也没说。我回到教室后才意识到将会发生什么。我一直趴在桌子上，整整一天都心神不安，难过极了。果然在晚上放学时传达室的老爷爷让我接电话，说是我妈妈打来的。不出所料，天下的老师都会告状！接过话筒，我惊呆了，原来是您打来的，您说：‘孩子，你今天好像很难过，可是什么都没有发生呀，我打电话就是想告诉你今晚睡个好觉。’听了您的话再也抑制不住自己，哽咽起来。那晚我明白了对于一个初三学生来说每一节课都是那么的重要。那一夜我睡得很香，还做了一个美梦”。作者抓住了生活中一个眼神、一句话，感动了自己，也感动了别人。

作为语文老师，我们不难发现学生作文中的枯燥、单调，毫无生气。但是我们容易忽略调动人的感情。巴金先生说：“我们写作，只是因为我们有话要说，有感情要倾吐，我们用文字表达我们的喜怒哀乐。”作文是一种情感活动，情乃作文之生命，作文之灵魂。无情，则再美的文字也是苍白无力，再严谨的结构也会不堪一击，再丰富的内容也会索然无味。所以，鼓励学生捕捉生活“动情点”，是改善作文教学的要诀。

### 二、体验人间真情，让爱永恒

现在的学生，往往以自己为轴心画一个圆，认为长辈的关心是天经地义的，所以他们很少想到要主动关心他人，很少能体会得到老师、家长、同学的关心、爱护和帮助。情感体验少，对生活感悟不够，使得他们的作文缺少真情。因此，我们教师要把学生培养成为懂得感情、懂得关爱别人的人，学生“情寓于中”才能“发之于外”。

本学期，要求学生为父母洗一次脚、梳一次头、摸一摸父母额头的皱纹或与父母进行一次促膝谈心，之后用书信的形式作文《妈妈（或爸爸），我想对您说》和主题系列作文“母亲节”“父亲节”“教师节”等。看到一篇篇情真意切的文章，我被感动了。于是我又有了一个新的设想，那就是让学生的父母们参与到此次作文中来，让他们品味一下自己孩子的文章，了解一下自己孩子对亲情的感悟。因而，我要求学生将自己的作文带回去给父母阅读、评改。事实证明，这一举措也是可行的，从许多家长评语中可以看出，他们被孩子的细心、懂事所感动，有的甚至没有想到自己一个小小的举动会对孩子有这样大的影响，这无疑拉近了他们与孩子之间的情感距离，让亲爱成为永恒。

生活充实，才会抒发出真实而深厚的情思来。有了情，他们对生活原先不敏感的心就会变得敏感起来，就会在心底里涌动起喜怒哀乐。这样即使不去刻意雕琢言辞，安排技巧，作文也会尽显真情的迷人魅力。

三、想怎么说，就怎么说

我手写我心，重视学生写内心感受，珍视个人的独特感受。用自己的语言说自己想说的话。用自己的语言，才会不同的人写出不同的文，体现学生的个性特点，真的情感表现在学生那特有的朴实而富有情趣的妙语中。说自己想说的话，才会使作文内容生活化、情趣化，真切的情感得以抒发。让学生尽情地所欲所语，用朴朴实实的语言写自己实实在在的感情。写自己的理想追求，喜怒哀乐。

语言是思想和情感的载体，承载着表情达意的重大使命。作文的语言应该忠实于生活，尽量生活化，尽量与文中的语境相吻合。当然，作文语言也不仅仅是生活语言的简单实录，也需经过技术处理，使之典型化。所以，要写好真挚的感情，还必须提高语言表达能力。

要提高驾驭语言的能力，必须能够熟练运用多种表达方式。曲折生动的叙事、细致逼真的描写是文章抒写情感的依托，议论、抒情若不与叙事、写景相结合，就成了无源之水。恰当的抒情，对表达感情最有直接功效。适当的议论，能使所抒发的感情得到升华。

坚持命题开放。传统的作文教学大都是老师命题，甚至给一个框架，让学生硬性填充，学生在表达方式上没有选择的余地。这样容易使学生脱离生活实际，束缚学生的思维。因此，作文指导课坚持以学生交流，谈自己的切身感受和体验为主。教师再不失时机地加以引导点拨，没有提纲，没有框架，没有诸如“写人的文章要写人的外貌特点”或“通过一两件事表现人物的特点”之类的要求，解除束缚，解放心灵，让学生在自由表达中尽情地流畅地表达真情实感。

新《课程标准》倡导自由表达，强调习作“要引导学生写熟悉的人、事、景、物，做到说真话，表达真情实感，不说假话空话”。为此在多年的教学中总结出了“真情作文”的教学模式：A．减少束缚，引导自由表达。改传统作文教学模式，打破框框，把习作指导渗透在作前谈话、作后点评之中，学生在自然而然的宽松和谐的氛围中无拘无束、敢说敢写、自由奔放地进入习作状态。B．诱发兴趣，引导真情表达。习作也是一种情感的体验、流露、交流的需要。教者注重在教学之中通过“录像引发→闭目回忆→互谈感受（说与写）→品读交流”等形式，引发学生情感兴奋，开启学生心扉，引吐内心真情，确实把课堂当作一种情感体验与交流的场所，把习作当作情感倾诉与交流的需要，真正做到“为情而造文”，使“我手写我心，我心抒我情”的作文宗旨得以实现。

### 四、准备几顶“高帽”送给学生

《语文课程标准》提倡教师评价学生作文时要“根据各学段的目标，综合考查学生作文水平的发展状况，应重视对写作的过程与方法、情感与态度的评价”。“重视对协作材料准备过程的评价”，“重视对作文修改的评价”，“采用多种评价方式”。

老师调整作文评价的标准，一切从发展学生的个性出发，通过评价激发学生的情感，激活学生的思维。不要轻易指责学生作文主题不积极，那样会堵塞抒发真情实感的源头，把学生引向说假话、抒假情的邪路。教师不仅要知道，捡钱包交失主、雨中为妈妈送伞，车上为老奶奶让座，主题积极；还要知道，通过暴露来呼唤真理和正义，主题也积极；更要知道，看蚂蚁搬家、观夕阳西下、雨中嬉戏，主题同样积极，因为它表现了自然之美、人性之美。即使真的个别学生在大是大非上出了格，也不必大惊小怪，慢慢引导就是了。

作文中的评语是学生和老师之间心灵的回应。我们主张学生在写作时写心里话，这样，在作文中难免会出现一些错误和怪异的东西。面对这种情况，我从不大惊小怪，而是在他们的作文上写上一段富有哲理、情感真切的文字与他们交谈。

学生读了，觉得老师在用亲切的话语与他们进行心灵的沟通，他们感受到了平等和关爱，很容易接受这些对他有益的观点。这种语言的说服力、渗透力、感染力是那些“公式化”的语言无法比拟的。

对于学生写出的充满真情的文章，老师应该珍惜。我们不该仅仅停留在夸奖的简单的水平上，而是应该认真地写下我们的感受，与他们共享欢乐，分担忧愁。这种情感是孩子从内心流入作文里，又从作文里流向老师心间。老师又把一份真诚、一份情谊借助文字注入学生情感的小溪中，让它永远流淌，这就是感情的延续。所以，作文中，老师的评语要真能达到文字相通、情感交融的话，学生就再也不会讨厌作文了，他们会把作文当成朋友，他们会开心地走进那个有芳草、有绿叶、有溪水的清凉世界了。

一位特级教师曾说过：“准备一百顶高帽，送给学生。”这句话很有哲理，的确只要学生选择了真实的作文内容，文章在原有起点上有进步，我都会把这些作文放在讲台上，供全班同学欣赏，给作文进步的同学发奖品，及时肯定和鼓励他们，学生们写作的热情高涨起来，具有真情实感的好文章也越来越多。

由此可以看出：学生习作主要是个体生命成长过程中的一种必要的交流，是生命的一种运动方式。《语文课程标准》中指出：“要引导学生写熟悉的人、事、景、物，做到说真话，表达真情实感，不说假话。”所以，呼唤作文教学必须突破传统的作文教学的束缚，建立起符合素质教育要求的作文教学新体系。我认为，从“真情”入手，为学生的习作注入活力，让作文成为学生生命的独白、心灵的对话。让学生大胆地在习作中坦露心迹，真情告白！

# 创设散文教学的高效课

张玉清

**摘要**：有效的教学目标，是教学设计中最核心的问题，是教学的出发点和归宿。认真研究，确定有效的教学目标，是创设高效课堂的前提。仔细甄别，选择恰当的教学策略，突破重点难点，实现教学目标，是创设高效课堂的关键。

**主题词**：教学目标；教学策略；高效课堂

## 一、论文背景与依托

1. 论文背景：我参加了北京市特级教师专题研究“教学内容的确立与教学策略的选择”。又参加了北师大教授的“北京青年骨干教师教学能力诊断与提升”课题研究，并由我主讲了课题研究课《空山鸟语》。至此，理论与实践相结合引领我对散文教学进行深度反思。

2. 依托公开课：

《空山鸟语》是台湾作家郭枫的一篇充满诗情画意的优美文章。他通过对空山鸟语的生动描写，表达了作者的生活志趣及种种微妙的思想感情。其中，有亲近自然的渴望，有对宁静淡泊生活的向往，有对少年时光的留恋，有对故乡深切的怀念……这样的一篇状物抒情文章被编排在了初一语文上册第二单元，而这一单元的学习重点是掌握对具体事物的摹写，理解其中蕴含的思想感情。面对这样一篇文章，讲什么的问题摆在了我的面前。我上网查了许多教案，对于我的学生来说，有的过浅，有的过深，有的过于琐碎，都不适合我的学生。于是，针对自己学生的特点及水平，确定了本节课的教学目标：（1）深入文本，体会空山鸟语之美；（2）结合文本，感悟作者思想感情。

作者说："鸟儿的鸣叫是世间最美的语言。"我的学生在读过文章之后能够整体感知到鸟语很美，但到底是一种怎样的美，从那些文字可以深入地体会出这种美，便无从谈起了。对于作者在文中积蓄的思想感情学生只能依稀感到作者喜爱鸟语，至于深入到字词句中深入体会作者的思想感情，还不具备这种能力。所以我想通过这节课的教学，教给学生一种品读的方法：深入文本，抓住字词句、修辞、表现手法等方面进行细部品读，读到细处，读到深处。

这节课，我共设计了两个层次的问题：（1）你听懂鸟的语言了吗？（2）你读懂作者的感情了吗？其中包含了三个小问题：①作者说："鸟儿的鸣声是世间最美的语言。"你从哪儿感受到了鸟鸣声的美呢？②你读出作者对故乡的深切怀念了吗？③你读出作者向往怎样的生活了吗？在突破第一个问题时，我提示学生：在文中做圈点批注，从字词句、修辞、表现手法等方面体会。下面是学生精彩的发言：学生甲："透明的情意，像滑滴在青石上的一线灵泉从歌声里迸落"，灵泉是清脆悦耳的，这个比喻生动形象地写出鸟鸣的清脆悦耳。

学生乙："缠缠绵绵，重重复复"作者运用叠词写出了鸟鸣的婉转，缠绵。

学生丙："我喜欢用大半天时间去谛听两只鸟在我头顶上鸣叫"大半天表时间长，谛听是仔细认真地听，作者的行动侧面衬托出鸟鸣的美。

学生在老师的引导下，相互学习，相互启迪，相互补充，在相互碰撞中迸出了智慧的火花。学会了抓住字、词、句、修辞、表现手法等去深入体会鸟语之美。学生由肤浅的理解文章到深刻地理解文章，由不会品读文章到会品读文章，45 分钟的课堂，学会了品读的方法，哪怕只学会了一种，这样的课堂也是有效的。

所以，认真研究，确定有效的教学目标，是创设有效课堂的前提。如何制定有效的教学目标，是教学设计中最核心的问题，是教学的出发点和归宿。同样是 45 分钟的一节课，教学目标不同，学生的收获会相差甚远。学生已会的还在重复学，学生听不懂的还在津津有味地讲。这样的课堂都是由于教学目标，没有确定好而导致低效。

## 二、从实践中总结，设计有效的教学目标，要注意以下几点

1. 设计有效的教学目标，要研究课标，明确本单元本课内容的要求

课标是有弹性的，要求只是下限，可以稍高但不能超标。有的目标定得太笼统，太空泛不便于操作，有的教学目标，定得太高或太低，以至于很难完成或者学不到什么；有的教学目标陈述的是教师的行为，而不是学生学习后行为的变化，都不利于有效教学。

2. 设计有效教学目标要研究教材，结合学生实际对教材进行二次开发

任何时候深入研究教材都是实现有效课堂教学的前提，因为教材是针对全体学生的，它不针对具体学校，也不针对具体班级的学生，所以教师要结合自己学生的实际对教材进行加工整理，有针对性地选取所教内容，例如：《空山鸟语》是初一语文第二单元的一篇状物抒情散文，这一单元的学习重点是把握对具体事物的摹写。理解其中蕴含的思想感情，听到鸟叫学生能够依稀感到鸟语之美，但却不会深层品读，更不能生动形象地状写出来，怎么办？于是我对单元教学目标进行了整合：先教品读鸟语之美，再说摹写，由阅读过渡到写作。

3. 设计有效的教学目标要熟悉学情

研究学生是确立有效的教学目标的关键，不考虑学生接受程度，很有可能把教学目标定得过高或过低，有可能忽略了螺旋式上升的原则而只图一次性把问题解决，使学生听不懂，也有可能把学生估计太低教学内容使学生索然无味。例如：《空山鸟语》的教学目标，我没有把整体感知全文内容，概括鸟语特点，找出作者的感受等较浅的内容为教学重点。我定的教学目标要求较高一些：①结合文本，体会鸟语之美；②深入文体，感悟作者的思想感情。这两个较高的教学目标，就是在分析了学情的基础上建立的，这样确保 45 分钟课堂教学的有效性。

## 三、仔细甄别，选择恰当的教学策略，是创设有效课堂的关键

有效的教学目标有了，用什么方法突破，是实现教学目标，确保课堂有实效的重中之重。例如：《空山鸟语》是篇文美情浓的散文。“品情”是教学的出发点和归宿。所以围绕“情”字，我设计了一系列方法，来实现教学目标。

1. 用清脆的鸟鸣来蓄情

蓄情就是创设情境。创设情景就是教师用各种方法营造出情感的磁场，为学

生和作者心灵沟通铺设道路，架设桥梁。

在《空山鸟语》的教学中，我曾设计用优美的语言导入，用生动的画面导入……最后，我确定利用音乐导入。轻柔的音乐加上或欢乐清脆或缠绵婉转或虚幻缥缈的鸟鸣，使学生仿佛置于静谧的山林中。集中了学生的注意力，渲染了一个优美的意境，唤起了学生对课文中的描绘景象的生动体验，让学生展开想象的翅膀去体会鸟鸣之美。

蓄情犹如交响乐中的序曲，有“转轴拨弦三两声，未成曲调先有情”的效果，它进行的是一个思维的方向的引导，将各种各样的情绪调整到与教学内容紧密相关的情境中，为引导学生开掘情感的源流提供了帮助。但是，课后专家指出，我渲染的意境真好，可是我的音乐导入太短，使人刚进入美妙的想象空间，刚来到静谧的山林中聆听鸟叫，音乐便结束了，感到不尽情，不尽兴。也就是说本节课的“蓄情”不够。“蓄情”该怎么蓄，蓄到什么程度才恰到好处，这是我们教学中要考虑的问题。

2. 引导学生抓住重点的字词句来品情

记得盛诗澜先生曾说过这样一段话：“一篇《荷塘月色》，多少人读，又读了多少年，可又有多少人真的读懂了那片荷塘，那片月色？”是的，散文是直接抒写主观意识中的人生世界和情感世界的，而中学生由于生活经验较浅，不能准确地领悟作者的感情。因此，教师应该教给学生品情的方法，培养学生品情的能力，为学生阅读散文打下基础，为学生更好地写作抒情打下基础，品情其实就是教师引导学生与作者进行对话和交流，产生心灵撞击，获得情感体验，内化问题语言的过程。

《空山鸟语》抒发了作者深切的思乡之情。思乡之情学生是可以体会到的。因为作者由鸟鸣联想到了故乡的一草一木。但思乡之情的深切学生是不能体会到的。这时就需要教师的引导。于是我引导学生在文中圈点批注。从字词句去体会思乡之情的亲切，再动笔写一写。下面是学生的精彩发言：

**学生甲：**“就那缥缈的几声，便会把人拉回到一个古老的世界。”刚刚听到“几声”鹧鸪叫，思绪便会回到故乡，可见思乡之切。

**学生乙：**“咕——咕——我沐浴着淡烟疏雨。石头城的苔痕，更加暗绿了哪！长檐飞角的小街，更加寂寞了！江畔的落日更加苍凉了呢！隔了那么多时间，故乡的一草一木，一街一景还如在眼前。作者在想象着：故乡更加美了呢！可见思乡情深。

**学生丙：**“我知道这是梦，可是我多么喜欢重温！”即使是梦实现不了，也那么喜欢重温，可见思乡心切。

回归文本，深入文本，抓住重点的字词句深入揣摩作者的思想感情，使学生真正读懂作者的感情，读到细处，读到深处。著名作家汪曾祺说：“语言是本质的东西，它不仅是作品的载体，也是作品的本体。”因此语言永远是值得学生品味的主要内容之一。

3．调动学生的生活体验去悟情

文中第6节，体验山雀子叫声给人带来的美好感受时，文中写道“山雀们短促而嘹亮的鸣声，让人来不及凝神，只感到一阵轻快的欢乐雨，散乱地，急骤地，漫天撒来，只把你全身淋透”。学生没有在空山中听过鸟鸣，没有像作者那样在异乡听鸟鸣的经历，他们不能理解作者当时的感受，不能感受到作者的情感，于是我调动学生的生活体验去悟情。我引导学生：“男孩子们，你们是否有过这样的经历：炎热的夏天，暴雨突至，而你们不愿像女孩子一样去檐下避雨，而是骑着你的车在暴雨中狂奔。全身淋透了，感觉如何？生答：舒服，痛快，忘了不快，忘了烦恼，感到酣畅淋漓，感到快乐。追问：那么郭峰被山雀子下的音乐雨淋透了，什么感觉？这一心理感受学生很容易捕捉到了。课后我深深地感到调动学生的生活体验进行联想和再造想象，是与作者感情相通的有效教学手段。

4．用文化背景来辅助品情

一篇普通状物的文章承载了作者如此深厚的感情，这是学生所不能理解的。所以，在教学中我出示了郭枫的作品和郭枫简介。让学生在作者的作品和生平中寻找作者的思想根源。郭枫作品有《早春花束》《蝉声》《老家的树》等。郭枫，抗战胜利后，浪迹江淮河汉间，1947年被南京“国军遗族学校”收容后随校赴台。他是一位民族意识和传统意识强烈的作家，他常常通过对黄淮平原的回忆，表现出他对故乡的真挚热爱。到此处学生便能深入理解作者内心情感。散文是社会的折射，是作家的喃喃细语“知人论世”，是有效解读散文的一把金钥匙。

5. 用朗读来实现体验情

《空山鸟语》是篇文美情浓的散文，品味之时的动情朗读是实现体验作者情感的有效手段。指名读，自由读，个性读，泛读。通过多样的读来达到教学目标。例如："我知道这是梦，可是我多么喜欢重温！"强调重音读。"咕——咕——我沐浴着淡烟疏雨。石头城的苔痕，更加暗绿了哪！长檐飞角的小街，更加寂寞了呢！"你读一读？你为什么这么读？你认为该怎样读？

朗读是一种语言艺术的再创造，要培养学生入情入境地朗读散文的能力，培养语感，重要的是通过朗读贴近作者，把握作者情感的脉搏，进而深入体验文章丰富的内涵。"一粒沙里观世界，半瓣花上说人情。"散文的教学让我们在"情"字上做文章，用教师的智慧引领学生品读作者的情，感悟作者的内心世界，让学生领悟散文之美，语言之美，人情之美，创设有效的语文课堂。

6. 用生生间的倾听交流实现品读方法的渗透

在品读鸟语之美时，我提示学生用字、词、句、修辞表现手法等多角度品读，但绝大部分学生是不会的，但我知道学生模仿能力很强，于是我强调倾听，评价，补充。这样生生互动，在倾听评价中学习品读方法，累了学生——学生的思维活跃着，轻松了老师——老师适时的引领着。在倾听、评价、补充中学生能力得到了提高。例如：一个学生说："我喜欢用大半天时间，去谛听两只鸟在我头顶上鸣叫。"用描写我的行动来侧面衬托鸟叫声的好听。这是个新颖的欣赏角度，我抓住时机，让同学倾听她的发言，评价或夸奖她的发言。其实就是在让学生感受应该用什么方法品读，学生夸奖她说："她抓住侧面描写，从作者的角度体会鸟语之美，很新颖。"尔后不久，另一名同学也找到了一处侧面描写来体会。学生的倾听、交流、评析、补充达到了教学目的，发展了学生的思维，培养了语言表达能力，事半功倍，是一项非常有效的教学手段。

有效的教学目标，是教学设计中最核心的问题，是教学的出发点和归宿。认真研究，确定有效的教学目标，是创设高效课堂的前提。有效的教学目标有了，用什么方法突破，是实现教学目标，确保课堂有实效的重中之重。仔细甄别，选择恰当的教学策略，是创设高效课堂的关键。

# “五动”策略促学生个性发展

滕 跃

**摘要**：语文课程标准指出语文课程基本理念：提出学生是学习的主体，应关注学生的个性差异和不同的学习需求，积极倡导自主、合作、探究的学习方式。特别是近几年中考语文改革的进程不断加大，这种考试“倒逼”教学的背景，促使教师也必须不得不改变教学策略，甚至可以说是改变教学思维，放下教师的高姿态，真正让学生的主体地位得以凸显，充分利用各种有益资源，寓教于乐，并且在这个过程中教学相长。总结我的教学经验，我归结为“五动”策略，可以说这几个“动”“调动”是基础，互动、带动是过程，主动、行动是目的。

## 一、调动

调动：既包括学生的学习积极性，也包括家长管理学生学习的积极性。学生的成长既要有学校，也要有家庭的教育，所以家长也只事关重要的因素。

尊重学生的个性差异，是我一直以来的教学原则，我们不能“一刀切”，要求所有孩子的水平都达到我们理想的要求，对于不同的学生作为老师，首先要对学情了如指掌，所以不论我从初一开始接手，还是带“半截班”，我总是再最短的时间里全方面了解孩子的情况，明确孩子的优缺点，这样有目的有方向地培养不同学生，以便于调动孩子的积极性。我个人认为，无论什么方法都不如孩子自己内心知道学习、知道上进更为欣慰。当然，特别是对于基础薄弱生，这个过程需要不断放慢，放缓。

首先调动的是全班学生的积极性，让学生在一个轻松浓厚的氛围中学习语文。基本上老师会担任两个班的教学任务，往往我们会遇到两个班的学情各有不同，所以成绩可能也会有些差距。面对这样的情况，我会分析班级情况，找到整体存在的问题，然后就教学内容和方式有的放矢，不断发挥各自班级的有点，完善不足。在这个过程中调动学生的积极性最大的好处就是提高学生学习语文的积极性。比如我目前带的三班和四班，三班的学生基础较薄弱，优生甚少，课外知识匮乏，学习语文没有方法，但是三班的优点是学生爱发言，对于老师布置的任务能认真完成。所以就三班的这个优点，我总是不断放大，从来没有在三班面前夸你们不如四班，“哎呀，你们回答得太好了！”“学习语文的习惯越来越好”“老师太喜欢你们现在的状态了”“如果课堂再集中一下注意力你们会有更大的进步”，甚至有时三班稍微比四班好一点的方面，我就无限放大，让学生觉得他们在进步，他们的努力收到了回报，每一点进步老师都看在眼里。这样每位学生都会觉得自己在不断进步的环境中学习。学生喜欢轻松愉快的课堂，当然在这个过程中不是图个空欢喜，而是寓教于乐。

对于每一位学生，我会根据情况，把学生分为 ABCD 四层，并且一般一个月后根据学情进行调整，我会明确说明不是要把大家分为三六九等，而是便于大家根据个人情况，提高不同能力。学生刚开始可能有一些心理活动，经过几次教学活动，他们也是认可的，特别是看到自己的进步之后。当学生看到自己的分组上升时，也会有学习动力。

给学生更多展示的机会，课堂上老师不要总是说个没完，这样觉得自己很累，到头来教学效果也不好，还埋怨学生。工作几年，我不断反思自己的教学，发现给学生更多的展示机会，他们课堂的效率可能会更高。根据学生的分层，每个层次的学生展示的内容会有不同。比如我给他们展示的机会包括：PPT 展示传统文化知识，交流自己的读书内容与体会、优秀作文展示、大部分同学不会的知识点、板书设计、书写规范展示、剧本表演展示、朗诵展示、肯定学生质疑老师的表现、自己独到见解的交流、板书自己易错的书写并解释正确知识点。

比如有的同学基础还是不扎实，我会分层留作业，往往越是基础薄弱生，作业质量越差，为什么呢？老师留作业造成了他的负担，不想写，不会写？所以给 D 层留一些基础作业，基本都是巩固当天课堂内容的作业，这样当看到作业自己都会的时候，他对作业是不抵触的，而且也不会花费他太多课下时间，态度认真地完成基础作业，保证每一天课堂能跟上老师的教学内容，课上听得懂，课下写得顺，长此以往调动了学习的积极性。对于基础特别薄弱且学习态度不端正的，我会选择他当常规作业科代表，每天负责把常规作业收上来交给我，我们与他一起判几份常规作业，每位同学的出错点我都讲给他听，后来我给这位同学更多的任务，收上来他来判，然后讲给我盘出来的错误点，改为正确的，因为就是简单的几份作业，不会造成学习负担，还能认真对待这项任务，并在给别人指正的过程中也调动了学习的积极性，特别是如果考试中出现了常规作业的内容，这位同学就不会出错了。

当然这个常规作业也不是学生都能理解的，我曾经遇到这样的问题，常规作业代写，我并没有与面谈，采取了把心里话钉在了作业本上，避免了面对面的尴尬，也维护了学生的自尊。“我希望你能理解老师分层留作业的目的，作业不是抄抄写写，毫无目的浪费时间应付老师，而是利用最少时间把知识巩固。你的基础不扎实，想及格或更高成绩就要有针对性提高。我相信你：你想学好，那方法固然重要。望你能认识自己的问题！有更大进步。”

理解了老师的良苦用心，并且当看到写常规作业有用，可能还能提高成绩，上升至上一层，他会更加认真对待常规作业，也增强了学习语文的自信心。特别是对于 CD 层的同学树立信心至关重要。

当然，我也没想到布置收常规作业对学生成长也会有如此大的帮助，以下是我的一位学生毕业两年半后写给我的一封信，让我目前依旧坚持耐心地对待基础薄弱生，拉长对他们在教学的长度。“想起有一次，我补上常规作业交给了您。您判好了之后，用红笔在我的作业本上写下‘运筹帷幄之中，决胜于千里之外’。这句话自从您写后，至今我还没有忘记，我也无法说出这句话在以后的生活里对我是多么重要，时常想起这句话，就不知不觉想到了您”。

调动家长的积极性也至关重要，现在基本每个班级都有一个家长群，试想：工作一天的家长，打开微信看到被老师 @ 后，是一种什么心情？他期待老师会发些关于孩子的什么问题？我从来都不在微信群里发个别学生的任何学习情况，如果有问题我会与家长私聊。特别是“问题生”，孩子的问题肯定家长比老师了解，之所以初中还会有学习习惯等问题，家长的方法肯定出了问题，所以作为老师不是抱怨，不是指责，应该是指导，告诉家长具体的办法是什么，需要家长如何具体可行地指导孩子学习。当然，不要让家长感觉到老师把教学的任务推给了家长，所以给家长布置的任务不要烦琐，还能有效提高孩子成绩。让家长也看到孩子进步的希望。并且看到孩子的进步，及时给家长反馈，批评可以不在群里，表扬完全可以，这也起到了带动作用。

所以当家长看到孩子的进步时，也觉得自己的付出是有收获的，他也会主动跟老师联系，寻求更好的指导孩子学习的办法。还有的家长在看到孩子进步的同时，能主动与孩子一起实践活动，参与到语文的学习中。这些都大大调动了家长的积极性，远远比老师在学校孤军奋战要有成效得多。

二、带动

语文的学习仅仅靠课堂一定是不够的。但丰富课外知识，扩展视野不是每一位同学都能做到的，这个带动作用就落在了 AB 层学生身上。语文的学习读书至关重要，当我发现学生的读书热情不高，我就会在每月给大家下发一个读书任务栏，每个人填写自己这个月的读书任务，并且每周都要做读书笔记，我每周都收上来，择一些佳作利用下一周的时间让学生在课堂朗读，借鉴了《朗读者》的节目，我让学生可以自己选择背景音乐，采取自己喜欢的方式来展现给大家。还会复印或者展示优秀学生读书笔记，并且在表扬的同时指导学生阅读什么优秀作品，如何作批注，如果做读书笔记。这样对于认真阅读的学生是种鼓励，也提高了自己的阅读和朗读能力及表达能力。更主要的是这种氛围会在集体中蔓延，榜样的力量是无穷的，会起到带动作用。初中的学生是愿意展示自我的，所以没把这个任务当回事的同学也会认真选择阅读内容，仔细做读书笔记，期待能展示给大家，长此已往这个读书任务就不是负担，而是学生乐于做的事情。当我再次在班里发现某位同学拿着优秀作品阅读时，我会把书展示给大家看，让爱读书的同学带动不爱读书的同学，选择优秀作品去阅读。CD 层的同学是即使自己不去主动阅读，每周的阅读交流也是有所收获的。

除此之外，我让学生自由组合小组，原则是每组只能有一个 C 一个 D 层的学生，每组四到五人，目的是让优生带动基础薄弱生，组内组间营造积极向上的学习氛围。根据完成任务的情况通过自评、互评、师评的方式在组内，组间形成良性竞争，比学赶帮争上游。比如《海底两万里》阅读交流课，我分配了作者介绍学术组、科学知识研究组、各海域事件介绍组，小组自愿报名的方式选择研究的内容，各小组在课堂整理两节课（小组长负责分工，保证每位组员都有任务，不能浑水摸鱼，无所事事）。然后下节课交流展示，利用多种方式评价，选择优秀小组，予以相应奖励。这样，优生带动了组内的学生去读书，交流。组间带动了全班的阅读热情。每一次活动都有总结，所以在这次活动中小组间不认真准备的同学在组员的带动下会有所收获，并且下次活动会更加努力。没有发挥出色的小组下次会更努力，这样小组间的比拼也带动了整个班集体的学习热情。

在"调动"中也提到了家长参与指导学生，在家长的付出学生有进步后，我们完全可以在家长群里，家长会中及时给予肯定，让家长带动家长参与教学管理。

总之，让集体中有一个积极浓厚的学风，每方面出色的学生带动身边的同学，优秀的家长带动身边的家长，让学生时刻感受到榜样就在身边。

## 三、互动

给学生更多的发言机会，课堂上我特别提倡学生质疑，因为质疑的前提是学生先思考，而且有时候我们老师的思维不见得就是对的。往往学生质疑的知识点就是课堂的重难点，当学生提出问题时，我们不妨停下教学的进度，耐心听听学生的问题，这样其他同学也会参与思考、辩论，调动了学习的积极性，同学互动，共同探讨，有时学生间的交流内容是很精彩的，借助学生的质疑有时也能启发教师的灵感，对于教师可能也是学习的机会。如果质疑的学生理解有问题，我会提出质疑，让学生间互动参与讨论，予以指导点拨，最终由学生得出结论。

初二的学生有一个现象：开始不喜欢举手回答问题了。可能是怕自己说错了，可能是期待老师给更多的机会。所以面对这种情况，开始我很苦恼，后来我发现，他们喜欢同学叫他们回答问题。所以我就采取这样的互动方式：我先叫举手回答问题的同学，当他们回答完后，或者遇到困难后，我会让这位同学继续叫人回答或者自己寻求同学的帮助，学生不会感到尴尬，还乐于举手让同伴叫自己。

展示也是一种互动，我感触最深的就是反复强调的知识点，还有同学错怎么办？细想一下肯定是学生对这个知识点还没有理解，比如古诗默写，学生之所以写错肯定是对古诗内容不了解，所以我一般会让学生把正确的写在黑板上，易错的用特殊颜色的笔突出，然后课下去查阅笔记本，课上给大家讲解，目的是调动他课下查阅资料，梳理知识点的积极性，最终夯实基础。学生当然愿意展示得完美，所以我发现有的同学课下很认真地请教同学，这个过程既调动了学生积极性，也增加了学习语文的自信，避免了老师反复强调的视觉、听觉疲劳。

## 四、主动

调动是基础，目的在于让学生增强学习语文的积极性，树立我能学好的自信心。真正发自内心的潜心学语文，乐于学语文。把学习当作自己的事情，主动而积极地去学习。并且在学习中收获自信，提高审美情趣。当学生主动与我探讨优秀作品，当学生课堂主动质疑交流，当基础薄弱生主动提出写常规作业，当家长主动寻求指导方法时，我是欣慰的。

## 五、行动

“要做语言的矮子，要做行动的巨人”我经常跟学生说这句话。嘴上说好学容易，真正落实到行动上，还需要很长的路要走。所以当学生行动起来，在学习语文的路上时，我总是时刻发现他们的闪光点，及时鼓励，并指导他们不断前行。

回顾我的“五动“教学策略，我不由得想起了皮格玛利翁效应，所以在我的教学中贯穿一个原则：及时随时期待。期待学生、期待家长，也期待我自己的进步！根据学生的不同学情，最终调动了学生学习语文的积极性，也调动了家长指导学生学习的积极性，增强了学生对生活的自信心与上进心，提高了对自我、社会、自然、人生审美情趣，践行了立德树人的教学理念，促进了不同学生的个性发展。

# 几多情致，几多诗意

## ——感受《济南的冬天》中的美

金佳会

**摘要：**冬天是美的，而老舍先生笔下济南的冬天更有一种纯净的、独特的美。这是一篇充满诗情画意的散文。作者抓住济南冬天“温晴”的特点，以山、水为主要描写对象，用准确、优美的文字，从不同角度描绘了济南冬天独有的美景。文章较多运用比喻和拟人的写法，不但形似，而且神似，生动贴切地表现了济南冬天的特点，寄寓了作者的赞美之情。如：把小山比作“小摇篮”，把山坡上小村庄的雪景比作“小水墨画”，把整个冬天的济南比作一块“蓝水晶”，无一不小巧秀丽，用来比喻济南不高的山、不冷的冬天是恰到好处的。再如：把济南周围的一圈小山写得很有温情，他们像人一样能说话，有感情。这些比喻拟人的修辞手法不仅贴切，而且给人以美感。

### 一、指导思想与理论依据

《课标》指出，语文课程还应该通过优秀文化的熏陶感染，提高学生的思想道德修养和审美情趣。教师只有深度挖掘教材中的美，创设教学情境，适时点拨引导，提升学生的审美能力，才能使语文课堂教学变得生动轻松，进而达到提高教学质量之目的。义务教育阶段《初中语文学业标准与评价》中明确，七年级学生阅读一般记叙文能对文中形象的现实意义、思想感情的积极影响、语言表达的韵味和写作的艺术特色作出基本评价，感受文章语言的美。

## 二、教材分析

老舍在 1930 年前后来到山东，先后在济南齐鲁大学和青岛山东大学任教 7 年之久，对山东产生了深厚的感情，山东被称为他的第二故乡。《济南的冬天》是老舍 1931 年春天在济南齐鲁大学任教时写的。

《济南的冬天》一文本身蕴含着丰富的美学教育因素，是一篇成功的写景散文，人们常将优秀的散文家誉为丹青高手，老舍就是这样的一位丹青高手。他在《济南的冬天》这篇优秀的抒情散文中，就是顺着“济南的冬天是温晴的”这条主线，紧扣着“山”和“水”，为我们铺展了三幅淡雅的工笔画。第一幅为我们展现的是“小山摇篮图”；第二幅为我们展现的是“雪霁晴峦图”；第三幅为我们展现的是“空灵水晶图”。作者通过这三幅优美的画面，将济南的冬天的山、水、小城的景物、人物汇集为一体，让我们通过语言的启示，看到一幅济南“慈善”的暖冬的完整画面，那简直就是一幅中国的“小水墨画”，真是让人感到妙不可言，从而使美的感情与文中的景物美获得充分交流，使人从中受到美的享受和熏陶，得到精神愉悦，这就是《济南的冬天》的美学因素之所在。

冬天是美的，而老舍先生笔下济南的冬天更有一种纯净的、独特的美。

这是一篇充满诗情画意的散文。作者抓住济南冬天“温晴”的特点，以山、水为主要描写对象，用准确、优美的文字，从不同角度描绘了济南冬天独有的美景。

文章较多运用比喻和拟人的写法，不但形似，而且神似，生动贴切地表现了济南冬天的特点，寄寓了作者的赞美之情。如：把小山比作“小摇篮”，把山坡上小村庄的雪景比作“小水墨画”，把整个冬天的济南比作一块“蓝水晶”，无一不小巧秀丽，用来比喻济南不高的山、不冷的冬天是恰到好处的。再如：把济南周围的一圈小山写得很有温情，他们像人一样能说话，有感情。这些比喻拟人的修辞手法不仅贴切，而且给人以美感。

作者老舍是语言大师，遣词用句，表情达意的功力很深。如“济南的冬天是没有风声的”，不说“没有风”，而说“没有风声”，非常准确贴切。济南的冬天不可能没有风，有风而风并不大，所以没有风声。这就恰当地表现出济南“温晴”的天气的特征。再如写水，“不但不结冰，到反在绿萍上冒着点热气——”，不说“冒着热气”，而说“冒着点热气”，用词很讲分寸。“冒着点热气”，表示“温”，这正符合济南冬天的特点。若说“冒着热气”就显得“热”了，表达就过分了。文中写景时，用“晒”“睡”“镶”“卧”等词，都非常准确生动。

作者笔下的济南冬天，让人感到非常温晴秀美，气韵生动，给人以美的享受，适宜进行朗读训练，如学生在朗读的基础上体会作者感情，了解济南冬天的特点，阅读效果更佳。

## 三、学情分析

学生在七年级时曾经集中学习过散文，对散文有了初步的认识，掌握了一定的散文学习方法，但在阅读散文时，自己的感情往往没有参与到理解当中，没有真正走进文本，体会不到字里行间带来的美感。有些同学对文章有些理解，但表达多是只言片语，很难组织成通顺的话，完整地表达，更不用说生动优美。

## 四、教学过程

| 课题 | 济南的冬天 | 共 1 课时 | | 第 1 课时 |
|---|---|---|---|---|
| 美育目标 | 1. 感受散文的文字美、形象美、意境美，感受老舍笔下济南冬天纯净、独特的美。<br>2. 浸透在如诗如画的美景中，产生美的享受。 | | | |
| 教学目标 | 1. 学生朗读课文，结合济南地域气候特点，了解济南冬天的特点。<br>2. 仔细揣摩课文语言，领会作者遣词造句的妙处，感受作者笔下的济南冬天的美。 | | | |
| 重点 | 读课文品味关键词语和句子，感受济南冬天的美。 | | | |
| 难点 | 准确表达自己感悟到的内容，产生美的享受。 | | 突破方法 | 朗读法 |
| 教学方式 | | 朗读式、讨论交流式 | | |
| 教师活动 | | | 学生活动 | 设计意图 |
| （一）导入新课：<br>一年有四季，春为四季之首，冬为四季之末。我们曾经欣赏过朱自清笔下的春景，而激发起我们热爱春天的感情。但是否只有春天才惹人喜爱呢？不，冬天也一样有其可爱之处。我们这节课就来看看语言大师老舍笔下的《济南的冬天》。文中所描绘的就是冬景。（板书课题及作者） | | | 读课文，讨论 | 引出课题<br>初步感知课文，读出温晴的特点 |

续表

| 教师活动 | 学生活动 | 设计意图 |
|---|---|---|
| （二）朗读课文：<br>1. 首先请一位同学读课文，其他同学思考：作者重点描写了济南冬天的哪些景物？（山、水）<br>又写了怎样不同的小山？（阳光下的小山、雪后小山；雪后小山分为：近看城内、远望城外）<br>板书<br>2. 再请一位同学读课文，其他同学思考：请你用书上的一个词归纳出济南冬天最显著的气候特点。（温晴）教师范读重点句<br>你为什么要找这个词？（引导学生分析文章第一段，理解对比的作用；也可从文章内容入手分析。）<br>济南在冬天最显著的气候特点是温晴，文章紧紧抓住这一点使笔下的种种景物跟这温晴天气紧密联系在一起，构成一幅温晴晴朗的冬天图景，给人以和谐一致的美感，下面我们从分析文章的语言入手体会作者是如何描绘济南冬天的景物的？ | 仔细揣摩课文语言，积极讨论语言的精妙之处 | 了解课文是怎样抓住“温晴”这一特点来描写济南冬天的，感受作者笔下的济南冬天的美 |
| （三）分析文章语言：<br>1. 首先读第二段在文中画出你喜欢的字词句体会它们的精妙之处。<br>（学生自由读课文后发言）<br>总结：用一个词概括出阳光下小山的特点。（可爱）板书：可爱<br>2. 齐读第三段，文中写到“最妙的是下点小雪呀”，思考“妙”在哪？<br>（学生分析）板书：妙<br>3. 齐读第四段，这一段哪写得最为精彩？<br>（学生自由发言）<br>总结：此段突出小山秀美的特点。板书：秀美<br>4. 一名同学读第五段，思考：水是柔的作者为什么要写水的绿？蓝水晶是怎么回事？<br>（学生讨论）<br>总结：突出水的什么特点？（清）板书：清 | 理解背景后读课文 | 感受小山的独特美<br>感受水的纯净美<br>理解背景，把握文章的感情基调 |
| （四）结束语、背景介绍 PPT：<br>这是一篇充满诗情画意的散文，作者抓住济南冬天“温晴”的特点，以山、水为主要描写对象，用准确、生动、优美的文字，从不同角度描绘了济南冬天独有的美景，抒发了作者热爱济南的真挚感情。<br>如果再读这篇课文，我们运用怎样的语气语调去读更能读出作者的思想感情？<br>（闲适、轻柔、惬意）<br>老舍写这篇散文时从国外刚回来，在国外的五年生活，让他饱尝了身居异国寄人篱下的孤独之苦，回国后应邀在山东齐鲁大学任教，工作生活都稳定下来，结束了这没有“家”的孤寂生活。老舍在这种情况下写的这篇散文，所以在读这篇散文时有舒适惬意的感觉。<br>（学生读课文） | 读课文 | 读出舒适惬意的美感 |
| （五）拓展：本文题目是“济南的冬天”，而结尾为什么又写到“这就是冬天的济南”？ | 记录作业 | 进一步感受济南冬天不一样的美 |

板书设计：

济南的冬天

老舍

“温晴”

山 { 日光下的小山：可爱
雪后小山 { 近看：妙
远望：秀美

水　清

**五、教学效果**

通过指导学生诵读，使学生浸透在如诗如画的美景中，产生美的享受。在赏析语言中感受济南冬天的独特美。学生自由讨论，充分发挥自身的潜能，精彩的发言出乎我的意料，让我惊喜不已，我看到了学生潜能的如花绽放。深度挖掘教材中的美，创设教学情境，适时点拨引导，提升了学生的审美能力。

**六、教学反思**

学生在赏析语言中绘声绘色，从一个侧面表明学生的想象力、审美能力已得到培养。学生的思维空间需要我们去开拓，《济南的冬天》是一篇美文，应让学生多读，在美读的过程中领略济南冬天的美，领略我国自然山水的美。

# 初中数学教师课堂提问有效性策略的校本化研究

常恩元

**摘要：**提问是课堂教学中不可或缺的重要组成部分，在教学中具有重要意义和作用，是师生交流的重要方式，是“有效教学的核心”。现实的课堂教学，由于理念滞后，缺乏课堂教学提问的技巧与艺术，许多教师“问”了不少，形式上很热闹，却因许多问题提得不得法，问得不到位，往往费时费力，效果不佳，最终影响了教学的实效。本文以通州区第六中学数学组为例，在前期调研、课堂教学观察的基础上，针对提问中存在的问题进行了深刻的分析，并对提升教师课堂提问有效性的策略进行了研究与探索。

**关键词：**初中数学；课堂提问；有效性；策略；校本化

“凡善教者，必善问”，提问是课堂教学中不可或缺的重要组成部分，在教学中具有重要意义和作用，是师生交流的重要方式，是“有效教学的核心”。课堂是师生交流共同成长的场所，教学中离不开教师的“问”，但要问出水平，问到位，切实激发学生的求知欲望，调节课堂气氛，培养学生口头表达能力，促进学生思维发展，使提问成为学生创造的源泉，需要教师具有正确育人理念，较强的专业能力与艺术。当前教师为了落实课改理念，突出学生主体，调动学生参与教学的积极性，启发学生的思维，克服满堂灌的教学倾向，普遍应用课堂提问，但由于不少教师由于缺乏课堂教学提问的技巧与艺术。致使教师“问”了不少，形式上很热闹，却因许多问题提得不得法，问得不到位，往往费时费力，效果不佳，最终影响了教学的实效。为了切实提高课堂教学提问的有效性，发挥其应有的作用，特开展此课题研究，本课题研究仅以通州区第六中学初中数学学科教师为例。

## 一、数学教师课堂提的问现状与分析

### （一）师资状况

六中现有数学教师 14 人。

教师年龄段：35 岁以下教师 4 人，36 至 50 岁教师 8 人，51 岁以上教师 2 人。教师职称：初级教师 6，中级教师 5，高教师 3 级（其中正高 1 人）。

工作状况：教师团结协作，敬业奉献，研究氛围浓郁，市级农村教师研修站落户通州六中。

主要业绩：数学组曾被评为通州区级“青年文明号”，优秀教研组，教学成绩区域领先。近五年教师校外获奖达 228 项，人均课题数量及校外教师竞赛获奖数量全校最高，其中教研组长谭文军老师是全区初中校第一批市级特级教师和正高级教师。

### （二）课堂提问现状及分析

在数学课堂教学中，高效课堂能否得以实现与教师提出问题的有效性有着密切的关系，甚至直接决定整堂课的质量与效率的高低。本课题自 2018 年 12 月起通过问卷及课堂观察数据的汇总，主要发现通州六中数学教师在课堂提问中的实际状况如下：

1. 课堂提问整体优势

（1）教师提问能坚持面向全体。在问卷调查中调查中 90.5% 的同学对教师的提问面向全体的做法给予了认可。同时，学生的调查还显示，教师能否坚持面向全体随着年级的增高而降低，初一至初三的学生认为教师能坚持面向全体的数据分别为 93.2%、91.0%、88.4%。在“教师的问题你是否有能力回答”的调查中，89.7% 的学生认为有能力回答，9.3% 学生认为偶尔有能力回答。

（2）教师提问能够给予学生思考的时间。90.6% 的学生表示认可，特别是低年级的学生认可度最高，但也反映出随着年级的增高而降低的趋势，初一至初三选“教师经常给时间”的占比为分别为 93.2%、91.0%、88.8%，主要原因是问题难度的加大，学生需要有一个思考的过程，这也反映了教师教学的真实情况。

（3）教师的提问具有启发性、激励性和层次性。问卷中关于提问具有启发性 88% 的学生表示认可教师，有 8.4% 的学生认为偶尔有。在“遇到问题你无法回答时教师的反应”的调查中，49.8% 的教师启发学生后还学生答；32.9% 的教师让其他同学答启发未答上问题的学生，然后再答。在“你的回答与教师预期的答案相差甚远时教师的反应”的调查中，46.3% 的学生选择教师引导自己，等待自己说出教师期待的答案；30.9% 的学生选择教师自己说出答案，再让自己说出教师期待的答案；16.2% 的学生认为教师会对自己的回答进行评价，再让自己说出的答案；6.6% 的学生认可教师让其他学生引导自己说出教师期待的答案，可见六中教师注重提问的启发性十分明显。关于提问的激励性 85.7% 的学生认为有，认为偶尔有的学生为 10.1%。88.7% 的学生认为教师的提问具有层次性，还有 8.3% 的学生认为偶尔有。

（4）在有关对学生发展的调查中，学生总体认可度较高。92.8% 的学生认为有助于自己注意力的集中，90.6% 的学生认为自己对掌握知识有帮助，还有 83.5% 的学生认为学会了学习方法，15.5% 的学生认为对自己学习方法的掌握有帮助。

（5）“教师提问是否两个以上的问题一次提出”的调查，学生满意度高，有是 90.6% 学生认为教师是这样做的，偶尔这样做的占 8.4%。反映了教师在问题设计上的整体性，及注重学生整体思维与系统思维的培养。

2. 课堂提问突出问题

（1）学生对数学学科喜爱的态度，需要引起教师的关注。调查显示，全校 51.7% 的学生喜欢；态度一般的 30.8%；不喜欢的占 17.5%。从三个年级“喜欢”的选项看，初一年级为 42.4%；初二年级为 58.5%；初三级为 53.2%。三个年级喜欢数学的程度呈马鞍形分布。出现问题的原因，首先是来自学科的本身，小初数学知识存在跨度，初一的学生升入中学后较过去难度加大，致使学生选择“喜欢”的选项的人数比相对较低。其二，教师能够及时发现学生学习上的困难，积极引导，帮助学生解决问题，提升学生学习的信心，使学生在初二时选择“喜欢”的人数比最多。初三选择“喜欢”的人数比略有降低的原因是，初三数学难度的加大，综合性的增强，致使学生出现畏惧数学的心理。通过调查数据的分析，我们的教师要反思，在调动学生积极性上，在课堂的吸引力上，我们的措施、方法是否得力有效，要让学生爱学，先要让学生喜欢我们的教师，亲其师信其道，学生才能学好这个学科。美国心理学家布鲁纳说：“学习最好的动机是对所学学科的兴趣。”另外，2018 年国家义务教育质量监测显示“从全国来看，数学学习兴趣高的学生，其数学学业成绩平均分相对较高”。

（2）教师提问的思维表达能力还需要提升。68.6% 的学生认为教师表述清晰，26.9% 的学生认为教师表述偶尔清晰，还有 4.5% 的学生认为教师表述得不清晰。通过课堂观察我们发现一些问题应该引起教师们的关注，如语言不准确，指向不明，不合逻辑，过于呆板、机械或口语过多（嗯、啊……）等，这些都不利于学生对教师提问的理解。教师在课堂中提问时，对问题的表述一定要清楚简洁，绝不能含混不清，模棱两可，过于深奥，脱离学生的认知水平，让学生捉摸不透。否则，学生对问题的理解会存在疑惑与障碍，要克服这种障碍，老师时常只能进行一遍遍的重复或机械式解释，这样的提问既浪费了课堂的宝贵时间，又增加了学生的学习负担，致使教学目标的完成受到影响。另外，从学生的问卷调查中也再次印证了课堂观察中教师存在口头语的问题，全校 90.6% 的学生认为有，认为偶尔有的为 8.4%，没有的占 1%。因此，教师在课堂上对于提问问题的表述一定要力求简洁清晰，便于学生对题意的理解，以保证教学的顺利进行。有关提问的表达教师要作为一项基本功加以训练。

（3）教师提问的问题还需精心设计。全校 68.6% 学生认为教师的提问有精心设计，但还存在 27% 的学生认为教师提问的问题偶尔精心设计，4.4% 的学生认为教师的提问随意。从三个年级“提问有精心设计”的选项看大体相同，分别为 68.2%、70.7%、68.8%。问题缺少精心的设计，就必然会造成教学的低效，甚至无效。缺少精心的设计，就会偏离课标、偏离教材、偏离学生的实际，缺少精心的设计往往反映出教师对提出的问题缺少系统性的思考，缺少预设，这些都不利于学生知识的掌握与生成。为此，课堂提问一定要基于学生实际精心设计问题，苏联心理学家维果茨基认为，儿童存在着一个介于儿童自己实力所能达到的水平和经过别人的帮助之后所能达到的水平之间的差距，这一差距被称作“最近发展区”。作为教师应加强理论学习，更好地指导我们的课堂教学实践。

（4）教师的提问对学生思维水平提升的问题需引起重视。68.6% 的学生认可有助于思维水平的提升，27% 的学生认为偶尔有，4.4% 的学生认为没有。从三年级有助于“思维水平提升”的选项看基本相同，分别为 68.8%、70.0%、68.2%。现代数学教学，愈来愈强调培养学生思维能力。学生思维能力的培养是一个复杂、庞大的系统工程。教师在组织教学时，要有亲和力，应通过设置各种问题情境，创设各种具有启发性的外界刺激，引导学生积极思维，激起学生对知识和技能的渴望。教师在学生回答问题时，要允许和鼓励学生独树一帜，允许学生有不同的观点，允许学生与教师争论，允许学生随时质疑，鼓励学生不唯书，敢于标新立异，让学生的认识无论正确与否，都有机会得到真实的展示。数学教学的目的，不仅仅是传授知识，让学生学习、理解、掌握数学知识，更重要的是教给学生学习的方法，培养学生思维能力和良好的思维品质，全面提高学生的数学素养。教育的价值要从知识传授向思维能力的培养转变。

（5）教师提问时态度语气对学生回答问题的影响，需认真研究改进。在“你认为教师提问态度和语气对回答问题的影响”调查中，51.7% 的学生认为有影响，30.8% 的学生认为影响不大，17.5% 的学生认为不会有影响。但在“你问题回答不好时，教师提问时和提问后老师的行为和态度”调查中，有些问题要关注，有 4.2% 的学生认为教师的行为和态度变坏了，67% 的学生认为教师会依情况而定。可见教师这样的表现会影响到师生关系及学生知识的掌握。心理学家马斯洛认为，一个人只有低层次的需要获得满足后，高一层次的需要才会产生。如果因教师提问的语气与学生回答问题后教师态度的改变，使学生对课堂学习具有畏惧感，感到压力，总处于一种不安、紧张的状态，安全的需要、被爱的需要、尊重的需要、自我实现的需要等难以满足，何谈课堂的高效。

（6）在教师提问与学生回答问题方式的调查中。26.9% 的学生选择教师直接以问句形式提问，68.6% 的学生认为教师提问的形式并不以问句形式出现，但包含了问句的意味，如在学生回答问题不理想时，教师让学生再想一想、再看一看等语句。在“教师提问后学生回答问题最常采用的方式”调查中，57.9% 的学生选择独答，而且 66.4% 的学生认为独答对自己的知识理解、应用有帮助。因此，教师在提问方式与学生回答方式的的选择上要突出多样化，以学生知识的掌握，思维品质的形成，能力的提升为重点。

## 二、提高教师课堂提问有效性的策略

课堂提问是一种最直接的培养和发展学生数学思维能力的方式，也是突破重点、攻克难点、体现观点、解决疑点、克服弱点的关键，提问的目的是通过设疑解疑，使学生的知识水平得到提高，思维能力得到训练。就提高数学教师课堂提问有效性的策略，在课题研究中从三个层面加以落实：

### （一）以普适性为基础的全校性培训

1. 加强课堂育人理念的培训，关注有效教学

教师课堂提问提什么问题，与教师的育人理念，教学观、学生观等因素有着直接而密切的关系，提升课堂提问的有效性必须以教师教育观念的更新为前提。每学年开学前学校统筹规划，精心安排教师的系统培训，并认真加以落实。通过多种有效形式普及育人理念，帮助教师克服应试思想的侵蚀，关注课程的育人作用，关注学生的未来发展，坚持以学生为本，以学生发展为本，从尊重学生的尊严、价值、个性出发，引导学生的主动发展、全面发展、个性发展。关注学生发展的潜力和多样性的统一，注重潜能的开发，把学生的现在作为起点，而不是终点来看待。教师在教学过程中善于与学生积极互动、共同发展，主动处理好传授知识与培养能力的关系，关注学生独立性和自主性的培养，既要面向全体，更要关注学生间的个体差异，满足不同学生的学习需要、发展需求。创设能引导学生主动参与的教育环境，引导学生质疑、调查、探究，在实践中学习，激发学生的学习积极性，促进学生在教师指导下主动地、富有个性地学习，使每名学生都能得到充分和谐的发展。

2. 举办课堂提问有效性专题培训

课堂提问是课堂上非常普遍而又极其重要的教学活动，优秀教师的教不仅在于会讲，更在于会问，富有艺术性的有效提问是“有效教学的灵魂”。学校针对前期调研中发现的问题，围绕“提高课堂提问有效性”这一主题，聘请专家、名师来校指导、讲座，涉及教师课堂提问如何更好地表述；是否能根据班级里学生不同的知识储备、能力水平和接受程度设置不同的问题；候答时间是否能让学生有足够的时间反应；教师提问是否能够涉及多个领域；教师的提问能否启发学生的思维等内容。举办课堂提问有效性专题培训，主要是坚持问题导向，针对学校前期调研的结果去讲、去指导，突出了针对性及实效性。通过与专家、名师的互

动，帮助教师解决了困惑，找到了有效提问的策略与方法。

**（二）体现学科特色的教研组（备课组）培训**

1. 围绕提高课堂提问有效性，开展集体专题教研

随着教育改革的不断深入，教研组作为学校基层组织之一，对于学校的转型变革、教学的改革、师生的成长和发展，无疑承担着相当重要的责任。学校日常的教研组活动正是这种“研究性变革实践”的重要载体。所谓研究性变革实践，是内含变革理论的实践，是超越经验、具有更新指向和富有创生性的实践，是将研究的态度、意向和内容贯穿到实践的全过程和多方面的实践，包括教师认识的变化到教育教学的设计和策划的改变，再到教学实施，最终进入反思和重建阶段。[4]就如何提升教师课堂提问的有效性，教研组（备课组）首先要纳入学年、学期教研计划，明确活动的时间、主题、中心发言人，从理论、实践两个方面加以研究。教研组长要关注每一位教师作用的发挥，给教师布置具体的任务，如“寻找课堂提问有效性的理论依据”，“用堂提问的有效性理论分析自己的教学问题”等，帮助教师找到理论的支撑。再有，从实践层面，研讨课堂有效提问的技巧、方法及注意的问题等；还可以通过录像分析，进行专题性评课，找准优势与问题。作为教研组长要将专题教研活动安排系列化，并让教研组建设和每位教师的成长发展紧密联系起来，增强每位教师的参与意识、主体意识与发展意识。教研组长在这过程之中，既要关注教研组之“事”，又要关注教研组中的“人”，“在成事中成人，用成人促成事”。

2. 开展课堂教学观察，查找课堂提问中的问题

教学实践证明，只有在具有创造性和批判性的“对话式教学”中才能促进学生的个性化发展。而提问又是教学对话的关键。只有能激励学生思考、激励学生自发地反思自己回答的问题，才能帮助学生会思考、会学习。针对教师的提问开展课堂教学观察活动，拟定教师课堂提问观察表，组织好课堂教学观察活动的落实。通过课前会议明确观察者要观察的问题；进入课堂观察环节，观察者根据观察点，选择观察位置，运用量表做好课堂实录；课后会议，帮助教师获得课堂提问的真实信息，捕捉课堂提问的不足，分析研究形成的原因，及时调整课堂教学提问的技巧，提升问题的设计能力，促进教学观念的更新与转变，激发教师的教育智慧，促进教师的专业成长。

3. 在专家指导下，探索课堂提问有效性标准

结合前期问卷调查、课堂观察及学科教学录像分析，立足于学生知识的掌握，思维的发展，能力的提升，参考前人的研究结果，完成学校数学课堂有效提问标准的制定，从而更好地指导课堂教学。

## 数学课堂有效提问标准

**提问语速：**难度较低的问题，语速稍快；难度较大的问题，语速放慢。提问语调：善于变换音调和节奏来表示不同的情感。

**问题表述：**教师能将问题表述清楚，益于学生理解、思考，避免出现歧义，能激发学生的探究欲，引起学生的共鸣。

**提问对象：**教师应针对所有同学进行提问。

**第一等待时间：**教师提问过后要留给学生适当的思考时间。

**问题层次：**针对低层次还是高层次问题，聚合式问题还是发散式问题，内容性问题还是加工式问题，应结合学生实际灵活运用。

**问题类型：**教师应提出多种类型的问题以达到不同的教学目的。

**问题难易度：**教师应根据学生反应及认知发展水平提出符合认知规律的问题。

**问题针对性：**针对教学任务及学生实际进行提问。

**问题启发性：**问题要有助于学生思维水平的提升、能力的发展。问题数量：问题的设计要基于学生实际，数量事宜。

**叫答方式：**教师应采用随机的方式进行叫答，突出多样性。

**叫答范围：**面对所有同学进行。

**第二等待时间：**在学生回答之后，教师应留有适当的时间让学生补充和修正答案。

**理答对象：**面对所有学生进行。

**评价内容：**及时对学生的回答进行评价，评价要尊重学生的人格，采用鼓励性或中性语言。

**反馈内容：**及时对学生的回答做出反馈，避免无反馈或笼统性反馈。对学生影响：有利于学生思维的发展、能力的提升。

4. 借助专家名师的力量，带动课堂教学提问有效性的提升

坚持“内升外引”的策略，促进数学教师课堂提问有效性的提升。一是学校启动“通州区‘运河计划’教育领军人才、特级教师、市区骨干教师”工作室，充分发挥工作室的作用，关注课堂，关注课堂提问有效性的提升。二是聘请校外专家、名师为学校数学学科发展指导教师，将提升课堂提问有效性作为重要内容加以指导，既可以举办讲座，还可以深入课堂听课，针对问题及时纠正，提出改进意见。“坚持内外结合，共同指导”的原则，切实提升数学教师课堂提问的有效性。

5. 举办研究课、汇报课、示范课，相互学习借鉴成功的经验

围绕课堂提问有效性这一主题，针对学校《课堂提问有效性标准》的落实，安排研究课，通过集体观摩、研讨，发现问题，就改进的办法形成共识。另外，教研组还有计划地安排新教师的汇报课，骨干和高级教师的示范课，形成推进《课堂提问有效性标准》落实的氛围。爱因斯坦曾说过：“提出一个问题往往比解决一个问题更为重要。”发现问题、提出问题是有效开发创新学习潜能的开端。在六中的数学课堂教学中我们看到了变化，记得一节八年级数学下册“探索三角形相似的条件”的教学中，教师提供给学生的素材是：在$\triangle ABC$的两条边上，$D$、$E$分别是$AB$、$AC$上的一点，且$DE \parallel BC$。图中有哪些相等的角？找出图中的相似三角形？并说明理由；写出三组成比例线段。还可以把以上问题设计成问题串：$D$、$E$分别是$\triangle ABC$边$AB$、$AC$上的点，$DE \parallel BC$。由此题给出的条件你可以提出哪些问题？这些问题又如何解决？我们看到，教师的教学思维和问题设计对培养学生的创新性思维的重要性。教师根据实际情况，通过“问题”设计将科学发现过程简洁地重现于课堂，让学生积极主动地参与到学习中来，给予学生充分的时间和空间来进行探索猜想和发现，这一做法有助于学生思维的提升，培养了学生的理解能力。

**（三）体现个人特色与风格的自我研修**

1. 自主学习。在学校、教研组、备课组组织的学习基础上，自己还要进一步学深、学透、学懂，多看理论书籍、看典型的经验，向名师学，阅相关文献，不断丰富自己的储备知识，开阔自己的视野。

2. 勤于实践。要将学到的理论及成功的经验用于自己的课堂教学，要通过高

效的课堂提问，激发学生的学习兴趣，引发深度思考，培养学生的数学思维，落实学科素养，让学生体验到学习的快乐。

3. 善于反思。教学反思是促进教师专业成长的有效途径，教师不能仅仅满足于自己获得的经验，而应该对经验进行深刻的理性思考，以对后续的教学行为产生积极的影响。每节课后教师要静下心来，梳理一下课堂教学的情况，围绕教师提问进行重点思考，既要看到优点，更要反思不足，只有这样才不会使自己的教学水平永远停留在一个水准上。

4. 注重研究。将提高课堂教学提问有效性作为一个课题加以研究，要通过发现问题、分析问题、解决问题的过程促进自身教学水平的提升，教师要在研究中有突破、有创新，要在研究中成长。

## 三、提高教师课堂提问有效性的收获与思考

### （一）主要收获

#### 1. 教师的教育理念得到更新

解决课堂提问有效性的前提是教师观念的更新，没有观念的更新就不会有课堂提问有效性的提升。为此，解决提问有效性的问题首先从更新观念抓起，通过大量的课堂实录分析和课堂观察，帮助教师看到课堂提问中的问题，并分析深层次原因，主动寻找破解的方法。在这一过程中带来的是教师教育观的转变，以生为本的教育思想，我国传统的启发式教育理论，建构主义理论，最近发展区理论，人本主义学习理论，教学“最优化”理论等成为指导教师课堂提问的依据。

#### 2. 有效提问的意识得到加强

在课题研究的过程中，教师通过专题报告、听评课、课堂观察、自主研修等活动的参与，对课堂有效提问的重要性的认识进一步提升。深刻认识到提问对学生知识的掌握，思维的拓展，情感、态度、价值观的形成以及核心素养的落地有着极大的影响。使教师“育人”的思想得到强化，能够站在学生发展的视角思考自己的教学，思考课堂教学的提问，尤其是能够通过课堂观察后的数据改进自己的教学。

#### 3. 课堂提问的技巧日趋熟练

在大量的课堂教学实践中，教师课堂提问的技巧日趋熟练。问题的设计更加

注重类型与层次，突出针对性与启发性，关注学生思维水平的提升，在“什么时间”“什么地方”“什么人”“回答什么问题”能够结合学生实际上灵活运用。在提问中教师还注重创设和谐氛围，注重教学方式的调整，注重学生的参与，注重鼓励性评价，注重良好师生关系的建立及学生学习兴趣的激发，这些变化带来了师生的和谐互动。

### （二）有关思考

1. 课堂提问教师要关注提问的目的性

有效的课堂提问首先是有明确的目的性。在课堂中教师要明白提问的意图是什么，为什么提问，应该如何提问，提问又要达到什么样效果。针对这些问题，教师在进行有效的课堂提问时，必须以课堂教学目标为基础，紧扣教材，紧贴学生实际。在提问学生进行回答的时候，对于不同程度的学生要设置不同梯度的问题，这样，才能有利于学生知识点的掌握，思维的拓展，教学节奏的调整。

2. 课堂提问教师要关注提问的技巧

课堂提问的实效与教师提问的技巧密切相关。目的不明的问题，没有启发性的问题，没有梯度的问题，脱离学生实际的问题等很难达到理想的效果。通过课题的研究，教师能够充分认识到课堂提问技巧的重要性，并在教学实践中灵活运用，充分体现课堂提问的思想性、针对性、科学性、逻辑性、灵活性、趣味性、巧妙性，营造了良好的课堂提问氛围。

3. 课堂提问教师要关注学生的发展

课堂提问要着眼于学生的长远发展，既关注学生的识知学习，也关注他们能力的提高，更要关注他们在学习过程中情感、态度、价值观的形成以及核心素养的落地。要通过有效提问吸引学生的注意力，引发他们积极主动的学习热情，激发他们探索欲和求知欲，使课堂提问的功能得到最大化的开发，为学生成长服务。

提升课堂提问的有效性是一个永恒的话题，在先进教育理念的指导下，六中人还会结合课堂教学实践，不断探索，不断突破，形成具有推广价值、校本特色的教学风格，发挥课堂最大的育人功能，为丰富学校办学内涵，提升办学品质作出贡献。

**参考文献：**

[1] 郭思乐、喻伟著.数学思维教育论[M].上海：上海教育出版社，1997.

[2] 教育部.2018年国家义务教育质量监测数学、体育与健康监测结果报告发布[EB/OL].http：//www.moe.gov.cn/jyb_xwfb/gzdt_gzdt/s5987/201911/W020191120537554536852.pdf.

[3] 维果茨基.教育论著[M].余震球，译.北京：人民教育出版社，1994：23.

[4] 叶澜"新基础教育"论——关于当代中国学校变革的探究与认识[M].北京：教育科学出版社，2006.

# 从问题出发，点燃学生创造之美

## ——初中数学教学问题解决的研究

谭文军

**摘要**：素质教育需要我们去实现学生的全面发展，美学教育是其中重要的组成部分，数学教学中对学生进行美育的培养是十分重要的。学生在问题解决中发现美，在发现美的过程中会带动深入的思维感知，这种智力的发掘是美育所独有的作用。从而感知美、体会美、创造美。让学生在快乐学习中成为学习的主人，使课堂成为提升学生综合素养的主渠道。

众所周知，课堂教学不仅仅是传授知识、培养技能的过程，同时也是思想教育、审美教育、习惯养成等人才综合素质全面培养的过程。从问题出发，在问题解决中，使学生发现美、体会美、创造美，点燃学生探究的激情，在愉悦的气氛中，提升学生的综合素养。

问题是数学的心脏，一切探究的起因都源于问题。无论是新授课，还是习题课，都是问题串在引导着学生在不断地去探究，从中发现数学形式的简洁美、数学图形的对称美、图形运动的动态美、数学逻辑思维的深刻透彻美等，提升自我审美情趣，自我审美意识。

在新授课中，合理巧妙地创设教学情境，让学生主动发现问题、积极解决问题，激发学生学习兴趣，启发学生发现数学的独特美。

教师在教学中应合理巧妙地创设教学情境，不仅要引导学生在对比、归纳、总结中发现问题，同时要不断思考怎样解决问题。有疑才会有问，有问才有所思，有思才能促进学习能力的升华。

例如：在讲《角平分线》一课时，教师利用班里突发事件，顺势引导学生的思考，起到了很好的效果。具体情况是：上数学课前，学生利用课间时间，在教室里乱扔纸飞机，受到学校领导的批评。数学课上，教师让扔飞机的学生展示折叠纸飞机的方法，从而引出探究角平分线的主题，一节课的研究就此展开。学生一边折叠纸飞机，一边研究角平分线，观察体会图形的对称美，兴趣盎然。进一步通过对比、归纳、总结角平分线的性质，再通过自我编题练习，深化对性质的理解与应用，学生在愉悦的心情中，提高了动手实践能力，勇于探究的数学思维能力。

再例如，《探究手拉手图形》一课时，在学生已经完全掌握了全等三角形以及等边三角形的性质与判定的方法后，再探究手拉手图形，创造问题情境，让学生根据条件动手画图，探究系列问题，收到了良好效果。

## 一、读一读

已知：如图1，$\triangle DAC$ 是等边三角形，（1）延长 $AC$ 到 $B$，在直线 $AC$ 同侧作等边 $\triangle EBC$；（2）连接 $AE$、$BD$，$AE$ 与 $BD$ 交于点 $O$；（3）连接 $AE$、$BD$，$AE$ 与 $BD$ 交于点 $O$；（4）$AE$ 与 $CD$ 交于点 $M$，$BD$ 与 $CE$ 交于点 $N$，连接 $MN$，按照上述步骤，都能推出哪些结论？为什么？学生边画图边继续思考：上面系列问题得到的主要结论是 $\triangle DCB$ 与 $\triangle ACE$ 全等. 把 $\triangle ACE$ 绕着 $C$ 点顺时针旋转 $\alpha$ 角（$0° < \alpha < 180°$），前面推出的结论是否依然成立？为什么？然后学生会迫不及待地利用旋转的常识，解决等边三角形中的全等问题。然后教师再利用几何画板的旋转功能，根据需要把一些图形拆分为几个基本图形，辅助学生分析、理解问题，在几何画板的动态演示中，让学生感受到几何图形的运动美，在学生探究那对三角形全等中，体会逻辑思维的深刻美，战胜困难，发现一对又一对全等三角形时，探究美之花会在学生心灵中绽放。

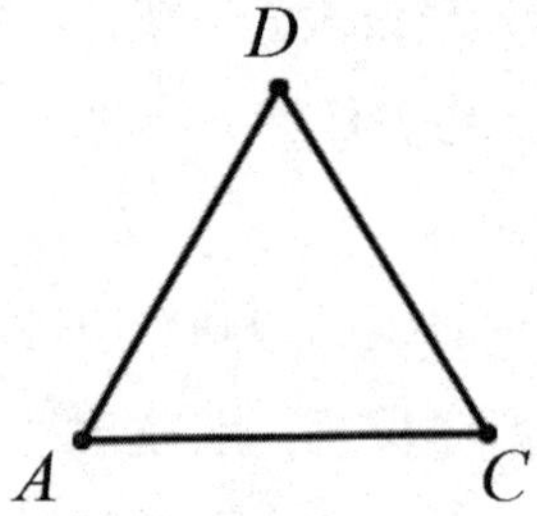


图 1

二、想一想

1. 上面系列问题得到的主要结论是△ $DCB$ 与△ $ACE$ 全等（图 2）. 把△ $ACE$ 绕着 $C$ 点顺时针旋转 $\alpha$ 角（$0° < \alpha < 180°$），前面推出的结论是否依然成立？为什么？

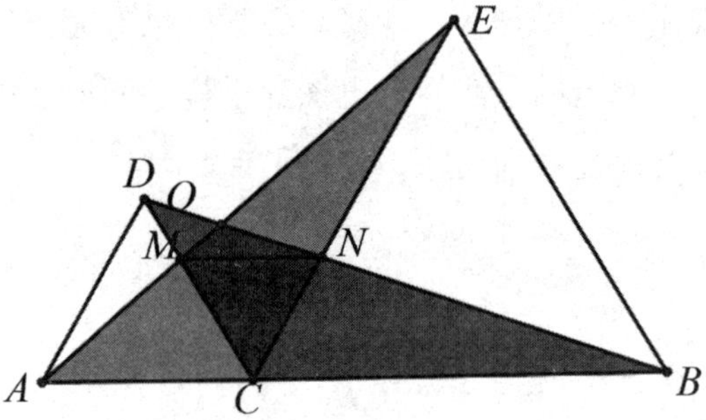


图 2

教师动画演示旋转

2. 将△ $ECB$ 绕 $C$ 点逆时针旋转 $\alpha$ 角（$0° < \alpha < 180°$），前面推出的结论是否依然成立？为什么？（图 3）.

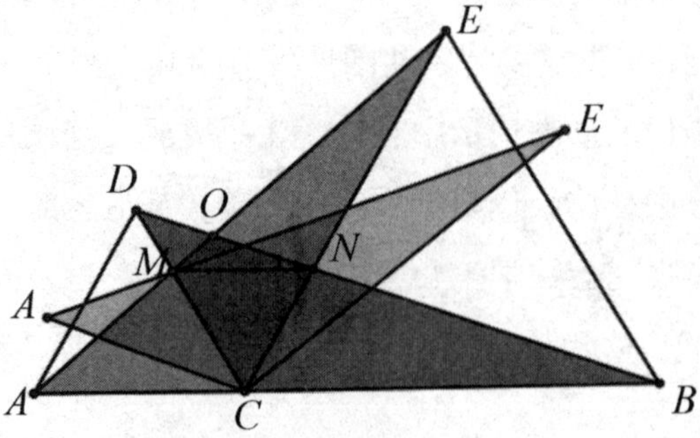


图 3

## 三、试一试

已知：如图 4，$\triangle DAC$ 是等边三角形 .

（1）延长 $AC$ 到 $B$，在直线 $AC$ 同侧作等边 $\triangle EBC$；

（2）连接 $AE$、$BD$，$AE$ 与 $BD$ 交于点 $O$；

（3）连接 $AE$、$BD$，$AE$ 与 $BD$ 交于点 $O$；

（4）$AE$ 与 $CD$ 交于点 $M$，$BD$ 与 $CE$ 交于点 $N$，连接 $MN$；

现将 $\triangle ECB$ 绕 $C$ 点逆时针旋转 $\alpha$ 角（$0° < \alpha < 180°$），前面推出的结论是否能依然成立？为什么？

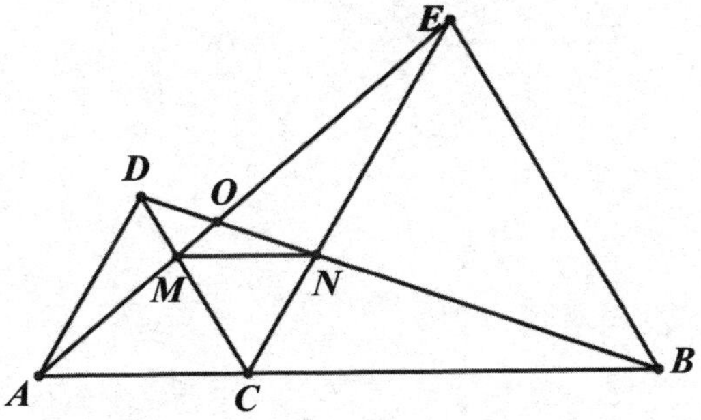


图 4

## 四、赛一赛

已知：如图，$\triangle DAC$ 是等边三角形将等边 $\triangle ECB$ 绕 $C$ 点逆时针旋转 $\alpha$ 角，使得 $E$ 点落在 $AD$ 的延长线上（图 5）.

求证：$DB \parallel AC$.

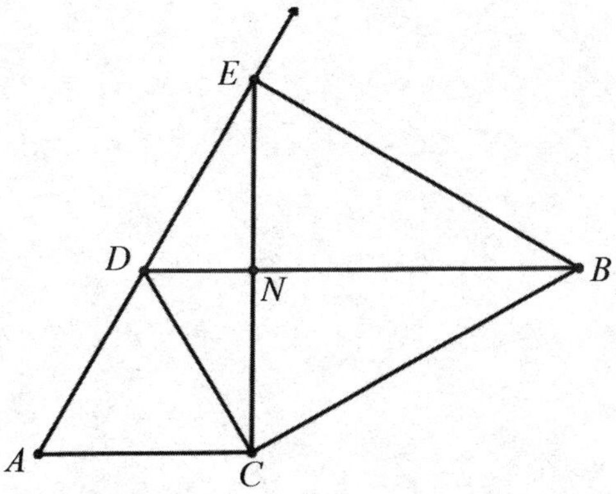


图 5

具体操作是：教师在学生讲解完成后，再用几何画板演示动画过程，用直观感知帮助学困生，理解别人的推理过程。（图 6）

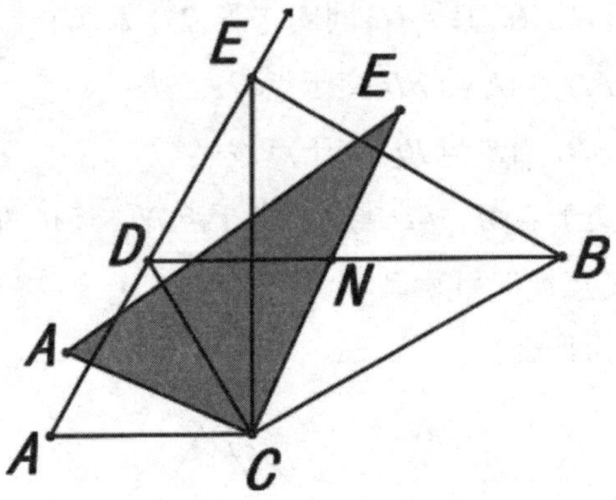


图 6

五、讲一讲，挑战月考题

已知：如图 7，△ *ABD* 与 △ *CBD* 有公共边 *BD*，且 ∠ *ABC*=30°，∠ *ADC*=60°，*AD*=*DC*.

求证：（$BD^2$）=（$AB^2$）+（$BC^2$）

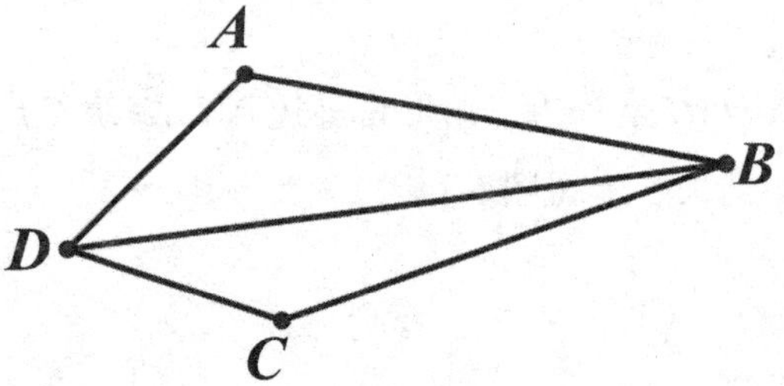


图 7

学生课堂上出现的 3 种方法如下：方法 1：（图 8）

作∠ *BCE*=60°，*CE*=*CB*，连接 *AC*、*BE*.

从而得到△ *ACE* 与△ *DCB* 全等，最后在直角△ *ACE* 里用勾股定理解决问题。

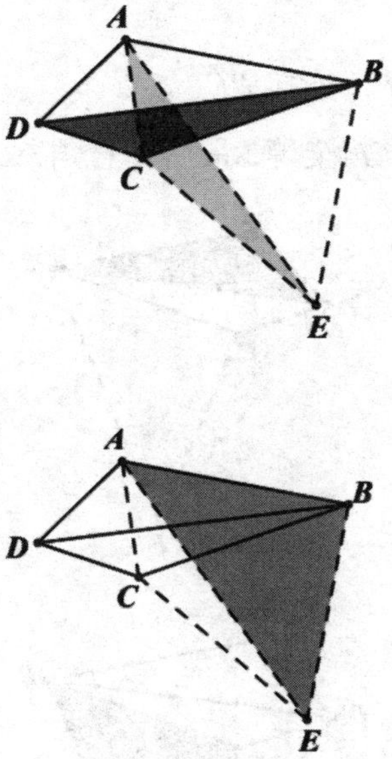


图 8

方法 2：（图 9）

作∠ $BAF$=60°，$AB$=$AF$，连接 $FB$、$FC$、$AC$.

从而得到△ $ACE$ 与△ $ADB$ 全等，最后在直角△ $FBC$ 里用勾股定理解决问题.

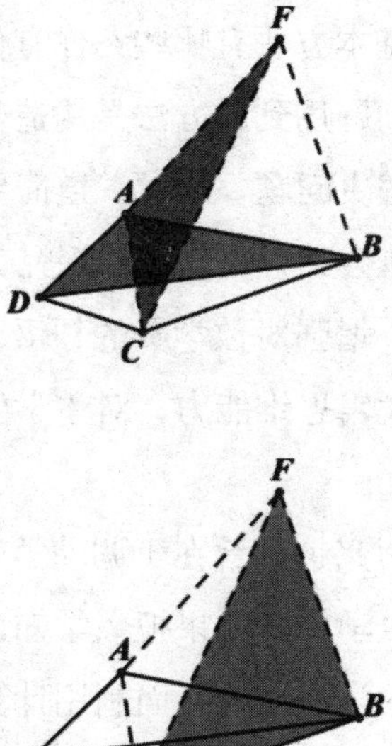


图 9

方法 3：（图 10）

作∠ $BDF$=60°，$DB$=$DF$，连接 $BF$、$CF$.

从而得到△ $DAB$ 与△ $DCE$ 全等，最后在直角△ $FBC$ 里用勾股定理解决问题.

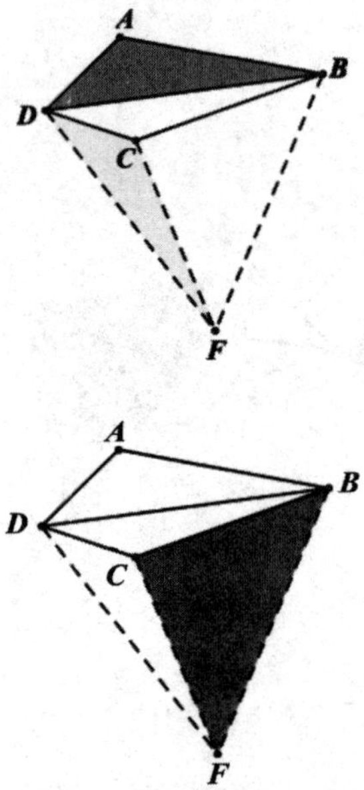


图 11

六、教师引导学生题后小结

解决上面的问题用到的基本方法有哪些？你有什么体会？

学生反思：解决上面的问题用到的方法是构造基本图形的方法，需要学生熟悉基本图形，用综合分析法解决问题。通过一道简单问题的变化，能够体会数学的图形的旋转美、对称美，体会到解决问题的探究美。

数学是一门周密的科目，增强对数学美的领悟，可以有助于学生系统地把握数学系统，培养学生良好的逻辑思维能力，对于学生数学思维的生成具有良好的奠基能力。

课堂教学中激发学生学习兴趣主旨在于调动学生的学习积极性，促进学生积极主动地探求知识。在数学教学中，如果把数学知识放在一个主动、活泼的情境中去学习，更容易激发学生的学习兴趣，而利用计算机教学可展示优美的图像、动听的音乐、有趣的动画，创设良好的教学情境，最大限度地激发学生学习兴趣。

# 初中数学课堂教学中的美育渗透

任万燕

**摘要：**学生在优美的诗句中欣赏着大自然多样的美，在音乐优美旋律中享受心灵的感动，大家可曾想到在数学中也充满着美的因素，到处闪现着美的光辉。数学符号的简洁美，图形对称的和谐美，思维发散的创新美渗透在数学教学的每个角落。作为教师我们应该抓住数学中的各种美的因素，将数学美渗透到学习中，让学生感受数学独特的美，提高学生对数学的学习兴趣，培养学生良好的思维品质，提高数学素养，陶冶性情，让学生热爱美，热爱生活。

同学们伴着语文中优美的诗句欣赏着大自然中多种多样的美。有“碧玉妆成一树高，万条垂下绿丝绦”婀娜多姿的美，“晓看红湿处，花重锦官城”的绚丽美，也有“飞流直下三千尺，疑是银河落九天”的雄壮美。在享受美景和音乐优美旋律带给我们心灵的感动时，大家可曾想到其实在大家认为严谨的数学中也充满着美的因素，到处闪现着美的光辉。我国著名数学家华罗庚教授说过：“就数学本身而言，是壮丽多彩、千姿百态、引人入胜的……”美的符号、美的公式、美的点线面体，美的证明方法等在数学中多得不可胜数。如著名的黄金分割点，即 0.61803398……建筑物的窗口，宽与高度的比一般为黄金比；肚脐是人身高的黄金分割点；弦乐器的声码放在琴弦的 0.618 处，舞台上主持人的位置一般在黄金分割点，会使声音更甜美。建筑的精巧设计、人体的奥秘、音乐作品的优美节奏，交融于数学的对称美与和谐美之中。在初中数学教学中还有蕴含着很多的美等待我们去发现，去感受。数学符号的简洁美，图形对称的和谐美，思维发散的创新美渗透在数学教学的每个角落。作为教师我们应该抓住数学中的各种美的因素，将数学美渗透到学习中，让学生感受数学独特的美，提高学生对数学的学习兴趣，培养学生良好的思维品质，提高数学素养，陶冶性情，让学生热爱美，热爱生活。

## 一、精心设计教学情境，感受图形对称的和谐美，数学符号的简洁美

### 1. 折叠中的智慧与数学美

很多学生都喜欢折纸，通过折叠我们可以得到很多精美的图形，给人以美的享受。其实，折叠中还有很多的数学问题，我们在分享美丽图形的同时又获得了很多知识，启发了思维，或者说我们在学习数学的同时也享受到了数学给我们带来的美。例如我们折出的“纸飞机”中处处是“角平分线”，折叠的“纸鹤”中有很多的“全等三角形”，可以说数学让折叠更加严谨精美，折叠让数学更加生动形象，折纸是智慧与美的结合。学生可以从数学中发现美，欣赏美，创造美。数学课堂教学中我充分利用折叠中蕴含的数学知识，将折纸与数学恰当地结合，在学习数学的同时渗透美育教育。

例如，在勾股定理的教学中，立足于贴近学生生活及创新，把教学内容分解为一系列富有探究性的活动，首先利用折纸创设问题情境，自然地引出了这节课研究的内容。

【活动一】：观察折叠“衣服”的第一步“向心折”，折叠方法是将正方形

对折，再对折找到中心，然后将四个角分别向中心翻折。请同学们动手作一次向心折，思考在折叠的过程中涉及了哪些数学知识？（1）折叠的 4 个三角形都是等腰直角三角形，它们是全等的。（2）折叠后的图形仍然是正方形。（3）折叠后的小正方形面积与四个直角三角形面积相等，等于原正方形面积的一半。如果正方形边长

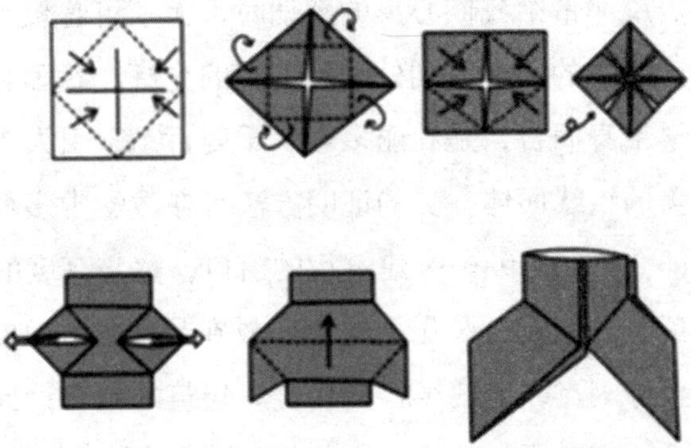

已知（如，边长分别是 2、3、4、6……）你还能求出哪些线段的长？

提出问题：请同学们仔细观察等腰直角三角形三边的长度，你能归纳出等腰直角三角形三边的数量关系吗？

①等腰直角三角形斜边是直角边的$\sqrt{2}$倍．

②两直角边的平方和等于斜边的平方．

| 正方形边长 | 等腰三角形边长 | | |
|---|---|---|---|
| | 直角边 | 直角边 | 斜边 |
| 2 | 1 | 1 | $\sqrt{2}$ |
| 3 | $\frac{3}{2}$ | $\frac{3}{2}$ | $\frac{3\sqrt{2}}{2}$ |
| 4 | 2 | 2 | $2\sqrt{2}$ |
| 6 | 3 | 3 | $3\sqrt{2}$ |
| …… | …… | …… | …… |

【活动二】：正方形纸，不向中心折，得到的三角形是一般三角形．按图 2 的方法折直角三角形，你还能折出正方形吗？（折叠的直角三角形不能重叠相邻，两边不能有缝隙）

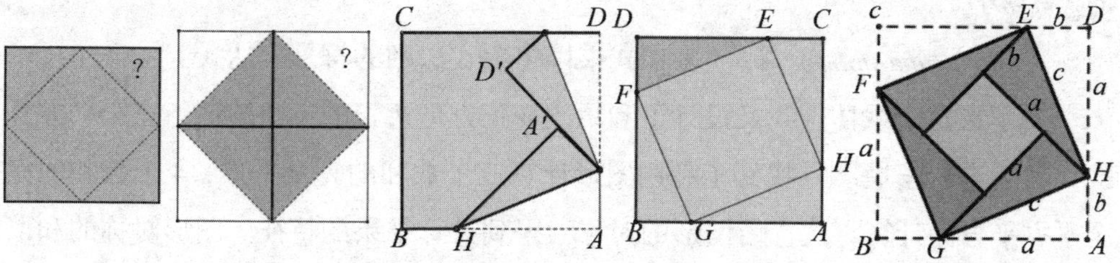


很显然，不是随意都能折出正方形的。怎样才能准确地折出正方形呢？正确方法是在正方形的边上分别取点 $E$，$F$，$G$，$H$ 使 $AH=BG=CE=DF$，则 $GA=FB=ED=HC$，即折叠的四个直角三角形全等，这样就折叠出一个正方形。

①四个直角三角形中间的空隙仍是正方形。

②折叠后的正方形面积等于四个直角三角形的面积加上空隙正方形的面积．提出问题：若设折叠的每个小直角三角形直角边分别为$a$、$b$，斜边为$c$，你能利用面积关系推到$a$、$b$、$c$之间的关系吗?

$S_{正方形EFGH}=S_{小正方形}=4S_{直角三角形}$

（$a^2+b^2=c^2$）$c^2=(b-a)^2+2ab$ 整理得 $a^2+b^2=c^2$

通过折纸证明训练学生思维，培养学生的创新意识、合作意识，让学生体会“以形证数”数形巧妙结合的数学思想方法。勾股定理的符号表达也显示了数学符号的简洁美，折纸展现了图形对称的和谐美，体现了数学是智慧与美的结合。

2.“形数结合”的和谐美

一位数学家曾说过，“形让数更直观易懂，数让形更严谨细微”。可见数形结合本身就是一种美的体现。例如，在整式乘法教学中，我利用了改变长方形长宽的方式，以长方形图形作为一条主线将整式乘法串在了一起。

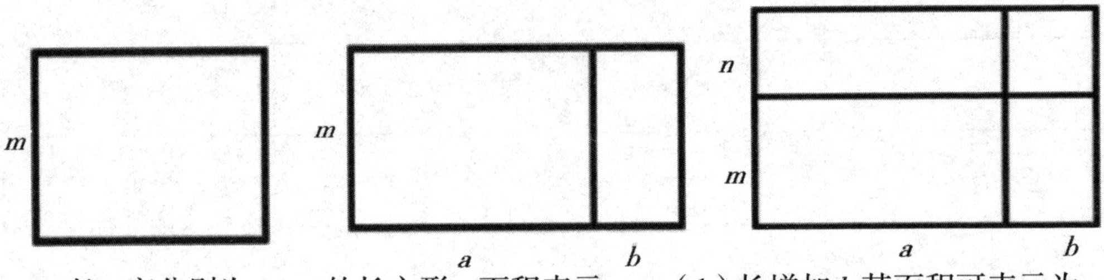


长、宽分别为$a$、$m$的长方形，面积表示：$am$（1）长增加$b$其面积可表示为：$m(a+b)$或$ma+mb$即$m(a+b)=ma+mb$（单项式乘以多项式法则的符号表达式）

（2）长增加$b$宽增加$n$面积可表示为：$(m+n)(a+b)$或$ma+mb+na+nb$.

即$(m+n)$

$(a+b)=ma+mb+na+nb$（多项式乘以多项式法则的符号表达式）

有了形这个载体，我又设计了利用改变正方形边长的方法验证了完全平方公式，然后进行拓展。寻找到了利用图形计算三个数和的完全平方，4个数和的完全平方平方的计算方法，由图形的对称性得到计算结果的特征。图形对称的和谐美，数学符号的简洁美尽收眼底。这种对称的视觉冲击在数学教学中得到了很好的诠释。这种符号的简洁美让人难以忘怀。这么美的数学我们能不爱她吗？这么美的数学我们能不努力探索吗?

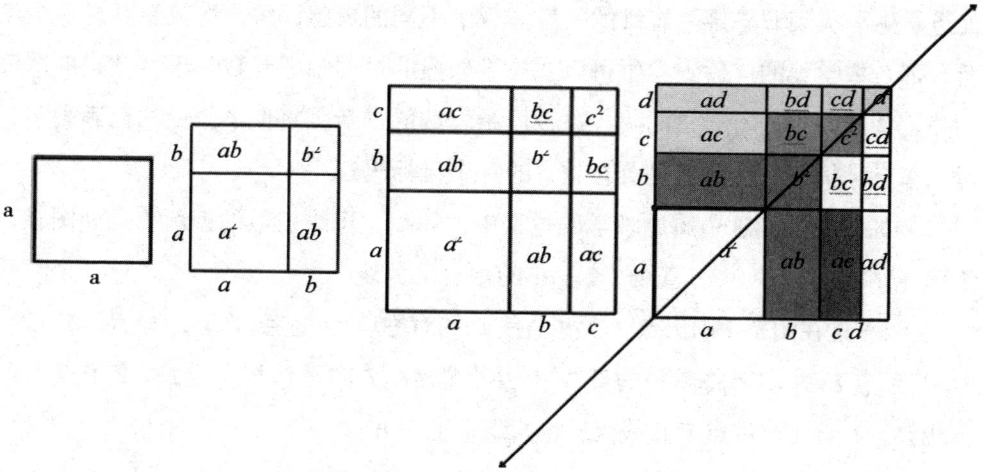


$(a+b^2)=a^2+b^2+2ab$

$(a+b+c)^2=a2+b2+c2+2ab+2ac+2bc$

$(a+b+c+d)^2=a2+b2+c2+d2+2ab+2ac+2ad+2bc+2bd+2cd$

在此基础上，提出是否可以由平面拓展到立体，再次提出如何利用图形的方式验证 $a$ 加 $b$ 和立方的计算结果。一条主线一个载体，让学生的思维活起来，开阔起来，整个课堂教学变得自然流畅。图形中体现的轴对称性在表达式的计算结果中也得到了充分的体现，完美的数形结合。

$(a+b)^3=a^3+3a^2b+3ab^2+b^3$

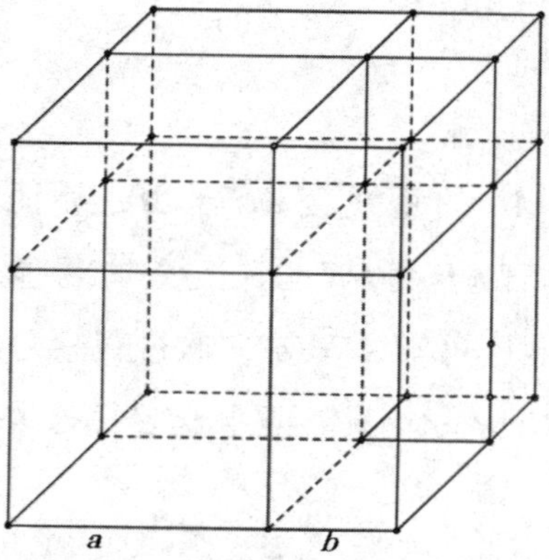


## 二、“一题多解”展现思维发散的创新美

“一题多解”在一定程度上可以吸引学生，引发思考学生。师生之间的思维碰撞，能够让思维活跃起来，从而训练学生思维的灵活性，提高思维的广阔性，

促进学生积极展开思维。思维的发散体现了不同的灵感，每一次灵感都是一个创新，都是数学美的体验。学生可以在思维碰撞的过程中感受数学思维逻辑的严谨的美，精妙的美，不寻常的美。这种思维发散的创新美将使学生更加充满智慧，对未来充满信心。这不正是美育教育的一个目标吗？

例如，在下面这道解题教学的过程中，体现了思维发散的创新美。如图在三角形 *ABC* 中角 *A*=90°，直线 *L* 是 *BC* 的垂直平分线。

（1）请在图 *a* 中画出点 *A* 关于直线 *L* 的对称点 *A'* 连接 *A' C*，*A' B*，*A' C* 与 *AB* 交于点 *E*。（2）将图中的直线 *A' B* 沿着 *EC* 方向平移与直线 *EC* 交于点 *D* 与直线 *BC* 交于点 *F* 过点 *F* 直线 *AB* 的垂线垂足为 *H*。

①如图 *b*，若点 *D* 在线段 *EC* 上，请猜想线段 *FH*、*DF*、*AC* 之间的数量关系并证明；

②若点 *D* 在线段 *EC* 的延长线上请直接写出线段 *FH*、*DF*、*AC* 之间的数量关系。

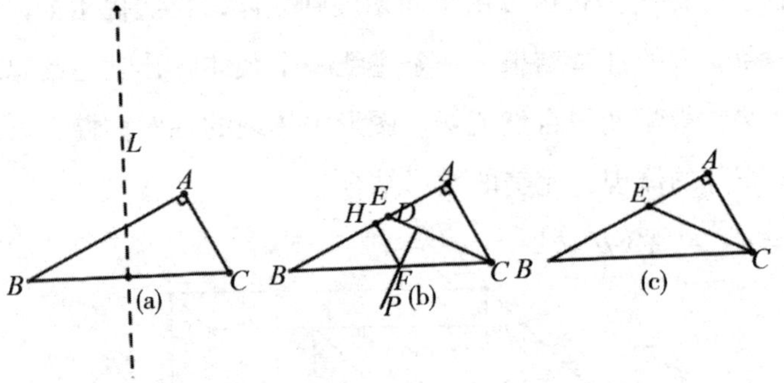


解法一：过点 *F* 作 *AC* 的垂线交 *AC* 于 *M*，易证四边形 *AHFM* 为矩形。解法二：过点 *C* 作 *CN* 垂直 *HF* 交 *HF* 的延长线于 N。易证四边形 *AHNC* 为矩形 .

解法三：由平移的性质可知 *AC*=*DP*，通过观察分析，猜想线段 *HF*、*DF*、*AC* 之间的数量关系为 *HF*+*DF*=*AC* 只需证△ *DFC* ≌△ *NCF*。

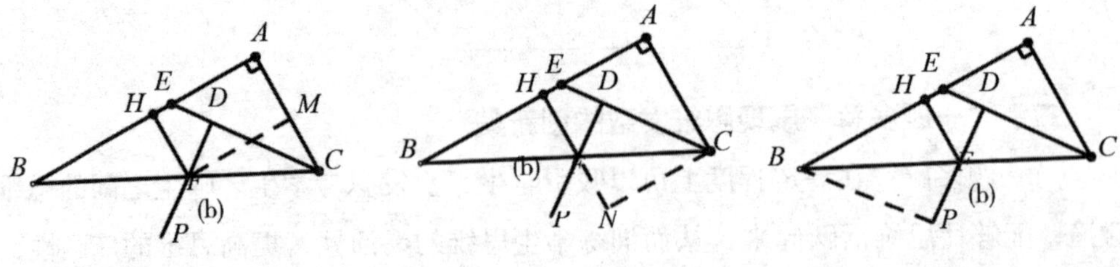

解法四：由已知条件和图形的平移可知可以推导出。

此题可以利用三角函数的知识

$\sin B = \sin\angle ECF \qquad BF=\dfrac{FH}{\sin B} \qquad FC=\dfrac{DF}{\sin\angle ECF} \qquad BC=\dfrac{AC}{\sin B}$

$BF+FC=BC$，所以可以推导出 $HF+DF=AC$。

前三种解法的思路本质基本上是一致的。证明三条线段中，其中两条线段的和等于第三条线段常用方法是截长补短。不可否认，这是我们之前集中思维训练的一个结果。虽然是同一思维，但是学生们能有不同的添加辅助线的方法，也体现了思维的发散性，应该鼓励学生这种求异思维。下面的解法四，改变了思维方向。利用三角函数，没有添加辅助线便解决了问题，此方法的出现让学生突然耳目一新，“原来还可以这样”，有的学生感叹道。是啊，这个学生独特的思维，拓展了其他学生思维的开阔性和灵活性。数学课堂教学中这种发散思维的例子还有很多。学生的思维如果经常能够得到这样的启迪，经常感受这种思维发散的创新美，思维的发展是不可估量的。

这么美的数学我们能不爱她吗？这么美的数学我们能不努力探索吗？学生在学习数学的同时也感受到了数学带来的符号的简洁美，图形对称的和谐美，思维发散的创新美。感受到数学美的奇妙与深奥，感受到数学美给我们带来的对未来的希望。数学的美妙让人充满向往，学生可以从数学中发现美，欣赏美，创造美。让我们爱数学美，爱生活美。

# 创新数学教学模式，激发学生学习潜能

杨海伶

**摘要**：随着初中数学教材的改革，教学内容和目标的变化，对于初中数学的教学模式也提出了新的要求。变被动为主动，让学生主动参与，重视数学实验的挖掘，要创造性地使用教材。在数学教学中，要特别注重数学思想方法的教学。

随着初中数学教材的改革，教学内容和目标的变化，对于初中数学的教学模式也提出了新的要求。根据《数学课程标准》的要求，数学课应该是在教师引导下，让学生从实际出发进行自主探究性的学习过程。这就要求我们教师应该打破传统的照本宣科的教学方式，引导学生走进课堂，走上讲台，发挥学生的主体作用，变听课为讲课，自主探究学习引入到课堂中。在这些年的教学实践中取得了一定的效果。下面就是我对探究式课堂教学的几点思考和体会。

## 一、“变被动为主动，让学生主动参与”是探究式学习的前提

数学学习不是一个被动的接受过程，而是一个主动学习的过程，数学知识是通过学生的操作、交流、讨论、分析而形成的，而不是把知识生硬地强加于他。

例如：在初三数学中学习“直线和圆的位置关系”一节，我采用的是下列探究式学习：

①复习“点和圆的位置关系”

②多媒体播放《海上日出》影像，一位同学朗读巴金《海上日出》片段。

③提问“太阳从海平面浮出到海面，直至跳出海面”这过程中，画面含有什么几何图形？

④请同学们画出这些图形，并思考这些图形之间的位置关系。

⑤类比“点和圆的位置关系”，你能给这三种位置关系命名呢？

⑥想一想，生活中有没有直线和圆的位置关系的实例呢？

⑦说一说：这三种位置关系的区别。

⑧总结归纳：三种位置关系的性质和特征。

通过上述的探究活动，使学生体验了自己从生活实例中，抽象出数学图形和数学概念的方法，并能像科学家一样，命名自己的发现，进一步探究它们之间的内在联系和特征，从而完成了对新知的主动构建过程，而且还培养了品德，渗透了数学思想方法。这样教师对一个知识点的教学过程也就自然完成了。

把课堂时间真正还给学生，变被动为主动，让学生真正参与到课堂学习中，达到这一点，需要教师创设一种知识点存在的教学情境，让每一名学生都能在情境中找到自己的位置，教师创设教学情境时，要充分了解全体学生已有的认知结构。在此基础上，给学生提供大量的客观信息，引导学生发现已有的认知与客观信息间的矛盾。然后，再引导学生采用正确的方法对这一矛盾进行研究，矛盾解决了，学生获得了知识，同时克服了困难，形成了学生更高的能力。

## 二、数学实验是探究式学习的重要环节

在初中教材中，分布着一些小板块，例如“做一做”“想一想”“试一试”“议一议”，还有教材中的“实验与探究”“阅读材料”，而这部分内容往往被教师所忽视。我认为教师应该重视数学实验的挖掘，要创造性地使用教材。在章节中的“实验和探究”“阅读材料”，往往与生活经验息息相关，让学生亲手实验，参与其中，由此体会数学的价值，激发学习兴趣，从而学会数学知识。

例如，在学习“数据的收集与表示”一章时，我布置了实验课题。实验课题：设计一个方案，调查本班学生情况。

实验目的：一周后，我们学习第十章“数据的收集与表示”，请根据已有知识和自学情况，分实验小组，对本班学生的某一种情况进行调查。（调查内容可以是身高、体重、视力，或数学、英语等学科成绩，也可以是课外活动或做作业、

看电视的时间……)

实验要求：发挥小组协作精神，分工合作，搜集并整理有关数据，每个实验小组7天后上交实验报告，汇报成果。

实验意义：

(1)提倡团结协作精神；(2)体会“统计学”的价值和知识学习的必要性；(3)把知识探究与实践活动结合起来。

面对这样比较复杂的问题，一定要给学生足够的时空进行探索、交流和进行社会实践活动。在学生设计方案时，可能意见纷纭，实施调查时方式方法可能会烦琐、不科学，另外，数据处理也有一些难度。经过本章的学习，边学习边调整，从而掌握了比较科学的统计方法，获得较为科学的结论。教师的手段就是把数学尽可能变得生动有趣，尽可能接近与生活实际的距离，让学生喜欢，化难学为易学。

### 三、在探究式教学中，要特别重视数学思想方法的渗透

在数学教学中，要特别注重数学思想方法的教学。这是学生进一步提升能力，形成知识技能所必须掌握的内容。学生学不好数学，很大一个原因是在学习过程中，不能学以致用、举一反三，不能把所学知识前后衔接，老师讲什么会什么，不讲的就不去思考，知识学得很死，而在探究式学习中，我特别注意数学思想方法的教学。

例如：在初一讲绝对值时，我就把绝对值与数轴结合，让学生明白绝对值=距离，这样他们就会理解 $|a| \geqslant 0$。虽然教学内容很简单，但是这里却渗透了数形结合思想，把数和形有机结合起来，帮助学生理解了概念。

又例如：在讲“一元二次方程求根公式”一节时，要把被开方数$\Delta$分成$\Delta>0$，$\Delta=0$，$\Delta<0$几种情况，在教学时，让学生理解为什么要分情况说明，促使学生探究分析，有些数学问题是“答案不唯一”的，必须要多角度思考问题、认识问题，才能说明问题的合理性。

还有初三讲“圆和圆位置关系”一节时，我让学生自主学习，类比已学过的“直线和圆的位置关系”的内容探究学习。在整个学习过程中，就渗透了类比的思想方法。

教给学生数学方法，就等于把干活的工具交给了他，学生要学会使用工具去劳动，那就是用数学方法去解决数学问题。

经过这些年的教学实践，我深深体会到要想有优异的教学成绩，是需要在课堂教学模式上下一番功夫的，需要每一位教师多思考、多实践，不断更新自己的教学观念，探索出一套适合时代特点和学生现状的教学模式。而探究式教学是一种开放的、多元的、把学生作为主体的、适应教材改革的一种教学方式。我们应该认识到它的优势，也要处理好它与其他教学方式的关系。让我们的数学教学形式多样、丰富多彩。

# 数学教学中渗透美育

陈雨佳

**摘要**：数学学科中富有丰富的美学因素，数学的美具有极高的美学价值。本文从初中数学教学中赏析数学美，感悟美育资源的渗透。教师在课堂教学过程中，应该扮演好引导者的角色，让学生领悟并感受初中数学中的四美——对称美、简洁美、和谐美和奇异美。通过体味数学之美，感受初中数学的神奇魅力，以此增强对数学的学习兴趣。

初中数学相比小学，知识更深，学习内容增加，难度加大，此时，如果只是靠一味的大量练习，题海战术，学生可能会觉得不适应，失去学习数学的兴趣。古语云："兴趣是最好的老师。"初中数学老师要注意让学生感受到数学的美感，以此激发起学生们对数学学习的热情。初中数学内容中的美是多方面的，主要有四种体现——对称美、简洁美、和谐美和奇异美。

## 一、感受对称之美，激发数学热情

我国建筑师大梁思成说过："无论是东西方，没有一个国家有中国对中轴对称线如此钟爱！"我们看到中国的建筑，从古至今无不有着对称之美！如图 1。德国数学家威尔提出："美和对称紧密相连。"毕达哥拉斯学派提出："一切平面图形中最美的是圆。"作为新课程改革下的数学老师，要善于发现代数和几何图形中的对称美，合理地传递给学生，让学生提高审美意识，渐渐让学生养成善于发现美，感受美，来提高学生的数学素养。我们学习的《轴对称》内容，书里展示了很多对称美的图形。在课本中的作图章节中，学生通过作图，例如做角平分线，垂直平分线等，也渗透了对称美，学生对于对称美有深刻体验，在教学中渗透了美育。抛物线中通过求解对称轴，使解析二次函数结合抛物线的复杂题目变得简单。在学习圆的几何证明题依然存在着对称美，如图2。对称使题目变得容易理解，能够唤起学生学习的热情。

图1

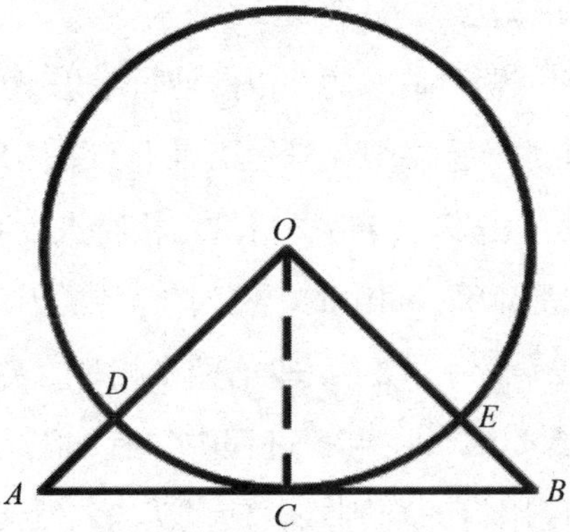


图2

## 二、总结简洁之美，陶冶学生情操

爱因斯坦说：“美，就是简单性。”生活中我们常常喜欢把事物简单化，人们对于简洁的事物更加喜爱，认为其“美”，相反对于烦琐的事情比较抵触。对于数学学科来讲，简洁美不是内容，知识的简单容易，而是表达或者方法上的简洁。

数学的简洁美在数学公式，几何符号语言中尤为明显。代数中的公式富有简洁美，例如分式的基本性质：分式的分子、分母同乘一个不等于零的整式，分数的值不变。公式如下：

$$\frac{A}{B}=\frac{A\quad M}{B\times M}\ (\ M\neq 0\ )$$

如果用文字语言表述，需要相当复杂和严谨的语言，用公式则简单明了，一目了然。在数学中使用的符号用来表示数量和语言。数学语言的精练，简洁富有极大的美感。如科学计数法可以将 1000000000 表示成 $1\times 109$，看起来如此简洁，让人看起来到非常舒服。

在几何中有着特殊的符号语言，例如“两个三角形全等”，在证明题中要写成“$\triangle ABC\cong\triangle A'B'C'$”。“两条直线平行”，要写成“$a//b$”的形式。教师应要求学生掌握精确的几何语言，培养其逻辑思维能力，将“∵”“∴”写得清晰、准确。常有学生理解大体解题思路，却无法用几何语言表达。几何证明题中语言规范的书写，散发着数学严谨美，符号语言让人看起来富有简洁形式美。初中几何题的证明方法可以体现出一体多解，然而在解决问题时，我们应该去选择易于学生接受简单快捷的证明方法。

数学的简洁美是几何证明所追求的，以此使学生乐于思考，激发学习兴趣。数学中的简洁美不仅体现在数学公式中和符号语言上，更体现在解题思维中，数学教师要引导学生从简洁的角度出发，分析题目的结构特点，明白思考方向，获得简洁明了的效果。证明题通常是简单、明快的，例如在代数题中，根的判别式一节，例：已知方程（$a^2-2b^2$）$x^2+$（$2b^2-2c^2$）$x+2c^2-a^2=0$ 有两个相等的实数根。求证：$a^2=b^2+c^2$。

首先题目是结构非常简洁，在求解过程中，有如下方法：

方法一：我们可以使用根的判别式，使其为 0，然而大量的计算不仅会使学生出现计算的错误，同时会让学生因为繁重而停下笔来。

方法二：由于系数之和为 0，故两根相等均为 1，根据根与系数的关系很容易得出结论。

因此，简洁美是初中数学课程内容的重要特征，在数学教学过程中，渗透简洁美，有利于培养学生乐观、上进的学习态度。在课堂上教师应该抓住简洁美，组织开展课堂学习活动，既能加深学生对知识的理解，又能调动学生的积极性，促使学生提高数学学习成绩。

## 三、体味和谐之美，增加学习趣味

钱学森说：“美就是与宇宙真理相协调。”和谐就是一种“美”。古希腊毕达哥拉斯认为：“万物皆数，美是数的和谐。”综上所述数学学科具有和谐美。在生活中常会用到这种和谐之美。断臂维纳斯的美被世界公认，她的身材比就是我们初中所学习的黄金分割比——0.618。如图 3。我国古代的兵马俑，它们的垂直线和水平线的关系完全符合 1∶0.618 的比例，如图 4。

图3

图4

黄金分割比被广泛应用在生活中的原因就是和谐美。令人惊奇的是，有人研究过自然界中的小麦和水稻，其茎节长度之比也是著名的黄金分割比。在教学中，我们应该引导学生关注这些和谐之美，促进学生将数学学习与生活应用紧密结合。

数学规律同样具有和谐性。余弦定理对于三角形是普遍的，然而当三角形中有一个角为直角时，即为勾股定理。在解直角三角形中，认识其三边的关系即是数学规律一般性到特殊性的和谐。在学生学习图形过程中，四边形、平行四边形、矩形、菱形、正方形之间的变化规律与性质联系，也同样体现了数学规律的和谐美。

在数学解题中，也可以从条件与结论的和谐，思维策略和解题方法的和谐进行解题。和谐美能够让我们的解题思路更加顺畅，迅速对解题策略进行抉择。数学题的结构突出，让学生感悟到数学美，数学题目的结构一般是和谐统一的，学生能够真正地感悟到和谐美。教师在教学过程中，应该让学生感受到初中数学在知识上和谐的美，提高学生的审美能力，激发起学生们对数学知识的兴趣。

## 四、感悟奇异之美，调动探究欲望

英国实验科学家培根，素有“奇异的博士”之称，曾提出“没有一样极美的东西不是在调和中存在着某种奇异”。大家都喜欢新颖的东西，能在人们的内心深处激起愉悦的惊喜，这样人们的好奇心能得到更大的满足。通过一题多解，变式练习的数学奇异美，鼓励学生标新立异，寻找出最优方法，提高学生探索问题和解决问题的能力。在讲授“直线和圆的位置关系”时，通过圆的位置变化，展示出数学的奇异美，让学生感受不同的位置有不同的结论。在讲授“圆与圆的位置关系”时，通过两个圆在不同的位置变化，引起学生的好奇，激起学生的学习兴趣。奇异美让课堂充满惊喜，潜移默化地让学生进行思考，发散学生思维进而影响学生对数学学习的兴趣。

数学中的美还有很多方面，教师在教学过程中还可以让学生多角度地去审视数学之美，每一种美都不是孤立的，其是密不可分、相辅相成的，需要教师在传递知识的过程中不断挖掘，这样才能更加让学生体会到数学的美学价值。教师要勇于创新，引导学生感受并发现数学之美，激活学生的学习动机，以学生的数学素质、数学学习兴趣、数学能力为目标，调动学生学习数学的积极性和探究欲望，激起学生的审美兴趣，增强对初中数学的探索创新能力。

### 参考文献

[1] 赵琳.初中数学欣赏课的教学设计研究[D].苏州大学.

[2] 杨小刚.数学美在中学数学教学中的应用[D].西北大学.2016.

[3] 陈咪咪.数学文化融入初中方程教学的案例分析[D].天津师范大学.2015.

[4] 王林辉.中学数学教学中的美育初探[D].长春：东北师范大学，2002.

[5] 常洁.初中数学教学中应怎样让学生“悟”到数学美思考[J].赤子(中旬)，2016(24)：244.

[6] 谢文广.浅析初中数学课堂中“数学美“的探索[J].科学大众(科学教育)，2012，000(007)：57-57.

[7] 叶红.探寻初中数学课堂中的数学美[J].华夏教师，2014(05)：62-62.

# 我是这样帮助学生理解函数的

张春玲

**摘要：**函数知识是中学数学的核心内容，它研究变量，反映一个变化过程。函数是研究现实事件的变化规律的一个重要模型，函数教学是初中数学教学的重点和难点，说重要，是因为它引入了函数思想，融合了方程思想和数形结合等初中数学的重要思想，沟通了代数、几何，是高中函数、三角和解析几何的基础，更具有重要的实际意义。说它难，是由于在此前学生接触的基本上是常量的内容，第一次接触非常量意义的函数概念，特别是在学生的概念形成水平较低时，他们在认知上可能会出现困难。因为引入了新的思维方式，题目的综合性大大提高，题目的难度也随之增大，再加上学生的学习被动，缺少好的学习方法，自然会在学习过程中对函数望而生畏。

## 一、做到早渗透，早接触，在学生的知识结构中产生朦胧的函数意识

从初一刚开始的教学中，就要抓住相关内容及早向学生渗透函数的思想方法。在我们初一的教材中，虽然没有提到函数概念，但反映两个集合中元素之间的对应关系的例子却相当多，我们知道这就是函数的本质，我们可以利用这个契机，使学生知识结构中产生朦胧的变化意识。

例如：初一在讲“字母表示数”的时候，就有这样的例题：正方形的边长是$a$，则它的周长是______，面积是______。

这是一道小题，但为了渗透函数意识，我们可以这样来发散思维，边长$a$是

大于 0 的任何一个数，当 $a$ 取定一个值时，周长就有唯一的一个值和它对应，当 $a$ 变化时，周长也会随之变化，这样边长与周长之间就形成了一种对应关系。

实践证明，这样的分析学生是完全能够接受的，如果我们能注意在学习与函数相关的知识时，经常向学生渗透“对应”的观点，那么到学习函数概念时，就不会感到生疏和突然。他们就能顺利地接受函数概念，并把函数的知识尽快地内化到自己已有的知识结构中去。

## 二、本着源于生活，应用于生活的原则，让学习在实际生活中去感受，去领悟

在华盛顿儿童博物馆的墙上有一幅醒目的格言：“我听见了就忘记了，我看见了就记住了，我做了就理解了。”函数与现实生活的联系是很密切的，根据学生好动的心理及善于直观形象思维的特点，我们可以给学生提供一些直观的实践活动，有助于调动学生的参与热情，也更能从活动中得到启发，有所领悟。

活动的安排可采用如下的步骤：

### （一）合理选材，适当安排

学生的家庭背景各不相同，在安排实践活动时，可提供多个内容，让学生可以根据自己的情况去选择。如了解上网收费情况，为自己家安排一个省钱的方案；了解用水收费标准，算一算家里的水费；打一次车，了解出租车收费情况……有条件的还可以到父母的单位，如商场、医院、银行、物业、旅行社等，教师要提供合适的调查内容，并给学生充分的时间去实践。也可以结合成小组，这样既培养了学生的合作学习的能力，也为学困生提供了帮助。在学生调查、了解、实践的过程中，教师要不断地加以询问、指导、帮助、督促等，甚至与家长协调，帮助学生完成课题。

### （二）提供“平台”，尽情展示

“交换一个苹果，各得一个苹果；交换一种思想，各得一种思想。”让学生走上讲台，把他所获得的知识分享给大家。同时也暴露他们感知理解新知识的矛盾和差异，把他们弄不懂的地方、错误的地方都摆在桌面上。教师再引导他们独立思考，摒弃错误，发现真理，促进感性认识到理性认识的转化。同时，在这样的活动中，让学生发现自己要学习的东西，能够积极地被同化，因而容易得到更深刻的理解。

### （三）抛开现象，揭露本质

引导学生归纳总结这些问题的共性，学生就会发现在这些问题中都存在变化的量，而且一个量的变化影响着另一个量的变化，从而感悟到函数的内涵。

## 三、分清各类函数的本质，重视三种表示方法

初中阶段主要研究一次函数、二次函数、反比例函数三大类。教师要引导学生认清这三类函数的本质，抓住根本，理解透彻。例如：一次函数的本质是“均匀变化”的结果，或者匀速上升，或者匀速下降。但凡均匀变化的事物一般符合一次函数的模型，如匀速行走，在相同的时间间隔内，行走的距离是相同的；商场卖商品常说：“每件商品售价每降低 1 元，则平均可多卖 10 件货物。”这些问题的实质都是“等距离变化”一般符合一次函数模型。看一个实际问题是否符合一次函数模型，就是看是否“匀速变化”。几个不同速度的匀速变化，就是几个不同的函数。另外，我们在关注函数解析式的同时，更要关注函数的直观表示：表格和图像。每分析一个函数问题，就尽可能让学生用三种方法来表示，尤其要充分讨论图像，它能直观地反映出两个变量的对应关系，同时，定义域、变化趋势等也一目了然。引导学生会识图像，画图像，根据图像分析问题，比教会学生求解析式更重要，也更具有实际意义。

## 四、善于挖掘其他章节的内容，与函数联系，做到循环巩固

学生在学新的一章以后，前一章的知识或多或少都会出现遗忘，因此教师要善于分析教材，挖掘知识间的联系，形成知识网。函数和方程一样，是一种解决问题的办法，不要把函数看成一个知识点，学完后放置一边，等到临考时再抓紧复习，这样的效果肯定不理想。函数可以解决其他很多章节的内容。如：在学习中点三角形（连接三角形三边中点所构成的图形），中点四边形时，随着图形的变化，某些量会发生相应的改变，这不正是典型的函数关系吗？每取一次中点三角形，这个三角形的周长和面积都会发生相应的变化。若原三角形的面积是 1，第 $n$ 个中点三角形的周长是 $P$，面积是 $Q$，则 $P$ 与 $n$ 之间的函数关系是 $P=（1/2）n$，则 $Q$ 与 $n$ 之间的函数关系是 $Q=（1/4）n$。有了这个函数关系，无论计算第几个中点三角形的周长和面积都会很轻松地解决，还可以进行变式使用。

经过不断的循环巩固，学生就又有一把开启问题之门的“钥匙”，这正是我们学习函数的目标。

**五、站在高角度复习，提高复习环节的实效性**

在初三复习的时候，我们往往都脱离不开传统的复习摸式，主要是讲知识点，练知识点，就会造成会的还会，不会的还不会，这种简单的重复性复习没有良好的实效。在一次教研活动中有位老师曾说过：“要学好数学有两招儿，一是题海战术，二是学透概念。”所谓学透概念，不是简单的知道，而是深入透彻的理解，在任何情境中都能看到问题的本质。在我们复习函数时，从概念入手，站在一个较高的位置来分析函数的内涵，只要符合某种对应关系就是函数，函数的外延非常广泛，我们所学习一次函数、二次函数、反比例函数只是大海中的一滴水，需要我们去挖掘和探索的东西还很多。

综上所述，函数思想方法是中学数学的重要思想方法之一，有很多学生因为学不好函数而苦恼，教师要善于为学生“排忧解难”为学生修建一个高低适度的台阶，使每个学生都能攀爬到顶峰。

# 信息技术辅助数学教学

路秀宇

**摘要:** 现代教育教学手段的综合应用，更大限度地让学生体会到学习的快乐，形成学以致用的意识。在课堂教学中，教师注意应用各种信息技术手段，灵活地传授知识，将知识化难为易，化抽象为具体，化静为动，充分发挥学生的自主性学习，有利于提高学生形象思维和逻辑思维的能力。教学的新颖性、多样化、趣味性，可以吸引学生的注意，激发学习动机，提高学习积极性，从而提高数学课堂的教学效率。

《课程标准》指出：在数学教学活动中，“学生是学习的主体，教师是学习的组织者、引导者与合作者”。这样的角色定位集中体现了以学生发展为本的目标取向之下，教师和学生之间应具有的关系。毫无疑问，今天的数学课堂，教师所做的一切都是为了学生的发展，对学生学习主体地位的强调不仅必要而且必需。这里需要正确认识的是，突出学生的主体地位，并不意味着教师教学主导性的削弱，而是对教师提出了更高的要求，即需要教师从一个单纯的知识传授者转变成数学学习的组织者、引导者和合作者。这种角色转变是对数学教师教学技能和素养的挑战，也应该成为数学教师专业发展的目标。数学教学不仅仅表现为抽象的符号传授，更应是生动的、富于思维碰撞的心灵沟通。运用信息技术目的是为了更好地解决在传统教学中不能或难以解决的问题，突出学生的主体地位，提倡的是学生能够自主学习，使用信息技术作为教学辅助工具，可以为教学注入活力，使长期困扰教师的某些教学难点迎刃而解，在教学中可以提高一定的教学效果。

## 一、利用信息技术，加强学生自主化学习

信息技术整合了声音、文本、图像等，具有了多媒体的演示功能，在数学课堂教学中，可以把信息技术作为演示工具。

**【案例 1】**二次函数图像和性质，在“二次函数图像和性质”这一节中，一方面教师可以通过设置控制函数图像，演示给学生看；另一方面，也可以让学生上机操作，自己输入 $a$、$b$ 和 $c$，观察图像的变化，摸索 $a$、$b$ 和 $c$ 对图像的影响，整个教学过程一改过去，对许多学生头疼的、枯燥的理性阐述，像是在做游戏。突出了学生的主体地位，激发了学生空前的热情，学生的创造力得到了充分发挥，得出了许多新的发现，体验到数学发现的快乐与成功的喜悦。在电脑图像的不断变化，同学之间的互相讨论，教师的点拨指导等反馈中，逐渐形成自己的知识体系，学生就由原来的“听”数学，变成了“做”数学，达到自我知识的重新整合。

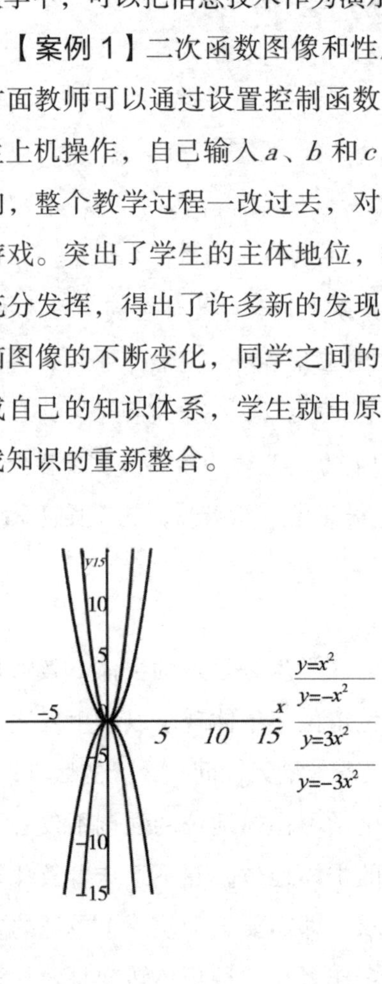


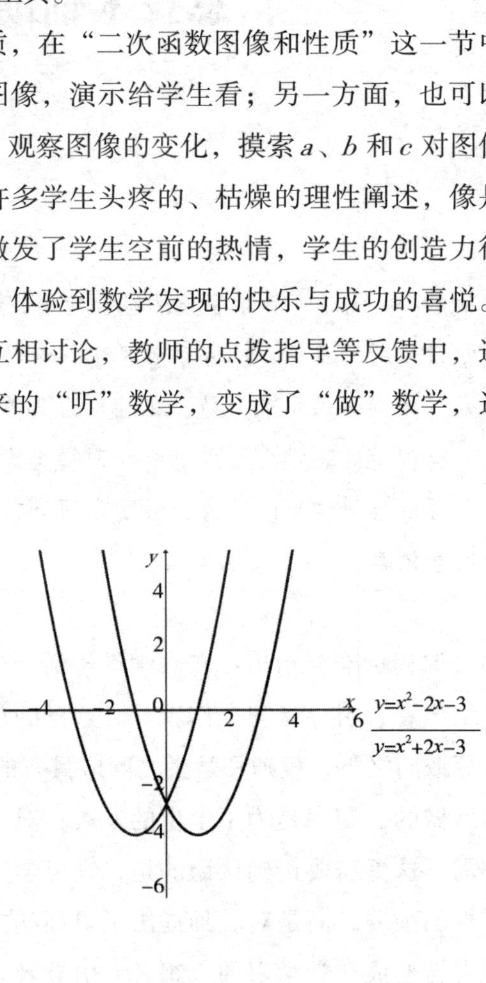


**【案例 2】**在讲解一次函数的性质时，我们通过课件演示，改变一次函数 $y=kx+b$（$k\neq 0$）中 $k$ 与 $b$ 的值，让学生观察图像的变化，最后总结出一次函数图像的性质，从而能够准确地解答有关题目。

如图，直线 $l_1$: $y=ax+b$ 和 $l_2$: $y=bx-a$ 在同一坐标系中的图像大致是（　　）

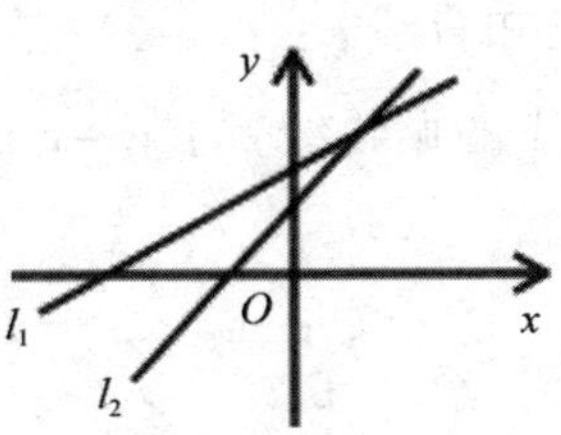


A

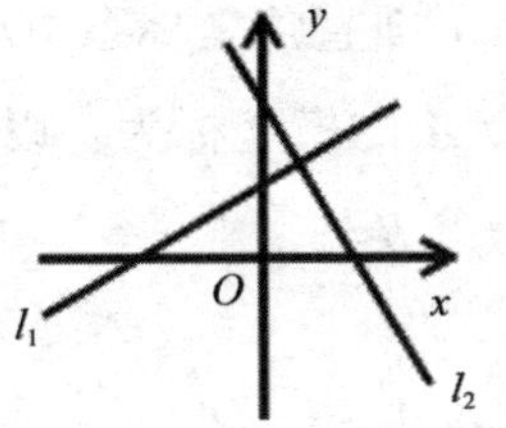


B

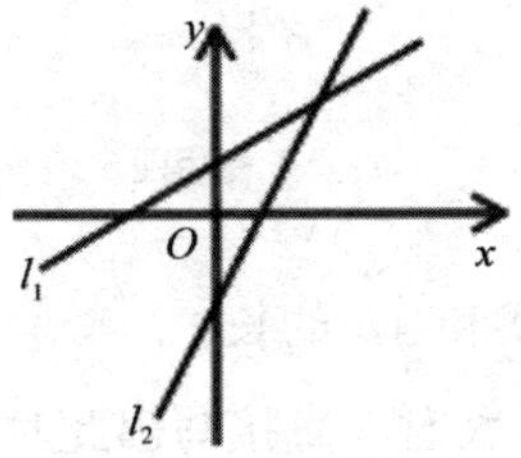


C

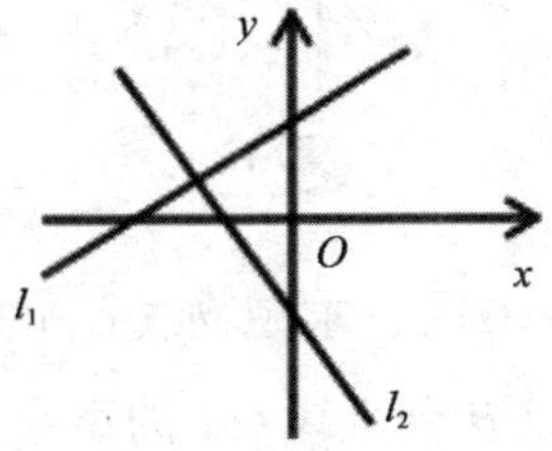


D

通过这种知识的再现，丰富了学生的抽象思维，提高了学生的分析探索能力，并能通过演示、比较，提高学生的积极性。这样教学内容就可变得形象生动，栩栩如生，学生也会兴趣盎然。利用多媒体技术中图文并茂，综合处理功能强的优势，把人类对知识的发现和总结过程重现，引导学生养成良好的思维方式。

## 二、利用信息技术使抽象的数学图形形象化

当学生走过了初一跨过了初二学完了初三的数学新知识后，经常会遇到一些几何和代数的综合题目。尤其到了初三总复习阶段，利用所学知识解决综合问题，更体现了一个学生综合解决问题的能力，而经常会运用图形变换的知识解决问题。在解决数学问题时不仅要具备推理能力，还需要具备想象力，而有些图形的构成是比较抽象的，这时就可以借助几何画板来演示图形的运动过程。例如中考模拟题的最后一问就不是特别好理解，而通过几何画板的动画演示，就能很快很形象地找到解决问题的突破口。

【案例3】如图1，在平面直角坐标系$xOy$中，直线和抛物线$w$交于$A$，$B$两点，其中点$A$是抛物线$W$的顶点．当点$A$在直线上运动时，抛物线$w$随点$A$作平移运动。在抛物线平移的过程中，线段$AB$的长度保持不变。应用上面的结论，解决下列问题：

如图 2，在平面直角坐标系 $xOy$ 中，已知直线 $l_1$：$y=x-2$。点 $A$ 是直线上的一个动点，且点 $A$ 的横坐标为。以 $A$ 为顶点的抛物线 $C_1$：$y=-x^2+bx+c$ 与直线 $l_1$ 的另一个交点为点 $B$。

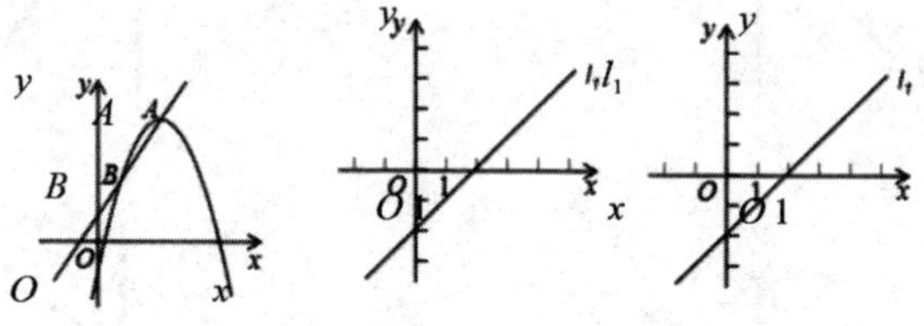


图 1　　图 2　　备用图

（1）当 $t=0$ 时，求抛物线 $C_1$ 的解析式和 $AB$ 的长；

（2）当点 $B$ 到直线 $OA$ 的距离达到最大时，直接写出此时点 $A$ 的坐标；

（3）过点 $A$ 作垂直于 $y$ 轴的直线交直线 $l_2$:$y=\frac{1}{2}x$ 于点 $C$. 以 $C$ 为顶点的抛物线 $C_2$: $y=x^2+mx+n$ 与直线 $l$ 的另一个交点为点 $D$。

①当 $AC\perp BD$ 时，求的值；

②若以 $A$，$B$，$C$，$D$ 为顶点构成的图形是凸四边形，直接写出满足条件的的取值范围。

通过动画演示最后一问，学生能够直观地观察到凸四边形的形成过程，成立与不成立的对比就非常明显，电脑课件的应用使抽象的图形形象化，有助于加强学生的想象能力。

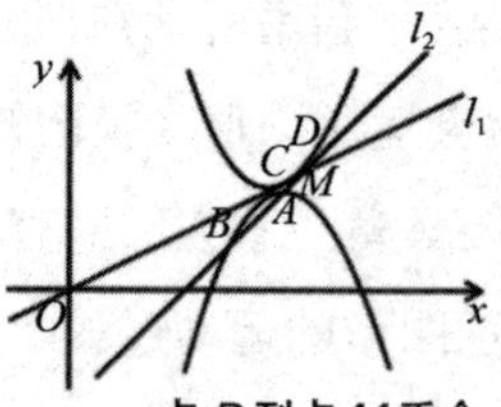


点 $D$ 到点 $M$ 重合

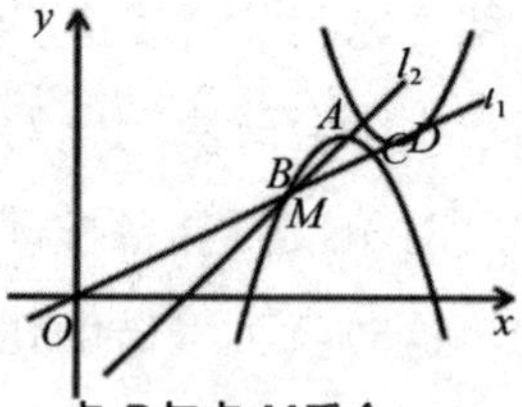


点 $B$ 与点 $M$ 重合

这是一道二次函数综合题，涉及的知识点有待定系数法求函数表达式，点到直线的距离，平行于坐标轴的点的特点，方程思想的运用。动点问题，综合性较强，难度较大，尤其是最后一问，解决动点问题，要找出动点中的关键点画出图形。此题中有四个点 $A$、$B$、$C$、$D$，分别在两条直线上运动。而这四个点中最关键的是点 $A$，点 $A$ 动，则其他三个点都随之运动，所形成的图形就在发生变化。在解决问题时，学生通过想象、画图，老师再通过动图演示，这样抽象与直观相结合，能够使学生非常直观地观察到图形的变化过程，从而找到解决问题的突破口。通过动图可以演示点 $A$ 从左向右运动，从点 $D$ 到与点 $M$ 重合，到点 $B$ 与点 $M$ 重合的过程，可得满足条件 $t$ 的取值范围，从而找到问题的突破口。

## 三、利用信息技术深化知识的形成过程

在数学的课堂教学中，恰到好处地运用多媒体课件，能为学生提供逼真的教学情境、丰富的教学资源，为学生营造一个色彩缤纷、声像同步、动静结合的学习情境，使学生的多种感觉接受刺激，从而促进学生思维能力的发展。一定会使传统的课堂教学产生质的飞跃。

**【案例 4】**提出一个问题：“顺次连接四边形各边中点围成什么图形？”在计算机屏幕上显示的效果就比过去灵活得多。在“几何画板”的支持下，可以在屏幕上给出一个动态的四边形，它在运动的过程中忽而是凸四边形，忽而是凹四边形；四边中点连线组成的四边形也是不断变化的，可能是一般的平行四边形，也可能是特殊的平行四边形。在这种情景下我们可以给学生更多的思考空间，学生就能探究怎样的条件得出何种结论。

已知：四边形 $ABCD$，点 $E$、$F$、$G$、$H$ 分别是各边中点，探究：四边形 $EFGH$ 是什么四边形？

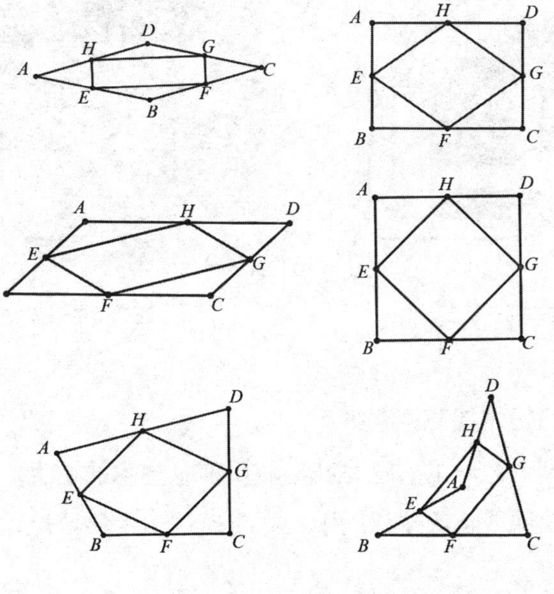

【案例5】在讲完四边形及特殊四边形这一章节之后，可以通过几何画板的动态演示将这一章节的多边形串联起来，体现一般四边形与特殊四边形的联系与区别，从而使知识得到深化。

## 四、信息技术作为教与学辅助工具，化抽象为直观

初中阶段的几何学习更需要用先进的教学工具来辅助教学，比如几何中涉及的平移、旋转、轴对称的图形变换，使各类几何图形能在静态和动态的状况下展现给学生，既激发学生兴趣，同时也大大加快理解速度。以及投影、视图、展开图这些都需要用计算机这个先进的教学设备来演示，把任何几何图形与立体几何图形以形象的三维形式再现。（如图）

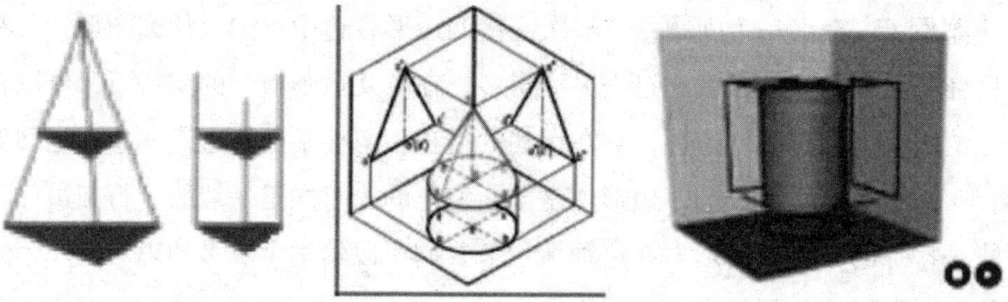

不同光源、不同角度下物体，圆锥在正投影下的三视图，圆柱体的三视图投影形状、大小的变化，引出投影线、投影面、斜投影、正投影等概念。

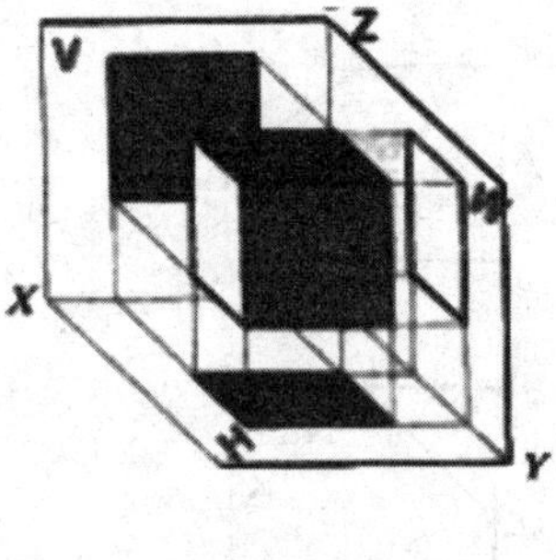


正方体的三视图

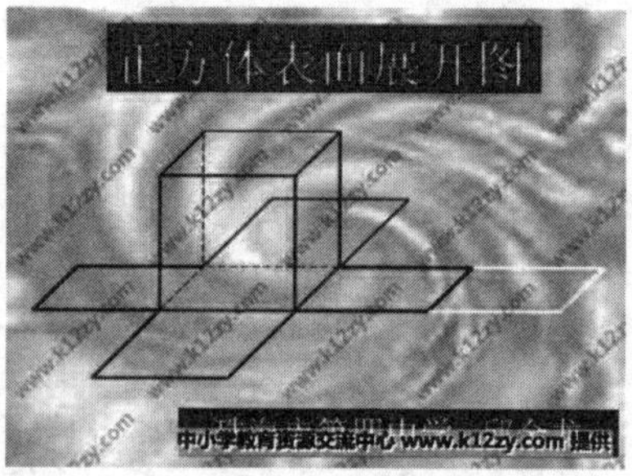


正方体的表面展开图

## 五、利用信息技术提高课堂效率

信息技术是辅助教学的，这是我们使用信息技术的初衷。教师利用手机和电脑中的智能关联软件“希沃授课助手”即时抓拍学生学习过程中的问题，即时上

传到电脑和电视屏幕加以反馈，这使得无论是推送本节课的教与学的内容，还是反馈练习，学生与老师、学生与学生在线上或线下交流快速及时，方式多样、方便有趣，不但极大地调动了学生的学习积极性，而且也提高了课堂效率。在教师的启发下，唤起了学生探究的愿望，诱发了学生参与学习的动机。这样，学生在积极思维的状态下进入学习，深化了所学知识，收到事半功倍的学习效果。

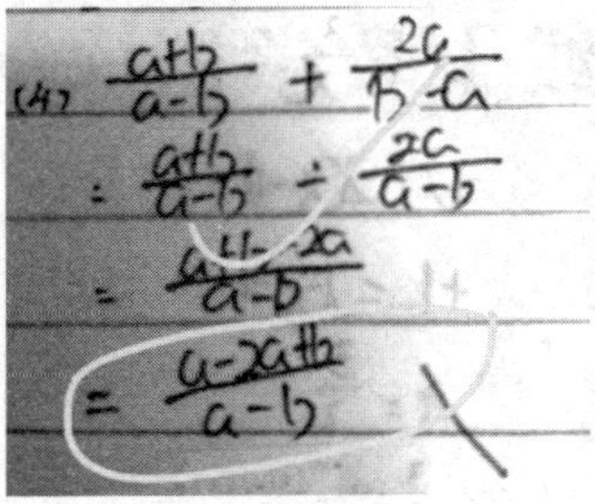

集中纠错

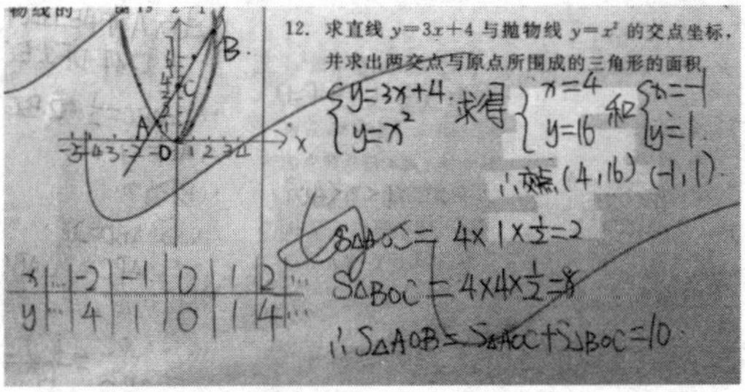


展示正确答案

现代信息技术的应用，改变了我们的生活方式，也改变我们的教育理论和教育方法。在多媒体和网络环境中我们的教学方式和学生的学习方式都在发生巨大的变革。现代信息技术与数学的结合，使数学课形象、生动、具体了，活跃了课堂的气氛，提高了学生的学习积极性。应用信息技术教学，能根据教材的内容和教学需要化静为动，动静结合，直观生动地展示出来，这样不仅可以激发学生探究新知识的兴趣，而且使学生学得主动，同时加深对知识的理解，培养了学生思维的灵活性和创造性。当学生思维受阻或反思的时候，利用信息技术可以模拟知识的形成过程和展示知识的结构，变抽象为具体，化腐朽为神奇，特别是在学生"顿悟"的一刹那对思维的发展最有效。利用信息技术为学生提供一个实验平台，供其实践操作、探索、发现。信息技术与学科整合作为一种新生事物，我们只有适时、适度地把握好应用时的各个小问题，才能发挥其最大的效果，使教学实现跨越式发展。

作为一个教师要注重总结，善于反思，才会不断进步。在信息技术与教学实践相结合的实践过程中，根据具体教学实践情景来进行反思，以后再结合具体的任务和情境来设计数学课堂的教与学，从而提高课堂教学的效率，在课堂教学中不断深化课程改革。

# 基于目标的问题引领式线上教学初探

孔月敏

**摘要**：面对疫情带来的新挑战，线上教学是所有一线教师不可逃避的现实，为了学生的线上学习效果，教师必须马上转变教学观念，变通传统教学方式。笔者亲身体验摸索了一个适合线上数学学习的模式，即基于目标的问题引领式线上教学，这个模式能够有效地提高线上教学效果，缩短师生的空间距离，实现预期的教学目标。

**关键词**：线上教学；问题引领；基于目标

线上教学是一个新的体验，对于师生都是一种从未经历过的挑战，可是同时挑战就意味着可能是一个新的机遇，既然是全新的、没有历史经验可循，那么原先线下的教学方式方法定然不能生搬硬套、直接拿来用于线上教学，况且有过这样一个线上教学经历之后，我们更应该深刻地意识到在这个知识爆炸的年代，知识的更新速度快得惊人，从某种意义上说，学生能够学到多少知识已经不那么重要了，与此相比，让学生学会思考、学会学习就显得格外重要，而学生的思考能力、问题意识甚至创新精神又很大程度上依赖于教师对问题的设置和引导，因此，我摸索了一套基于教学目标的问题引领式线上教学模式。

基于教学目标的教学，其根本特征在于：围绕目标设计教学、围绕目标组织教学、围绕目标评价教学。这样的教学，其落脚点在于学生的“学”，教师的作用在于“导”，学与教的连接点在于“目标”。2011 版数学课程标准把课程总目标从四个方面进行了阐述，即知识技能、数学思考、问题解决和情感态度，并要求在课程设计和教学活动组织中应同时兼顾这四个方面的目标，这些目标的整体实现，是学生受到良好数学教育的标志，并且这是对学生的全面、持续、和谐发展有着重要的意义。

但是面对线上授课的新形势，绝对不能将原来 40 分钟的课堂照搬到线上，我的想法是必须按照线上授课的特点，对课程进行内容和形式的全新重组，结合七年级学生的年龄特征，把教学目标站转化成学生可以通过学习完成回答的问题，教学过程用问题的形式引领导学，既能完成教学任务又可以调动学生的学习的主动性。

下面就基于教学目标的问题引领式线上教学模式作一介绍：

## 一、每节课先进行作业反馈说明

作业反馈说明是针对学生在练习巩固中反馈出的问题进行分析讲解和相关知识方法的强调。如图 1，是学习《解不等式组》时的问题反馈情况。这样做既能让学生对知识方法得到正确的理解和巩固，也能为下面新知识的学习清除障碍，使得学生的学习能力得到延续提升。

反馈问题

1. 解不等式：

（1）要有解每个不等式的过程；

（2）用数轴确定两个解集的公共部分；

（3）结果表示出不等式的解集；

（4）求特殊解时也要先画数轴，写出组的解集再看着轴写特殊解。

2. 注意解不等式的过程中习惯于把含未知数的项放在不等号左边，常数放在右边

图 1

## 二、向学生展示学习目标、学习重点和学习方法的指导

但是只让学生看学习目标就如隔靴挠痒，根本起不到作用，只是会让学生雾里赏花，越看越花！因此，我启用了两个激发学生学习动机的策略：

1. 预留学习任务

在学生上新课之前先结合课程内容设置 3 至 4 个小问题，就像寻宝一样让学生带着问题去学习，这样学生上课就能听到“点子“上，也就是能听出“门道”。图 2 是学习《一元一次不等式组及其解法》时，课前我向学生展示的学习目标和寻宝游戏的问题。当然，对所设置的问题也是有要求的，优质问题能够深化学生的思维品质，提出的问题除了围绕目标设定以外还要满足以下条件：首先问题数量不超过 5 个，这样能够保证问题的质量可以促进学生的深入思考，促进学生对数学内容本质的理解并能引导学生自身主动投入课堂去发现问题和提出问题；其次问题设置既要兼顾不同层次学生的差异性又要覆盖课堂的重点内容，深入了解学生并为其搭设不同的“脚手架”，使每位学生都能够通过探究学习可以“寻到宝”，能够成功超越自我、超越现在。

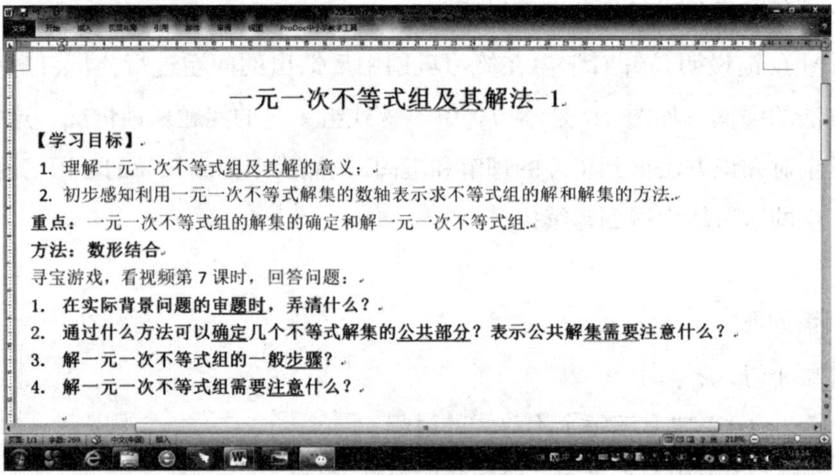
一元一次不等式组及其解法-1

**【学习目标】**

1. 理解一元一次不等式组及其解的意义；
2. 初步感知利用一元一次不等式解集的数轴表示求不等式组的解和解集的方法。

**重点：**一元一次不等式组的解集的确定和解一元一次不等式组。

**方法：数形结合**

寻宝游戏，看视频第 7 课时，回答问题：

1. **在实际背景问题的审题时，弄清什么？**
2. **通过什么方法可以确定几个不等式解集的公共部分？表示公共解集需要注意什么？**
3. **解一元一次不等式组的一般步骤？**
4. **解一元一次不等式组需要注意什么？**

图2

2. 下课后展示课堂记录和问题解答情况

比赛谁记录得更好，既能向同学展示认真的自己，也可以互相浏览图片起到生生学习的效果。学生们对寻宝游戏和展示环节的积极性都非常高，下课后都会争先恐后在学习组群里晒出自己的成果（图 3、图 4、图 5）。我也会结合学生回答问题情况及时给出参考（图 6），便于学生再补充完善自己所学。

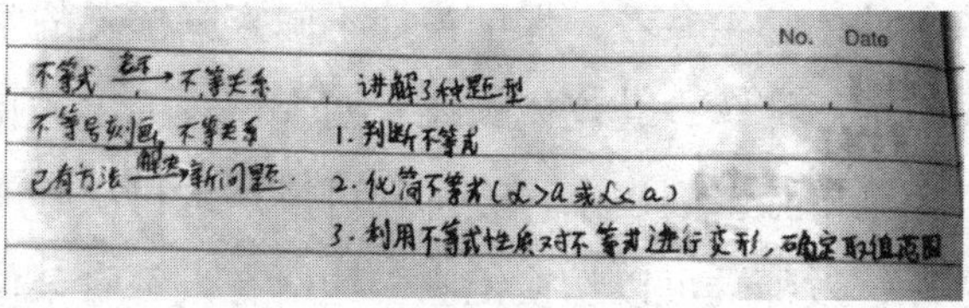


图3

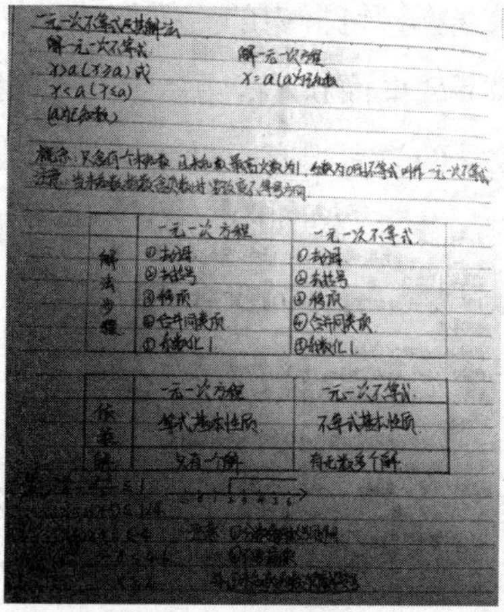

图4

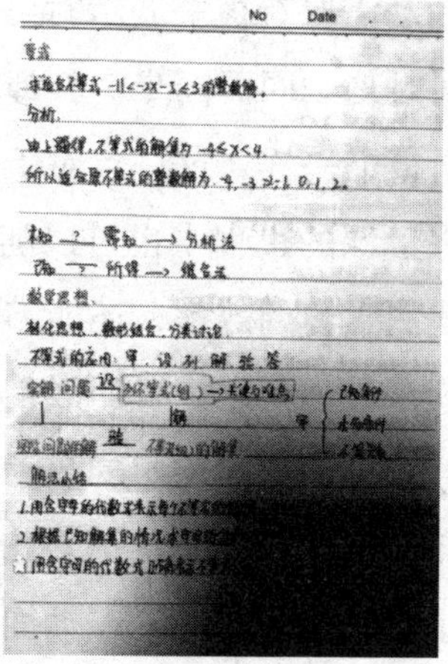

图5

反馈问题

1. 解不等式：

（1）要有解每个不等式的过程；

（2）用数轴确定两个解集的公共部分；

（3）结果表示出不等式的解集；

（4）求特殊解时也要先画数轴，写出组的解集再看着轴写特殊解。

2. 注意解不等式的过程中习惯于把含未知数的项放在不等号左边，常数放在右边

图6

## 三、选择不同功能的软件辅助，减小线上教学的距离感

当课堂上有只做口述分析说明的活动或者需要观察学生状态强调重要事项时选择钉钉群内的会议模式，教师和学生开启摄像头，学生可以看到教师的表情，教师也可以看到和了解每位学生的状态；声音方面也是同样，学生能够无障碍集体讨论回答问题，教师也可以全员静音，保证课堂秩序安静，学生可以随时开启声音交流，这一点大大缩短了师生的空间距离；教师还可以进行文件共享，随时

共享展示准备好的文件，师生共看，保证身处不同家庭位置的学生可以同步参与学习，保证每位同学都不掉队；会议模式还有两个比较突出的特点，开启会议后没有及时入会的学生会单独罗列出来，教师端可以一键再次呼叫，能够保证学生课堂的完整性；另外，教师端可以切换镜头，让所有人都看某位同学，这样就可以保证学生随时参与展示，调动学习的积极性。

当课堂活动需要有板书展示时可以选择钉钉群内的直播模式，它的优势是，学生和教师时时刻刻同屏同步，教师端下载桌面粉笔，在文件上涂写，学生可以像在教室里看板书一样，这一点对于数学的学习很有帮助，不论是数还是形都能得以展示，在上课的过程中也可以随时暂停，强调重点，突破难点（图 7），不仅可以提高我们学习的效率，还能够保证学生有如同身在教室的感受。直播的另外一点优势就是教师可以设置回放，也就是直播过程会被全程记录，能够反复观看，选段观看，方便不同层次的孩子后续学习时复习参考使用。当然，钉钉直播也是可以互动的，学生可以随时点击连麦进行交流互动（图 8），教师也可以通过互动面板了解学生的想法，互动面板的信息会留存在钉钉群里，教师能够通过翻阅信息，查看学生的问题是不是得以及时处理。

图 7

图 8

#### 四、鼓励学生随时发问，引导学生发现并提出问题，解除心中疑惑

爱因斯坦说过：“发现问题并准确地提出问题比解决问题更重要。解答问题可能仅仅是凭借现有知识，换个角度去思考老问题，而发现问题并提出新的问题，则需要更高的创造性和想象力。”可见提出问题的重要性。学生可以随时现场发问，也可以单独发信息提问（如图 9，图 10）。当学生提出问题时，教师要以宽容的态度对待学生的提问，并及时快速地解决学生疑问让学生具有获得感和成就感，从而培养学生的问题意识和创新意识。

图 9

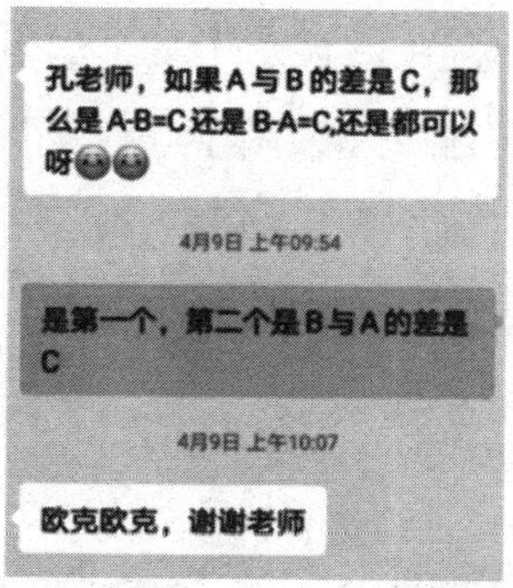


图 10

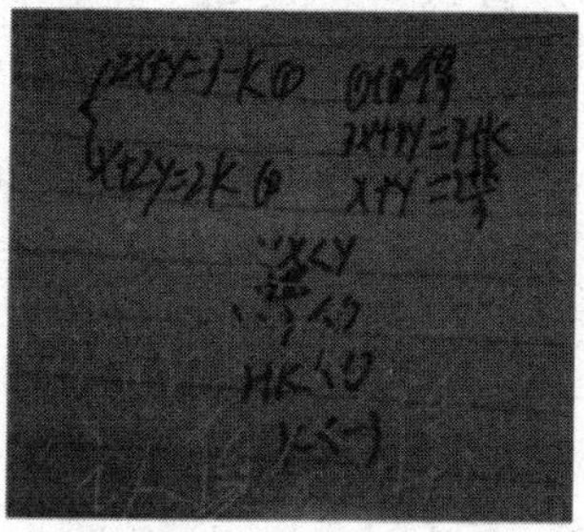

图 11

## 五、及时反馈效果，提升学习信心

课上学习活动问题解决好了，后续可以利用一起中学App进行追踪学习效果，软件内的题目库存提供了自由的选择空间，我可以根据学生学习的状况组题，题目类型全面，难易程度可以调控，组题完毕还有时间建议，这样我对学生的学习效果预测更准确；主观题还可以设置选择学生上传过程，通过学生的书写确认其思维过程，及时发现问题，解决问题（图 11）。可以设置课前测试和课后练习，课前简单的两三个问题，了解学生已经掌握的知识结构和学习状况及存在的问题，以便讲解时更具体、更有针对性。课后练习可以让学生准确把握对知识和方法的掌握情况，做到心中有数，如果反馈良好，会极大地增强学生的学习自信

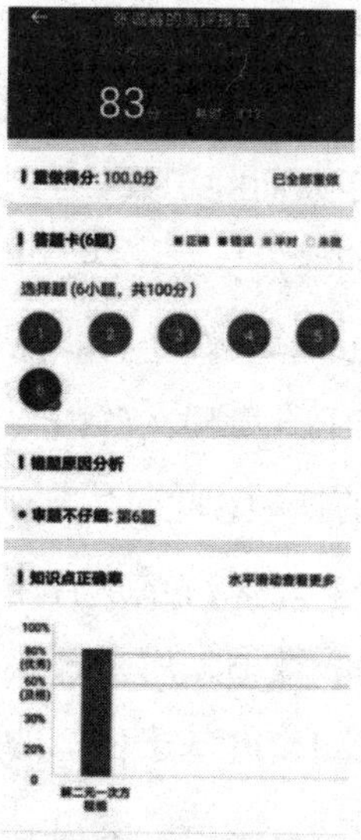


图 12

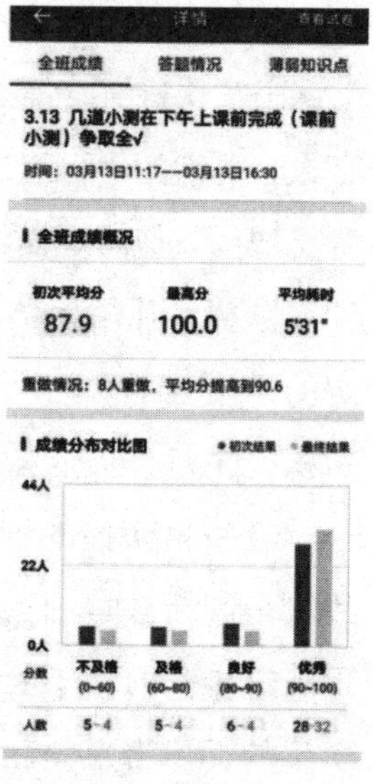


图 13

心，从而激发他们继续学习的动机；如果反馈不佳，根据后台所显示的数据发现问题所在，我就可以结合数据分析引导学生正确归因，并及时弥补知识和方法的不足，同样可以达到预期的教学效果。图 12 展示了全班成绩概况，含平均分、最高分、平均耗时及重做统计，图 13 展示了某个学生的测评报告，有分值、耗时、答题卡及知识点正确率的条形统计图，图 14 展示了每道题的得分率，图 15 展示了薄弱知识点、按照知识点分别罗列：薄弱人数，一般人数及较好人数。总之，通过后台班级数据分析，我可以总体掌握学生的知识学习效果和学习状态；通过了解个人的测评报告可以追踪指导，因材施教，给不同的学生私人定制补助套餐，促进学生的习惯养成。

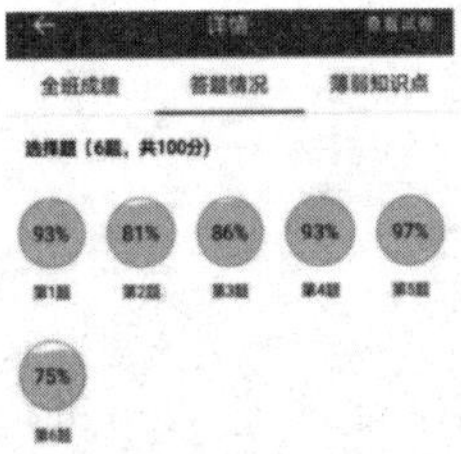


图 14

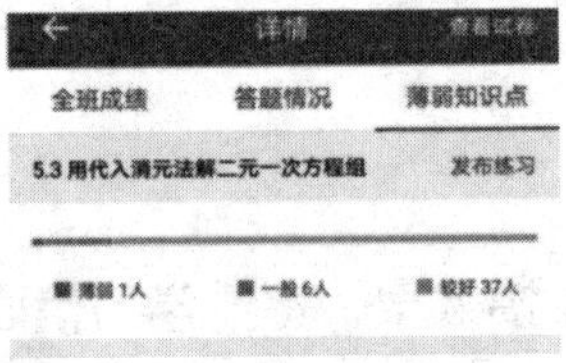


图 15

在整个教学过程中，我主要采取“目标引领，设定问题 + 平台互动，探究问题 + 合理评价，解决问题”相结合的教学模式，当然，其间也要根据具体情况适时添加作料，比如，课前一两分钟时我通常都会在微信群里 @ 所有人：“老师喊你们来上课啦，快进钉直播，等你来！”下课后看到学生们踊跃展示课堂记录时及时 @ 所有人“哪组的小可爱们啊，青出于蓝而胜于蓝！”“学海无涯苦作舟，仁者见仁智者见智！”“博观而约取，厚积而薄发！”……及时给予肯定和鼓励，激发学生的创造欲望，让学生体验成功！遇到学生作业有难点时，我会借力使力，让不同层次的学生分享对问题的理解，录成小视频在群内共享，这样做学生不仅录制视频的积极性高，也都乐于观看同学的视频，此时达到了此处无声胜有声的学习效果。

在疫情防控的特殊时期，要始终保持紧张有序的工作状态，既是对教师的挑战又是创新教学的一个机遇。用心教书，用爱育人是我追求的目标，今后我仍会不断进步学习，不断摸索、研究和改进基于目标的问题引领式线上教学模式，给学生的学习带来全新的体验和感受，坚持勤交流，多实践，多总结，提升教学应变能力，提高教学水平，以取得更好的教学效果。

# 分析学生前认知以学定教提高英语阅读实效性

侯晓青

**摘要**：在初中英语阅读教学过程中，分析学生前认知，了解差异才能真正做到以学定教，是贯彻新课标精神，提高阅读课的实效性，使得不同水平学生的英语阅读能力都有所提高，促进学生英语学习可持续发展的关键。

苏联教育家维果茨基曾经提出“最近发展区理论”，他的研究表明：教育对儿童的发展能起到主导作用和促进作用，但需要确定儿童发展的两种水平：一种是已经达到的发展水平；另一种是儿童可能达到的发展水平，这两种水平之间的距离，就是“最近发展区”。把握“最近发展区”，能提高课堂实效，加速学生的发展。我认为，这里所说的儿童已经达到的发展水平就是指儿童的前认知，广义地说，它既包括儿童已有的智力水平、知识储备，也包括语言技能等各个方面。教学要要准确把握住学生以达到的发展水平，从个体差异出发，把最近发展区转化成现有发展水平，并不断创造出更高水平的最近发展区，才能促进学生不断发展。本文将结合自己的教学实践，就在初中英语阅读教学中，如何分析学生前认知，了解差异，以学定教谈谈自己的认识。

## 一、在英语阅读教学中，分析学生前认知，了解差异的必要性

新课标要求学生小学毕业时应具备的阅读能力为：1.能正确地朗读课文；2.能理解并执行有关学习活动的简短书面指令；3.能读懂简单的故事和短文并抓大意；

4. 能初步使用简单的工具书；5. 课外阅读量应累计达到 4 万词以上（《英语课程标准》2011）。但是由于小学教育和家长重视程度的不同，学生升入初中时英语知识的储备、学习经历、学习能力和学习方法已经有了很大差异，再加上我国基础教育实行大班制，每个班级少则三十人，多则近五十人，给初中英语老师带来了巨大挑战。如果教师无视学生前认知存在的巨大差异，一厢情愿地选择阅读材料、布置阅读任务，只满足部分同学的需求，而其他同学或是因难度过低而“吃不饱”，或是因难度太大“吃不下”，造成课堂效率低下，也违背了新课标提出的英语教学要面向全体学生，为学生全面发展和终身发展奠定基础的原则。因此，教学设计要科学有效地分析学生前认知水平，选取适当的阅读材料，以学定教，因材施教、制定有针对性的教学目标和重点，设计有效的教学活动，使得每一名学生都最大限度地学有所得。

英语阅读一直是初中英语教学的重点和难点，阅读题的分值在中考试卷上所占比例最大，虽然在教学过程中教师一再强调，带着学生做了大量的中考模拟阅读练习，许多学生的英语阅读能力依旧薄弱。究其根源，我认为主要问题是阅读训练往往缺乏针对性，或是过难，学生无从下手，或是过于简单，对于提高学生阅读能力没有什么帮助。通常来说，阅读能力的获得至少与两方面的因素有关：语言能力和阅读技巧。语言能力是指拥有一定词汇量、一定文化背景常识和一些基础语法知识。阅读技巧包括逻辑分析能力、猜词能力、推理能力、概括等，而这些因素由于学生英语基础不同，体现在阅读上差异更加明显，如果阅读材料的难度、阅读任务的设计与学生前认知差异过大，即超出了学生“最近发展区”，即使做再多的阅读练习也无法提高学生的阅读水平，师生都做了大量无用功。

以我所任教学校为例，作为郊区普通校，由于近年中考成绩出色，吸引了不少优质生源，他们往往从小学低年级就开始接受正规系统的英语教育，阅读能力达到或超过新课标要求的三级水平，但是，也有一部分同学对于英语缺乏足够的认识和重视，进入初中时英语几乎是零起点。水平差异这么大的学生同时进行阅读训练造成了很大的弊端：教师往往会顾此失彼，内容简单了，使得尖子生浪费时间、精力在一遍遍重复学习已有知识；稍微加点难度或加快一点点进度，英语基础差的同学就跟不上了，久而久之就会产生厌学甚至放弃英语学习的想法，于是多数教师就采取中间路线，针对中等生来设计课堂活动，长时间下来，尖子生或是因得不到充分的训练导致阅读水平下降，或是涌入校外英语办学机构，增加了课业负担。而基础差的同学依然是跟不上。

基于以上因素，我认为，在初中英语阅读教学过程中，只有分析学生前认知，了解差异才能真正做到以学定教，是贯彻新课标精神，提高阅读课的实效性，使得不同水平学生的英语阅读能力都有所提高，促进学生英语学习可持续发展的关键之一。

## 二、精心设计问卷，科学有效地分析前认知，合理分层，以学定教

在传统的英语阅读课的教学设计中，也有学情分析的描述，但教师往往就学生组成、性格特点、英语整体水平做一个笼统的描述，几乎可以适用于每一节课，即使有一定的针对性也是基于教师已有的经验和平时对学生的了解，缺乏科学性和针对性。对于一节阅读课，学生对阅读材料前认知包括文章背景知识、文章中的生词、语法以及阅读所需策略的掌握情况，它很大程度地影响阅读效果。那么，如何科学准确地把握学生对于阅读材料的前认知情况呢？

在不断的教学实践中，我们发现：一个精心设计的调查问卷能够很好地了解学生的发展需要和已有经验，也就是了解学生的前认知，这样才能从学生实际出发，针对“最近发展区”设计阅读任务，让学生开展饶有兴致、有切实针对性的学习，从而真正形成学生主体地位，积极发挥教师主导作用。在设计调查问卷时，要从语言知识与技能、文化背景、阅读策略等多方位、多角度地衡量，分层的方式也是多样的。既可以针对某一节阅读课或阅读材料临时分组，也可以分成相对比较固定的小组。

1. 根据前认知差异，选择不同的阅读材料。

通过测试将学生分为三组，A 组：有良好的英语学习或阅读习惯、遇到困难能够通过查阅资料等方式来解决、英语基础知识扎实、能自觉地完成阅读任务且平时阅读的准确率较高，能略读懂高于教材难度的文章并有一定的速度要求。对基础好能力强的 A 组学生，他们掌握一定的阅读策略，能够克服生词障碍，理解大意；应以扩大知识面，深挖英语深层次的内容为主，可选择高一级的阅读材料、课外读物和报刊、杂志，如《英语沙龙》《空中英语教室》等。B 组：英语基础知识比较扎实、有比较好的英语学习或阅读习惯、平时的阅读准确率在百分

之四十以上，能在教师指导下读懂相当于教材难度、难易适中的文章，诸如同步阅读教辅资料，或者《时文阅读》等。C组：英语基础知识比较薄弱、英语学习或阅读习惯欠佳且有畏难情绪、缺乏阅读兴趣及一定的阅读技能，平时的阅读准确率较低，但能在教师的指导下有计划、有目的地阅读，要求能读懂简单故事和短文。可选择既简单易懂又有兴趣的教材，如简单的童话故事或一些难度不大的阅读完形材料，帮助他们培养兴趣的同时逐步树立自信心。这里要注意的是，在学生阅读过程中，教师不要忽略自己的指导调控作用，随时了解学生阅读进展，或加以指导、或加以鼓励，必要时可以调整小组安排，不断激发学生阅读的积极性、主动性和竞争性，使得不同层次的学生都能在自己原有阅读水平上有所提高，并通过阅读获得成就感。

2. 根据前认知差异，设计不同的阅读任务。

在设计阅读任务时有一定梯度．要尽量设计适应三个不同层次的阅读文字理解题或阅读听力理解题。例如，可要求A组学生能根据上下文和构词法推断、理解生词的含义；能理解段落的句间逻辑关系；能找出文章中的主题；能够在对课文进行深加工和应用的基础上口头讲述课文主要内容，归纳文章的观点并做出评论，达到中考试卷D篇阅读的水平。可要求B组学生能从简单的文章中找出有关信息，理解大意；能根据上下文猜测生词的意思；能理解简易读物中的事件发生顺序和人物的行为；学会理解、推理和判断故事中意思表达正确的选项，达到中考试卷C篇的水平。可要求C组学生能理解简短的书面指令；能并抓住大意；在阅读材料内容、读懂字面意思的基础上识别事实及细节，比较顺利地完成中考试卷上A、B篇阅读。

### 三、利用前认知差异，在阅读课上开展小组合作，挖掘隐形资源

就阅读课来说，学生前认知的差异可分为以下几个方面：先天智力因素的差异、阅读积极性、主动性的差异、阅读材料背景知识的差异、语言知识和技能的差异、阅读能力的差异、阅读习惯的差异等，它们都会对学生的阅读效果产生很大影响。在阅读课堂教学中，小组合作是有效解决方式之一，虽然教师通常的办法是把学生按照阅读能力分成了A、B、C三组，为他们设计不同难度的阅读任务，但是这种方法在课堂教学中却存在一定弊端：在阅读课堂教学中操作起来困难很大，教师

要同时兼顾三组做不同阅读任务的学生，往往会顾此失彼反而降低课堂效率。于是，我尝试将前认知层次不同的同学分在一组，使每组都有高、中、低三层次的学生，以小组为单位完成阅读任务。它可以包含组内合作和组际合作，在合作完成阅读任务的过程中缩小前认知差异，当阅读水平较低的同学在遇到语言知识、技能上的问题时，可以及时从合作伙伴那里获得帮助，同时可以学到别人好的阅读策略和习惯，高水平的同学在给别人讲解的同事，思维会更加清晰，表达能力得以锻炼，也会更加自信。更重要的是小组合作极大地促进了不同层次学生阅读的积极性，提高阅读的主观能动性，使得各个水平的学生都有表现的机会，不断增强自信心，获得发展，教师也得以解放，可以有更多的时间进行监督、指导、评价。

以北京版第 15 册教材 Unit4 的阅读课文“MICHAELJORDAN”为例，这是一篇介绍迈克乔丹篮球生涯的文章，课前我发给同学们一张调查问卷，设计了以下 7 个问题：

表一：调查问卷

SURVEY

1. Who is Michael Jordan?
2. What do you know about him?
3. What made him so successful?
4. Do you want to know more about him?
5. How can you find out some more information about him?
6. Would you like to share your information about Michael Jordan with your classmates?
7. What do you want to know more about him?

通过调查问卷的结果统计我们可以分析出学生对于本篇阅读材料的前认知状况，本班共 41 名学生，调查结果见表二：

表二：调查结果

| | 非常 | 一般 | 较差 |
|---|---|---|---|
| 了解迈克乔丹 | 7 人 | 13 人 | 21 人 |
| 愿意进一步了解他 | 39 人 | 2 人 | / |
| 能够收集有关他的材料 | 31 人 | 3 人 | 7 人 |
| 愿意用英文介绍他 | 13 人 | 22 人 | 6 人 |

根据问卷结果，我将学生分为 6 个混合小组，安排不同层次的同学一起合作完成阅读任务，每组都包含一名对迈克乔丹比较了解的学生、一至两名喜欢表达的学生，给不同学生发挥自己所擅长领域的机会。在设计阅读任务时，利用信息差设计教学任务，使学生大部分问题在组内得到解决，从而将学生差异转化为教学资源。

通过教学实践证明，分层教学、以学定教对于学生水平差异较大的班来说是一个非常值得借鉴的方法，在初中英语阅读课上，分析掌握学生的前认知，从而有效开展具有针对性的阅读教学是提高阅读教学的前提。然而，如何更准确地分析学生前认知，改善教学方法？如何更加巧妙利用学生前认知差异来挖掘学生潜能、提高阅读课堂效率？如何让班里每一名学生都得到最大限度的发展？这些问题还有待于我们在教学实践中不断探索、改进。

# 灵活运用网络，语言学习更高效

卢红英

**摘要：**英语学科核心素养主要包括语言能力、思维品质、文化品格和学习能力。那么语言能力的提高是整个教学过程中的重要一环，具有不可替代的作用。本文主要探讨如何在初中英语教学中利用网络平台，针对不同水平的学生提高他们的听说水平，将网络资源与日常英语教学相融合。帮助学生克服说语言的恐惧心理，养成良好的语言学习习惯，提高学生英语核心素养的发展。尤其是在2020年，因为疫情的影响，常规的语言课堂受到了很大的影响，同学们对于学习语言出现了不同程度的彷徨与焦虑，那么换一种方式去进行语言教学，也许会出现更好的效果。

**关键词：**核心素养；语言能力；网络融合；效果

传统课堂老师带读，学生跟读，或者教师放磁带，学生做听力。课堂缺乏活力，学生被动地学。好学生已经掌握，不用学，后进生跟不上，不想学。甚至出现了“教师越教越辛苦，学生越学越贫困”的状况。为了改变这种状况，教师觉得，只有充分发掘学生潜能，使学生听力、口语上一台阶，才能不掉队。我们必须开展形式多样的活动，倡导学生独立学习，主动学习，学会学习。“教是为了不教”激发他们的学习兴趣，帮助学生逐步摆脱不开口、不敢开口的局面。2020年的疫情影响，甚至曾一度时期让我们的开口学英语的教学陷于瘫痪。

因此，对学生进行英语口语训练的过程中，教师发现只有在学生情绪上找到一个引爆点，才会得到他们积极的反应，收到预期的训练效果。如何激发学生的口语训练的积极性并且拥有一个非常好的效果呢？我们需要一个平台。

随着网络信息技术的发展，互联网与课堂教学融合模式正被广泛应用于学校教育之中，英语教学与互联网的有效结合已经成为必然趋势。在这种情形下，一起作业中学这个平台给予我们一个很大的帮助与技术支持。

教师认为，要想促进网络教学平台与英语教学的深度融合，尤其需要课后口语作业这一环节中使用网络，使网络渗透英语教学的各个方面，成为英语教学中不可或缺的一部分。而口语训练是训练学生应用英语技能和反馈课堂教学效果的最常用方式之一。在互联网背景下，学生在学习英语的过程中应该有更多的展示自我的机会和渠道。教师在设置口语训练的时候，利用平台的口语训练的多样化如经典读物、趣味配音、课文朗读、跟读以及和考试相关的听说模拟题，等等。既可以照顾到不同层次的学生，又能提升学生学习英语的兴趣，改善了学生学习语言的能力，发展学生的英语核心素养，让学生在轻松愉悦中享受语言带给自己的快乐与成就感。

## 一、研究背景

普通高中《英语课程标准》（2017 年版）指出：学科核心素养是学科育人价值的集中体现，是学生通过学科学习而逐步形成的正确价值观念、必备品格和关键能力。英语学科核心素养主要包括语言能力、思维品质、文化品格和学习能力。《义务教育英语课程标准》指出：英语教学要面向全体学生，关注学习者的不同特点和个体差异；鼓励教师丰富课程资源，拓展英语学习渠道。

借助于一起作业中学所提供的平台和技术支持，教师在英语教学中利用口语训练这一平台，结合教学内容针对学生的不同水平分层分类布置口语作业。在作业设计中既有听写、课文跟读、背诵、听说模拟等传统口语训练，又融入经典读物、趣味配音等个性化的、有创意性质的口语训练，充分发挥学生的潜能，给学生实践的机会，让学生感觉学有所用，激发学习兴趣，在轻松愉悦的心境中完成口语训练，从而引导学生由“要我学”转向“我要学”。教师针对线上线下口语训练，对学生进行综合评价，在课堂教学中进行反馈或现场展示（presentation）。

二、研究过程

（一）研究对象分析

笔者所授课的班级为北京市通州区一所区直的学生，共有学生 34 名。针对全体学生进行了两次问卷调查并按照英语成绩高、中、低三个层次进行分析。在两次问卷调查期间进行了改变传统的作业形式的尝试。

（二）前期调查内容及结果分析

在用网络平台布置口语训练之前，教师在充分了解学生英语学习情况和特点的基础之上，对学生进行合理的分组。学生的英语学习情况包括听说读写能力的综合能力，同时还要考虑学生平时的学习成绩和学习兴趣等。教师只有充分了解学生的学习情况，才能合理分组，使每个组的学生水平接近，布置的网络口语训练也才有针对性。

问卷围绕以下五个问题展开：

问题 1：喜欢英语学科吗？为什么？

问题 2：觉得听说口语难吗？

问题 3：觉得笔答口语那个更为困难？

问题 4：觉得英语口语训练平时完成得怎么样？

问题 5：希望有什么形式的英语口语训练？

结果显示，按初一年级下半学年英语成绩划分：（1）85 分以上的学生共 20 人，其中认为喜欢英语学科，学起来容易的占 9 人。（2）成绩在 60 到 79 的同学共 9 人，认为英语学习比较容易，上课能听懂也比较喜欢英语学科的占 10 人。（3）成绩在 60 以下的同学共 5 人，其中 50 分以下 2 人。这部分同学普遍认为英语学科较难，上课听懂的内容约为一半，学习英语没什么意思。其中 3 名女生表示朗读训练作业完成比较好，喜欢做抄写和听说训练作业，在背诵上需要额外用很长时间，有时候背十几个单词就要用半个多小时。两名男生反馈表示平时朗读和背诵不是很重视，基本上回家没人管就不读或不背，等到第二天听写前再背。对训练形式没什么要求，如果能少点背诵的更好，不喜欢朗读方面的训练，很多单词和课文上课记不住，回家没人教，自己不会读。

由此可以看出，学生普遍希望口语训练量适中，不占用太多时间，成绩好的同学更注重口语训练的多样性和完成作业后自己的获得感；而成绩一般的同学则更加关注在完成的口语训练是否与上课所学内容相关，能在完成训练时，可以巩固所学的内容并有一定的提高；成绩较低的同学则希望做口语训练的时候，有参考内容，可以照着做。

### （三）研究方式

笔者将一个班级中的学生分成两到三个组：一组是英语听说成绩和英语笔答部分成绩都优秀的学生，共16人；二组是笔答成绩中等或偏下，但是听说成绩较好的学生，共12人；三组是听说和英语笔答成绩均较低的学生，共6人。针对不同组别的同学结合一起作业的三个板块：教材同步、听说专区、经典读物，趣味配音分层布置口语作业。合理分组后，教师在布置网络口语训练时更有针对性，学生完成时也能得心应手，更有利于良性发展。

（1）针对听说的学习能力培养

英语作为一门外语，适量的口头操练是很有必要。然而在40分钟的课堂教学环节中，让每个学生开口说的时间太短，老师难以在课堂上发现问题并且有针对性地纠正学生的听说问题。对于每天布置的口头作业，老师难以检查学生做了没有，是否有认真做。因为缺乏老师的及时反馈和评价，认真朗读的学生缺乏积极性，而应付的同学则练习效果欠佳，导致总体英语学习积极性不高，英语听说成绩有待提高。

在这种形势下，笔者基于一起作业平台提供的教材同步板块中课前预习环节，尝试布置单词跟读、课文跟读、段落朗读方面的训练。检查方式为，在上课后，由第三组的同学带领全班一起读单词，每朗读5个并且正确的同学可免除单词抄写作业。第二组同学带领全班朗读课文，每人可读一段，语音语调准确性和连贯性高的同学可免除抄写课堂笔记和翻译等类型的作业。如前两组出现的错误，第一组的同学可以进行纠正。

第一组同学整体听说水平较好，主要问题在于听后回答问题、听后转述时不能运用准确而完整的语言进行回答，经常出现单复数、人称、缺少介词等错误；另外在朗读时连贯性和语音语调需要提高，同步板块的内容不能更好地提高他们的听说能力，因此在留作业时结合了听说专区中听说专项的练习，周末给第一组同学布置听说提高作业，学生在完成后可以及时查看答案并重听文章解决问题。教师每次反馈组员在完成后的成绩，在进行组内交流，建立听说成绩档案，形成相互促进的自主学习状态。每周一英语早读时间，选取听说专项中的短文朗读部分，随机请两名第一组的同学在班内进行朗读，其他同学跟读。

（2）针对阅读的文化品格及创新能力培养

第一组同学期末英语笔答部分成绩均能在优秀以上，日常阅读练习中的文章不能满足他们的需求，反而会降低他们学习英语的兴趣。因此，教师结合一起作业中的经典读物板块，为他们提供拓展课外阅读的材料。教师推荐了新概念英语2（前6课）以及黑布林英语给第一组的同学。其中黑布林英语板块包含了很多外文经典读物，如《彼得·潘》《绿野仙踪》《爱丽丝梦游仙境》。很多同学都看过电影或中文版的，在理解小说时提供了一些背景知识。学生根据个人情况进行阅读，教师不统一安排进度，有时间的话（通常是周五的课上，两周一次）进行小组交流，由同学自己介绍所读的章节内容，学生可以根据内容用PPT展示或者进行角色扮演等，向全班同学进行展示，这个环节，同学们都非常喜欢，因为都有表现的机会，展示自己的才能，特别开心。

## 三、效果及反思

在改变作业布置方式一个月后对学生进行了第二次问卷调查，86%的同学是喜欢的，大多数同学完成书面口语训练时间降低，尤其是之前的纯背书、背单词的比较枯燥的训练。79%的同学认为在这一个月中有更多的时间进行口语方面的复习和预习。同时，部分学生认为训练的灵活性增加了，完成时有一定的挑战性。虽然难度增加了，但学生们普遍认为需要这样多样性的训练。一起作业中学网络平台对于英语口语训练方面的改革是有必要的，同时也很有效。

作为一门语言学习，主要的目标是提升学生的语言表达能力。听说是英语教学中的重要部分之一。在英语口语训练中，教师基于一起作业中学网络平台，结合线下教学内容获取更多贴近实际生活的话题分层次来布置相关的听说口语方面的训练。通过进行逐句跟读、段落朗读培养学生的语音语调。同时教师可以推荐一些线上的文章，鼓励学生根据自己的能力及爱好选择自己喜欢的文章，逐步增加练习，如第三组的同学可增加逐句朗读文章；第一组和第二组的同学可增加段落朗读量，此外学有余力的同学还可以尝试趣味配音的有创意性的训练。

学生作为学习的主体，教师应注重培养学生自主学习和创新的能力。在利用网络平台的基础上，教师鼓励学生自行进行选择自己喜欢的听力、阅读材料，配音朗读、自编对话、制作 PPT 或进行演讲。学生在理解的基础上进行改编，教师通过多种方式，激励全体学生主动参与、小组交流展示。这样学生的创新意识也会随之提高。

## 四、结语

在互联网普及的大背景下，现代化信息将继续渗透在教学的各个环节，给初中英语教学带来了更多的可能性。就现阶段的研究表面，一起作业中学平台口语训练，为学生提供了更多的学习资源和学习方式，在一定程度上提高了学生的学习积极性。同时，我们英语老师更加注意自己的课堂用语，尽可能多地给学生创造听说英语的机会，我们教师也可在书柜等地方放置一些英语书籍，给学生创造学英语走出课堂的机会。也需要教师依据不同的学习内容和学生的实际情况对口语训练的内容进行及时的调整，并及时给予学生适当的指导。此外，教师需要更加关注对口语训练进行检查和评价，给予恰当的评价会给学生们更大的自信。从而让此平台真正起到辅助日常教学，让学生们听力口语训练更高效。

# 利用现代教育技术提高英语教学的有效性

喜 然

**摘要：**多媒体计算机辅助教学在现代教育领域中近几年来已经应用得非常广泛。它不但丰富了我们传统的教学手段，革新了信息传递方式，而且慢慢地也转变了人的思想观念，改革了传统的教学模式。我们利用现代教育技术不再是展示给别人看的花架子，而是通过一些现代教育手段来使自己的课堂更有效，使课堂的产出形式更丰富，甚至是以丰富精准的数据来分析自己的教学效果，从而影响着我们的教学。因此，如何利用现代教育技术来辅助教学意义重大。本文将结合自己的工作实践，就现代教育技术在英语教学中的应用谈谈自己的使用感受，希望能起到一定的指导意义。

## 一、利用多媒体创设情景教学，增加课堂教学的趣味性

正如我们所知，语言的学习需要大量的词汇、句子等的输入，而这些每天大量的输入，如果只是按部就班地进行的话，学生难免会感觉枯燥乏味，久而久之，便会失去对英语学习的兴趣，只会把它看作一种负担，从而也就提不上学习成绩的提升。而如果能够恰当地与现代教育技术相结合，利用多媒体等技术手段，通过简单的操作就能把以光盘等为载体的图像、动画、拼读、书写、应用等语言教学的信息随时调出，应用于不同的界面，不仅能够让学生听到声音，还能够看到图像，甚至是通过一些小程序进行一些有趣的操作。因此，多媒体可以调动学生们的各种感官，让他们的大脑得到刺激，激发他们的兴趣，让他们主动地投入到

英语课堂当中。我通过实践认为可以从以下几个方面进行操作：

1．通过动画课件创设情景

有些老师认为小学的课堂模式完全不适用于中学。因此，学生上了初中之后，课堂模式便从小学的那种唱歌、表演、动画等趣味性强的教学形式转变成为文字阅读、做题等较为枯燥的课堂形式。久而久之便导致了学生慢慢地失去了对英语的学习兴趣。为了避免这种情况的发生，我在课堂教学模式上采用了学生感兴趣的这种以动画的形式来对教学内容进行输出，这样，我在课上运用多媒体课件让学生们看到一些生动可爱的图片或动画的时候，他们会特别兴奋。而且，动画课件的运用，可以轻松地把学生带入到英语情景之中，使其身临其境，他们学起英语来会倍感轻松。例如：八年级下册英语第二单元 lesson4 一课，讲的是动物的语言。这个话题对学生来说比较陌生，学生的知识面有限，对于他们来说，阅读整篇文字性的叙述很枯燥乏味，又不好理解。但是动物这个内容又对他们来说很熟悉，因为文章中提到的大象、狗、蚂蚁等动物都是学生日常能够见得到的。因此，我便找来了各种动物的图片以及动物与动物之间互相接触交流的图片，并配以动物的声音做成动画课件来展示给同学们。这样，一下子就抓住了学生的眼球，整节课下来，学生们不但没有走神儿，而且在非常轻松欢快的情景中就学到了本节课所需掌握的动物是如何相互交流的相关知识。

2. 通过录音，录像来创设情景

我认为录音和录像是我在英语教学中使用最频繁的，也是操作最简单的。比如在课间或者是一节课的开始，我经常放一些英文歌曲或者是和即将所学内容相关的英文录音，这样给了学生一个英语的语言环境，很容易就把学生带入到了英语学习的氛围当中。例如在讲“天气”一课时，在学习有关天气的词汇的时候，我便把不同天气条件下所发出的声音录制下来，并且集合到一起，让学生用英文来猜词，然后再将“下雨、刮风、暴风雨、冰雹”等词汇用英文呈现出来。这样，学生们就能更加深刻地记住这些词汇了。之后，我又进一步播放了外国主持人播报天气预报的视频，然后让学生模仿。最后，我又让学生模仿播报视频，进行中国天气播报。这样，学生的积极性就被调动起来了，有能力的同学还能在这一情景中拓展许多课本上没有的词汇和句型，真正成为学习的主人。再例如：在八年级下英语第三单元 lesson7 一课中，文章的内容是中国新年以及外国交换生在中国是如何度过新年的。文章形式是对话交流的形式，文章结尾是一个开放性结尾。为了更深入地利用教学材料，对所学内容进行知识拓展，我便请外教 Tom 帮忙，录制了一段介绍关于在美国人们是如何庆祝新年的视频，在本课的末尾播放给学生观看，之后就中外庆祝新年的不同方式进行了讨论和交流。在本节课，学生对所学知识通过视频交流的形式对本节课的内容进行了升华，使学生置于一个真实的情景中运用所学。在观看视频的环节，整个课堂一下子就活跃了起来，吸引了学生的注意力，与此同时，还提高了课堂密度，加大了课堂容量，还能为学生们营造愉悦和谐的氛围，可以说是一举多得。

**二、利用网络作业对所学知识进行巩固，增加作业的多样性**

本人今年担任初二两个班的英语教学工作。在日常的工作中，发现学生已经厌烦了以抄写和背诵单词、短语、句子、段落为主的旧的作业模式，学生普遍感觉作业量偏大，重复性强，枯燥乏味，而这也没有很好地体现义务教育阶段英语课程的总目标，不能使学生在完成作业的过程中提升综合语言运用能力。在新课程标准当中还提出，要以学生为中心，注意培养学生个性的发展，培养学生的创新能力，培养学生与他人团结协作的精神与能力。而网络作业便能很好地帮助教师达成这一目标。

1. 布置个性化网络作业

在平时的工作中我发现了一个有意思的现象，就是有时候老师还没布置作业，学生就知道作业要做哪了，甚至还有的个别学生已经写完了。显然，在这里我们就需要反思一下了：我们布置的作业有多少是针对学生的实际情况而设计的呢？教师布置给所教学生的作业大体都一样，没有考虑到学生的层次以及接受能力。长此以往，学生也就对作业布置出现了审美疲劳，失去了做作业的兴趣。因此，我们在布置作业的时候要考虑到个性差异，为各类学生设计难易适度的练习，增加作业的弹性，把选择权交给学生，让学生根据自己的学习能力及兴趣，自由地选择，从而使每个学生通过不同度、不同量的作业练习在原有的基础上各有收获，都能享受到成功的喜悦。而要实现这个目标，我们可以借助现代教育手段网络作业来实现。例如：我在布置网络作业时，告诉学生可以自主选择，根据自己现有的英语能力和喜好来完成，我会在网络上用☆标注出作业的难度是几颗星，学生可以根据自己的水平和能力来自主选择作业，但同时必须完成难度自评，让老师了解学生在哪方面还存在不足，然后在以后的课中去完善。自评的方式可以用☆来表示，一共五颗星，比如☆越多，说明这一项简单最受欢迎，如果难度最大，就用一颗☆来表示。根据此次自主选择作业所收到的反馈表，我会进行相应的教学调整。尝试几次之后，我发现各个层次的学生都有所得，并且乐于向高一层次的作业挑战。这样，通过现代教育技术，利用网络作业手段，既尊重了个体差异，也提高了布置作业的有效性。

2. 布置互动类网络作业

此类作业指的是通过微信、电子邮箱等互动软件，以小组形式或个人的形式进行交流学习，最终完成老师所布置的作业任务。目的是鼓励学生开口说，仔细听，会交流，会合作。例如，在布置八年级英语 Unit3 ChineseNewYear 一课的作业时，我把学生分成四人一个小组，分别安排了到网上查找有关中国新年的食物、装饰、活动，准备这四个方面的材料，然后各自整合自己的材料，小组内互相分享材料，最后做成一张电子海报来介绍中国新年，并且要求每个小组的海报都展示在班级电子展板上，并评选出最佳小组。通过此次网络作业的布置，学生们不但对课本上的内容有了更深入的了解，而且还拓展了与课本主题相关的知识，并且在交流的过程中练习了口语，最终都能有一个小组的成果来展示，使同学们都能有所得，从而获得满足感。

### 三、利用数据分析反馈考试结果，增强教学的针对性

还记得前几年，大大小小的考试后，老师们总是忙得不可开交，一方面是忙着判卷子，另一方面是在忙着做数据分析。然而今天，以往的那些大工作量所得出的珍贵数据，只在学生考完试后几分钟内就可获得了。比如，从各种分析比率来看，一次考试过后，我可以通过数据分析，看到试卷中的每一道小题都有哪些同学扣分以及扣分的总人数，每一道小题的得分率是多少，平均分是多少。这样，老师在试题讲解或者是未来的授课上就会更加有针对性地针对不同的知识块儿和不同的同学，有选择地进行不同程度的讲解。大数据的运用，让教师减轻了负担，有更多的精力放在针对性备课和教学上，还让教育教学更加数据化、科学化和精准化。

现代教育技术发展至今仍然在不断地更新着，不断地丰富着，不断地向前探索着，不断地深入到我们教学中的各个领域，通过这些手段，不但激发了学生学习英语的兴趣，而且帮助他们建立了学习的成就感和自信心，培养了他们的创新精神，学生们会非常喜欢上这充满魅力的英语课。

# 在英语教学中更好地应用信息技术

吴东霞

**摘要：**随着社会经济的发展，科技信息化时代悄然到来，信息技术逐渐应用在教育领域，为了适应信息时代对中学数学教育提出的新要求，加速中学数学课程改革的步伐，促进信息技术与数学教学的整合，使用信息技术改进学生数学学习方式和教师教学方式已经成为当前数学教学的热点问题。

信息技术在课堂教学中的应用，若客观来看，其实是一把双刃剑，有优点，但也有不足。

## 一、将信息技术运用于英语教学的优点

### 1.学生层面

（1）有利于激发学生兴趣

我们都知道，“兴趣”是最好的老师，“好奇”是学生的天性，但中国应试教育的体制，使我们现在的许多教学都是严格按照教学大纲，把学生封闭在枯燥的教材和单调的课堂内，而将信息技术融于课堂教学，学起知识来不仅新鲜吸引人，而且很多时候还是种享受。

例如，在讲解音标或单词拼写的课程中，对于学生来讲是很抽象的，学起来难度相当大，因为英语单词量多，长而难记，音标从未接触更是存在困难，难以听懂老师的讲课，导致了绝大部分学生失去了兴趣，学生感觉到很头疼，感到枯燥无味，为了改变此局面，在中学教学中引入信息技术，将声音、图片、文字动

态合为一体，声情并茂地给学生展现出教学内容，让孩子看到的不再是单调的字母，而是一个个可以感染他们的音符，可以最大限度地激发学生的学习兴趣，充分调动学习积极性，极大地锻炼了学生听、说、读、写各方面的能力。教师通过信息技术的运用，使语言材料被活化，学生自然而然地接受了新知识。

（2）有利于培养学生自主学习能力

快节奏的生活，快节奏的教育，在这个信息时代，我们不妨大胆创新一下，利用信息技术布置作业，完成课程。

例如明天要讲什么，今天就布置什么预习作业，或许不只是乏味枯燥的书本作业，更多的可以应用网络，让学生通过浏览网页、查找资料、自我补充的方式去自主学习，这样一来，培养了学生的自主学习能力，为学生以后的高中、大学阶段，甚至是更长远的工作阶段，奠定了良好的基础，为学生的未来发展提供了良好的空间与平台，有助于学生更为全面的发展。自主学习、自我发展的能力，是比应试成绩更为重要的，更需要老师着重培养。

（3）有利于转变学生角色

在初中英语的教学工作中，要树立以学生为主体的观念，充分尊重学生，发挥学生在学习中的主动性，在课堂上要为学生提供自主学习的机会和条件，激发学生的学习兴趣，使学生主动参与教学探究，使教学知识更容易被学生理解和内化。信息技术与英语教学相结合，丰富了教学内容，以“高密度”“快节奏”的方式在课堂上呈现较大的信息量，加快学生的反馈速度，有助于学生开阔视野、扩大知识面。其随机性、灵活性、信息多维性和具体化的展现方式，把抽象的、枯燥的学习内容转化成形象的、有趣的、可视可听的动感内容，增强了学生学习英语的兴趣。对一些比较抽象的内容，还可以为学生提供直观形象的场景，便于学生理解和记忆，也更生动地从多种感官渠道促进学生对知识的理解与接收。

2. 教师层面

（1）有利于变革教学方法

初中教师通常是信息技术的直接应用者，课程的设计者和开发者，教师要尽快适应现代教育技术的发展与需要，通过不断的学习，提高自身对信息技术的应用能力。在现代网络教育发达的情况下，教师要借助网络资源，制作信息技术课件，不断充实初中英语教学的方法。激发学生对英语教学的兴趣，比如应用幻灯片制作课件、PPT 课件等。由于学生们对网络都非常感兴趣，初中英语教师可以考虑在教学中选择部分网络流行用语应用于教学，拉近师生间的距离，营造融洽的师生关系，让学生不再抵触英语教学。

（2）有利于转变教育思想

现代教育思想要求初中教师要运用现代的教育理论及信息技术。在教学中，教师要通过理论与技术相结合，借助先进的信息技术，对英语课堂教学进行设计、评价和管理，以便实现教育资源的优化配置，尽可能达到教学效率的最大化。用现代教育技术进行初中英语课程的探索、构建新型的教学模式，营造现代教育的技术及资源环境，建设起现代化的初中英语教学体系，优化教学全过程，提高教育教学质量，为社会培养新型人才。

（3）有利于减轻工作数量，提高工作质量

教师工作任务相对较为艰巨，任务量较繁重。网络化的发展提供了信息交流的大平台，让众多老师有机会对于教学及任课，进行交流和探讨，有效进行资源共享。此外，一些程序软件的开发，为老师及学生提供了帮助。教师只用一只小小的鼠标，就可以避免多次交换使用录音机、录像机、幻灯机、实物投影仪、挂图等，大大提高了信息输出量，加快课堂节奏，增大课堂密度，节约了大量的板书时间。

综上所述，在课堂教学中适时、适当、适量地运用信息技术，能起到事半功倍的作用，能够逐渐更新教育观念，改善课堂教学结构，提高教学效率。

## 二、信息技术应用于英语教学的不足

### 1. 可能引起教学目标的偏差

根据查阅的资料以及个人教学经验，我认为，信息技术应用于课堂教学中存在的最大的问题即为英语语言教学目标被忽视，信息技术的利用成为潜在的教和学的目标，形成不可避免的错位现象。有些教师花很大力气制作课件，制作课件的指导思想主要是能不能吸引学生的眼球，有时可能充分注意了教学内容的呈现是不是能够引发学生学习语言的动机、更清晰生动地说明了要学习的内容，但更多时候则是考虑是不是能引起学生的兴趣。这些兴趣可能源于其中的背景音乐也可能源于某张修饰图片，或源于某些操作功能。一些教师会不自觉地认为自己的课件做得越漂亮，教学方法就越好，就是改善了教学，而忽视了真正教学内容和技巧。

2. 成本较高，资金耗费较大

众所周知，科技的发展，需要雄厚的资金作支持，信息技术的发展亦是如此。学校中的电子教学设备，需要政府大量财政补贴才能实现，其无疑给国家造成了一定程度上的负担，但是教育开支确实必不可少，所以，需要我们的社会提高科技发展水平，发挥自主创新能力，促进教育制度改革，降低教育投资成本，提高教育投资效率，争取以最少的资金耗费，提供最好的教育设备，从而推动我国教育现代化发展。

综上所述，信息技术应用于课堂教学，利弊兼得，能否将信息技术适时、适地、适当、适量地应用于课堂教学，着实考验教师的教育水平和能力，相信信息技术的前景发展会越来越顺利，进一步为更多的教师和学生提供更全面更有益的帮助，推动我国教育现代化事业的发展。

# 初中物理教学中实施美育的初探

和剑菲

**摘要：**物理学是一门基础的自然科学，是人们在长期的生产生活中经验的积累，蕴含着丰富的人文文化，更是人类思想智慧的结晶。本文讲述了如何在初中物理教学中灵活渗透美育，让学生在和谐愉快的气氛中既学到知识又培养核心能力。

**关键词：**初中物理教学；美育；实践

新一轮教学的改革不但要求教学中达到知识与技能、过程与方法、情感态度价值观的三维目标，更要求培养学生的核心素养能力。培养包括学生审美能力是学生的核心素养能力之一，包括如何发现生活中的美、感受美、传递美。作为物理教师如何根据本学科的特点，不失时机地向学生渗透物理学中的美，将美育观点传授给学生，逐步培养学生正确的价值观、人生观，实现物理教学真正达到育人的高度。

## 一、物理教学中美育的意义

初中物理教学的内容是物理学中比较浅显的知识，这与初中学生的思维层次、认知结构有关，但教学内容也包括了宇宙万物，从宏观的运动到微观的分子、原子的认识，从物体的形态到颜色、结构到属性，无不体现物理的现象和本质的美。物理教师要充分发掘物理知识的美学要点，对教学内容准确地分析，让美在课堂显现，让学生在课堂中体会美的价值，从而爱学、乐学。物理力学中的平衡美、物理现象的对称美、物理规律的和谐美、物理科学家的人格美，都需要教师恰如其分的引导，因为美的存在与挖掘，枯燥无味的讲授课堂而变得鲜活。

## 二、挖掘物理课本中的美育素材

美是无处不在的。从物理课本中大量图片素材就在向学生传递着美的思想。虽然初中物理教学以应试教育为主，但课本仍将美育、德育放在首位。从第一页走进物理世界——“长征”三号、“嫦娥”三号、“玉兔”号在月球表面探索使美丽的神话变成了现实。大型显微镜使我们看到原子、分子等微小的粒子，这些都有物理学研究的贡献，这些图片素材让学生第一时间感受科技的力量，也在告诉学生物理学与现代生活息息相关，登上科学的航班就能走进丰富多彩的物理世界。课本中每一章节中都用具体事例和大量的图示描述我国劳动人民和科学工作者对物理学发展的贡献，如古老的机械——桔槔、三国时期的“孔明灯”，宋朝时期的浮桥、现代超导的研究等无不利用形象让学生感受美育。

物理课本中的很多图片既帮助学生再现生活现象，又能真实反映着物理规律。自然景观图、科学家肖像图、实验工具图等都是直观的画面，助力学生由感性认识上升到理论认识。初三教材中的第十三章“通信技术简介”和第十四章“宇宙和微观世界”基本是北京中考的选学内容，但这两章图片素材配合文字叙述拓宽了学生认知领域，如北斗卫星导航图、神舟九号和天宫一号对接图、宇宙大爆炸模拟图、建设能源基地构想图等无不刺激着学生的感官细胞，让学生感受物理学新颖的现代气息。

## 三、美育在初中物理教学中的渗透实践

科学的美不仅体现在物理知识系统中，更体现在求知探索中，作为物理教师有必要引导学生自己用心去感受和体验生活中的美，去追求探索并创造美，将美的认识转化为追求美的自觉行为。物理教师的主战场是课堂，高效利用课堂，将美育渗透到物理教学中，让学生在认识过程中感受美，轻松愉快地学到知识。教师可以在教学设计中充分展示出物理学科的美学特点和美学意境。

1. 新课引入、营造和谐气氛感受美

新授课在引入时以 PPT 图片为主，图片内容旨在创设物理情境、烘托课堂气氛，起到润物细无声的效果。学生感受到美的熏陶的同时，对新课产生了积极的学习兴趣。如在今年初三电学的第一课，我借助多媒体课件播放“城市霓虹”“万家灯火”等美图，视频介绍我国的“特高压”技术等，既让学生看到日常生活中的电，又感慨领先的高科技，引起了强烈的关注，并产生浓厚的兴趣，学生下课就跟我讨论“如何在人烟稀少的我国西部如何铺设电网”，兴趣是最好的老师，我相信今天在学生心理激起小小火花，明天定能形成燎原之势。

2. 教学过程中展现语言美

对于教师来说，融进教育思想的语言是一门艺术。如果教师能把自己的知识积累和娴熟的教育技巧用恰当的语言结合起来，必定会在学生的精神世界产生深远的影响，甚至这种影响会伴随孩子的一生。所以，教师的授课过程一定要避免语言的随意性，对概念的表达要精准，对物理规律的推理要严谨，对过程的阐述要带着感情色彩，形象生动，使学生愿意听、喜欢听。如初二物理讲参照物时对着大屏幕图片，巧妙运用优美的诗句“小小竹排江中游，巍巍青山两岸走”来理解运动和静止的相对性；用“静影沉璧，浮光跃金”的美境展开联想来分析光的反射和平面镜成像；用“最美的逆行”来形容负电荷的定向移动形成电流，枯燥的物理课堂因为轻松的语言而和谐，学生也因为教师语言的魅力而激情向上。

有效语言是教师与学生交流的手段，是学生认知过程中的导向，能启发学生的思维，引起学生对知识的渴求；利用语言层层递进的设置问题更能培养学生分析问题、解决问题。巧妙地利用语言设置科学性的问题，给学生足够的空间，让学生去思考、去探索、去寻求答案，做到一石激起千层浪，这就是语言的魅力。

3. 实验教学的魅力美

几年来北京的物理课堂一直提倡探究式教学，“自主探究、合作交流、和谐创新”是探究式教学的主流，以实验为主开展探究无不给学生留下真实感。演示实验选用简单易操作的器材，随手拿起的一支笔可测长度、可演示压强大小与受力面积有关、可演示导体与绝缘体的区分，直观地显示物理知识，辅以生活现象无疑是一种美的感受，更体现从生活走向物理，从物理走向社会的理念。学生实验课都是在实验室里完成的，小组合作从提出问题到猜想假设、实验设计、实验操作以及实验结果的展示，都是学生之间语言交流、思想碰撞，最后升华形成物理规律。学生真正经历完整的探究过程，在合作中知识得到完善，在体验中获取成功，更明确人与人相处协作，取长补短，这也是当代社会提倡的人文精神。

4. 在物理学史中感受科学家的人格美

追求真理的科学思想和献身科学的精神是物理学家永恒的执念，也正因是无数物理学家前赴后继的努力为物理学史留下光辉灿烂的篇章。初中物理教材中不惜篇幅介绍了物理学家的成就和其奋斗的历程。伽利略的一生是求真求实的一生，是不屈不挠地追求真理的一生，即使终身监禁，但他却矢志不渝。这样的人格之美不但感染学生，更扎根内心深处。带着积极的情感，势必增强学生对科学的向往。初三讲解避雷针时，我还给学生介绍了富兰克林为研究雷电冒险进行的“费城实验”，科赫曼为同一研究而遭雷电身亡。讲电磁感应时向学生介绍法拉第终身进行科学实验探索，最后老死在书桌旁。讲这些的目的是让学生在这些事例中感受人格之美，培养学生的敬业精神，追求真理的献身精神。

初中物理教学中实施美育，有着不可忽视的独特作用。生活从不缺少美，但缺少美的发现，作为教师有责任和义务引导学生向美而行。

# 家校携手，培养学生物理学科素养

宋丽丽

**摘要**：随着北京中考改革的实施，从 2021 年 6 月起，物理将再次以中考主考科目的角色进入中考，考试内容更注重物理知识在生活中的应用，更注重学生物理能力和物理学科素养的考查。在教学中教师应把生活现象引进课堂，让学生到生活中寻找物理现象，家校配合，提高学生运用物理知识解决实际生活问题的能力。培养学生利用生活物品制作实验器材并进行物理实验的能力，让学生建立运用物理知识服务于生活的意识，使物理知识和生活实践有效地结合在一起，家校携手，培养学生物理科学素养。

随着新课程标准的实施，中考物理改革的进行，物理教学更加注重物理知识的生活化，物理中考摒弃以往知识的难、偏、繁、旧，要求学生在学习掌握知识的同时，也能应用物理知识解决日常生活中实际的实际问题。物理是一门实用性很强的学科，与工农业生产、日常生活有着极为密切的联系。随着社会的进步，科技的发展，物理已渗透到人类生活的各个领域。物理教师应注重培养学生的物理学科素养，让学生成为课堂的真正主人，应用好社会、家庭大课堂，从生活中来，回到生活中去，应用物理知识服务于生活，应用生活经验解决物理实际问题。

## 一、家校携手，从生活走向物理，激发学生物理学习兴趣

物理时时刻刻存在于人们身边，我们周围的一切，都离不开物理知识，物理

正在改变着我们的生活、我们的世界。在物理教学中只有从学生的生活实际出发，将学生所熟知的物理现象和场景展现在课堂上，才能加强学生对日常生活的认识，让他们能够用心观察生活，体验生活。让他们体会到物理现象在生活中随处可见，所学知识在生活中随处可用，激发学生对物理的学习兴趣，自觉主动地去努力学好物理。

物理知识来源于物理现象，在平时的学习中我们可以把生活现象引进课堂，让学生到生活中寻找物理现象，提高学生的生活应用能力，老师除了做一些演示实验之外，还应引导学生到生活中去寻找物理原型。例如在学习大气压的知识时，学生质疑大气压的存在，教师除了列举有关生活事例外，还鼓励学生去生活中实践，并通过录像或照片的形式把实验现象记录下来，在课堂上和同学们分享，家庭作业就以实践的形式布置，以录像和照片的形式交流展示。有的学生用面团封住装有少量热水的易拉罐，伴随着“啪啪”声，易拉罐被大气压压瘪，看着拍下的录像，同学们发出惊叹。有的学生选择不同大小的蛋和瓶做吞蛋实验，他不仅用鹌鹑蛋和普通的矿泉水瓶进行实验，还选择脉动饮料这种大瓶口的饮料瓶和鸡蛋进行实验，录像中还伴随着实验器材的解说。孩子们这些实验能够让同学们切实感受到大气压的存在，比教师的任何说教更具有说服力。

在讲授家用电器的功率大小时，同学们总是容易把用电器的电功率值混淆，我的家庭作业布置为调查你家里用电器的电功率，拍下用电器铭牌，以照片形式进行小组汇总，制作 PPT 向全班展示小组调查成果。同学们积极性很高，出于好奇心，除了拍照家里的用电器铭牌，还跑到电器商城去拍照。这次实践作业完成后，每次同学们考试遇到这种形式的选择题，得分率都相当高。

教师要关注学生的生活经验和学习体验，让学生去生活中捕捉贴近学生的生活素材，选取学生生活中熟悉的器材，列举学生身边发生的物理实例，挖掘生活中的物理原型，让他们体会到物理的实用性，唤起他们学习物理的兴趣，慢慢渗透物理素养。

## 二、家校携手，培养学生利用生活物品制作实验器材并进行物理实验

在教学中指导学生在家中尽可能多地用生活中的物品进行实验，使物理实验更加贴近学生生活，具有生活化色彩。教师在备课时要多准备一些学生在生活中

常见的实验素材，多设计一些简单易操作的在家中可以完成的实验方案，让学生在生活中寻找可操作性强的物品进行实验，学生在寻找实验器材的同时，在潜意识里把生活和物理联系在一起。

例如，学生在家中在一个矿泉水瓶上沿竖直方向扎几个小孔装上水就可以演示液体压强与深度关系的实验。用两个矿泉水瓶，中间连上塑料管就可以制作一个连通器演示仪，还可以用这些器材制作两心壶。用鸡蛋和盐水通过改变盐水密度，可以探究物体的浮沉条件。在气球里面分别装盐水、水、酒精通过改变物体密度也可以探究物体的浮沉条件。在讲授观察水的沸腾实验前，可以先布置预习作业，让学生亲自烧水，并观察水沸腾前、水沸腾时的实验现象，记录听到的声音，看到的现象。学生在学习水的沸腾特点时，会更好地理解所学知识。在讲授浮沉条件时，让孩子们动手为父母煮饺子，并观察饺子从入锅到出锅的过程中有什么变化，思考涉及哪些物理知识。这些需要在家中完成的实践作业，不仅能帮助孩子们学会思考和实践，还能适当帮父母做家务，体验父母的辛苦。实践证明：从具体的生活情境中提炼物理知识，有利于提高学生的理解能力、记忆能力、学科素养。

**三、家校携手，使学生学会观察生活现象，用物理知识寻求问题答案，解决生活实际问题，让物理知识服务于生活**

初中生的认知结构还不成熟，在接触物理时会遇到各种问题，教师应对学生的物理水平进行准确定位，让学生应用所学物理知识解决其在家庭生活中遇到的问题。培养学生把物理知识与家庭生活、学习、活动有机地结合起来，多观察生活现象，寻求问题答案，通过收集资料、交流讨论、展示等活动，让学生真正感受到物理在生活中无处不在，从而提高他们利用物理知识解决实际问题的能力。摩擦力在社会生产生活中应用非常广泛。学生体验行走时，在光滑的地面上行走十分困难，认识到这是由于接触面摩擦力太小的缘故，家里要在浴室用防滑瓷砖，通过增大接触面粗糙程度增大有益摩擦，防止家人洗澡时滑倒；鞋底做成各种花纹也是增大接触面的粗糙程度而增大有益摩擦，买鞋时学生们就能很好地给父母提出建议，买防滑性能更好的鞋；各类机器中加润滑油是为了减小齿轮间的摩擦，保证机器的良好运行；攀爬上升器、皮带传动、背带日字扣，都是通过增大压力增大有益摩擦。人类的生产生活都与摩擦力有关，我们应对有益的摩擦充分利用，对有害的摩擦力要尽量减小。

在学习了电能、电功率、生活用电知识以后，可让学生查出家中电能表的标定电流值，各个家用电器的额定功率，计算一下允许接在自己家的电能表上各种家用电器额定功率总和是多少？家里的所有家用电器是否可以同时使用？如果不能，计算一下哪些家用电器可以同时使用？哪些家用电器不可以同时使用？在家里实际用电能表和手表测量一个家用电器的实际功率。观察记录电能表读数，计算一段时间内自己家庭应交的电费。通过这些家庭生活中问题的解决，使学生更加深刻地认识到物理知识在日常生活中的地位和作用。

家庭是学生接受教育的第一课堂，父母是孩子的第一任教师。教师布置的社会实践作业，需要家长的配合，才能完美地完成。在讲授水果电池一课时，其中一个学生家长为自己的孩子买了各种水果，并准备多种金属片，由孩子进行实验，家长担任摄像师，拍出视频与全班分享。还有的家长准备了不同颜色的 LED 灯，让孩子带到学校与大家分享。

现在的物理中考要求把社会大课堂的知识考出来，把学科素养考出来，有些家长不厌其烦地带自己的孩子去中国科技馆动手体验，并参与孩子们的讨论交流，把在科技馆拍的照片发到家长微信群中分享，给不方便去的家长与孩子带来方便。还有的家长在微信家长圈分享自己的孩子在索尼探梦科技馆里的实验操作照片和录像片段，并与中国科技馆类似实验进行对比。通过家长们的配合，开拓视野的不仅是自己的孩子，全班同学都受益。家长在行动上的支持，是孩子提高物理成绩最好的保障。物理来源于生活，服务于生活。物理知识与我们的生活密不可分，需要家长与教师携手合作，创造条件，帮助学生去猜想，去实践，去应用，去证明，去创新，把物理素养渗透到骨子里。把物理知识广泛应用在家庭、社会的生产生活实践中。

# 物理核心素养下的教学方式的转变

袁 磊

**摘要：**物理课堂发展到今天，传统灌输式的教学早已不合要求，为了“探究”而做出来的“假探究”课堂也应摒弃。新时代的物理课堂要求教师在课堂上不仅传授物理知识，更要把知识背后的物理思维渗透给学生，中学物理核心素养应当如何在课堂中落实？本文以“探究光的反射规律”教学为例，让学生学会反射规律，建构反射时光路模型，经历科学探究过程，养成科学态度与责任。

## 一、实际教学背景和思路

“探究光的反射规律”这节课，传统的教学大多采用如下步骤：

1. 学生观察反射现象，如水面倒影、激光路径被镜面反射、玻璃反光等。
2. 给出反射现象的基础知识，如反射光线，入射光线，法线等。
3. 学生实验探究反射规律。
4. 学生总结反射规律。

这样一来，教师设置物理情景，学生经历了实验探究过程，避免了传统的灌输式教学。但是，对于“法线定义引入”这个环节，多是直接给出法线的概念，学生还是处于被动接受的状态，这种教学模式，往往会造成学生不理解法线的意义，还会容易错将光线和镜面的夹角当成入射角或反射角，主观上觉得法线是多余的，入射角反射角的规定过于复杂，违反常理。

本节课程，从学生思维角度出发，带领学生引入法线，让学生感受到，物理学家们引入法线不是“给自己找麻烦”。

## 二、教学过程实录

1. 创设情境，引入光的反射现象。

展示自制器材“激光增幅器”。

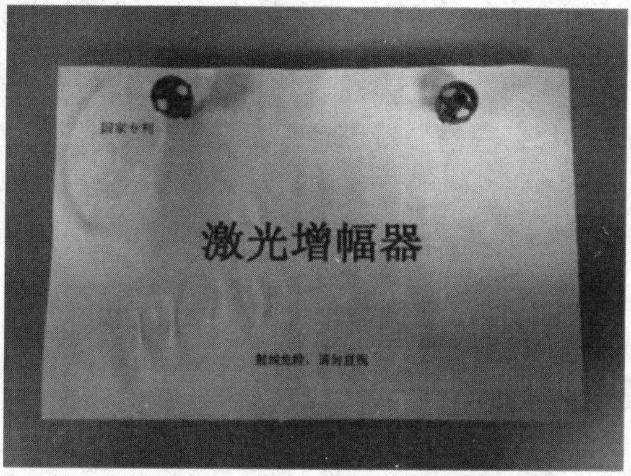


教师介绍仪器：激光增幅器可以使穿过仪器的激光光束穿透力变强，强度足以穿过纸片。

教师演示，学生观察到激光穿透了纸板。学生表示惊叹。

教师提问：是不是可以制成激光武器呢？用它来称霸地球，可不可以？学生表示怀疑。

那如果不是真的让激光强度增强了，那为什么能穿透纸板？教师打开仪器，展示给学生里面的构造。

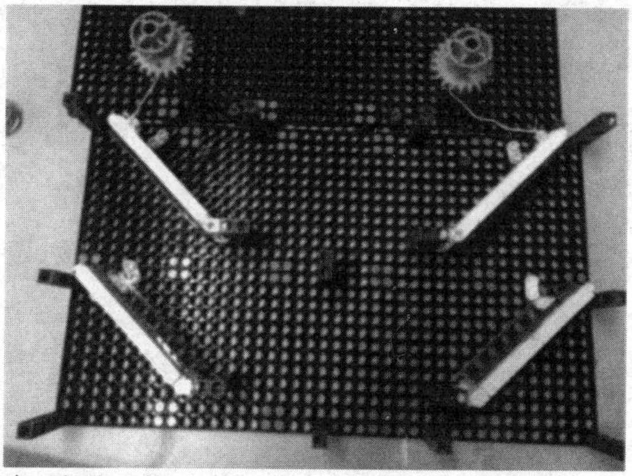

教师提问：你们看到了什么？

学生回答：四面按照一定规律摆放的镜子。

教师演示：用激光笔发射出激光，照射进激光增幅器，在光线位置喷雾，让学生看到多次反射的光路。

提问：光路为什么会发生了弯折？学生回答：因为照射到镜子上了。

教师总结：镜子会改变光的传播方向，我们把这种现象叫作光的反射。

2. 进一步观察光在水中的反射现象。设问引发思考，推动课堂。

教师：展示激光笔、水槽、放在水槽中的平面镜，利用这些器材让学生清楚地观察到激光在水中的反射现象，并且强调注意安全。要求学生解答如下三个问题：

（1）观察激光在水中的反射现象，你能在水中看到几条光线，这几条光线有没有交点？

（2）改变一下入射角度，观察现象。

（3）一个人拿着激光笔保持不动，围绕水槽转动一下观察角度，再观察一下现象。

学生通过解答这三个问题达到以下目的：

（1）引导学生认识入射光线、反射光线、入射点。

（2）反射光线随入射光线角度改变而转动。让学生明白入射光线的角度决定了反射光线的角度。

（3）反射光线和入射光线在同一平面上。

3. 借助塑料板的帮助，让学生观察到入射光线和反射光线共同在同一个平面上，并且在寻找这个平面的过程中，学生会发现这个平面和反射面是垂直的。

教师：我们发现，反射光线和入射光线的空间位置是共同位于同一平面上。那么这个平面，可以帮助我们确定反射光线的位置，那我们可以先试着找一下这个平面。利用塑料板的辅助，调整位置，使反射光线和入射光线都可以在板上被看到，此时塑料板的位置就是两条光线共同所在平面的位置。

对学生的实验操作拍照，发现共同点，反射光线和入射光线共同所在的平面垂直于镜面。

学生发现规律：反射光线和入射光线共同在一个平面上，并且这个平面和镜面垂直。

4. 创造困难，引入法线

我们已知这条规律以后，这条规律就可以为我们寻找反射光线的位置提供帮助了。

我们寻找反射光线的位置时候，可以先找到入射光线所在的一个平面，并且垂直于镜面，因为反射光线一定也在这个平面上。

在珍珠棉上插一个竹签，借此模拟光的入射情况，请学生上来预测反射光线的位置。

学生会想到先确定反射光线所在的平面，但是操作过程中会发现，没有反射光线时候，仅靠入射光线，不好确定平面的位置。

借此引入法线：我们怎么样在没有反射光线的情况下来找到那个平面呢？老师帮助你们引入一条辅助线。这条辅助线经过入射点，并且和镜面垂直。

教师演示，在珍珠棉上插另外一个竹签，模拟法线，让学生看到法线和反射面在空间上的垂直位置关系。

教师：我们把这条辅助线称作法线，当我们加上法线之后，我们发现，法线和入射光线确定的平面，就是反射光线所在的平面。

5. 确定入射角和反射角

在确定了这个平面以后，再找学生来确定反射光线的位置。教师提问学生：反射光线应该以什么角度出射？

学生回答：和入射光线的角度相同。

教师追问：你所指的角度相同，是哪两个角的度数相同？这两个角的边，分别是什么？

学生回答：是入射光线和法线，还有反射光线和法线。教师给出入射角、反射角的定义，并在 PPT 上展示。

6. 继续探究，入射角和反射角的角度关系

教师：那我们接下来的任务就是设计实验验证，入射角和反射角的大小是否相等。请同学们小组合作，共同商讨实验步骤。

学生介绍实验方案，并且完成实验探究，得出实验结论。

7. 布置作业，学以致用

教师：利用今天所学知识，尝试利用镜子制作出一个潜望镜。

三、课后反思

“探究光的反射规律”这节课，是北京师范大学出版社《物理》八年级第八章的第二节内容。本课是平面镜成像一节的基础，同时，在以后光学知识学习、解释光学现象时，也会应用到反射的知识。学生在学习这节课时候，往往遇到一个困惑，就是在本文开篇时候提到的：为什么要引入“麻烦的”法线，为什么不用光线和镜面的夹角定义入射角和反射角。诚然，学生现在的几何功底，还不容易想到线和面的夹角比线和线的夹角复杂，我们在黑板上，在 PPT 上，在卷面上，一般也只是作出光的反射现象的平面图。但是，这种回避空间几何的做法，看似把问题简单化了，却带来了更多的问题。学生不能理解，物理学家为何庸人自扰，凭空加一条法线，同时在面对三维空间中反射问题的时候，会感觉学习到的知识和实际情况脱节，甚至认为物理知识只在卷面上好用。学生的科学物理观念的形成过程基于物理概念和规律，要求其对于概念和规律有一定深度的理解，倘若在学习基础知识时，学生没有经历自主思考，对概念和规律只是机械记忆下来，一定会影响到学生对于已有知识的提炼和升华，在未来难以应用所学知识，处理问题，更得不到能力的提升。

在本篇教学设计中，先让学生观察反射现象，在观察到反射现象的基础上，进一步提问，通过问题引发学生思考，让学生掌握反射现象的基础概念，入射光线和反射光线之间的因果关系，同时为下面三线共面的教学提供铺垫。

在建构法线的时候，先让学生意识到入射光线和反射光线是在同一平面上，然后再进一步发现这个平面与反射面垂直。为了方便我们寻找这个面，我们引入一条辅助线：法线。这样一来，避免了学生被强行输入一个法线的概念，让学生知道，我们引入法线是有意义的，是必须的，是为了方便我们严谨、精确的研究问题。如下图所示：

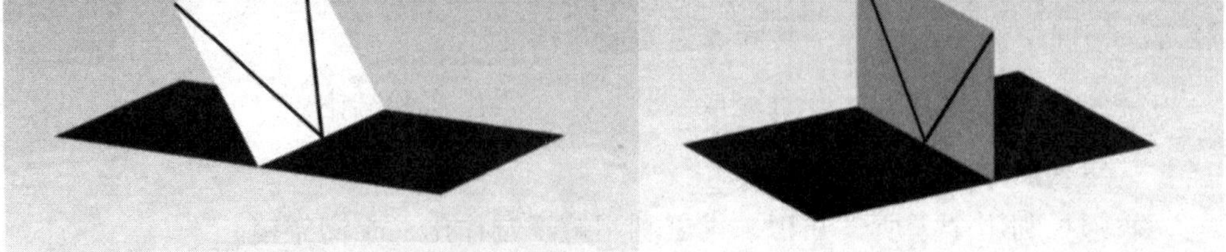

左图中，入射光线反射光线虽然都在同一平面、反射角的角度和入射角的角度也相等，但是并不符合光的反射规律，若引入了垂直于反射面的法线，则会让学生形成右图的模型，这样就可以避免前者的思维误区。而加入法线以后，入射角和反射角的确立也就自然而然地选取成光线和法线的夹角，避免出现选取光线和反射面夹角的情况。

物理教师所应当传授的不仅仅是物理知识，更不能为了“教会”学生，让学生“掌握”知识，就“化繁为简”，追求效率，忽略学生知识建立起来的过程。这样的课堂看起来高效率，高密度，学生学得扎实可靠，做题不慌，其实是揠苗助长。试问，教师对学生的物理核心素养该在什么时候培养？学生学习新知识的时候，若是没有经历“研究”，只是“接受”，这样的课堂就是在浪费学生学习真正物理学科的机会，浪费学生形成理性思维的机会，更是浪费学生培养解决未来生活中问题能力的机会。学生在物理课堂上所应学习到的内容，要远远超出物理知识的范围，物理教师应当意识到，知识是培养物理核心素养的载体，而不是最终目的。

# 基于不同学习主题，开展中考针对性复习策略

冯月雪

**摘要：**主题式复习教学旨在将学生学习的知识进行分类统筹，总结归纳，引导学生将自有知识进行体系重塑，为适应初中化学课堂教学的需要，培养具备化学学科素养的新时代中学生做贡献。全面贯彻党的教育方针，以立德树人为根本任务，把培育和践行社会主义价值观融入到课题研究和课例实验教学当中去，根植中华优秀传统文化深厚土壤，汲取人类文明教育成果，注重美育与实际课程和化学学科的深度结合。

## 一、有助于提升学生民族文化自信，认识信息技术对于学习的重要性，培养学生正确的民族情感观

在课前，可以通过对学生的前测了解学生针对某一知识点的掌握情况进行不同学习主题下的针对性复习，加强薄弱知识点的巩固练习。课后网络教学平台配备了三层能力、九个维度的检测，可以直观地看出学生通过复习达到一个具体的怎样的水平，还有哪些知识点是漏洞或者难点。通过此次的研究，我们可以积累一些利用网络教学平台涉及复习策略的方法和经验，为以后的教学工作提供资料。

## 二、提高初中化学主题教学的有效性策略探讨

1. 初中化学主题学习的特点

“主题单元”常指具有较强内在联系的具有共同主题内容所构成的一个整体。教师在设计主题性教学的过程中要注意主题的“整合性”，要从不同的方面

整理、归纳、突出主题的共同特点。主题性学习注重教与学的过程，教师和学生在一个时间段内，而非简短的一节课去完成一个主题的知识内容的学习。这需要教师对课程内容有一个整体的设计，确立阶段性和整体性的教学目标，对课程和教学内容有一个宏观的、全局的把握，有利于明确和梳理教学思路。

2. 优化中考复习阶段的课程体系

初中化学课程在复习阶段仅仅按照课本教学顺序重复知识内容是远远不够的，对于教师而言，应当在明确的主题下进行课程的统筹教学设计，再具体到每一课时的教学目标和教学任务。以“身边的化学物质”这一主题为例，物质这一概念贯穿了初中化学的整个过程。由于我们要进行的是复习课，学生在脑海中应该有了一个如何学习物质的思维雏形，教师需要将这一雏形进行完善和具体，带领学生完成一个物质学习的整体思路：学习物质（物质的组成、物质的变化、物质的性质）→微观角度学习物质的构成→同类物质的比较→物质的应用。确定学习物质的整体思路之后，再具体到某一物质的学习过程，以学生回忆、复习的方式总结，例如氧气的学习包括氧气的性质（物理性质、化学性质）、氧气的微观构成、氧气的用途、氧气的制法；再例如同类物质——金属的学习包括金属物理性质和化学性质的共性和差异性、金属的微观构成、金属的用途。复习课应当区别于新授课的教学顺序，以总到分的形式进行总结归纳概括，再层层细化具体。

## 三、应用现代教学手段助力教学效果

现代化信息教学是新课程改革提出的第一要求，教师应及时学习接收新的教学方式和现代化辅助教学工具。

1. 转变学生学习方式，引导学生学会应用网络教学平台助力中考复习

在转变学生被动学习到主动学习的方式过程中，我们根据数据了解学生对于课程学习的态度和知识储备情况，带领学生体会不同学习主题下应具有的思维模式和学习方法的共同点与不同点，通过向学生推荐网络教学平台的课程资源以及课上对于网络教学平台的应用学习，使学生体会网络教学平台平台的便捷，提升自主学习的乐趣。课下，带领学生应用网络教学平台的双师功能，让学生大胆提出关于学习上的困惑，体会学习的快乐，同时激发学生学习的兴趣，转变学生的学习方式。我们的主要做法如下：

（1）制订不同学习主题主题的前测题目，学生进行前测测试。

（2）通过前测数据同时反馈给老师和学生本人，让教学者和学习者都了解目前面临的现状。

（3）教师结合网络教学平台教学资源制订学习计划，改变教学措施，进行教学设计并实施。

（4）课上学习过后学生进行单元测试巩固提升，结合网络教学平台进行学生课后测试，利用双师功能解答疑惑，将学习延续到课下。

2. 网络教学平台切实加强教学有效性的研究，全面提升教学质量

为了充分利用课堂教学时间，我组教师结合我校课堂师生教学实际，进行了深入的剖析，获得了对于主题性学习的较为有效的针对性复习策略。

（1）有效备课：了解学生掌握知识的基本学情，可以进行具有针对性的备课，将难点、易错点进行强化巩固，利用网络教学平台平台进行有效备课。

（2）有效讲授：有效讲授的前提是能够吸引学生的注意。复习课阶段有效讲授的主要措施我们认为是明确地告诉学生本节课的学习目标，当然这一目标是针对学生前期测试进行针对的制订而得出的，在这一前提下对学生进行有效讲授。

（3）有效提问：课堂上的提问十分重要，我们结合前测数据总结归纳学生知识能力的薄弱点和疑惑项，进行重新提炼加以提问。

3. 实施前测引路，积极提炼主题学习模式

课题研究启动阶段的调查表明：大多数复习课程都是单一、重复化的标准模式，而非具有针对性和有效性的复习教学策略，想要改变这一现状，就需要做出大量的前期准备调查工作，掌握学生的具体学习情况，特别是学生的前测数据尤为重要。如果想了解学生对于不同学习主题下的学习基础，前测题的设计应该精简并具有针对性，首先我组教师分工对不同的学习主题进行深入研究，结合初中课程标准提炼各部分知识学习的重点难点，以及对学生能力的要求需要达到的层次。根据这一基础再深入学习网络教学平台平台的应用，精选前测题目进行组卷测试，掌握一手学生数据，网络教学平台的数据分析报告十分科学具体，可以明确地指出学生现有的知识点薄弱项目并进行相应的资源推荐。教师根据前测数据，进行本主题课程复习下的重点难点制订，研究探讨有效的复习策略，结合网络教学平台上相应的课程资源，设计出具有针对性、有效性的主题复习课程。

# 初中历史线上教学的问题及策略

张倩男

**摘要：**线上教学不同于线下教学，有一些不可控的情况随时会出现在网络课堂中，比如学生自己说话或者网络信号不好或者学生不听课等诸多情况，但是线上教学又可以突破时间和空间的限制，为学生提供了学习的多种选择。我们要找到线上教学的问题并妥善解决，提升初中历史教学质量。

## 一、引言

一屏，一麦，一纸，一笔，暂代三寸粉笔三尺讲台。2020年的课堂，我们分隔在屏幕两端，但是网络拉近了我们的距离。作为一名中学历史教师，我深深懂得，在全民抗疫的战斗中，网络授课就是我的“战场”，当好一名中学“女主播”就是我的战斗任务。随着疫情的逐渐好转，如何做好线上线下教学的衔接是我们无法忽视的问题。

## 二、线上教学与线下教学的不同

网络教学毕竟不同于实体教学，钉钉直播课有一些不可控的情况随时会出现在网络课堂中，比如学生自己说话或者网络信号不好或者学生不听课等诸多情况，但是线上教学又可以突破时间和空间的限制，为学生提供了学习的多种选择。

线上、线下教学的比较

<table>
<tr><th>比较项目</th><th>线下课堂互动</th><th>线上教学互动</th><th>线上比线下</th></tr>
<tr><td>时间要求</td><td>同步</td><td>同步、异步均可</td><td rowspan="5">优点</td></tr>
<tr><td>空间要求</td><td>同一空间</td><td>不要求同一空间</td></tr>
<tr><td>媒介</td><td>口语、PPT、动作、表情</td><td>口语、PPT、文字</td></tr>
<tr><td>重复回看</td><td>较难实现</td><td>可以实现</td></tr>
<tr><td>技术要求</td><td>低</td><td>较高</td></tr>
<tr><td>师生互动<br>生生互动</td><td>方便</td><td>不便</td><td rowspan="2">随着技术的进步可以改进</td></tr>
<tr><td>集体氛围</td><td>容易形成</td><td>不易形成</td></tr>
</table>

三、影响线上教学质量的因素

突如其来的疫情让老师们措手不及，教学的主场由课堂转移到网络，线上教学对所有的老师和学生来说都是不小的挑战，很多因素影响着线上教学质量，给复课后的线下教学带来了不小的难度。

1. 平台的技术问题

我对本校的学生和教师进行了调研和访谈，访谈了 20 位左右样本案例，做成扇形图如下：

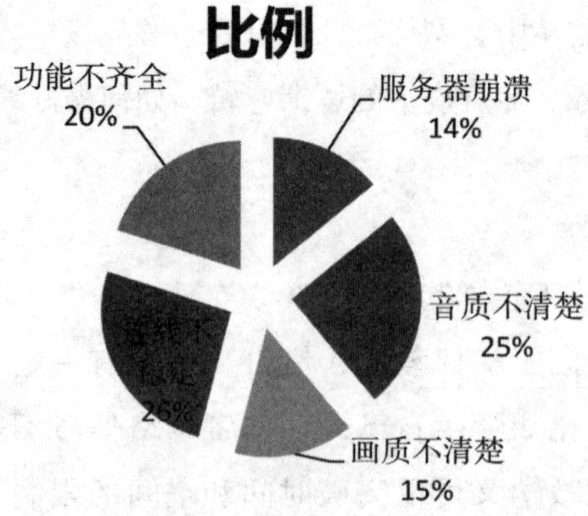


不管是钉钉还是腾讯会议或者其他的在线平台，线上教育中的技术问题出现的频率从高到低依次是：连线不稳定、音质不清楚、画质不清晰、服务器崩溃等，

如上图所示。此类技术问题直接影响了学生使用在线上教育时候的直观感受，并对在线教育的效果产生重大的影响。它们导致了师生间信息沟通不畅，增加了教学的时间成本，破坏了学习的连续性。

2. 个别教师的网络技术不娴熟

熟悉使用教学平台是线上教学的前提，可是我们有的教师平时很少接触网络直播平台，刚开始线上教学的时候举步维艰，在操纵平台上花费了很多时间和精力，降低了教学效果。

3. 教师照搬线下教学的模式，不能激发学生兴趣

有效开展线上教学，对于学生和老师来说都是全新的挑战，而我们历史学科的知识点很多，对线上历史教学提出了更高的要求，以前照搬课堂的那一套肯定不行了，得想出新招数对付线那端的“怪兽们”。

4. 学生们自律性差

网课考验的是居家学习的能力，更考验学生的自控能力和自律。自律，是优秀人生的标配。养成自律的习惯，收获的不仅仅是成长，而是一个受用终身的强大助力。有人说，疫情终将过去，但过去之后，有些孩子依然停留在原地，大部分同学已经迭代升级。脱颖而出的学霸，靠的不是智商，而是即使面对突如其来的危机，仍在默默努力和持续自律。上网课的时候，有的学生在吃东西，有的躺在床上，有的瘫坐在椅子上，把脚放在桌子上，有的去打游戏了，有的在看电影。我们老师在网络这端，无法时时刻刻把握学生在家的状态，学习效果无法保证。

## 四、线上教学策略

1. 提升趣味性

初一刚开学的时候，我就发现很多孩子在看陈磊的《半小时漫画中国史》，我就知道这些看书的孩子们对历史用着浓厚的兴趣，他们喜欢历史课，所以课上我也时不时用上几个这本书上的段子，课堂氛围很好，关键是从小学上到初中的孩子们很好理解。比如这本书中他将东周列国比成一个班级，把东周比成班主任“周老师”，将各诸侯国比成班上一大堆调皮的熊孩子，把他们之间的争霸斗争比成熊孩子之间的打架。不仅如此，陈磊还借“漫画”这样的现代大众传媒形式，刻画出高富帅“小齐”（齐桓公）、老晋（晋文公），插班生阿楚（楚庄王），

西部奋斗青年（大秦）等一系列跃然纸上的历史人物形象。他还从战争的性质入手，恰到好处地将春秋与战国分成两个学期，点明两个学期的区别在于性质，其直接从荣誉之争上升为生存之战。一位好的历史教师会在尊重事实的前提下，从历史事件中洞察到事件的本质特征，再迅速找到生活中的相似实例，方便学生借生活的形象去理解历史的抽象，同时也把历史课的教学氛围推向高潮。

一旦严肃的课堂中运用到这些网络流行段子时，就会变得轻松起来，连平常不怎么听课的学生也会下意识紧跟老师的节奏。因为我上课段子比较多，在元旦的时候，孩子们给我写的标签是“被历史耽误的段子手”，我觉得：上我的历史课不枯燥、有意思，这是孩子们愿意好好学历史这门课最直接的动力吧！

2. 理清思路

将知识串联起来，让学生学习的时候并不是孤立地汲取知识，而是在多维角度来学习知识，我不能保证学生时时刻刻认真学习，所以我还得用扎实的教学基本功和风趣的语言来吸引学生，一方面提高课堂趣味，另一方面也可以缓解学生大脑疲劳。

3. 巧用互动工具

上课前 5 分钟发开课提醒和要求，让学生有一个准备的过程。每次上课的全班学生用 5 分钟先做问卷星的十来道题，是关于上节课所学的内容，扫码直接进做题就可以，老师在后台可以看见每个班的情况，做完题后在钉钉群里用会议模式让孩子们自己解释，大约 10 分钟。之后在钉钉上，教师用 PPT 课件直播教学。学生上网络课的载体是手机或者电脑，需要老师们制作简单清晰有效的 PPT，每页不宜有过多的文字，关键是字号要大，字体可以粗一些，学生看得更清楚。

相较于线下课程，线上授课更需要关注学生专注度的问题。

不要觉得有父母坐在旁边，孩子们就能安心上课，他们极有可能只是安静地看着屏幕而已。所以，要学会使用平台上的各种互动工具，时不时来个小互动，比如提问学生问题，要求所有学生比个爱心，或者在群里发给红包，让大家抢红包，抢到最多的那个人回答问题，或者遇到不懂的问题时学生及时打一个问号在群里，教师会适时调整讲课的进度等。诸如此类的网络课堂语言让线上互动成为可能，师生之间的关系也在增温。

对那些自律性差的学生，我的做法是随时点名：课前点名、课中抽查、家长发学生听课照片、小组互相提醒上课，查看互动栏信息，对未互动者及时点名，随机听课随机抽查，迟回应或者无回应者联系家长，拍学生听课照片。点名是一种关心，也是出勤率的保障。

我所做的这一切无非是——巧用互动工具，保持学生的注意力。

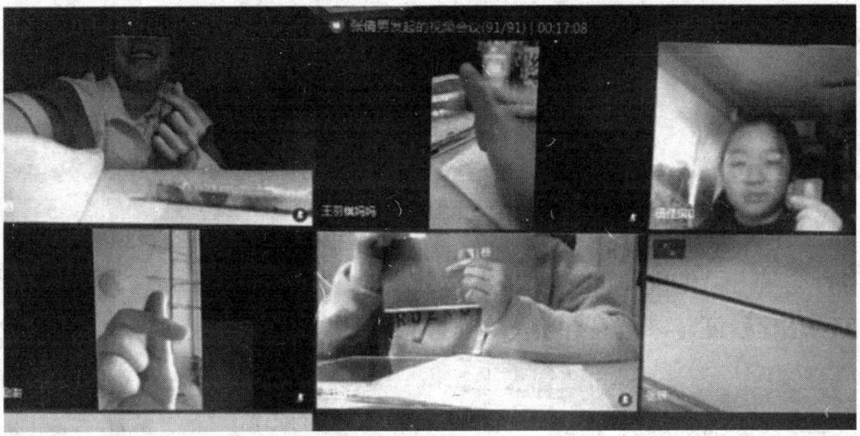

4. 及时反馈

每次上完课后，我做法是把当天课堂上的笔记及时上传到钉钉作业任务里，方便老师查看学生在课堂上的听课情况，并及时地鼓励与交流，网络更容易谈话，一段文字一份温暖。课堂间提问时的一句温暖的鼓励之语、作业抽查时的几个富有期待的评价之词，这些都能增进师生间的交流。

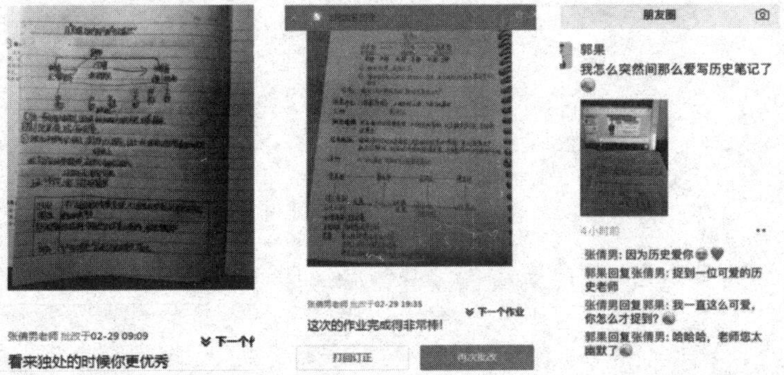


为了给学生更有针对性、更有效的指导，我采用了多元化的辅导方式来帮助学生自主学习。老师克服困难，尽可能地走近学生的学习，随机点名、鼓励与评价、笔记检查汇总、钉钉直播课，触摸学情的脉搏，从微信群答疑、手写解题思

路到打卡内容评价，帮助学生们保质保量完成学习任务。

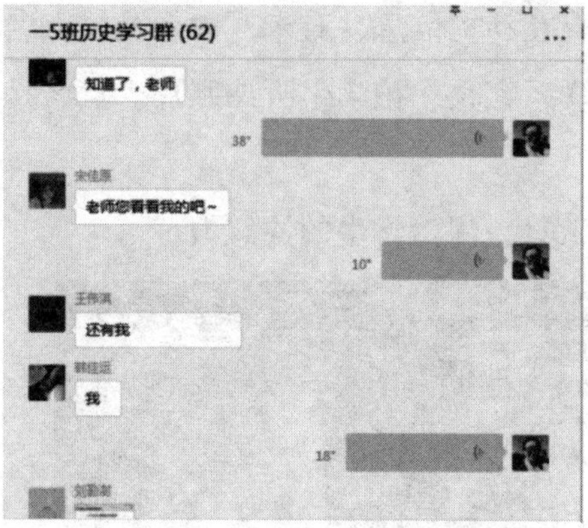


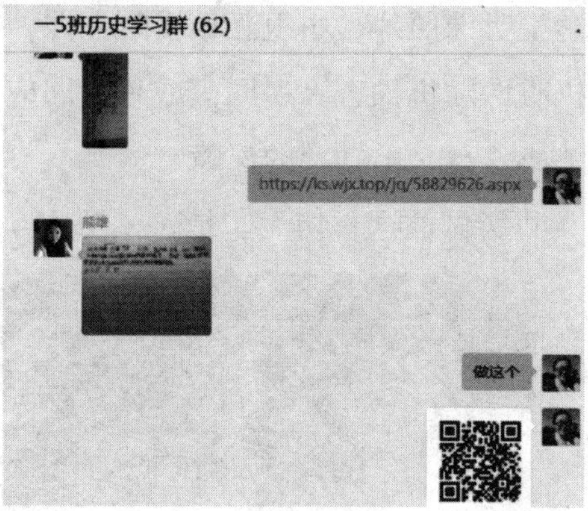


## 五、总结

在信息化程度越来越高的今天，我们教师要接受、适应、学习、利用网络课堂这个新的工具提升我们的教育水平。不管是线上还是线下，教育的主体都是学生，需要授课老师心中有学生、口中有学生、课中有学生。唯有如此，才能很好地把控课堂。在这个没有围墙的世界里，我们的心一直在一起，利用人工智能的手段，开展学生的个性化学习。

# 浅析地理情境化试题的情境分类

王喜跃

**摘要：**本文基于文献综述及模拟题的分析，对情境化地理试题的情境按照情境材料的处理方式、情境材料考查的核心概念的数量、情境材料是直接还是间接考查核心概念等方式进行分类，该分类方式有利于不同阶段的初中地理教学，有利于初中地理的分层教学。

情境是地理试题的构成要素，是对所考内容进行阐释和拓展，利于考查学生运用情境信息完善认识、迁移知识、解决问题的能力。因此，中考地理试题中出现了越来越多的基于情境的试题，而对情境化试题的分类，有利于初中地理中考考研工作的开展与深化。

通过文献的阅读，了解到关于情境有多种不同的分类方式，国际公认 PISA 的科学情境分类如表 1[1]，在国内关于情境的分类有按材料的呈现方式分为文字情境、区域地图情境、等值线情境、示意图情境、表格情境、统计图情境等。[2]

表 1　PISA 的科学情境

| 科学情境 | 个人（个人，家庭和群体） | 社会（社区） | 全球（世界范围内的生存） |
| --- | --- | --- | --- |
| 健康 | 健康；意外；营养 | 疾病的控制；食品的选择 | 流行疾病，传染病的传播 |
| 自然资源 | 物质和能量的个人消耗 | 人类的生存，生活质量，安全，事物的生产和运输，能量供应 | 可再生和不可再生的自然系统，人口增长，物种的可持续利用 |

续表

| 科学情境 | 个人（个人，家庭和群体） | 社会（社区） | 全球（世界范围内的生存） |
|---|---|---|---|
| 环境 | 环保行为；材料的使用和丢弃 | 人口分布，垃圾处理，环境影响，当地天气 | 生物多样性，生态可持续发展，污染的控制 |
| 危害 | 自然和人为的灾害；关于居住问题的决定 | 迅速变化（地震、恶劣气候），缓慢变化（海岸侵蚀），风险评估 | 气候变化，现代战争的影响 |
| 科学技术前沿 | 对自然现象科学的解释的兴趣；基于科学的爱好、运动、休闲，音乐和个人技术 | 新材料，设施改进，遗传修正，武器技术 | 物种灭绝，空间开发，宇宙的起源和结构 |

有也按地理试题材料背景的真实情境可分为生活化情境、联系生产实际的情境和地理学术情境。生活化情境、联系生产实际的情境和地理学术情境都是基于真实的生活问题、社会现实问题和学术问题产生的，与地理学科化情境相对应[3]；还有提出试题的情境分为凸显地理核心素养的地理试题情境，体现地理学科特点的试题情境、存在真实性疑议的试题情境、存在科学性疑议的试题情境[4]；以及在《依托中华优秀传统文化经典名著创设初中地理试题情境的手法》一文中单独提出以优秀传统文化为情境。

笔者基于文献中提到的情境分类又结合 2018 年中考模拟题和中考地理试的情境的分析，将地理试题情境按照情境资料的加工方式分为：第一种地理图像化，即为将新闻热点或生活中的地理现象，用地理图像的形式呈现出来。如中考试题 3、4、6、9、10、11 等题的情境就是用地理图像在这种方式呈现的，虽然也有文字描述，但此时的文字描述为介绍图名，而图名也属于地图的一部分；第二种文字化，即为将新闻热点或生活中的地理现象，用纯文字的形式呈现出来，也可用诗歌、散文、歌曲等文字形式呈现；如 2018 年中考题第 1、2、7、8，其情境的呈现方式为纯文字式，且此文字形式以歌词的形式呈现。又如试题 14~16“独立寒秋，湘江北去，橘子洲头……“其文字资料形式为诗词。如试题 22~23“2018 年 4 月以来，我国空军连续多次出动战机绕飞祖国宝岛，丈量祖国大好河山……“将新闻热点用文字方式呈现；第三种图文化，试卷中更多的试题情境材料被以地理图像和文字资料的形式加工，用文字阐述生活或生产中的地理现象创设情境，加以地理图像呈现出该区域图或地理事物分布图等将试题情境进一步完善化，图文合一的形式能够更具体形象地将试题情境完整真实地呈现在学生眼前。此时的文字看似无用，但是在解决这个题组某个小题的某一选项是否正确时，文字情境会在此时起到关键性作用，例如 12、13 题，这一题组 12 题只需从题干中提取有效地理信息即“当干流水位低于湖泊时，湖水注入长江” 就可选出正确答案 D。根据以上分析笔者将情境按试题情境资料的加工。

长江中游的湖泊对于常见水量有天热的调节作用。当干流洪水来临时，江水注入湖泊， 消减洪峰；当干流水位低于湖泊时，湖水注入长江，增加水量，图 4 为长江流域部分地区 示意图。读图，完成第 12、13 题。

方式分为文字化情境、地理图像化情境、图文化情境三类，其中把文字化情境分：诗词、歌曲、新闻事件等；地理图像化情境分为区域地图化情境、等值线图化情境、示意图化情境、表格化情境、统计图化情境等。

笔者又基于西城高铁这一新闻热点（事件为 2017 年 12 月 6 日连接西安和成都的西成高铁正式开通运营，西安至成都最快只需 3 小时 11 分。）在 2018 年北京市各区地理第一次模拟题中高频出现，但每个区的试题以及涉及考点核心概念各不相同。因此，首先，将地理试题情境按照考查的核心概念分为考查地球地图、海陆分布、地形、气候、河流、交通、人口等情境。其次，情境资料又可分为考查单一因素的情境，仅考查某一个核心概念，如中考试题 12、13 题考查的即为河流这一核心概念的相关内容；但更多的试题情境资料可以考查多个核心概念，例如西城高铁这一情境，每个区所考查的核心概念不完全一样（如表 2），但大多数是考查交通和位置等核心概念的下对应的考点的。再次，按照情境资料是直接或间接考查核心概念分类，直接考查核心概念如通州、西城等区一模试题中考查的位置、交通这两个核心概念均为直接考查，情境材料本身就是关于交通的，而西城高铁又具体指的是西安和成都之间的交通干线，所以在考查位置和交通这两个核心概念时就是直接考查；间接考查核心概念，如大兴区一模试题中考查地方文化这一核心概念即为间接考查，因为试题西城高铁这一图像化和文字化的情境中并未直接涉及地方文化，但是由于该区域确实有着学生比较熟悉的各不相同的地方文化，所以设置了间接考查地方文化的试题。最后，基于以上直接考查单一核心概念为简单的情境化试题，直接考查多个核心概念以及间接考查单一核心概念为较难的情境化试题，而间接考查多个核心概念的即为难度大的情境化试题，因此，又可按情境材料的难易程度划分试题的情境（如表 3）。

表2

| 试题 | 材料加工 | 考点 | 核心概念 | 考查方式 |
|---|---|---|---|---|
| 通州 | 地理图像化手绘西成高铁示意图（有地形、省级行政区、景点） | 省级行政区 | 位置 | 直接 |
| | | 秦岭淮河地理意义 | 位置 | 直接 |
| | | 地形区分布 | 地形 | 直接 |
| | | 铁路延伸方向、高铁与传统铁路的优势 | 交通 | 直接 |
| | | 旅游资源分类 | 旅游 | 间接 |
| 西城 | 添加“灯泡”形迂回线路等高线图，西成高铁途径地形图（有省级行政区） | 计算相对高度，等高线在实际生活中的运用 | 地图 | 直接 |
| | | 地形对交通的影响 | 地形 | 直接 |
| | | 与传统铁路相比高铁的优势 | 交通 | 直接 |
| 海淀 | 西成高铁示意图（有地形、水系、省级行政区）汉口西安气温曲线和降水量柱状图 | 秦岭在地图上的位置 | 位置 | 直接 |
| | | 省级行政区 | | 直接 |
| | | 铁路对周边的影响 | 交通 | 直接 |
| | | 在图中识别长江和黄河，描述水文特征。 | 河流 | 间接 |
| | | 阅读 T-P 状图，比较两地气温和降水的差异 | 气候 | 间接 |
| 朝阳 | 西成高铁示意图（有地形、行政区） | 秦岭淮河地理意义 | 位置 | 直接 |
| | | 高铁的特点根据需求选择合理的出行方式 | 交通 | 直接 |
| 大兴 | 西成高铁示意图（省级行政区） | 在图中识别秦岭 | 位置 | 直接 |
| | | 地方文化饮食 | 文化 | 间接 |

表3

| 考查方式 | 考查单一核心概念 | 考查多个核心概念 |
| --- | --- | --- |
| 直接考查核心概念 | 易 | 较难 |
| 间接考查核心概念 | 较难 | 难 |

按照笔者分析的按照考查核心概念分类方法，有利于地理教师对试题的归纳分类，可以应用于初中地理课堂教学中关于某一核心概念的专题教学，尤其是初三地理的专题复习课；按难易程度分类的方式，直接考查单一核心概念的情境化试题，适用于初中地理的新授课当中当作课堂练习使用，以及在分层教学中适用于基础较弱的学生，间接考查多核心概念的情境化试题，适用于课堂教学的能力提升环节，以及适用于平时复习课，或中考复习课；总之，按照以上方式分类情境化试题，适用于初中不同阶段的地理课堂教学，适用于不同层次的学生，利于分层、分阶段的地理教学。

**参考文献：**

[1] 王耀耀．借鉴 PISA 优化安徽省普通高中地理学业水平测试试题的研究．[D]．芜湖：安徽师范大学．2014.

[2] 仇家亮．高考地理试题的地理学科能力体现状况研究——2007-2011年宁夏采用试卷为例．[D]．延边：延边大学．2012.

[3] 段玉山，周维国．基于地理课程标准的高中学业水平考试命题研究．[J]．中国考试．2018(9)：8-11.

[4] 占晓芬，戴志龙 ．浅谈试题情境影响高考地理试题的品质．[J]．地理教学．2018(5)：57-59.

# 促进学困生学习质量的对策研究

陈建华

**摘要：**促进学习困难学生学习质量是全面落实党的教育方针，全面实施素质教育的一项科研课题。我校也以此为课题进行实践和研究。本文以地理教学为例，分析了不同学生学习困难的原因，针对不同的原因，因材施教，采取了制定有效课堂常规、培养良好的地理学习习惯、发挥地理教师教学语言功力优势、做好德育教育，做他们的心理健康医师等有效措施，激发兴趣、化解学生的畏难情绪、把学生的思维牢牢吸引在课堂教学活动中、提高学生学习能力，从而提高学习效率。

**关键词：**学习地理困难学生；学习质量；对策

## 一、问题的提出

全面落实党的教育方针，对学生全面实施素质教育，对初中教育来说，促进学习困难学生学习质量就是一个重要部分。我校“学困生”并不是个别现象，所以学校也将促进学习困难学生学习质量作为一项科研课题进行实践和研究。

## 二、学困生的形成原因

学生学习困难的原因有学生自身、教师、家庭、考试制度等原因。

当学生体会到学习有用了的时候，就会激发学习的动力。也许有些学生还没有认识到这一点，缺乏学习的动力和兴趣，所以就成了疏于学习的学习困难生了。

## 三、促进学习困难学生学习质量的对策

1. 制定严格有效的课堂常规

没有规矩，不成方圆。纪律是课堂教学正常进行的保障。既然地理是国家规定的基础教育学科，学生就必须学。严师出高徒，为了尽快改变学习困难学生群体散漫、懒惰的状态，从第一节课我就提出了细致的课堂要求，要求学生必须按要求做，形成良好的课堂学习习惯。我提出了很多课堂要求，其中第一条：课前准备好课本，课桌上不允许有其他学科的书本，课代表提前发作业，电教课代表提前打开电脑，值日生提前擦干净黑板，上课铃响后尽快进教室并安静。第二，不允许看课外书、做其他作业、玩游戏。第三，专心听讲、认真记笔记、勤于思考。第四，讲究课堂秩序，回答问题要举手，不能随便接下茬。第五，如有特殊情况，要举手说明，等等。

2. 培养良好的地理学习习惯，提高学习能力

著名教育家叶圣陶说:“什么是教育？一句话,就是要养成良好的学习习惯。”这句话道出了我们教师在工作中所要担负的责任。教学的核心环节在课堂。学生获取知识、掌握方法、培养学习习惯、能力和思维方式，很大程度是在课堂上完成的。所以从第一节课我就开始注意学生学习习惯的养成教育及地理学习能力的培养。

（1）培养课堂上听、思、说、写的习惯

①听。约60%的信息是通过“听”获取的,所以我提出听讲的要求: 认真听讲,学会做一名倾听者。这不仅是为了学习,也是对他人的一种尊重。②思考。孔子曰:“学而不思则罔，思而不学则殆。”思考是一项重要的学习环节。我会以改变语速、语调、节奏和目光注视、提问等暗示、提醒注意，让其思维回归正题，迫其思考；对欠思考就发言的学生我会肯定他们的积极表现，然后提示他们一些思路，培养静心多思的习惯。③说。回答问题——设计不同梯度的问题，主动请学习困难学生回答难度较低的问题，培养其说的习惯和能力。有的学生不敢说，教师可做一点提示，降低难度，鼓励他拿起书、站直、要大声自信。小组交流——其实就是生生互助、相互启发的过程，学生会更加注重对问题本质的认识，语言表达也得到锻炼。[1]④写。记笔记——俗话说“好脑瓜不如烂笔头”。课堂教学中，培养学生记笔记的习惯，教会他们什么时候记、记什么、怎么记、记在哪里，以

帮助学生理清思路、抓住重点，使学生在学习时高度集中，深入理解所学内容，提高学习效率。按时按质按量完成作业——作业可以巩固当堂所学。要求所有学生必须当堂完成作业，下课就交。对没有按时交和作业有问题的，与课代表配合及时找他们。

（2）培养使用地图的习惯

地图承载了很多地理信息，是学习地理的最重要、最基本的工具。养成读图、用图的好习惯是学好地理的关键。教师在教学中强化用图，培养学生读图、用图的好习惯，对促进地理学习质量有重要的作用。

1. 利用地图指导学习，可以降低难度，化解学生的畏难情绪

很多学生阅读地图时很迷茫。教师充分利用地图，把每一节课的教学目标都落实在地图上，通过地图来指导学生获得地理信息、分析问题，进行归纳、概括，找出规律得出结论。在教师的引导下，反复地读图、用图，使学生形成一个观念：学习地理离不开地图，而且很容易。

2. 多种形式进行以地图为重点的训练，激发兴趣

通过训练，学生逐渐掌握了阅读地图获取信息、填图的技巧、分析描述地理问题的方法，熟悉了地图上的线条、颜色、轮廓，提高了地图辨析力。画图具有挑战性，鼓励学生画图，通过画图来巩固所学。教师可根据教学进度在图中依次在板图上添加地理信息，一边画一边引导学生。进行图文转换，以图释文、以文释图，形成熟练而准确的图文转换技能，激发学生学习地理的兴趣。

（3）及时复习，解除疑惑

很多学生反映在初一时听不懂。在课堂教学中，根据需要及时进行复习、矫正。通过对经纬网、半球的划分、地图的三要素、等高线地形图、地形类型、地形区、地势的概念、分析气温年变化曲线和降水量柱状图的方法和步骤的复习，弥补知识、培养技能，也纠正了学生很多错误认识。

3. 发挥地理教学语言的功力，把学生的思维牢牢吸引在课堂教学活动中

要把学生的思维牢牢掌控在课堂中，提高课堂教学吸引力，教学语言是至关重要的。教师语言要生动形象、通俗易懂加点幽默，还要注意以下几个方面。

（1）表述准确、科学规范

教师的教学语言，首先应当做到准确无误。具体地说，在表达概念、定义、

原理、结论、规律时，必须做到准确、精练。例如，有学生描述长江的流向为“东西方向”，教师就要引导学生河流流向是单向的，从源头到河口的方向；又如，引导学生阅读《欧洲西部区域划分图》和《非洲区域划分图》，明确欧洲西部不能简称为“西欧”，撒哈拉以南非洲不能简称为“南非”。

（2）条理清晰

地理教学语言的科学性，要求教师能运用地理知识结构教学，即有系统、条理分明的层次，教学语言要有序化，教给学生分析地理问题的思路是清晰有序，有规律可循的。如讲一个区域的地理位置，应先分析纬度位置，再分析海陆位置；再分析地理位置对气候、交通、农业和工业的影响。

（3）精练

语言精练可腾出时间作为课内读、思、议、记、练之用，以提高课堂效率。有的老师对一些难点喜欢多讲，唯恐学生不懂，可能会讲得越多越糊涂。话不在多，关键是抓住要点，采用适当的语言，使其严密准确、逻辑性强。

（4）启发性

地理课程标准提出“学习对生活有用的地理、学习对终生发展有用的地理”。学习北京市气候时，我创设教学情境：“假如你是北京市市长，你是否会做出北京市应以多铺设草坪为城市绿化规划？为什么？”启发同学们联系生活感知，大胆设想，发表见解。

4. 善于做德育教育，做他们的心理健康医师

（1）利用教材德育素材

在中学地理教材中，有大部分思想教育内容，需要教师认真钻研教材，充分发掘教材中潜在的德育因素，把德育教育贯穿于对知识的学习中。例如巴西国旗上的葡萄牙文“秩序与进步”、日本的循环经济、美国信息技术发展、中国台湾地理位置的重要性对学生遵守纪律、激发上进心，增强集体荣誉感和环保意识、爱国情感都是很好的德育教育素材。

（2）多用情，少用气

教师的宽容不是纵容，理解不是没有要求。师文是一个典型的家长溺爱的学习困难学生。他也是班里的“自由人”。开学第二周他开始有了小动作，试探着我，我都是心平气和地提醒而已。课后让他用“师”和“文”分别组词。利用他

的名字引导他认识到自己是一个学生，要名副其实。面对我的和气，他表示以后不再违反纪律。可是，第三周上课，他居然把矿泉水倒进了前面同学的衣领里。我丝毫没有犹豫，挥起教鞭打在他的手臂旁，厉声道："告诉你，下次再淘气，我就打你的手！你别把我以前对你的宽容当成纵容！"面对我的突然发怒，他吓得缩起身子，偷瞄着我不敢抬头。放学后，我把他请到办公室聊天。他道出了心里话，也想学，但是学不进去，也管不住自己，尤其是课堂的最后十分钟。我与他约定，上课前30分钟不能有违纪行为，多坚持一分钟，加一分德育分。后来虽然有小的反复，但在我的示意下就矫正了。在后来的复习中，也很认真，成绩由以前的17分提高到了72分。

（3）改善师生关系，促进学生形成严肃看待学习的态度

古人云："亲其师，信其道。"善待每一位学生，做他们的良师益友。学生只有从老师这里感觉到有所收获，学习有意义了，就会真正地接受教师，喜欢教师，信服教师传授的知识和道理。为鼓励学生，可让学生讨论考试的意义。最后，学生总结道：成绩好，建立了自信；没考好，说明还有潜力，更鞭策自己不断努力，不放弃。这个讨论消除了学生间由于成绩差异所产生的距离感，也缓解了学生内心的压抑。对孩子的支持不一定是在具体某个问题上的探讨，更重要的是用一种明白的方式让孩子感觉到老师是关心、爱自己的，而不仅仅是强迫他去做自己不想做的事情。

## 四、成效与反思

经过近一年的努力，本届学生班级纪律稳定有序，成绩大幅度提高（见下表）：

| | | 参考人数 | 不及格人数 | 及格率% | 优秀人数 | 优秀率% | 平均分 |
|---|---|---|---|---|---|---|---|
| 初一 | 2013年7月期末 | 380 | 77 | 80 | 144 | 37.9 | 70.2 |
| 初二 | 2013年11月期中 | 380 | 50 | 86.8 | 212 | 55.8 | 79.9 |
| | 2014年1月期末 | 380 | 12 | 96.8 | 292 | 76.8 | 89.2 |

冰冻三尺非一日之寒。改正缺点可能需要一个很长的过程，甚至会经常反复，给他们一点时间，不要急于求成。他们真正需要的是师长的关心、谅解、疏导、肯定、鼓励和积极反馈。同时需要教师教会他们正确的学习方法，帮助他们养成良好的学习习惯。教师要善于发现学生的进步和优势，帮助学生尽快克服困难、树立信心、激发学习兴趣和热情，这样对缓解压力有很大好处。为了不辜负你的赞赏，学生会全力以赴，怀着积极的心态，激发出强大的自信与冲劲，并引发出潜能。

**参考文献：**

[1] 蒋志辉，赵呈领，周凤伶等 .STEM 教育背景下中小学生学习能力培养策略研究 [J]. 中国电化教育，2017，（2）：25-33.

# “教”应是教会“学”

杨世琦

**摘要：**教育的目的不仅是传授学生知识，要学生知道是什么，而且要知道为什么，更重要的是知道怎么做；不仅要使学生学会已有知识，而且要学会动手动脑收集、加工知识，学会自我增长知识和生产知识。学生的任务是学习，但是要学会学习，就需要体现教师“教”的任务，应是教会学生“学”。在生物教学中，通过丰富多彩的实验，引导学生在活动中学，在做中学。

在生物教学中，我知道学生的任务是学习，要学会学习，这既是现实的需要，也是适应终身学习的需要。但是学生在注入式、满堂灌的教学中已经变得甘愿坐享其成，丢去了思考的动力。当我不知所措的时候，朱正威先生在《我和中学生物科学教育》一书中明确提出了生物课堂要“为了学生的发展”“调动学生积极参与教学过程的建议”中指出：好的设计，应该最大限度地吸引和组织学生积极参与研究和探索。因为，若无视学生的参与，以“灌”为主，则难以完成科学教育的任务——掌握科学知识、学会科学思维和科学方法、培养科学精神和树立科学的价值观。而且，难以造就一代具有强烈的参与精神的公民。

我国改革开放以来，世界流行的现代教学理论流派进入了我国教育界，如苏联赞科夫的发展教学论、美国布鲁纳的发现、探索教学论、美国布卢姆的掌握学习理论等。几位学者都提出：在学习现成知识的基础上，还要注重发现、探索能力的培养。在实施素质教育的今天，教育的目的不仅是传授学生知识，更主要的是培养学生的素质和能力。一个好的生物教师，首先是致力于培养每一个学生自然的好奇心和创造力，引发它、利用它，从而把学生引进生物科学的殿堂。在生物教学中体现“学”是“教”的变量，“教”应是教会“学”。

## 一、培养学生积极参与的意识

在教材中涉及的学生实验，实验材料、试剂都是书本上指定的，课前由教师准备好。实验时，学生完全按照规定的步骤进行。在这过程中，学生完全成了不用思考的机械操作者，甚至到结束都没留下完整的印象。这种教学没有给学生留下积极思维的空间和余地，也不允许他们有任何意义上的标新立异，抑制了学生的主动性和思考的独立性。而现代教育就是要引导学生积极参与。因此，教师可结合具体实验，教会学生一些基本的实验研究方法，然后让他们自己去主动查找资料，弄清实验原理，选择合适的实验材料和实验方法。这样，就可使学生加深对实验全过程的认识，提高实验课的效率，激起他们探究问题的兴趣。例如，生物教材中根尖外形及根毛的观察，要求实验材料为豆类。我鼓励学生发挥想象，选择培养不同的植物种子。这样学生选择了十几种种子来培养，而且他们除了按书上的方法培养外，也尝试其他的培养方法，如“沙培法”等。在这过程中，学生能体会到培养根毛过程中应注意哪些问题。又如，在做“淀粉与葡萄糖的不同透过性”这一实验前，“半透膜”的材料也可由学生自己寻找。课本上用的是玻璃纸，考虑到这种材料对于学生比较陌生，我鼓励学生“能否采用其他材料做半透膜呢？”。这时，有人可能会想到用动物的皮肤、动物的膀胱、鸡蛋膜、鱼鳔等，那么不妨把这些材料都找出来，逐个实验，结果会发现鸡蛋膜和鱼鳔是较为理想的实验材料。这样不仅可使学生弄通了生物细胞膜的功能，而且训练了学生的实验技能。“课堂内要有更多的观察和实验”让学生亲自参与设计完成实验，在实验中获得了成就感，大大激发了学生学习的兴趣和探索精神。

## 二、让验证性实验上升为探索性实验

教育家布鲁纳指出，教学不应该“奉送真理”，而应该“教人发现真理”。传统的生物实验只是验证课本上的知识，学生在整个教学过程中处于从属的、被动的地位，他们关注的是实验结果，而对实验的理论背景和实验设计的方法不假思索。这种重结果轻过程，重接受轻参与的做法不利于能力的培养。因此，在实验过程中，要有意识地培养学生的逆向思维能力，鼓励他们大胆设想，让验证性实验上升为探索性实验，并且要为他们创造条件，去探索、实施他们想要做的实验，把注意力从注重实验结果转移到实验方案的设计思路及方案的优缺点及改进方法等方面上来，从而培养他们的观察、思维及创造能力。有时，有的学生可能会“异想天开”。此时，教师应倍加关注那些爱标新立异的学生，充分挖掘其“异想天开”中的合理因素，使他们敢想敢说。就像苏霍姆林斯基讲的要像对待荷叶上露珠一样去呵护学生幼小的创造的心灵。例如在“观察洋葱鳞片表皮细胞”这一实验，教材中要求滴加清水，有的学生会提出，滴加盐水和糖水行吗？学生有了这样的想法，我就鼓励他们可以通过实验来观察。实验中设置了清水、质量浓度为 0.3g/mL 的蔗糖溶液和 0.3g/mL 氯化钠（NaCl）溶液，在实验中同学们不仅观察到了植物细胞的结构，而且还发现了奇异的“质壁分离”现象，这样的探索实验受到了学生的欢迎，也为后面学习“植物细胞吸水和失水”打下了基础。更为学生高中的生物学习打下基础。通过这一探索过程，一方面满足了学生的好奇心和求知欲，另一方面也培养了学生的主体意识和科学思维的能力。

### 三、培养学生收集和处理生物学信息的能力

有时，实验不一定会取得令人满意的结果。此时，要鼓励学生通过讨论、分析实验中出现的现象，并通过思考找出解决问题的方法。例如“绿叶在光下产生淀粉”这一实验，在滴加碘酒检验淀粉时，发现天竺葵叶片见光处只出现极小的“粉色”的小颗粒，这与教材中提出的蓝色的淀粉颗粒不符。对于这个并不满意的结果，我请学生来分析原因，很快学生们就你一言我一语地帮助我分析起问题：实验里没有太阳的光照，只用灯光照射植物是不行的。我们这是上午第三节课，植物只在灯光下照射了三个小时，这是会影响淀粉的形成，使淀粉形成的量太少。还有现在是冬天，教室的温度太低了，这也会影响光合作用的。老师，您用一百瓦的灯照射植物是不行的，强度不够，要用多个一百瓦的或二百瓦的灯照射才行。面对同学们的分析，我早已喜形于色了，他们这不正是把影响光合作用的条件一一列举出来了吗？这正是无心插柳柳成荫，虽然没有得到满意的实验结果，但对知识的引用能力和领悟能力却得到了发展，同时也培养了他们综合处理生物学信息的能力。

四、培养学生设计简单实验方案的能力

在教学中，教师要精心设置情境，鼓励学生设计简单的实验方案，这有助于培养学生的探究能力和思维能力。在学生掌握了一定的生物学知识后，可让他们亲自设计实验。例如在了解唾液淀粉酶对淀粉的分解作用后，可引导学生设计实验进一步验证酶的活性是否受温度和酸碱度等因素的影响。学生在实验中得到了酶在零摄氏度左右时，活性很低，但酶的空间结构稳定，在适宜的温度下酶的活性可以升高。但是在高温情况下，超过一百摄氏度酶就会失去活性。根据学生的实验再提出问题：如果你是一位洗衣粉厂的厂长，你将如何设计本公司加酶洗衣粉的广告，突出产品的科技含量。这种设计很好地让学生体验到理论与实际的结合，“课堂里要有社会要有学生的生活”这就是知识的魅力所在。利用书本知识结合实际，可自主的设计实验观察附近污染的河水对植物生长的影响；板结的土壤和疏松的土壤对植物生长的影响；光照对无土栽培植物的根是否有影响等实验。在条件许可的情况下，为学生创造机会，让他们去试一试。学生自己设计实验和按照书本做的感觉和效果是不一样的。通过这些实验，既能培养学生独立且科学地思考问题的能力，又能培养他们观察、实验、思维、自学等能力，从而提高学生的科学素质。

朱正威先生在《我和中学生物科学教育》一书中提道：“燃起学生探求的欲望，激发学生学习中强烈而持久的兴趣，是我中学生物教学生涯中所苦苦追求的。”生物学是以实验为基础的自然科学，要在兴趣的引领下，开展丰富有趣的实验是培养学生这方面能力的重要途径，因此，应重视生物学中的实验教学。一名优秀的教师，应该让学生有更多的观察和实验的机会，还要提倡学生提出问题，设计和完成实验。重视在活动中学，在做中学。“教”应是教会“学”！

# 利用科普阅读资源促进生物教学的初步研究

杨淑艳

**摘要：**生物课堂教学需要学生有关经验的支撑，在学生受成长环境制约、直接经验不足的情况下，通过阅读获得间接经验就尤为重要了。阅读生物科普资源，是学生走近科学、热爱生命，逐步提高生物科学素养的重要途径。但是中学生生物科普阅读严重不足。鼓励学生进行生物科普阅读，有利于改变学生的学习方式，使学生自主学习生命的有关知识。教师要善于创设情境，引导学生关注生命现象，发现生命的神奇，推荐优质的科普读物，引导学生向书籍寻求答案，逐渐养成科普阅读的兴趣和习惯。还可以利用好网络、学校图书馆资源以及通过开展“阅读竞赛”活动，促进学生持续地进行生物科普阅读。

在近几年的初中生物课堂教学中，发现初中生有关生物学方面的经验和知识储备都极为缺乏。比如，在进行鸟的教学时，发现学生把小型的鸟都认作麻雀，把黑色的鸟都认成乌鸦，还有很多学生认为鸡和鸭不属于鸟类，而且在生态观上也存在着很大的问题。比如，一提到某种野生动物，不少学生地第一反应就是：“它有毒吗？”这其中虽然有学生受成长环境制约的原因，但是从更深层面上来讲，也反映出了学生对于生命现象知识匮乏，缺少思考的状态，暴露了学生科学素养普遍低下的现实。随着新中考改革，科普阅读作为生物必考大题在试卷中出现，对学生进行科普阅读指导训练也成为必须，同时学生也越来越认识到科普阅读的重要性。作为初中生物教师，尝试引导学生进行生物科普阅读以弥补学生直接经验的不足，激发学生对生命现象的关注和思考，正确理解生命的意义，从而形成尊重生命、敬畏自然和保护生态等科学的生态观。

在我校的初中三个年级中进行随机抽样调查，摸清学生生物科普阅读的实际情况。平行班中随机选择两个实验班，选择并推荐生物科普阅读材料，组织学生在课内、课外阅读，开展小型的知识竞赛，用问卷调查和生物学业成绩对比分析，研究科普阅读对初中生生物学习的兴趣、方法和品质是否有影响。

## 一、生物科普阅读的重要性

生物学知识是公民素养的基本组成。生物科学素养是指一个人在参加社会生活、经济活动、生产实践和个人决策所需的生物科学概念和科学探究能力，包括理解科学、技术与社会的相互关系，理解科学的本质以及形成科学的态度和价值观。《义务教育生物学课程标准》中提出，要“更关注学生已有的生活经验，更强调学生的主动学习”。要期待学生主动地参与学习过程，获取信息、发现规律，养成理性思维的习惯，形成积极的科学态度。鼓励学生进行生物科普阅读，就是改变学生的学习方式，使学生自主学习生命的有关知识，这种学习体验和学习方式将有助于学生提高生物科学素养。

一个人的所有知识的来源中，直接经验是非常有限的。所谓学习，其实更多的是学习间接经验，学习前人的研究成果，因此要教会学生如何寻找知识。重要的不是知识本身，而是获取自己所需要的知识的能力。阅读生物科普书籍和资源，是学生走近科学、热爱生命，逐步提高生物科学素养的重要途径。1976年诺贝尔生理学或医学奖获得者、美国医学和病毒学家盖达塞克和1982年诺贝尔化学奖获得者、英国生物化学家克卢格，都是因为在青少年时代阅读了由荷兰裔美国细菌学家克鲁伊夫撰写的科普读物《微生物猎人传》，从此爱好上了生物学。

## 二、生物科普阅读的现状调查

为了摸清学生生物科普阅读的现状，我进行了随机调查。发现学生生物科普阅读严重不足。

笔者在自己所任教的学校对初中3个年级随机9个班级进行了问卷调查，读过6本生物科普书籍的学生仅占8%，拥有生物科普读物的仅占3%，完整阅读过《昆虫记》的仅占1%。各个班级都有图书角，藏书绝大多数是同学们自己捐的，其中生物科普读物很少，绝大多数是文学读物。

三、生物科普阅读不足的原因分析

1. 学生生物科普阅读的不足与家长的科学素养不高和科学教育意识淡薄有直接关系

据调查，仅有6%的家长给孩子讲过科普知识，60%的家长认为对孩子价值观形成和发展有重要影响的课程科目不包括生物学，家长经常看科教电视节目的不到10%，经常看生命科学电视节目的仅为5%；90%的家长拒绝孩子养宠物，家长为孩子购买的过生物科普书籍的仅占3%。

2. 学生生物科普阅读的不足与学生的阅读习惯缺失有关

学生生物科普阅读的不足其实是学生阅读不足的一个侧影。根据调查，学生的课余时间，绝大多数用于做作业和娱乐，有阅读习惯的学生很少，很多学生不主动购买书。学生自发购买的课外书籍多数是漫画和文学类书籍。

3. 学生的阅读现状反映出学校在对阅读引导和评价方面的不足

目前，教师对阅读强调得多，引导得少，落实得也少。甚至有的学科在对学生的阅读引导上带有浓厚的应试色彩，出现了每逢阅读必做阅读题的情况，甚至教师包办代替，替学生提炼、归纳好所谓的完美答案，让学生背诵现成的结论，导致学生对阅读产生了厌烦和抗拒的心态。

生物教师在生物科普阅读的引导缺少积极、系统的指导。长期以来，生物教学受课时少、教学任务重以及考试评价指挥棒的影响，普遍存在重教材、轻课外科普阅读的现象，就是考什么就只教什么，考多少就教多少，考到什么程度就教到什么程度。不指望学生能够在课外进行自主阅读。在生物课堂教学中，有些认真听课的学生经常会由当时正在进行的教学内容联想到曾经阅读到的某一个特别的生命现象，非常希望马上能在课堂上说出来，但是教师为了保证教学进度不受影响，或者为了担心学生扯得太远收不回来，有经验的教师都会早已备下了一套提防这类可能导致“离题”的疑问的方法，能够迅速巧妙地迂回过去，其实是不给学生表达的机会。这种态度打击了学生继续关注生物课外阅读的积极性，对保护学生自主学习的兴趣显然也是非常不利的。

## 四、生物科普阅读的推动策略

1. 呵护好奇心，引导学生拿起生物科普读物

生物阅读的引导，核心是生命和阅读，因此就要抓住这两个核心入手。人的天性里是有着对生命现象的好奇的。教师能够为他们解答的疑问只是一小部分，更多的疑惑恐怕连教师也难以做出科学正确的解答。教师一方面要善于捕捉学生产生好奇心的契机，引导学生向书籍寻求答案；另一方面，可以主动地通过情境创设，讲一个令人惊讶的有关生命的故事，或者一个奇特的生命现象，或者介绍一位了不起的生物学家，等等，激发起学生强烈的好奇心和兴趣，然后不失时机地向学生介绍相关的书籍，引导学生通过自己独立的阅读过程，从书籍中得到更为详细的信息，从而使学生的求知欲得到满足。这样，学生就会认可独立阅读这条获取知识的途径，并愿意反复施行它，为以后逐渐养成阅读的习惯打下基础。

2. 举办或者参与“阅读知识竞赛”，促进学生的生物科普阅读能力提升

教师既要鼓励学生“读进去”，还要鼓励学生“讲出来”。事实证明，讲得出来对学习者的挑战性更高，讲得出来才是真正的理解，原本从书本上到获取信息，学习者如果有意将其讲述给别人听，并且努力帮助听众理解，这实质上是一个预备教学的过程，这位信息的传播者会主动地追求信息传播的效果，会为此主动提高对自身的要求，会主动追求对信息本质的深入理解。在他选择表达用语、表现形式的过程中，自身对知识的理解会不断深化，组织、编辑、迁移、综合运用等能力也获得提高。生物教师可以利用生物课定期举行“生物知识阅读赛”“自然知识竞赛”等活动，布置学生或小组轮流进行短小的片段教学，内容不必局限于课本教材，是与当前的教学相结合内容的或者有一定联系内容，也可以是生命领域之内的其他内容，教师要对学生进行必要的指导，如选题、收集材料、整合素材等。对他们的比赛给以科学合理的评价，使学生能够得到一定的认可，从而对这一活动发生兴趣，有利于这个活动的可持续开展。

由于学生在准备比赛的过程中，无论是在选题还是搜集素材，无论是上网还是查书，都离不开阅读，因此通过活动能很好地促进生物科普阅读，教师更应有意识地借助这一活动，持续推广生物科普书籍的阅读。特别应指导学生在汇报中点出信息的出处和来源，这既是养成学生良好的科学研究的素养，也可以向其他学生传递通过阅读来获取知识的正面信息，从而启发和引导其他同学跟着参与到

生物科普阅读中来。

通过科普阅读可以吸收前人的研究成果，可以站在巨人的肩膀上，学习到更多的知识。引导学生进行生物科普阅读，既能有效地促进生物课堂教学，又可以使生物教学向课外延伸，有效地提高学生的生物学素养和拓宽学生的学科视野。所以作为教师要做有心人，顺应社会所需，利用大环境，让生物科普阅读来促进生物教学。

# 初中生物科普阅读策略及能力考查的研究

## ——以 2018 年北京中考生物科普文为例

刘军丽

**摘要**：通过整理、分析 2018 年北京市中考生物试卷及各区一模、二模试卷科普阅读文共计 19 篇，总结出此类试题的特点及所考查的能力；最终阐述了此类科学阅读给予一线生物教师的教学启示。

**关键词**：中考生物；科普阅读；题型特点；题型启示

2018 北京中考新学科——生物学科最后一道压轴题就是科普文阅读题，科普阅读大量的篇幅文字，乍一看给学生视觉和心理上造成了一定的负担，个别学生看到会感觉恐惧、压抑，甚至惧怕的心理，其实老师若在平时的教学中把科普文章的特点，阅读及解题技巧给学生讲解清楚，分析透彻，学生这些畏惧心理就会消除。鉴于此，笔者整理、分析了生物学科科普阅读策略及能力研究，为复习课的构建提供一定的思路。

### 一、科普文阅读题

科普文阅读题是中考根据“遵循教学大纲，又不拘泥于教学大纲”的命题原则新出现的理科综合题，它类似于语文、外语学科的阅读理解题，通常以科普文章的形式出现，以考查学生的阅读理解、收集和处理信息、知识迁移、综合分析和类比应用能力。

2018年北京《中考生物考试说明》在第三部分“试卷结构”的“试卷题型”中明确设置了科普阅读理解题。有人在分析2018年真题及学生得分情况后指出，此题型“起点高，落点低”，主要考查学生接受信息、整合信息的能力。2018年北京各区中考模拟题涌现出大量科普阅读题型选材，其设问的着眼点亦丰富多彩。

2018年北京中考生物真题中，此题型选材为社会热门话题——生物钟，500余字短文科学地解释了生物钟的概念以及不同生物的生物钟特点，介绍了从古至今不同生物的节律行为，并举例介绍了节律行为的类别，内容通俗易懂，还将冗长的文字说明转换为清晰直观的图例，突出科学学习中“事实证据”的重要性；文末介绍了生物钟的意义，了解和顺应生物钟，将使我们的生活更加健康，问题的最后一问让同学们结合对生物钟的理解，写出一条健康生活的建议，是一个开放性的问题和同学们的实际生活紧密地联系起来了；人体24h昼夜节律图，使得阅读素材呈现方式多元化。前三问为原文信息的检索与摘录，只停留在直接获取信息阶段的层面；第四问“根据文中信息分析，下列属于年节律的是（　　）a. 人体体温变化；b. 人体褪黑激素的分泌；c. 北极黄鼠冬眠；d. 猫头鹰昼伏夜出。“要求学生根据对文中年节律的理解，筛选出年节律的行为，考查了学生对文中关键信息的正确理解和应用能力；第四问青春期是青少年身体生长发育的黄金时期，由分泌的生长激素能促进骨骼和肌肉的生长发育。因此，遵循昼夜节律对维持生长激素的正常分泌至关重要。这一问是检查学生对中学生物重要知识点的掌握情况，考查学生的储备知识。突出新课改中“学以致用，联系生活实际的能力”。

2018年中考生物科普阅读文将重点转至学生能够读懂文本和简单图像并依据问题提炼整合关键词上，更加注重考查学生阅读后的理解能力，也更加彰显试题关注语言素养与科学素养的融合。

## 二、科普阅读试题分析

### 1. 样本选择

此次笔者对2018年北京市13个区共计19篇初中生物一模、二模中的科普阅读题进行分类整理与综合分析。

试题分析维度

（1）阅读字数。以 200 字为一组距，对这 19 份生物科普阅读理解文章的纯文本字数进行统计，统计结果如下图。

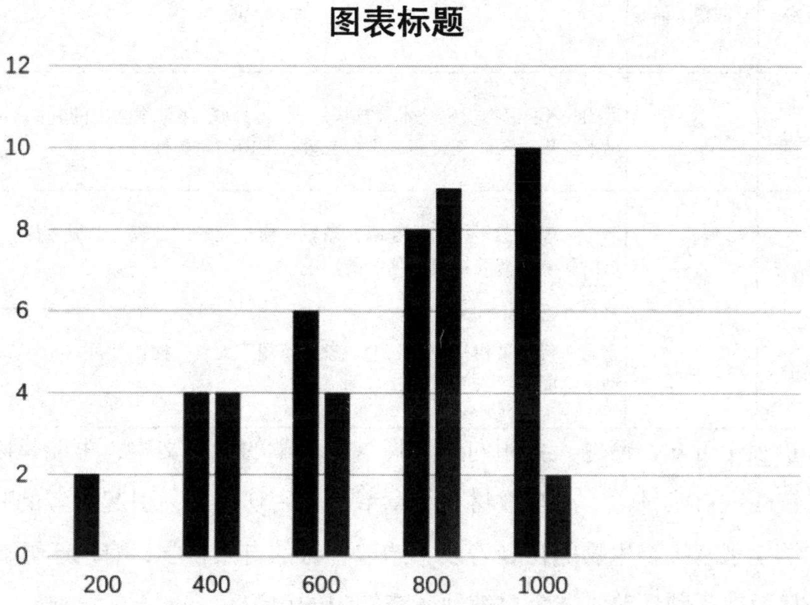


图一：试题阅读字数统计图

据此图表易于发现，该类试题篇幅多于 400—800 字之间，共计 17 篇，占比 89.5%，这其中又以 800 字居多。字词作为阅读最基本的单元，字数的多少与词汇的难度直接影响着学生的文本阅读速度，影响学生整体考试进程。科普阅读理解文章以科学知识为基础，故和一般语文阅读文本结构差异较大，其中最大的不同在于专业词汇或学术性表达的语段比例大大提高，难免造成中学生阅读科普文章的速度比阅读常规语文现代文速度（每分钟不少于 500 字）稍慢一些。中国台湾学者研究发现——中学生统一阅读科学文本《温度与热》的高词汇密度[1]（词汇密度指平均每一句负载的“内容词”个数）的文本要比阅读低词汇密度的文本及传统文本花费时间都要长，也证明了此点。但较一般期刊科学文本动辄数千字来说，生物试卷中的科普阅读理解文章字数相对较少，且多采取文字图表相结合的方法，有利于学生的快速阅读，对其整体考试节奏影响不大。

（2）阅读取材。生物科普阅读理解文章多为说明文体，兼具作者角度的评论。

或个人意见，其取材广泛。笔者按生活应用、教材延伸、科技前沿进行分类统计，得到具体结果如表 1 所示。

表 1　试题阅读取材分类统计

| 取材类别 | 数量 / 篇 | 举例说明 |
|---|---|---|
| 生活应用 | 8 | 通州一模：生物识别技术及其应用发展，西城二模：生活中的乳糖不耐受现象，昌平二模：预防狂犬病，丰台二模：细菌的耐药性 |
| 自然科学 | 9 | 海淀一模：被子植物的起源，东城一模：灭蚊的历程，西城一模：竹林对蚜虫的影响，海淀二模：鸟类的羽毛 |
| 科技前沿 | 2 | 丰台一模："柑橘家族"的"家谱草图"大兴一模："月宫一号"——"微型生物圈" |

分析表 1 可知，命题人更倾向于选择自然科学的命题文本，可能是因为生物学科比较注重自然科学，又与教材各个章节关系密切，容易引起读者的共鸣。尤其是在学生刚刚接触生物的初级阶段，选取神奇的自然科学，有助于开阔学生的眼界，从而在问题环节时避免单纯地考查知识的识记。

生活应用文本数量次之，基于拓展阅读和知识基础设问，既有思路的发散，又能体现学以致用，与生活实际联系紧密，不至于使考生面对新情境无从下手。仅少量文章取自新颖的科技前沿，这类文章固然有利于激发学生对高新科学世界的探索欲望，但很大程度上远离生物启蒙阶段的教学内容，如果文本中存在较多新颖的学术名词，八、九年级学生阅读文章时就会面临较大困难。

（3）呈现方式。由于此类试题出现在北京中考生物试卷上，直接限定了其承载媒介（纸质）与阅读环境（个人单独阅读），故此处只对试题的呈现方式差异进行探讨。

文章的呈现方式隶属于外部表征[2]这个概念。心理学研究将表征划分为内部、外部两个维度，其中，Eysenck 等人提出命题表征和类比表征可以归为内部表征，语言表征和图形表征（图表和图片）可以看作是外部表征。邓铸等人[3]在研究中指出命题、图式、神经网络和其他类型的知识或结构是内部表征的主要形式；文字、图表、图形和照片等是外部表征的主要形式。

表 2　试题呈现方式数目及组合形式分类统计

| 呈现方式 / 种 | 数量 / 篇 | 组合形式 |
|---|---|---|
| 1 | 10 | 纯文字 |
| 2 | 6 | 文字 + 图表（1 篇）；文字 + 表格（1 篇）文字 + 图片（组）（4 篇） |
| 3 | 2 | 文字 + 示意图 + 概念图（1 篇）文字 + 示意图 + 图片（1 篇） |
| 4 | 1 | 文字 + 图片 + 图表（1 篇） |

借鉴心理学对问题外部表征的研究，笔者对此次科学阅读的主要呈现方式进行分类统计，得到如表 2 所示的结果。

由此可见，该类试题呈现方式多样，不同文章各有不同，且多由两种及以上的呈现方式组合而成，其具体呈现方式一般由文本主题决定。譬如，单纯文字描述的科普文章，其抽象程度相对高，科学概念表现形式单一；配合图片的科普文章，更加形象化，能激发学生的想象力；图表则是抽象文字的具体形象转化或补充，对于数据的阅读分析彰显理科特色，一定程度上使得阅读理解深化。

（4）考查能力。《国家中长期教育改革和发展纲要（2010—2020 年）》[4]提出“完善学业水平考试和综合素质评价，为高中阶段学校招生录取提供更加科学的依据”。这里所说的综合素质评价就是能力考查的一种表现形式，而这种能力具体反映在生物学科上，除了传统的知识技能外，就是《义务教育生物课程标准（2011 年版）》课程内容中的“科学探究”部分了。但生物科普阅读理解题又与一般意义上的科学探究题不同，它更侧重对学生阅读素养及科学素养的综合考查。

表 3　试题考查能力分类统计

| 考察能力 | 问题数目 / 个 | 典型例题 |
|---|---|---|
| 访问和检索文本内容能力 | 17 | 东城一模：上文转基因雄蚊的精子中含有的正常性染色体是______。它们与野生雌蚊交配产生的后代为______性，从而使蚊群体中的雌雄比例失调，最终导致该蚊群体灭绝 |
| 整合和解释文本信息能力 | 14 | 海淀一模：研究被子植物起源的最直接、最可靠的证据是_________。研究被子植物的起源，除了可以直接寻找证据还可以通过研究______的出现时间 |
| 评价和设计科学探究能力 | 5 | 石景山一模：19（5）据图 2 可知，泡沫塑料组与麦麸组黄粉虫存活率________。说明__________________________________ |

续表

| 考察能力 | 问题数目/个 | 典型例题 |
| --- | --- | --- |
| 科学解释数据和证据能力 | 7 | 西城一模：由表1数据可知，对于蚜虫数量影响最大的环境条件是________。结合文中信息，下列哪一项不是预防病虫害的良好方法？（　　）A 尽量加大药物使用 B 保持良好的通风条件 C 适量引入害虫的天敌 D 控制竹林密度为4.00株/M2 |
| 反思和提出见解能力 | 9 | 东城二模：在放归前，需要帮助大熊猫做好适应野外生活的准备。结合上文内容，请你提出一条可行的措施：____________ |
| 课本核心知识运用能力 | 48 | 房山区一模：小明同学感冒了，在医院进行血常规化验，医生会主要依据化验单上血液中的_____数值判断是否需要抗菌药物的治疗。医生根据化验结果给小明开了一些治疗药物，药物封装在淀粉制成的胶囊中，小明按时服用，这些药物主要是在消化道的 被人体吸收 |
| 考查上述多重能力 | 12 | 朝阳一模：除上述方式外，保护扬子鳄还可采取的措施__________；怀柔一模：通过对科普文的阅读，你了解到静脉识别技术可应用哪些领域？（至少写出两种）____________除文章叙述外，你认为此技术还可以应用于什么领域？（写出一种即可） |

按此能力考查的标准进行分类统计，笔者得到如表2所示结果。

PISA2018[5]中，阅读素养能力被并进一步解读为："科学地解释现象""评价和设计科学探究""科学地解释数据和证据"这三种主要的科学能力。

参考这些不同能力考查的分类标准以及北京中考生物科普阅读理解题分类，笔者总结出以下几种考查的能力：访问和检索文本内容能力，整合和解释文本信息能力，评价和设计科学探究能力，科学解释数据和证据能力，反思和提出见解能力，课本核心知识运用能力。

从表2可以看出北京各区模拟题中科普阅读理解题主要关注课本核心知识运用能力、整合和解释文本信息能力、访问和检索文本内容能力等。

## 三、研究启示

### 1. 科学素养建构，要求情境中的科学学习

科学阅读[6]离不开情境。阅读大多在某种场合为了一定意图而发生，读者总是在某一特定情境中进行阅读活动；PISA无论是阅读素养还是科学素养，测

试的考题向来以“情境化”为特色，每一道题都是一个蕴含多种科学知识的情境，需要学生用已学知识来解决实际应用中的问题。生物科普阅读理解文章由一个或多个情境组成，设置问题多考查学生阅读文章后对情境的理解、对知识的迁移与运用能力。在生物教育中提供给学生课外阅读文本，学生处理丰富多彩的文本，也不妨是一种基于情境的学习。

2. 命题给教学的启示不是教如何解题，而是教如何阅读和思考

PISA2015[7]非常关注学生思考能力，期待每个人能够“像科学家那样思考”：能够判断证据，并且根据这些实际的证据得出结论；科学阅读不只强调语文阅读中对文字、文意和推论的理解，更在其中传播科学知识、阐明科学原理、渗透科学方法。

科学阅读的教学意义还在于引导学生面对如今良莠不齐的媒体信息，如何辨别鱼龙混杂的伪科学。中考命题有待于提供这种社会性科学议题素材，来引导生物日常教学中通过科学阅读训练反思、批判和论证能力，这之后学生才可能“像科学家一样思考”。

3. 科学阅读可先关注教材的深度理解[8]

科学阅读途径多样，来源广泛，但教材始终是学生知识建构的首要阅读文本，故对教材的深度理解显得尤为重要。教材的深度理解是将书中文本的文字表征深入到文本内部的逻辑、文化现象和思想情感，从对文本的字义理解到对文本的比较与评价，反思与运用。故深度理解绝不是指理解的难度和复杂性，而是指学生理解的丰富性和完整性。

生物教材中诸如“小资料”“阅读资料”等常见的拓展性栏目[9]均可用作深度理解的阅读素材。目前一线教师面对这些拓展性栏目，或漠视或将其中的知识当作教学目标，鲜有深入分析这些阅读对象与核心知识间的关系并认识其功能——也就不能对教材做出深度理解。有国内学者整理部分理科必修教材，抽出其中的拓展性内容，并分析它们在核心知识获取过程中的作用主要体现在三方面——为核心知识学习作支持；解释核心知识；拓展核心知识。虽然这些拓展性内容因超出课程标准内容而不宜作为课堂重点知识讲解，也不能因其多以长阅读文本形式出现而将其作为简单阅读材料，却可以借助科学阅读这一途径促进核心知识的获取，促进学生各种能力的发展，促进对科学情感的培养。

**参考文献：**

[1] 翁育诚.以蕴含序列与词汇密度两种结构探讨科学课文结构与阅读理解的关系——以温度与热为例[D].台北：国立台湾师范大学，2004：178.

[2] M.W.艾森克，M.T.基恩.认知心理学[M].上海：华东师范大学出版社，2004：447-472，519-554.

[3] 邓铸，余嘉元.问题解决中对问题的外部表征和内部表征[J].心理学动态，2001，（3）：193-200.

[4] 中华人民共和国教育部制定.国家中长期教育改革和发展纲要（2010—2020年）[S].北京：中国法制出版社，2010.

[5] OECD.PISA2018DraftAnalyticalFrameworks[EB/OL].

[6] 包宇璐，陈凯，龙琪.对科学阅读的研究与思考[J].中学教学参考，2016，（23）：88-91.

[7] OECD.PISA2015DraftScienceFramework[EB/OL].

[8] 伍远岳，伍彪支.基于理解能力表现标准的深度理解教学[J].教育发展研究，2013，（8）：76-80.

# 初中道德与法治教学中美育的渗透

## ——《关爱他人》的课例分析

邵　艳

**摘要**：在初中道德与法治的教学中进行美育的渗透，是提高教学效果的必然要求。本文以《关爱他人》的教学为例，探索学生在分享关爱经历中培养审美观念，在感知关爱意义中陶冶审美情操，在践行关爱困惑中锻炼审美能力，从而实现本节课美育层面的教学目标。

**关键词**：初中道德与法治；美育；关爱他人

美育，是指培养学生认识美、爱好美和创造美的能力的教育，也称美感教育或审美教育，是全面发展教育不可或缺的组成部分。我国社会主义学校的美育是为建设社会主义精神文明和培养学生心灵美、行为美服务的，通过美育可以促进学生的德、智、体、劳的发展。而在实际的学校教学中，往往德、智、体、美、劳五育是融为一体的，相互渗透，相互促进，共同致力于培养人的自由而全面的发展。因此，将美育渗透到初中道德与法治的教学中，是提高教学效果的必然要求，而培养学生的审美观念，陶冶学生的审美情操，锻炼学生的审美能力，也成为初中道德与法治课程的教学目标之一。现就《关爱他人》的教学为例，探索在初中道德与法治教学中进行美育的渗透。

## 一、在分享关爱经历中培养审美观念

为了了解学情，在授课前对学生进行了问卷调查。问卷第 1 题：日常生活中，你是否感受到身边的长辈、老师或同学对自己的关爱？97.37% 的学生认为自己能够感受到他人对自己的关爱。问卷第 2 题：如果你是政治课代表，你的好朋友今天没有完成政治作业，你认为以下哪种做法是关爱好朋友的表现？这是一个多选题，所有学生都认可告诉老师，说明原因，督促好朋友独立完成是关爱好朋友的表现，但也有 10.3% 的学生认为给好朋友一本作业让他赶紧抄完，以及 2.7% 的学生认为不告诉老师，装作不知道，也是关爱好朋友的表现。问卷反映出个别学生感知关爱的能力较弱，没有真正地理解关爱他人的内涵。因此，在课堂教学中，需要唤醒学生心中的真善美，去回忆日常生活中感受自己被关爱的一些事儿，与大家分享，并说说自己当时的感受。通过不同的分享经历，学生去体味关爱无时不在，无处不在，它可能来自于父母、老师等生活在身边的人，它也可能来自于清洁工、外卖小哥等仅有一面之缘的人，它可能是一顿美餐，一个拥抱，让人印象深刻，它也可能是一句问候，一个眼神，让人来不及觉察。通过此教学环节的设置，帮助学生去回忆品味美好的人和事，从中感受到关爱的温暖、幸福，理解关爱的真正内涵，激发心中对真善美的追求，形成正确的审美观念。

美是人类社会实践的产物，是人类积极生活的显现，是客观事物在人们心目中引起的愉悦的情感。美又分为外在美和内在美。在现实世界中，人的内在美是非常重要的，人可能没有迷人的外表，但只要有一颗美的心灵，这样的美便是值得去发现和赞美的。审美观念则是指人对客观事物或现象的审美属性的一种思想、观点、态度和看法，是通过对感性印象的抽象、整合、逻辑整体提升形成的相对稳定的认识体系。在初中道德与法治教学中渗透审美观念的教育，应该是建立在人的“求真”和“求善”的活动基础上，追求“真善美”的内在统一。在课堂教学中，学生分享关爱的经历，体会人与人之间的善意，明确何为真正的善意，从而激起内心优美的情感体验，这就是真善美统一的美感。求真、至善和尚美是人本有的思想意识和价值诉求，三者统一于人的生活实践之中。只有使三者相融相待，教育的内容才能入心、入境，教育对象才能心领神会、融会贯通，从而形成正确的审美观念。

## 二、在感知关爱意义中陶冶审美情操

在体会关爱的经历后，如何引导学生感知关爱的意义，明确关爱的价值，“风雪中的爱心接力”这则新闻材料被运用到课堂教学中。这则新闻讲的是河南大雪的这一天，开封市民张华在外卖平台上点了五十份热粥，备注的却是：“餐不用送，麻烦将这些粥就近送给路边除雪的环卫工人和那些正在送外卖的小哥。”就是这样一句备注，引发了一场风雪中的爱心接力。店家看到备注，知道是好心市民的关爱行为，便免费多送了十几份粥；送餐员看到这份订单非常感动，原本他可以一口气挣60多元，他却把订单分给了其他同事，宁愿自己少赚钱，也要让热粥第一时间送到环卫工人的手中。这场风雪中的爱心接力赛引起了全国多家媒体和广大网民的关注，纷纷对此事进行报道、转发。爱心的传递还在延续，第二天早上，美团外卖主动和张华先生联系，感谢他的爱心善举，并将此次订餐费用全部退回给张先生，还对他提供了500元奖励。如何充分利用好这一材料触动学生的内心，陶冶学生的审美情操就需要通过精心设计故事讲解和提问学生来实现。从故事讲解的开始，就需要先把学生带入到风雪交加的情境中，并反问学生，这样的天气下你可能在做什么，而有人却做了件暖心的事；通过故事的展开进一步吸引学生，通过提问学生，在此事件中，喝到热粥的环卫工人和外卖骑手，他们会有怎样的感受？让学生体会故事中流露出人与人之间的温暖情感；此事后来引起了多家媒体和广大网民的关注，通过思考媒体关注的原因，从而去认识小事件背后的大意义；最后，让学生站在事件主人公的角度去换位思考，在此事件中，张华付出了什么？收获了什么？以及张华是为了回报才做这件事吗？他是出于什么原因做这件事？如若没有回报，生活中你会去做类似的爱心行为吗？为什么？一系列的提问、追问引领学生去进行价值判断和价值选择，寻找内心崇尚的方向，获得美好的情感体验，陶冶审美情操。

情操是情感和操守的结合。情操因它与人的思想观念、理想、信念、世界观和个性密切相关，所以比一般的情感有更高的稳定性、概括性、复杂性和倾向性。

所谓操守即指人的坚定的行为方式和品行。高尚的情操是人的精神生活的重要内容之一，它对调整人的行为、指导人的行动有着重要的意义。高尚的情操是在环境、教育和实践等逐渐形成的。在很大程度上依靠着能令人愉快的客观环境的变化。审美情操则为审美领域所表现出的情感倾向和审美活动中恒定的审美操守。本课在感知关爱意义的环节中通过讲故事和提问题的结合，帮助学生对审美对象的审美增加审美情操的美感度和分辨能力，自觉对处于社会关系中的人情世故主动做出善恶评价并有意识地形成自身健康的善恶标准。同时现实中的集体和情境中的社会都为学生陶冶审美情操提供了良好的环境和条件。

## 三、在践行关爱困惑中锻炼审美能力

关爱他人的重要意义不仅对于那些接受关爱的人是一种幸福，而且对于自己、对整个社会而言，都是一种幸福，是一件美好的事。但在实际生活中，在追求幸福、追求美好的的路上，可能又会出现一些绊脚石，学生的心中也会存在一些困惑。如何解惑？如何在挫折中锻炼学生的审美能力？实际课堂教学中选用了三则贴合学生日常生活的情境材料。

情境一：早上，王岩在校门口自行车存放处停自行车时，看到有辆自行车倒了，正在扶车时，被看车师傅误会成他停车撞倒了这辆自行车，小明很气愤，不想解释就去上学去了，同时心里又很困惑：好心还被误解，我是不是不该多管闲事啊？学生做好事的出发点在于他们内心的善意，它是学生内心的一种选择，这种善良的选择首先是值得认可和称赞的。可有时候善意也可能会遭遇误解，通过引导学生分辨是非善恶，帮助学生坚守自己的初心，坚持最初的选择，学会用理智化解生活中的各种问题。

情境二：中午，学校开展爱心义卖活动，建立学校的“爱心基金”，帮助更多需要爱来温暖、关怀的同学。王岩不仅积极参与其中，而且想通过此次活动为父亲得了重病的朋友小宇申请“爱心基金”，于是号召同学们写了一份倡议书，可小宇知道后对王岩的做法非常反感。好心办成坏事，王岩也不知该怎么解决问题？这个案例要引导学生站在双方各自的立场上看问题，学会理解他们，王岩这样做出于对朋友的关心，而小宇为什么会反感，是因为他的自尊心受到了伤害，他也需要被尊重、理解，所以关爱他人，还需要讲究策略，学会换位思考，用智慧去更好地发扬善与美。

情境3：晚上，放学回家的路上，一位叔叔突然叫住王岩，说自己的三轮车在前面的胡同里推不出来了，想让王岩去帮忙，正当王岩要去帮忙时，同学李强立马叫住了他，以找他有紧急事为借口把他拉走了。事后，李强告诉王岩：“刚才那位叔叔可能是坏人，帮忙推车的话为什么他不先找周围的大人帮忙？”王岩陷入了思考：“所有人的求助，我都要好心帮忙吗？”这一案例帮助学生认识到在关爱他人的同时，要具有一定的辨识能力和安全意识。虽然我们要以善意的眼光看待事情，但当自身的力量有限时，我们可以智慧地动员他人的力量，尽力所能，关爱他人。

审美能力是指对美的对象的理解、辨别、评价能力，它显示出判断主体的思想境界、理论高度、审美阅历、鉴赏水平等方面的素质。审美能力是进行自主审美活动的关键因素。在初中道德与法治的教学中，审美能力更多地体现在对善恶、好坏的分辨能力上。从践行关爱困惑的具体情境中，让学生去主动解决一些在关爱他人过程中的困惑和问题时，锻炼学生的审美能力，让学生知道，关爱他人不仅需要拥有一颗爱心，还需要具备爱能，才能更好地去掌握关爱他人这门艺术。

# 初中师生对使用自制体育教具的态度调查研究

## ——以北京市通州区第六中学为例

王赛男、田春利、杨洋、高波

**摘要：**随着时代的发展，社会的进步，人们对教育的重视度逐渐提高，不少体育教师为提高教学质量和学生核心素养的发展，选择在教学中使用自制教具，用于改正学生技术并提高学习兴趣。自制教具是教育技术的重要组成部分，是教师和学生为了改进教学方法，就地取材，创造性地构思制作而成。积极研制自制教具，主动使用自制教具，大力推广自制教具，是当前师生必须认真对待的课题。本文通过分析师生在教学中使用自制教具的现状、对自制教具的功能评价、自制教具在教学中的必要性及对在教学中使用自制教具的支持度得出结论，并提出建议。

经本研究发现师生在教学中使用自制体育教具的数量较少，范围较广且形式多样，并普遍认为在教学中很有必要自制教具。师生对教学中使用自制教具的支持度较高，认为其对学生正确技术的掌握、加强技术的学习兴趣、对运动项目特点的了解、提高自身身体素质、提高与同学的合作学习能力均有所帮助。建议教师根据教学内容及学生的易犯错误多制作能够解决学生技术动作问题的教具，并在具有实用性的基础上再增加一些美观度及功能，在教学中讲解自制教具的用法及作用，使学生了解使用自制教具对自身的帮助。让学生自己动手制作教具，并利用自制教具帮助同学改正技术动作。建议学校支持教师制作的优质教具，必要时给予批量制作，使教师间互相学习借鉴，在教学中广泛应用。

**关键词：**师生；使用；自制教具；态度

## 一、前言

目前，为了提高体育教学质量和教学效果，体育课堂上教师们的教学手段形式多样，而自制教具是教师改正学生技术和提高学生学习兴趣的教学手段之一。要上好一堂体育课，离不开各种先进的教学手段和方法，其中教具就是很好的教学手段之一，体育教师采用教具进行教学可以起到很好的辅助作用。自制教具取材于生活中的废旧物品，具有经济、灵活、环保等多个优点，亲自动手制作教具可以弥补普通教具缺少的功能，是引导学生主动学习、提高兴趣、调动积极性和创造性的重要方法和有效途径，使学生学会观察和实践的本领，是体育教学的重要手段之一。然而，自制教具在体育教学中却未普遍出现，很多老师对自制教具重要性的认识不够，认为自制教具用与不用差别不大。部分教师自制教具仅为展示课而做。本文通过在北京市通州区第六中学调查研究初中师生对使用自制体育教具的态度，从体育教师及学生角度分析在体育教学中使用自制教具的现状、对自制教具的功能评价、自制教具在教学中的必要性及对在教学中使用自制教具的支持度四个方面进行研究分析。

## 二、研究对象及方法

1. 研究对象

本研究以北京市通州区第六中学为例，抽取在体育与健康课上使用过自制教具的八、九年级体育教师及学生。

2. 研究方法

（1）文献资料法

根据本课题研究的需要，通过检索中国知网及查询相关书籍等方式搜集了近几年关于学生使用自制体育教具后的学习效果文献，以了解本领域的研究现状和前沿动态。

（2）问卷调查法

针对自制教具对学生正确技术的掌握、加强技术的学习兴趣、对运动项目特点的了解、提高自身身体素质、提高与同学的合作学习能力是否有帮助设计了学生与教师两份问卷。根据研究目的发放学生问卷260份，回收260份，回收率达100%，剔除无效问卷，有效问卷250份，有效率达96%。发放教师问卷7份，回收7份，回收率达100%，有效率达100%。本问卷采取了重测可信度，采用同一个问卷在同一个人群中先后测量两次，对比两次测试结果，采用结果基本一致的有效问卷，所以本问卷可信度较高，可以使用进行研究分析。

表1　问卷发放情况表

| | 发放对象 | 发放问卷 | | 收回问卷 | | 有效问卷 | |
|---|---|---|---|---|---|---|---|
| | | 份数 | 比例（%） | 份数 | 比例（%） | 份数 | 比例（%） |
| | 学生 | 260 | 100 | 260 | 100 | 250 | 96 |
| | 教师 | 7 | 100 | 7 | 100 | 7 | 100 |
| 总计 | 2 | 267 | 267 | 257 | | | |

（3）数理统计法

运用EXCEL统计软件对调查问卷进行统计分析。

（4）观察法

通过在体育与健康课上的观察，对学生使用自制教具前后的学习效果进行观察。

## 三、研究结果与分析

1. 师生在课上使用自制教具的现状

表2　师生使用自制教具个数统计表

| 调查对象 | 使用个数 | 人数 | 所占比例（%） |
|---|---|---|---|
| 教师 | 1–3 | 3 | 42.9 |
| | 4–6 | 2 | 28.6 |
| 调查对象 | 使用个数 | 人数 | 所占比例（%） |
| | 7–9 | 1 | 14.3 |
| | 10个以上 | 1 | 14.3 |
| 学生 | 1–3 | 168 | 67.2 |
| | 4–6 | 61 | 24.4 |
| | 7–9 | 10 | 4 |
| | 10个以上 | 11 | 4.4 |

通过表2可以看出教师和学生使用1—3个自制教具的比例最大，使用7个及以上的师生占极少数，由此分析得出在本校师生使用的自制教具数量并不多，仅个别教师使用过超过10个自制教具。

表3 教师在各项目中应用自制教具的情况统计表

| 项目 | 人数 | 所占比例（%） |
|---|---|---|
| 田径 | 7 | 100 |
| 球类 | 4 | 57.1 |
| 体操 | 3 | 42.9 |
| 武术 | 1 | 14.3 |
| 其他 | 1 | 14.3 |

通过表3可以看出本校教师将自制教具应用于田径教学的比例为100%，而应用于球类教学的比例超过了50%，通过调查得出本校全体教师在田径、球类、体操、武术等项目中使用过自制教具，而在田径项目中均使用过自制教具进行教学。

2. 师生对自制教具的功能评价

表4 师生对自制教具各功能的重要性统计表

| 调查对象 | 使用个数 | 人数 | 所占比例（%） |
|---|---|---|---|
| 教师 | 实用 | 7 | 100 |
| | 美观 | 0 | 0 |
| | 功能多 | 0 | 0 |
| | 轻巧 | 0 | 0 |
| 学生 | 实用 | 187 | 74.8 |
| | 美观 | 5 | 2 |
| | 功能多 | 49 | 19.6 |
| | 轻巧 | 8 | 3.2 |

通过表4可以看出认为自制教具的实用功能最为重要的教师占100%，在学生中认为实用功能最重要的比例占74.8%，认为自制教具美观性最重要的学生占2%。由此分析得出教师认为自制教具应具有实用功能最重要，而学生大部分认为自制教具的实用性最重要，极少部分学生认为自制教具的美观性最为重要。通

过问卷调查得知师生印象最深的自制教具多是实用性较强并具有一定的美观性，使用后可以提高兴趣、明显改正学生技术动作、提高身体素质、加强对体育项目的了解等。

3. 自制体育教具在教学中的必要性

表5　师生对自制教具改善学生技术的效果统计表

| 调查对象 | 效果 | 人数 | 所占比例（%） |
|---|---|---|---|
| 教师 | 改善明显 | 6 | 85.7 |
| | 效果一般 | 1 | 14.3 |
| | 完全没有改善 | 0 | 0 |
| 学生 | 改善明显 | 202 | 80.8 |
| | 效果一般 | 45 | 18 |
| | 完全没有改善 | 3 | 1.2 |

通过表5得知师生认为自制体育教具对学生技术改善明显的比例均占80%以上，有1.2%的学生认为自制体育教具对技术完全没有改善。通过以上分析得出大部分师生认为自制体育教具可以改善学生技术，并且效果明显，没有教师认为自制教具对学生技术完全没提高，极个别学生认为自制教具对自己技术的提高没有帮助。

表6　使用自制体育教具对学生的帮助统计表

| 调查对象 | 方面 | 人数 | 所占比例（%） |
|---|---|---|---|
| 教师 | 提高对正确技术的掌握 | 7 | 100 |
| | 提高对技术的学习兴趣 | 7 | 100 |
| | 提高对运动项目特点的了解 | | |
| 提高自身身体素质 | 4 | | |
| 3 | 57.1 | | |
| 42.9 | | | |
| | 提高与同学的合作学习能力 | 4 | 57.1 |
| 学生 | 提高对正确技术的掌握 | 230 | 92 |
| | 提高对技术的学习兴趣 | 175 | 70 |

续表

| 调查对象 | 方面 | 人数 | 所占比例（%） |
| --- | --- | --- | --- |
| | 提高对运动项目特点的了解 | | |
| 提高自身身体素质 | 180 | | |
| 142 | 72 | | |
| 56．8 | | | |
| | 提高与同学的合作学习能力 | 130 | 52 |

通过表6可以看出，师生认为使用自制体育教具对提高正确技术的掌握和学习兴趣所占比例最大，所有教师都认为使用自制体育教具能够提高学生对正确技术的掌握和学习兴趣。经调查研究，使用自制体育教具对学生正确技术的掌握、加强对技术的学习兴趣、对运动项目特点的了解、提高自身身体素质、提高与同学的合作学习能力均有所帮助，是非常有必要在教学中使用的。

表7　师生对自制教具应用于教学中的必要性统计表

| 调查对象 | 必要性 | 人数 | 所占比例（%） |
| --- | --- | --- | --- |
| 教师 | 非常有必要 | 2 | 28.6 |
| | 有必要 | 5 | 71.4 |
| | 一般 | 0 | 0 |
| | 没必要 | 0 | 0 |
| 学生 | 非常有必要 | 52 | 20.8 |
| | 有必要 | 163 | 65.2 |
| | 一般 | 27 | 10.8 |
| | 没必要 | 7 | 2.8 |

通过表7可以看出，教师认为在体育教学中非常有必要使用自制教具占28.6%，有必要使用自制教具的占71.4%，学生认为非常有必要使用自制教具的占20.8%，认为有必要使用自制教具的占65.2%，认为没必要使用的占7%。由以上得出师生认为在体育教学中是有必要使用自制教具的，极个别学生认为体育课上没必要使用自制教具。通过问卷调查师生对教学中非常有必要使用自制教具

的原因得出，自制体育教具对改正学生错误动作针对性强，学生可以通过使用自制体育教具明显提高技能及学习效果，由于大多数自制教具会具有一定程度的美观性，因此提高了学生学习的积极性。

4. 师生对教学中使用自制教具的支持度

表 8　师生对自制教具在教学中的使用频率统计表

| 调查对象 | 使用频率 | 人数 | 所占比例（%） |
| --- | --- | --- | --- |
| 教师 | 多用 | 3 | 42.9 |
| | 少用 | 4 | 57.1 |
| | 尽量不用 | 0 | 0 |
| | 无所谓 | 0 | 0 |
| 学生 | 多用 | 184 | 73.6 |
| | 少用 | 36 | 14.4 |
| | 尽量不用 | 3 | 1.2 |
| | 无所谓 | 27 | 10.8 |

通过表 8 可以看出教师认为在教学中多使用自制教具的比例为 42.9%，较少使用自制教具的比例为 57.1%，支持少使用自制教具的教师略多与支持多使用的教师。学生认为在教学中应多用自制教具的比例为 73.6%，比例最大，认为尽量不用的同学占 1.2%。由以上分析得出教师认为在教学中适度使用自制教具为宜，则学生更愿意在教学中多使用自制教具。

表 9　师生对共同制作自制体育教具的态度统计表

| 调查对象 | 态度 | 人数 | 所占比例（%） |
| --- | --- | --- | --- |
| 教师 | 非常愿意 | 3 | 42.9 |
| | 愿意 | 2 | 28.6 |
| | 一般 | 2 | 28.6 |
| | 不太愿意 | 0 | 0 |
| | 非常不愿意 | 0 | 0 |
| 学生 | 非常愿意 | 105 | 42 |
| | 愿意 | 99 | 39.6 |
| | 一般 | 37 | 14.8 |
| | 不太愿意 | 6 | 2.4 |
| | 非常不愿意 | 3 | 1.2 |

通过表 9 可以看出，师生非常愿意共同制作自制教具的比例最大，学生不愿意的比例占 3.6%，由此分析得出，大部分师生对共同制作自制教具持支持态度，极少部分学生不愿意共同制作自制教具。

## 四、结论与建议

1. 结论

（1）通州区第六中学师生在教学中使用自制体育教具的数量较少，教师在各项目中使用自制教具的情况不同，范围较广且形式多样，在田径项目中的使用最多。

（2）我校师生普遍认为自制教具的实用性最重要，有小部分学生认为教具有美观性可以提高自己的学习兴趣。师生认为使用自制体育教具后可以明显改正学生技术动作、提高身体素质、加强对体育项目的了解等。

（3）我校师生认为在教学中使用自制体育教具是很有必要的，因为它可以明显改善学生的技术，对学生正确技术的掌握、加强技术的学习兴趣、对运动项目特点的了解、提高自身身体素质、提高与同学的合作学习能力均有所帮助。

（4）教师根据自制教具的数量及应用情况，认为在教学中适宜少量使用自制教具，学生认为自制教具对其帮助较大，愿意教师多使用自制教具进行教学。师生对教学中使用自制教具的支持度较高，愿意共同制作体育教具。

2. 建议

（1）教师在备课时，建议根据教学内容中学生的易犯错误多制作能够解决学生技术动作问题的教具，并在课上实施、课下改进。

（2）教师设计教具时应使教具具有实用性，建议在具有实用性的基础上再增加一些美观度、功能及用途，可以增强学生的学习兴趣。建议教师制作的教具尽可能地轻巧，有利于师生携带及使用。

（3）建议教师在教学中讲解自制教具的用法及作用，使学生了解使用自制教具对自身的帮助。在课下让学生体会自己动手制作教具，并利用学生自己的教具帮助同学改正技术动作。学生动手制作教具不仅能提高思维、充分了解项目特点，而且有利于促进师生情及学生间的友谊。

（4）建议学校能够支持教师制作的优质教具。自制教具物美价廉，希望学校必要时给予批量制作，使教师间互相学习借鉴，在教学中得到广泛应用。

**参考文献：**

[1] 徐志鹏.浅谈自制教具在新课程改革中的作用[J].教育实践与研究.2009(10).

[2] 洪肖爱，兆军权.[J].中小学实验与装备.2007.

[3] 宋克林，周秀方.[J].中国教育技术装备.2012(11)：112-113.

# 关于义务教育阶段初中舞蹈社团建设与发展的研究

杜银华

**摘要**：随着20世纪90年代“素质教育”的提出以及2014年颁布并推行的《教育部关于推进学校艺术教育发展的若干意见》，作为国家义务教育课程改革中的新型综合课程——艺术课程改革也逐渐引发全社会的重视。其中，舞蹈教育作为艺术课程的重要组成部分，亦借此东风以“社团”的形式进入中小学校，为中小学生开辟了舞蹈普及教育的阵地，对促进中小学生身心发展起到了积极的作用。本文紧紧围绕目前义务教育阶段艺术课程改革中初中舞蹈教育这一焦点问题，对通州区初中学校舞蹈社团建设进行调查分析，在把握建设现状的基础上，探究发现制约初中学校舞蹈社团建设发展的关键所在，并有针对性地提出促进社团创新建设发展的举措。

随着20世纪90年代“素质教育”的提出以及2014年颁布并推行的《教育部关于推进学校艺术教育发展的若干意见》，作为国家义务教育课程改革中的新型综合课程——艺术课程改革也逐渐引发全社会的重视。其中，舞蹈教育作为艺术课程的重要组成部分，亦借此东风以“社团”的形式进入中小学校，为中小学生开辟了舞蹈普及教育的阵地，对促进中小学生身心发展起到了积极的作用。然而，通过笔者对义务教育阶段学校舞蹈社团建设与发展的调研中发现，其如火如荼的活动背后，义务教育阶段中艺术教育未获得平衡、和谐发展，尤其是初中舞蹈社团的建设与发展过程中存在很多问题。因此，本文紧紧围绕目前义务教育阶段段艺术课程改革中初中舞蹈教育这一焦点问题，对通州区初中学校舞蹈社团建设进行调查分析，在把握建设现状的基础上，探究发现制约初中舞蹈社团建设发展的关键所在，并有针对性地提出促进社团创新建设发展的举措。

## 一、义务教育阶段初中舞蹈教育现状

世界上很多国家和地区，都把舞蹈当作一种文化来看待，并把它定义为全民素质教育的必修课，例如：美国《教育法》在1993年将艺术（包括音乐、舞蹈、戏剧和视觉艺术）增设为国家教育中的核心学科；在韩国、日本等亚洲国家以及我国的港澳台地区把舞蹈纳入普及教育的也十分普遍。然而，国内的学校舞蹈教育，尤其是初中舞蹈教育因为校领导的不重视和学校教学任务更偏重语文、数学、英语等中考科目知识的学习与灌输，导致其在教学计划中只占微弱的比例，致使学生课程设置过于单一，使得大部分学生的舞蹈学习能力、舞蹈体验受阻，不利于学生素质的全面发展。另外，虽然部分学校遵循教育部文件精神开办了舞蹈社团，也设置了形体课，可大多情况是原本的舞蹈课变成了音乐课，只有少数老师在坚持舞蹈教学，而学校所在区域也缺乏对学校舞蹈课程有效管理的明文规定。

## 二、义务教育阶段初中舞蹈社团建设发展过程中存在的基本问题

1. 思想观念问题

当下的学校舞蹈教育被人们认为是少数人的“精英”教育，认为只有那些外形好、条件高的人才有资格跳舞，基本上与普通学生的课堂学习无关；也有人认为只有女生才学跳舞，男生不应该去学舞蹈，否则会被人称之为“娘娘腔”；还有人觉得跳舞就是不务正业、不学无术，尤其是街舞等在校园中的出现，这种看法就更为明显；更有人反对学生加入舞蹈社团，美其名曰会使学生分心，影响学习成绩。其实，这些想法都是片面的。舞蹈作为人体的律动艺术，本身就富于动感，它不仅对肌肉、关节和骨骼的成长有利，而且能够调节人的心理情绪，让身心机能的发展在轻松愉快的氛围中进行。古希腊的柏拉图就曾说过：“能歌善舞是良好教育的体现。”所以，舞蹈社团活动不仅可以提高学生的动手实践能力，还可以激发学生的创造热情，培养其对艺术的感知能力和践行意识。

2. 师资匮乏问题

经调查，多年来初中舞蹈社团的师资力量严重不足，源于这一点，学校往往启用一些音乐教师或体育教师兼任舞蹈教师，专业性不强，甚至有调查显示，有的老师分不清形体课的概念，从而无法教给学生更为专业的理论和实践素养，更遑论学生在舞蹈实践中的创新了。如何解决好初中舞蹈教师匮乏这一问题，关乎义务教育阶段学校舞蹈普及教育工作的可持续性发展。

3. 教材整合问题

目前来看，初中舞蹈社团教学中，缺乏普及性、趣味性强的系统化配套教材，平时教学往往是舞蹈教师想教什么就教什么。所以，急需一套在编写过程中根据不同年龄阶段学生特点，力求符合其身心健康发展规律的实用性教材。

## 三、义务教育阶段初中舞蹈社团建设发展的改革与创新

初中舞蹈社团建设讲求可持续发展，因此要遵循团队、作品、环境三者共同发展的“三位一体”原则，这三者相辅相成，紧密联系。

1. 改变技能化、精英式的教育模式，注重整体团队建设，强调同步发展

初中舞蹈社团建设包括两方面：一是教师队伍建设；二是学生团队建设，不但要有专业技术过硬、教学理念先进的教师，还要有乐于学习，勤于实践的学生的配合，两者的协同合作才能实现舞团的健康长远发展。

首先，专业技术过硬、敬业心强的教师团队是初中舞团的灵魂。学校在教师培养方面可以加大资金支持力度，制定“以人为本”的教学培养规划。教师要为自身制订成长、训练的目标，高标准要求自己，注重自身素质素养的提升。学校也可以邀请当地青少年活动中心或者艺术院校的专业舞蹈教师到校讲学，定期为教师开展培训活动，挖掘学生的舞蹈潜质。

其次，教师要在学校成立基于学生兴趣爱好的舞团。首先是要集中舞蹈特长生作为舞团的中坚力量，再发挥她们在班级或学生群体中“以点带面”的能力，进一步吸收无论技术能力如何，只要有兴趣学习舞蹈的同学报名加入；再或者将自己的教学班级进行分组设置，依据的标准同样是学生的个人兴趣和个性特点。从而完成初中舞蹈社团的梯队建设，促进初中舞蹈普及教育的开展。

2. 结合初中舞蹈社团的作品研发，激发学生的创作欲望和实践能力

舞蹈是一门创造性很强的学科，每个动作从产生、演化，再到最后的成形、第二次推翻，都是极为常见的现象。因此，学习舞蹈可以更好地锻炼学生的实践创造能力，激发学生的创作热情。舞蹈社团建设有一条不成文的共识，即创作可以给艺术赋予生命力，一个舞团没有原创，就好比鱼离开了水，毫无生机可言。关于初中舞蹈社团作品的研发这一方面可以吸收的经验是以比赛促进创作。

每一个舞团在最初创立时，要想获得大众支持，在当地乃至全社会取得知名度，唯一的捷径就是参加各类比赛，在比赛中吸取教训和经验，促进创作灵感的发挥。在第六届中国舞蹈荷花奖校园舞蹈大赛——首届青年舞蹈节中，就出现了诸多中学生团队的身影，这是在以往的舞蹈比赛中很难见到的，因此也引起了教育界的关注。北京二中虽然没有参赛，但他们的作品《如火的青春》等原创舞蹈，早已在全国校园引起了不小的轰动。而也正是本着“以赛促进”的理念，2017年8月，本校舞蹈社团的原创民族舞《元之史乐》参加“舞向未来——第八届全国校园舞蹈会演”获得了特等奖，这一殊荣大大鼓舞了孩子们的信心，同时激发了她们继续坚持创新，勇攀高峰的决心！

3. 创设“以人为本”的育人环境，确立“身心和谐”成长的目标

素质教育，即“以人为本”的教育，而义务教育阶段学校舞蹈社团所承载的舞蹈普及教育正体现着这样一种教育理念。因此，在社团活动组织建构上要遵循“以育人为本”的原则，确保舞蹈社团活动宗旨、理念、目标、内容、方式、评价等方面的构建始终围绕着“以育人为本”。此外，必须做到“因材施教、因人施教”，最终才能达到舞蹈社团建设真正意义上的“育人”而并非是“育才”。以本人在舞蹈社团的实践经验得知，社团教学目标的设定以本校舞蹈团学生的普遍特点进行综合考虑，可以分为“长期目标“和“短期目标”，使其目标呈螺旋式上升发展趋势，同时建立个人专业素养成长档案，让学生在达到“短期目标”后有成就感，以便激发学习动力争取达到“长期目标”。

此外，可以经常举办一些小型但丰富多彩的比赛和文艺演出活动，做到“两条腿走路”，既注重教学环境的变化适应，又注重教学实践锻炼，即通过演出促进教学。但是要切忌精英式教学模式的重复上演，尽可能给每一个学生提供学习、表演、展示自我的平台和机会，释放学生天性，让更多学生意识到舞蹈的美妙性

和重要性。

舞蹈是一种有效的美育手段，无论是对于“成长期”或“青春期”的初中生，让学生多接触一些舞蹈和音乐，对陶冶他们的性情，磨炼他们的意志具有重要作用。通过舞蹈塑造的直观艺术形象具体生动，本身带着情感性和趣味性，所以能够给学生以美的感受和无穷的乐趣，既满足了学生审美心理的需求，又能给学生的思想道德以深刻的影响，使学生从中学会与人合作，相互尊重的道理，促进其身心和谐成长。

# “体态律动”在初中音乐教学中的实施和运用

杜银华

**摘要:** 体态律动是一种根植于国外的先进的音乐教学方法，从音乐本身入手，通过身体的运动、表现，使得音乐要素成为可以看得见的身体活动，并将这种身体对音乐的体验转化为内心对音乐的感受和认识。在体态律动音乐教学中，音乐教学不再是局限于听、唱、演奏的单一性教学，音乐动态行为的加入，使学生能以个人的动作反映内心的听觉感受，使人的身体动作来反映出人们对音乐的感受、理解与表现，获得对音乐深层的领悟，促进学生身心的全面发展。

体态律动是一种根植于国外的先进的音乐教学方法，最早由20世纪瑞士音乐教育家、作曲家埃米尔·雅克·达尔克罗兹提出。体态律动教学法从音乐本身入手，先让学习者聆听音乐，再引导他们通过身体运动去接受音乐的各种要素，通过身体的运动、表现，使得音乐要素成了可以看得见的身体活动，并将这种身体对音乐的体验转化为内心对音乐的感受和认识。

在体态律动音乐教学中，音乐教学不再是局限于听、唱、演奏的单一性教学，音乐动态行为的加入，使学生能以个人的动作反映内心的听觉感受，使人的身体动作来反映出人们对音乐的感受、理解与表现，获得对音乐深层的领悟，促进学生身心的全面发展。

从20世纪上半叶体态律动教学法被引入我国以来，很多学者和教师都进行了尝试和研究，本文就体态律动对于初中阶段的音乐教学运用状况，以及怎样有效地运用体态律动教学进行了研究和总结。通过在体态律动辅助节奏教学的基础上，借鉴达尔克罗兹体态律动、奥尔夫音乐教学体系的精髓，将体态律动教学运用在初中音乐教学的演唱教学、欣赏表演教学中，进行体态律动教学的本土化尝试。

## 一、体态律动适应学生的学习心理发展需求

亚里士多德提出教育要适应学生年龄阶段的思想，在不同的年龄阶段学生的心理发展展现出阶段性与顺序性的特点。因此，在音乐教学中，有效的教学方法不仅要符合教学内容的特点还要符合学生心理发展特征。

### 1. 运用体态律动中的游戏性拉近师生之间的关系

体态律动教学法中的基本特点就是游戏性。音乐游戏，不仅可以让学生们学习音乐，又锻炼了学生们的反应能力，增强了他们之间的合作精神。在游戏的过程中，学生之间、师生之间的关系将产生新的变化。因为游戏需要同伴的合作，所以在游戏过程中会建立对同伴的信任，同时也会拉近师生之间的关系。

### 2. 运用体态律动中的体验性使学生广泛参与音乐教学活动

好动是学生的天性。音乐和人体是相同的，他们都会表现某种内心情感。高兴我们会拍手，不高兴我们会跺脚。同样，人们听到欢快的音乐也会随之拍手，甚至是舞蹈。把具有"动"特点的音乐施教与好动的儿童，使身体的动配合音乐的动，音乐的动又调节身体的动，两者之间相辅相成，相得益彰。因此，在学习中，要让学生参加音乐有关的活动，参与活动就是参与知与行的这个相互协调的过程，也是学生身心健康发展，学习知识技能最基础、最有效的途径。

### 3. 运用体态律动中的趣味性调动学生学习音乐的兴趣

人们常说：兴趣是最好的老师。达尔克罗兹也强调：我们要教授学生喜欢的音乐。因此，我们要紧紧抓住这一点，让音乐教学成为既有趣又有效的课程。在体态律动教学中教师会采取多样化的教学手段，激发学生学习音乐的兴趣。针对不同学生的心理特点，来激发他们的学习兴趣。用肢体语言来表现音乐。音乐优美的旋律、动感的节奏、张弛有度的力度以及不同的情感变化，引发学生肢体动作的表现，进而还培养了学生的乐感。

## 二、体态律动在本土化音乐教学中的运用情况

### 1. 体态律动在演唱教学中的运用情况

（1）体态律动在节奏学习中的运用

①运用身体律动来学习音乐节奏

人们在日常生活走、跑、跳等身体动作都体现着一定的节奏性。在学习节奏中我们就可以把日常的身体动作运用到学习节奏的方法中。2012 年北京师范大学音乐系教授郑莉就具体地阐述过不同的节奏可以对应不同的身体动作转化。走步：四分音符；跑步：八分音符；踢踏步：前十六后八或前八后十六；横移步：三连音；等等。根据这种方法，把生活节奏中身体的律动与节奏学习相结合，不失为一种有效的学习方法。

②结合语言来学习音乐节奏

结合语言学习音乐是奥尔夫教学法结合体态律动进行创造的学习方法。利用学生最为熟悉的人名、地名做节奏根基让学生熟悉节奏。如 2/4 拍：X X 就可以根据中国两字的读音节奏来学习。或利用谚语句子组成变化新的节奏型学习节奏，如：朗朗上口的童谣或儿歌都有鲜明的节奏性，学生一边念儿歌一边做身体律动，稳定的拍率、准确的节奏感就得到了训练。同样一首儿歌还可以选择不同的节奏型进行伴奏，通过拍手或跺脚又或者运用其他简单的节奏乐器来表现。

（2）体态律动在识读乐谱学习中的运用

①运用“声势”进行识谱的学习

声势可以说是动作教学最基础的教学方法，它从拍手开始发展到四种方式跺脚、拍手、拍腿和捻指。同样地，在识读乐谱的学习中，教师可根据“声势”让学生体验歌曲旋律的声势走向，在进行视唱曲谱的学习。

②运用“科尔文手势”进行识谱的学习

科尔文手势是由七个主要的不同手势代表音阶中固定的音高唱名来学习音乐。手势的音符特点能形象、直观的表现音符的音高位置。学生在识读乐谱时，经常会有认识音符但是唱不准确的现象发生，这个时候可以根据科尔文手势来表现音高变化，从而来加强学生对音高的记忆。

### 2. 体态律动在欣赏学习中的运用情况

（1）通过身体动作表现音乐

用身体动作表现音乐其中一种比较简单的方法是用走、跑、跳等不同的脚步去表现听到音乐的节奏、速度、力度的变化，比如在欣赏《四小天鹅舞曲》时，学生会用快步走和小跑来表现音乐节奏和速度的变化。另外一种方法是身体模仿法，用身体动作取模仿音乐中的演奏乐器来表现音乐。

（2）通过自制乐器表现音乐

在欣赏课中，乐器的认知和演奏不仅可以提升学生的学习兴趣，还可以强化教学效果。但对于大部分学校来说，对大多数乐器的实践都是一种奢求，所以，我们可以自制一些简单的乐器。比如说：两支笔可以是一种乐器；一支笔和本也可以是一种乐器。在课堂中，只要能发出声音的都可以把它加入音乐演奏中去。只是在运用的过程中，我们要注意掌握每种乐器的音色和音高变化，这样在音乐欣赏时就可以用这些乐器去表现音乐。

## 三、体态律动对教学方式和学习方式的影响

首先，教师的教学方式变化很大，以前不是唱就是弹，一遍一遍地教学生们唱歌，弄得老师和学生都特别累。而体态律动在音乐课堂上的运用，使教师和学生在教学时有了互动，方式不再那么呆板。使学生在快乐中就能记住知识，再也不用死记硬背了。所以学生学得很高兴，老师教得也轻松。

体态律动让音乐课不再是一门让人听不懂的音符课程，而是变成了合作课程、游戏课程、获得学习中的乐趣能够促进身心健康发展的课程。在课堂上，学生始终处于体验、模仿、表现音乐的学习模式中，他们情绪放松，敢想、敢说、敢表现，激发了创新的火花。

综上所述，体态律动有助于改变教师的教学方式和学生的学习方式，有助于学生提高对音乐学习的兴趣，在教学过程中教师应该注重与学生的互动交流，优化教学效果。

总之，体态律动教学法对于音乐教育的作用，我们不能说它是必不可少的部分，但是在作为教育改革的今天，学生的素质教育必须体现在音乐教育的改革上面。音乐是精神需求的一种，我们不要求学生做世界知名的音乐家、作曲家、表演家，所以音乐教育的教育目的都是塑造完整人格。教学法就是为了实现目的的一种手段，体态律动教学法的教学目标亦是如此。

# 引领学生感知色彩世界

李金艳

**摘要**：笔者在美术教学中利用多媒体以自然之景为切入点，将自然之美注入学生的眼中，学生在充分接触、感知、回忆中进行艺术感受和体验，以唤醒学生的情感体验与积累，将抽象的概念与生活紧密联系起来，把原本难以理解的抽象概念变得容易接受和理解，使学生充分体会到色彩的丰富内涵。提供一个引领学生自由探索、表达、体验、反思的环境，以调动起学生的兴趣与感知体验。

我们的世界因为色彩变得栩栩如生、绚丽生动。作为艺术的一种形式，色彩也令我们每时每刻都能感受到它所产生的美，作为绘画的重要因素，更是人们传递情感的手段。只有正确的观察、合理的运用，才能艺术地表现色彩。但色彩知识包罗万象，知识点繁多，概念又比较抽象。在教学中很难抓到头绪，不知从哪下手。有时花很多时间来讲色彩基础知识，老师讲得口干舌燥，学生却还一知半解，有甚者更是一头雾水，效果不理想。为此，用什么样的方式方法让学生能够轻而易举地感知、认识、理解、掌握、运用色彩知识，就成了我们要探索的方向。现以色彩课堂教学为例，浅谈教学中的几点体会。

## 一、将自然之美引入课堂，让学生感知色彩内涵

自然的美丽，是自然事物或自然生命运动中显现出来的美；山川河流、池塘花海、一草一木都包含着美；自然的美丽，有其天然的色彩，天然的形式，天然

的生命力量。就色彩本身而言是没有任何情感与意义的，但是色彩对人的心理的影响是客观存在的，现实中的色彩通过人的视觉传达必然会作用于人的心理，从而使人们对色彩产生知觉、联想以及审美等心理活动。为此我利用多媒体以自然之景为切入点，将自然之美注入学生的眼中，在学生充分接触、感知、回忆中进行艺术感受和体验。

例如在讲色彩的提炼时，我利用多媒体展示出春、夏、秋、冬四季图片，让学生观察体会在生机蓬勃的春天里，在夏日荷塘的蛙鸣中，在果熟谷收的秋季，在腊月隆冬的雪地间，是否可以找到典型的代表色彩。再通过图片从朝暮景色的更替、从姿态万千变化多端的云层间、在暴雨滂沱、电闪交加，在风和日丽阳光灿烂的景色中，在霞蔚云腾间，让学生感知发现色彩和色调会有哪些不同的变化。学生观察后通过小组讨论归纳出：果熟谷收的季节到处都是红橙黄色为主给人以成熟温暖的感觉，学生就会明白什么颜色属于暖色调；而腊月隆冬的色彩以灰白为主给人以寒冷的感觉，学生明白了什么是冷色调。通过画面色调的变化学生体验到思绪与情感也随之出现了不同的变化。例如：当我出示万物葱郁的图片，学生心情会顿时充满轻快，舒畅感，当我出示光线幽暗的图片学生便有忧郁不安之感。这时让学生体会到色彩会影响人的心理产生不同的联想，学生自然而然地就会接受，并顺着老师的引导走下去。当我出示一组词语如喜庆、热烈、成熟、青春、收获等让学生根据生活经验和日常观察在红、黄、绿、橙等颜色中找出能与之匹配的颜色时，学生通过观察思考很快就能作出正确选择。紧接着我让学生根据所选的颜色联想生活中的某些具体景物，如：红色学生会想到太阳，火焰、红旗、鲜血，再用这些景物让学生体会心理感受及变化，同学很快就会说出温暖，火热、激情、危险等心理感觉。这样很自然地学生就接受了色彩由具象到抽象的联想过程。将抽象的知识通过观察，感知、选择，再联系生活实际学生很快就理解了色彩不仅可以引发联想，色彩还能表达人的情感。

教学中借助多媒体直观自然之美，以唤醒学生的情感体验与积累，使学生认识到色彩是人们表达情感和思想的媒介。通过将抽象的概念与生活紧密联系起来，把原本难以理解的抽象概念变得容易接受和理解，让学生充分地体会到了色彩的丰富内涵。

**二、课堂教学注重激趣与感知体验**

在以往的听课中，常会出现这样的现象，老师讲授部分设计得相当精彩，却忽略了学生的兴趣与感知能力，往往是教师讲得慷慨激昂，学生却无动于衷。作为美术教师我们要清楚美术教育的关键是提供一个引领学生自由探索、表达、体验、反思的环境，把学生的热情调动起来尤为重要。

**首先，教师要做的就是激趣。**

如何以灵活多样的教学方法激发学生的兴趣，并使这种兴趣转化为持久的情感态度呢？其中借助多媒体激发兴趣最为有效。多媒体课堂教学能使知识活动起来，以传统手段达不到的方式来展现知识，从而使学生在具有感观的学习过程中快乐地学习到知识，使课堂更富有生机、活力。“良好的开端是成功的一半”精心设计好这个“开端”使学生在新课的开始就产生出强烈的求知欲望，是至关重要的。美术课堂更为明显，例如：在导入部分我结合学生的年龄特点，借助多媒体将卡通片引入课堂，学生兴奋不已，通过观看视频让学生自己比较黑白和彩色的世界的不同。通过生动有趣的卡通片很好地激发了学生的学习兴趣，并能快速引出课题。在讲色彩的联想时我又插入学生喜欢的影片《英雄》片段，吸引学生的眼球，通过视觉刺激，传达信息：湛蓝色的天空、土黄色的沙漠、金色的胡杨叶、红色的衣服，画面色彩鲜艳。胡杨叶形成的大面积金色，使人感到大漠的苍凉。不但激发了学生的联想，同时还引发了学生对自然的热爱以及对色彩的探究欲望。多媒体的介入不但提高了学生的注意力，还激发了学生的学习兴趣，使课堂气氛活跃，为后边的教学做好铺垫。

**其次，让学生在感知中体验。**

在课程改革新的教育理念指导下，教师的作用是给学生创造充分的自主学习的条件，引导学生学习。对于中学生来说，强调体验，丰富感受，鼓励他们大胆、自由地表达所见所闻、所感所想，比教会他们单纯的技法获益更多，影响也更深远。为此我大胆尝试在色彩教学中如何巧妙地借助媒介完成造型，感受配色调色的乐趣，完成自己的想象。如上《用大自然色彩美化生活》这课，以往学生使用的工具多是画笔。学生把大部分时间都花在塑造形象上，由于课堂时间有限，有的学生直到下课都没有用到颜色，画面效果更不要说做到理想了！我冥思苦想，既然是表现季节色彩，那能不能尝试用自然界中的树叶作为造型媒介呢？一方面可以让学生通过树叶进行联想，另一方面还可以帮助学生解决造型问题，上色问题。课上学生找来各种各样的树叶，引导学生你会通过一片树叶想到什么？学生开动脑筋展开想象。当我把范画呈现给学生后，他们惊叹不已的同时也打开了思路。紧跟着我示范了拓印方法，学生大胆想象，积极尝试，有的借助树叶展示了一棵大树，一片秋天的落叶林、一朵盛开的牡丹、奇幻的海底世界、各色的装饰图案、小动物等不仅造型问题迎刃而解，就连配色上色的老大难问题也成了学生乐此不疲的事！课上学生在老师的引导下大胆体验，大胆尝试，不断丰富对色彩的感受和体验，绘出一幅幅或真实或充满幻想的色彩世界。

通过以上几点体会我认识到，作为执教者的我们，不仅仅是简单地把课本上的知识灌输给学生，还应该更进一步地研究学习，拓展课本内容，把所教知识和学生实际联系起来。在教学过程中，教师只有用心观察，才能从中发现问题；只有用心思考，才能找到好的方法。美术教学中仍有许多问题值得去深入思考和研究，需要在教学实践过程中认真去落实。无论在教学的探索创新方面，还是在培养学生能力方面，都需要教师做个有心人，做到常思常想，常想常新，使学生在接受知识的同时受到美的熏陶，在身心愉悦有兴趣的情况下，将所学知识运用到生活中，来服务和美化生活这才是我们的目标。

# 劳动技术课堂中培养学生核心素养

张 京

**摘要**：我国教育的核心素养就是以“全面发展的人”为核心，学生素养的获得既可以让他很好地进行未来的工作，又能更好地适应未来社会的发展和变化，并为终身学习和终身发展打下良好的基础。而技术素养源自于学生发展核心素养，初中劳动与技术教育是培养学生技术素养的重要途径。劳技教学如何实施才能更好地担当此重任，本文就结合自身的劳技教学实践经验，对培养学生的劳动素养谈一些体会。

核心素养是学生在接受相应学段的教育过程中，逐步形成的适应个人终身发展和社会发展需要的必备品格和关键能力。结合互联网+时代体现出的跨界融合、创新驱动、重塑结构、尊重人性、开放生态、连接一切的特点，而劳动技术课也不仅是国家基础教育阶段的重要内容和组成部分，还是对所有未来社会建设者能力的提升，是提高他们核心素养不可或缺的重要课程。在劳技教学中，应如何培养学生解决问题与技术设计的能力，引导学生责任意识、质量意识、节约意识、环保意识以及在实践中团队合作意识呢？那么作为初中劳动技术教学的教师，我们关注学科核心素养，就是要通过教学活动有效地将其转化为学生的基本素质。

核心素养的落实不仅仅是对教学内容的选择和变更，更是以学习方式和教学模式的变革为保障的。

**一、学习方式改变成为问题化学习**

纵观人类设社会发展进程，无论是思想发展、社会进步，还是技术革新，无疑不是在不断发现新的问题，并不断解决问题中而推动历史的车轮滚滚向前。因此在我的劳技课堂中，不再是以教师的“一言堂”得以教为中心，而是以学生为学习为中心的课堂。我总是鼓励学生们认真去观察，去分析对比，开动脑筋思考并提出问题。在学习校本课程我国优秀的传统技艺“中国结”的内容时，我指导学生去对中国结的含义进行资料的收集，从中既锻炼了信息收集整理的能力，同时对中国的传统文化进一步的认识和了解，并且在课堂中来给大家汇报自己查找到的资料。在学习制作步骤时我会提出一些问题例如找出制作的规律，发现用线特点以及估算线的使用长度。让学生们带着问题去仔细观察，认真识图并体会或观察范品的造型特点，寻找答案。学生们一点一点地学会了耐心地去探究制作的步骤，小组同学可以讨论交流。一些小组的学生们不仅找到了制作的规律，而且还学会提出新的制作方法，比如：当发现有些同学是左撇子，能不能绘制出相反的制作步骤图？大家利用镜像原理来尝试练习反向制作，于是我们发现有不少的中国结基本单结都可以进行这种逆向制作的,从而发现中国结其中的奥秘与乐趣。学生们也学会了不拘泥于一种答案、一种方法来解决问题的想法，思路更宽广，也更灵活。同学们不仅收获了美丽的中国结作品，更重要的是收获了思考问题与解决问题的能力，在制作中自始至终体现出规律性原则方法。中国结的制作方法可能会被学生慢慢忘记，但学习中的学会质疑、主动探究的意识一却会永远地留在学生的心中。

**二、激发创作灵感，鼓励大胆创作**

习近平总书记指出：创新是引领发展的第一动力，一个国家和民族的创新能力，从根本上影响甚至决定国家和民族前途命运。

在劳技课堂中把“创新人才培养”落到实处。我首先在评价上把创新这一项单独列出来，设立了创新加分项，用来激励学生的创新意识与创新作为。在课堂上启发学生多向思维，这样极大地调动了学生的主观能动性，整个课堂气氛活跃，充分体现了学生眼、脑、手协调并用的能力。例如：上陶艺课时，我启发学生来创造不同形象的作品，在塑造时，除了使用配发的泥塑工具外，启发学生可以开动脑筋自行开发工具。经过一段时间的积累与制作，有一批自制工具诞生了：用冰糕棍儿削成的各种大小不同的泥刀，泥针，用废笔杆、废笔帽制成的粗细不同的穿孔器，用保鲜膜制成的碾辊……正是由于这些工具的开发，使得我们的陶艺作品呈现出了丰富多彩的变化：水中小鱼身上充满奇特造型的鳞片，非洲小孩头上卷曲的头发，绵羊身上的绒毛……这些无不被学生塑造得生动多彩。在学习中学生们总会产生一些创新的点子，于是我就鼓励并和学生一起去实践，克服困难，不断尝试与创新，当制作出优秀的作品时，那对学生来说是最开心的事情。并且我们在劳动技术课堂培养学生的这种精神，也带到了学校参与的各项活动中来，我们组织学生参加了北京首届中小学生技术创设计（TID）现场展示活动，学生们自己查询北京中轴线知识，亲自到中轴线参观，并制订作品设计方案，制作出的作品《太和殿屋脊神兽印章》最终获得了北京市第二名的好成绩。同时在全国青少年未来工程师博览与竞赛中，我校木梁承重、千机变等项目也一直名列前茅。我们在创新中实践，并学会运用不同学科知识进行试验研究，同时体现了跨学科的融合性。

### 三、热爱劳动工具养成良好的劳动观念和低碳环保意识

现在正在接受教育的孩子们正是生活在蜜罐中的一代，对于他们来说可谓是丰衣足食。城市中的学生们大多生活条件更为优越，在课堂上他们往往表现出对劳动工具的浪费，有些工具成了一次性的，还有用剩下的纸张、陶泥、中国结的线绳……被很轻易地扔进了垃圾桶。基于这一点，我们把低碳理念引进课堂，利用生活中的随处可见的废弃物来发挥学生的想象力和创造力来制作手工作品。如以《塑料袋做装饰花》《废报纸的巧妙利用》《塑料瓶的大变身》等为课题的课堂，搜集生活中废弃物，制作成了一个个像模像样的工艺品或实用品。通过一段时间的实践动手环节，学生们的节约意识有了很大的改观。并且在变废为宝的展览中同学们看到了自己的成果，感受到了变废为宝的乐趣，体会到了经过劳动可以改造事物的这一伟大过程。

### 四、信息技术运用劳动技术的教学

教师在进行实践操作的示范时，用清晰化、直观化的教学模式有助于学生

更好地记忆并理解教学的内容和实操的方法。那么，教师除了利用多媒体实物投影演示示范技术要领，或者实物作品以及教学工具等形式以外。在教学之余我还学会了录制视频微课，提升教育技术素养和媒体制作能力。微课是翻转课堂教学实施的基础，是指基于高效率的教学设计理念，使用多媒体技术，在五至八分钟内就一个知识点进行针对性讲解的一段视频或音频。微课通过视频的直观教学，克服教材文字或图片表达的局限，容易激发出学生的学习兴趣，优化课堂结构，也有助于教师角色的成功转换。微课不仅可以让学生在课堂上学习，也可以回家中学习，让课堂上没学会的同学有学习补救的机会，也是对课堂的一种有益的补充。有时，我还鼓励学生来制作短视频，来为提供大家学习的资料源。另外，使用 iPad 教学，利用希沃助手辅助教学等，让信息技术更有效地为劳动技术课服务。

### 五、以劳育美，提高学生审美能力

在劳技课上我们用双眼去发现美的存在，用自己的双手去创造美作品，用我们的作品去美化环境、美化生活、美化心灵。另外制作本身就能体会到美的存在：例如中国结作品中的对称之美，变化之美，均匀之美，重复之美，创造之美，文化之美……另外在课堂评价时，注重学生对他人的赏识培养，对于大多数独生子女来说，尤其注重培养他们善于发现他人的长处，赞扬他人的优点，只有这样才能有利于学生们今后的团队意识的建立。通过学生的自评互评以及教师的总评，在交流中不断地渗透审美观点、审美情感、审美能力，学生的审美素养也在一天天逐渐地提高。

在劳技教学中不是教师一个人在表演，而是学生们在积极地自主的交流合作，不是纸上谈兵，而是真正地动手实践与探索，劳动教育不仅仅是知识和技术的传递，而更注重指导学生学会学习，学会思考，学会创新，学会合作，学会低碳节约……培养学生发展恒心、决心、信心、耐心、细心等优良品格；培养提高学生对美的感悟和鉴赏能力，进而培养学生的核心素养。

# 以“测试”聚焦疑点，以“数据”反思课堂

周子夏

**摘要：**本文以 2018—2019 学年度通州区数学期中考试最后一道几何综合试题为例，分析了学生的问题，并在课堂中实施问题解决。主要研究了线段相等关系的证明，如何在课堂中帮助学生进行再思考和分析并反思课堂解决后的效果等几个方面。

## 一、试题分析

在近几年中考数学几何综合题的命制中，以正方形为背景的综合题往往是考查的热点之一。文中此题是 2018—2019 学年度通州区数学期中考试最后一道几何综合试题，主要考查轴对称变换、中心对称变换、全等三角形等有关知识，考查学生探究图形中基本量（线段）之间的数量与位置关系，考查几何直观、推理能力、创造能力、分析和解决问题的能力。

## 二、试题呈现

如图 1 所，示在正方形 $ABCD$ 中，连接 $BD$.

在线段 $BD$ 上任取一点 $E$（不与 $B$、$D$ 重合，且不为 $BD$ 中点），连接 $CE$，过点 E 作线段 $CE$ 的垂线，交直线 $AD$ 于点 $F$.

1. 补全图形；

2. 猜想 $CE$ 和 $EF$ 的数量关系，并加以证明 .

## 三、学生解答情况

笔者通过对所教授的两个班级的学生成绩分析，76 名学生此题的得分率为 29.14%，平均分为 2.03 分（满分为 7 分）。通过访谈学生和统计分析所答得期中试卷来看，总结第 1 小题的问题如下：

1. 由于时间原因未写到最后一题。

2. 不知如何下笔将文字语言转化成几何图形语言。总结第 2 小题的问题如下：

1. 由于时间不够，没有时间思考第 2 小题。

2. 可以猜到线段 *CE* 和 *EF* 是相等的关系，但不知道如何证明相等关系。

3. 可以猜到线段 *CE* 和 *EF* 是相等的关系，知道需要构造全等三角形，但不知道如何作辅助线构造全等三角形。

4. 已经构造好全等三角形，但是缺少证明全等三角形的条件。例：学生 *A* 连接 *AE*，利用轴对称变换作辅助线，但不知道如何证明 $\angle DAE=\angle AFE$，学生对四边形内角和为 360° 不能灵活运用。

通过学生的反馈，问题体现在对正方形对角线的性质的掌握不透彻，不知如何构造全等三角形的辅助线。在本人所教的 76 名学生中，只有 2 名学生想到过 *E* 点作平行线或者作垂线段。有 13 名学生连接 *AE*，其中有 7 人完全的证明出相等关系。

学生试卷展示：

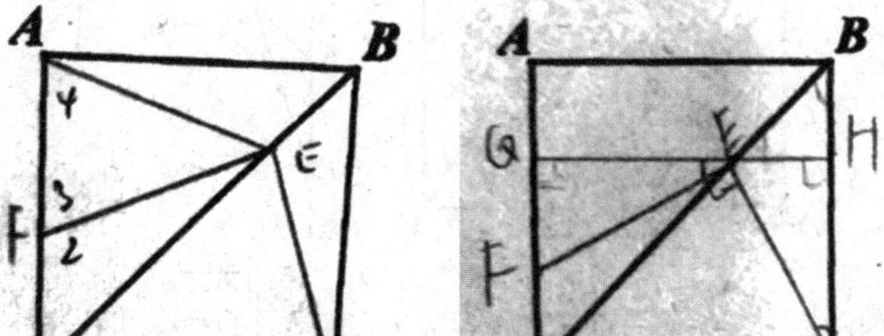


## 四、课堂解决与实施

问题设计一：

如图，在正方形 *ABCD* 中，*BD* 是正方形的对角线 . 你能得到哪些结论？

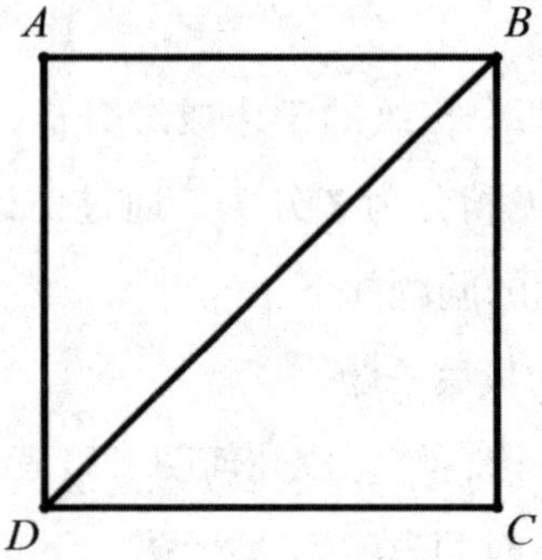


学生可以从正方形的边、角、对角线进行分析，得到正方形四个边都相等，四个角都是直角，对角线 $BD$ 平分一组对角，但常常忽略 45° 特殊度数的角和正方形关于任何一条对角线是轴对称的。课堂中对学生的回答加以补充并强调，为后面学生的思考做好铺垫。

问题设计二：

在线段 $BD$ 上任取一点 $E$（不与 $B$、$D$ 重合，且不为 $BD$ 中点），连接 $CE$，过点 $E$ 作线段 $CE$ 的垂线，交直线 $AD$ 于点 $F$.

（1）补全图形；

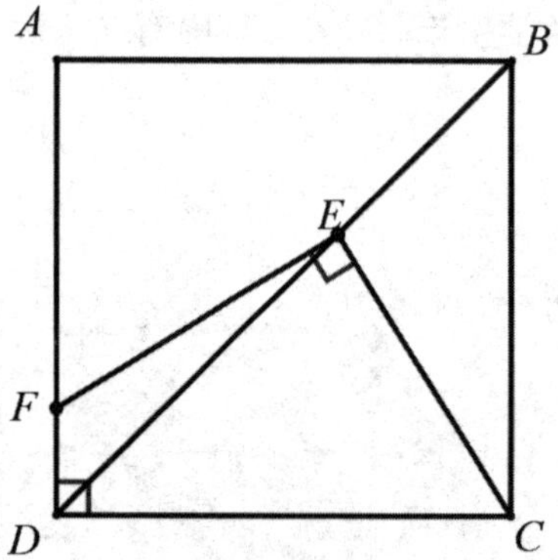

图 2

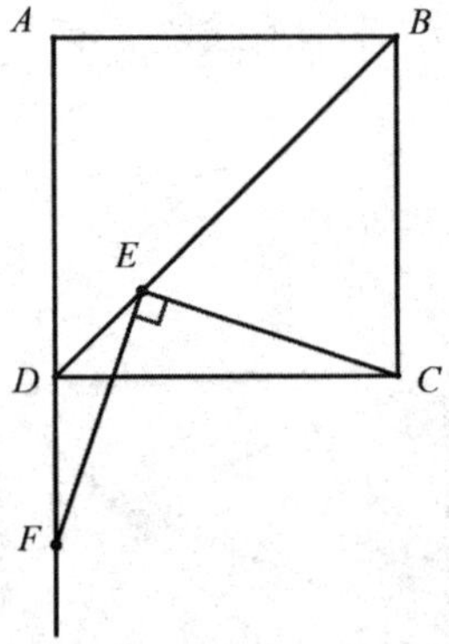

图 3

用几何画板为学生演示点 $E$ 在线段 $BD$ 上移动时的动态过程，加强学生对于几何图形的直观认识与感受图形的动态变化，使学生在动态过程中更好地完成下一步猜想的结论。

（2）猜想 $CE$ 和 $EF$ 的数量关系，你能用多少种方法加以证明。

由于期中考试中有 13 名学生连接 $AE$，其中有 7 人完全的证明出相等关系。所以将期中考试的题目调整为多种方法解决，这可以激发已经在考试中证明出

*CE* 和 *EF* 相等关系的学生进行再思考，培养学生多种方法解决的能力。

课堂中，给予学生充分时间进行思考，弥补考试时间紧缺而导致的遗憾。思考辅助线做法后先小组内分享成果，最后每组择一人进行课堂分享，重复思路的小组可以举手示意跳过。学生在课堂中共分享了 4 种方法，整理如下：

方法 1（思路是作 *CE* 关于 *BD* 轴对称的对应边 *AE*）：如图 4 所示，连接 *AE*. 因为四边形 *ABCD* 是正方形，所以有 $AD=DC$，$\angle ADB=\angle CDB=45°$，从而可证 $\triangle ADE\cong\triangle CDE$（SAS）. 由全等三角形可知 $\angle 1=\angle 2$. 在四边形 *EFDC* 中，已知 $\angle ADC=\angle FEC=90°$，所以可知 $\angle 2+\angle EFD=180°$，又因为 $\angle 3+\angle EFD=180°$，根据同角的补角相等可知 $\angle 2=\angle 3$，由等量代换可得 $\angle 1=\angle 3$. 所以 $AE=EF$，再由全等三角形可知 $AE=EC$，最后由等量代换得出 $EF=EC$.

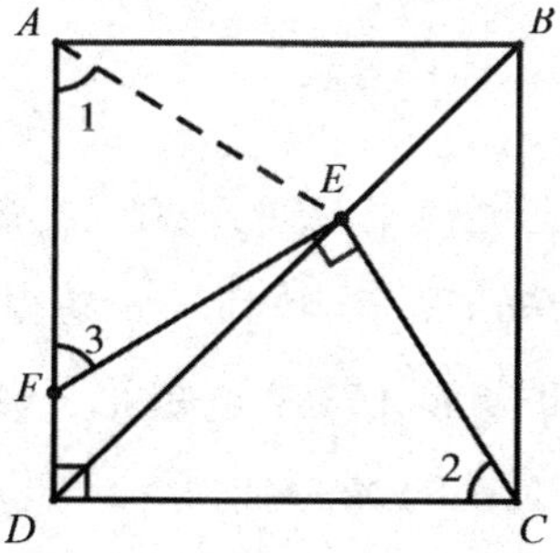


图 4

方法 2（思路是将 *EF* 所在的 $\triangle EFD$ 逆时针旋转 90°）：如图 5 所示，过点 *E* 作 $EG\perp BD$ 交 *DC* 延长线于点 *G*. 因为 $\angle 1=45°$ 和 $EG\perp BD$ 可知 $\angle 2=45°$，则 $\triangle EDG$ 是等腰直角三角形，易得 $DE=GE$. 同理可知 $\angle 3+\angle 4=180°$，又因为 $\angle ECG+\angle 4=180°$，可得 $\angle 3=\angle ECG$. 易证 $\triangle EFD\cong\triangle ECG$（*AAS*）. 最后由全等三角形得到 $EF=EC$.

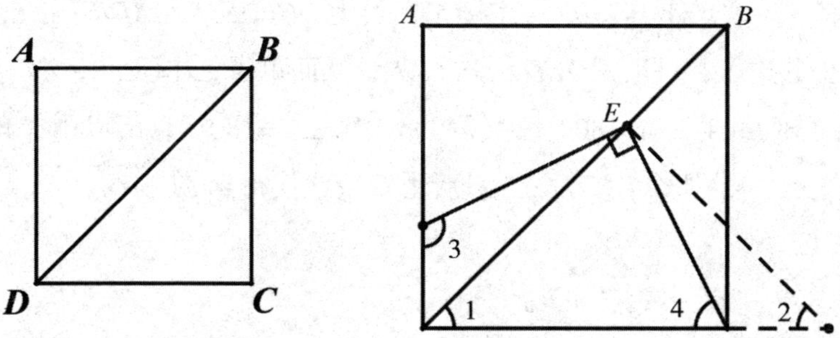


图 5

方法3：如图6所示，过点$E$作$EP \perp AD$交$AD$于点$P$，作$EQ \perp DC$交$DC$于点$Q$. 由方法1，我们可知$\angle 1=\angle 2$. 因为正方形$ABCD$，所以有$\angle ADB=45^{\circ}$，从而有$\triangle PDE$是等腰直角三角形，则$PE=PD$. 易证四边形$PEQD$是正方形，所以有$PE=EQ$. 现在可证$\triangle PEF \cong \triangle QEC$（$AAS$），所以得到$EF=EC$.

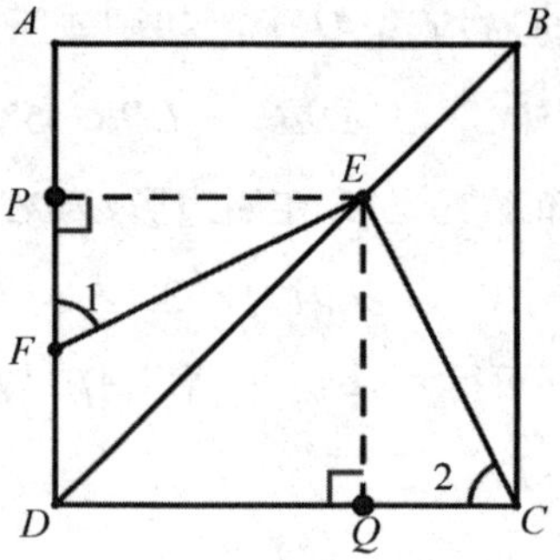


图6

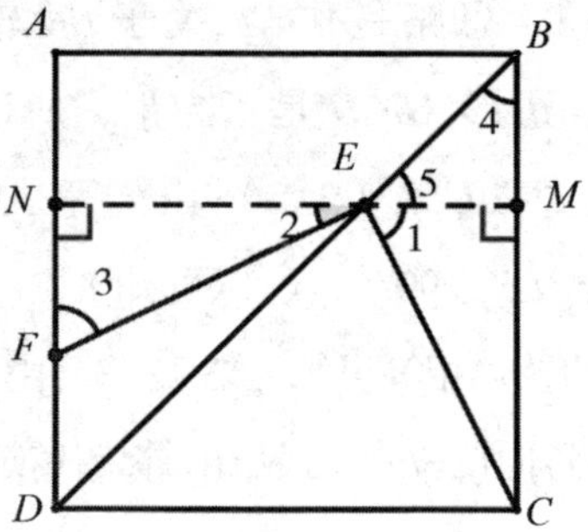


图7

方法4：如图7所示，过点E作$MN \parallel AB$交$AD$于点$N$，交$BC$于点$M$. 因为正方形$ABCD$，所以有$AB=BC$，$\angle 4=45^{\circ}$，易得到$\triangle BEM$为等腰直角三角形，所以有$BM=EM$. 易证四边形$ABMN$是矩形，从而知道$AB=MN$. 根据等量代换可以得到$BC=MN$. 那么$BC-BM=MN-ME$，即$MC=NE$. 因为$CE \perp EF$，有$\angle 1+\angle 2=90^{\circ}$，又因为$\angle 2+\angle 3=90^{\circ}$，得到$\angle 1=\angle 3$. 易证$\triangle NEF \cong MCE$（$AAS$）. 所以可得$EF=EC$.

学生在分享中的问题主要表现在辅助线的表述上，教师应加以纠正。

## 五、解法补充与总结

补充方法1（思路是作$EF$关于$BD$轴对称的对应边$EG$）：如图8所示，在$CD$上取一点$G$，使$DG=DF$，连接$EG$. 因为$DG=DF$，$\angle ADB=\angle CDB=45^{\circ}$，$DE=DE$（公共边），可证$\triangle FED \cong \triangle GED$，从而可得$\angle 1=\angle 2$，$EF=EG$. 通过方法一同理可知$\angle 1+\angle 4=180^{\circ}$，又因为$\angle 2+\angle 3=180^{\circ}$，所以由等角的补角相等可知$\angle 3=\angle 4$，那么有$EG=EC$. 最后由等量代换得到$EF=EC$.

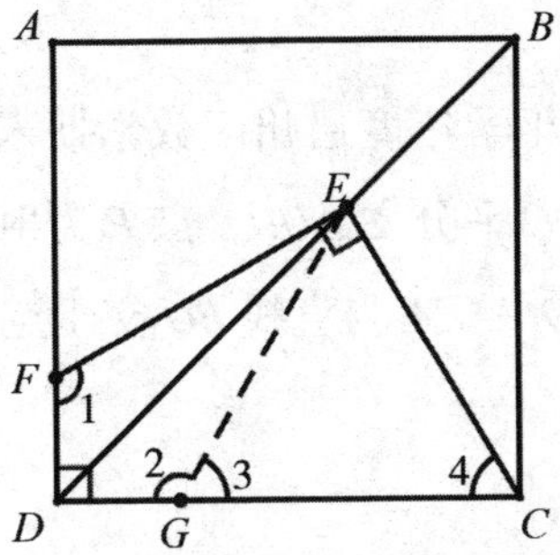


图 8

补充方法 2（将 $CE$ 所在的△ $CED$ 顺时针旋转 90° ）：如图 7 所示，过点 $E$ 作 $EG \perp BD$ 交 $DA$ 延长线于点 $G$. 由方法 1 可知∠ 1= ∠ 2，又因为 $EG \perp BD$，$EF \perp EC$，易证∠ $CED$= ∠ $GEF$. 与方法 3 同理可证△ $CED$ ≌△ $FEG$，所以得到 $EF$=$EC$. $G$ 在证明线段相等关系时，我们可以通过构造全等三角形进行证明。在正方形的背景下，我们可以根据对角线的性质，利用轴对称变换作辅助线；本题中有 $EF \perp EC$，点 $E$ 为垂足，而且在已经猜想出 $EF$=$EC$ 的前提下，我们可以将 $EC$ 或者 $EF$ 所在的三角形进行旋转，利用中心对称变换作辅助线得到全等三角形；我们还可以利用平行或者垂直等特殊的位置关系来构造全新的全等三角形，因为平行可以推导出相应的角相等，而垂直则可以给我们提供直角作为已知角。做辅助线的方法总结如下：

1. 利用轴对称变换作辅助线；

2. 利用中心对称变换作辅助线；

3. 利用平行或者垂直来构造全新的全等三角形。

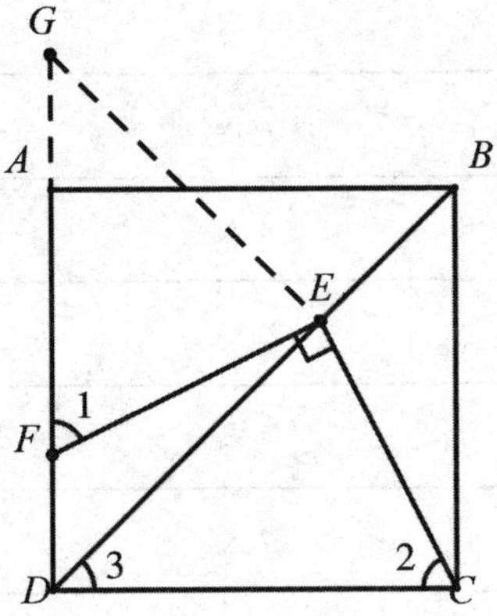


图 9

六、变式效果

变式题（2018至2019年学年度通州区数学期末考试25题）：如图10，线段$AO \perp$直线$BO$于点$O$，$OC$平分$\angle AOB$，点$P$为射线$OC$上一点（不与点$O$重合）.连接$PA$，过点$P$作$PD \perp PA$与直线$BO$交于点$D$（不与点$O$重合）。

（1）补全图形；

（2）求证：$PA=PD$。

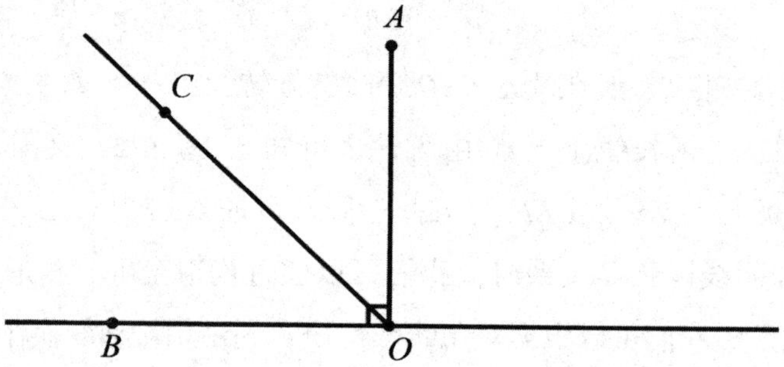

图10

分析效果：在76名学生中，此题的得分率为53.01%，平均分为3.71分（满分为7分），与之前相比得分率提高23.87%，平均分提高了1.68分。

| 分段 | 人数 | 百分比 |
|---|---|---|
| 7分 | 26人 | 34.21% |
| 6分 | 3人 | 3.95% |
| 5分 | 3人 | 3.95% |
| 4分 | 4人 | 5.26% |
| 3分 | 4人 | 5.26% |
| 2分 | 22人 | 28.95% |
| 1分 | 7人 | 9.21% |
| 0分 | 7人 | 9.21% |
| 总计 | 76人 | 100% |

由数据我们可以看出，满分率有显著的提高，然后还是有三分之一的学生未掌握添加辅助线的背景，经过访谈了解，学生在没有了正方形的背景后对于辅助线无从下手，说明课堂中应该着重角平分线的作用，而不是仅限于正方形对角线的性质。所以在今后的教学中，要注重数学体系的培养，例如在初一学习角平分时，便应该渗透学生画图与对几何图形的拓展。在课堂反思中，教师应凭借数据统计，抓住学生的难点，并剖析学生难点加以改进课堂。

**参考文献：**

[1] 中华人民共和国教育部制定 . 义务教育数学课程标准（2011 年版）[M]. 北京：北京师范大学出版社，2012.

[2] 张淑清 . 挖掘真题价值引领教学方向——以 2017 年北京市中考一道几何综合题为例谈几何教学 [J]. 中国数学教育，2019（09）：49-52+57.

# 基于互联网开展创造教育的策略

## ——以光合作用为例

李　晴

**摘要：**生物学本就是与生活紧密相连的科学，为创造教育提供了丰富的素材，创造教育刻意满足课程改革提出的要求。本文以初中生物中光合作用相关的教学内容为例，介绍如何利用互联网及大数据发挥学生在创造教育中的主体地位、以及教学设计实施策略。

**关键词：**互联网；创造教育；光合作用

### 一、研究背景

1. 互联网与教学融合的可行性

互联网的发展为现代教育提供了很多便利条件。如学生可利用网络了解到更多与课本内容相关的科学前沿问题，拓宽视野；教师在备课时可通过网络搜集教育资源，精进教学水平；家长可通过网络加强与教师的及时互动，掌握动态；2020 年，面对暴发的新冠肺炎，进行网上授课，确保一个学期的教学进度，也为后疫情时代互联网的使用积累了宝贵经验。

2. 北师大未来教育创新高精尖中心对通州教育的鼎力支持

智慧学伴平台拥有多种功能、资源，满足教师备课、教学以及学生学习的多种需求；手机端和电脑端都可登录，使学习的地点更灵活；哪里不会学哪里，在线诊断功能及资源推荐，使网络学习更具针对性。

3. 课程标准提出的要求

中华人民共和国教育部制定的《义务教育生物学课程标准(2011年版)》指出:生物学课程倡导探究性学习，期待学生主动的参与学习过程，在亲历提出问题、获取信息、寻找证据、检验假设、发现规律等过程中习得生物学知识。凝练出生物学核心素养——生命观念、科学思维、科学探究、社会责任。

这对初中的生物教学方式提出了新的要求，强调增强学生的参与度，发挥学生主体的作用：使其积极思考，体会生物学家所进行的研究，主动加入科学探究当中，并在其中获得知识、培养科学思维的好习惯、对科学研究抱以积极的态度、发展对终身学习具积极影响的能力、发展创新实践能力。

4. 创造教育理念与课程改革契合之处

人才是创新的第一资源，教育则正是要为社会培养创新型人才。新课程改革理念在逐步深化，提出以学习者为中心的转变，全面推进素质教育，通过培养学生批判性和创造性思维的习惯，提高学生解决问题的能力。生物学课程标准则充分落实课改理念，倡导探究性学习，学科核心素养凝集了科学探究以及科学思维两大方面。

生物学本就是与生活紧密相连的科学，为创造教育提供了丰富的素材。作为教师，在教学中理应使学生成为创造的主体，促使其提出疑问、主动查阅资料、躬亲实践，下面结合自己网课时期的教学实践，浅谈几点策略。

## 二、教学策略

（一）教学思想转变——发挥学生主体作用

1. 用好智慧学伴，精准教学

借助于智慧学伴的大数据平台，教师可以：

①对学生进行前后测，掌握学情、进行教学评价。

②发布调查问卷，了解学生关于实验想进一步探究的问题，发挥学生的主体地位，促进主动学习。

③依据学生历次考试学习分析报告，推送微课资源，进行针对性指导。

基于上述列举出的智慧学伴功能，精准把握学情、精准解决学生提出的问题、精准强化学生知识薄弱点，并在此基础上进行教学设计。

2. 构建有效的教学交互环境

①利用课余时间引导学生进行一些创新的实验活动，一方面让学生有时间走出各自的“小教室”，另一方面通过微信群交流指导线下实验探究，加深对生物学概念的认识、培养学生的科学探究以及创新能力、为线上理论教学提供实证的支持。

②线上课堂则注重分析、解决问题的能力，努力做到“所用皆所学”。增强学生课堂主体性及主动性，线上线下积极参与，促进教学目标的落实。以学习者为中心，需要教师改变传统教学模式，突出学生的“学”，培养学生能力。在教学中秉持“授人以鱼不如授人以渔”的思想，在现有创新必备的知识基础上，注重能力的训练，培养创新能力。

（二）教学方式变革——在继承中创新

实验是生物学科重要特点之一。在众多科学概念的构建过程中，实验都起到了至关重要的作用。在课堂引入探究的内容，一方面帮助学生理解科学发展的内在逻辑，另一方面让学生对于科学创新有科学认识，讲好科学史故事，让学生敢于质疑、敢于创新。以初中生物《绿色植物的光合作用》一节为例，课本中以验证性实验为主，引导学生重现光合作用发现过程中科学家们所做的实验。学生只是机械接受知识，失去成就感，不利于创新培养。可从以下几个方面尝试改进教学：

1. 引导实验材料创新

在讲解完绿叶在光下制造淀粉这个实验时，我启发学生根据实验原理，从家中寻找实验材料，进行实验。学生此时实验兴趣大增，因疫情期间家庭一般都有酒精、碘伏，他们则用玻璃器皿（比如碗、玻璃杯）替代烧杯，煤气灶小火替代水浴加热，从家中寻找各种绿色植物叶片，进行实验。纷纷交流自己实验成果，以及不同叶片在去除叶绿素过程中的难易程度，好生热闹。

2. 以知识为基础，鼓励学生发散思维，唤起探索欲望

爱因斯坦说过：“提出一个问题往往比解决一个问题更重要，因为解决问题也许仅仅是一个数学上或实验上的技能而已，而提出新的问题，新的可能性，从新的角度去看待旧的问题，却需要有创造性的想象力，而且标志着科学的真正进步。”“兴趣”是学习内在驱动力，学生小组网课期间通过智慧学伴平台提交想进一步研究的问题，关于光合作用学生小组提出了：

①是不是可以利用淀粉遇碘变蓝在植物上作画?

②叶子有好多颜色，它们不能光合作用但怎么生长?

③没水植物能活几天?

④一直光照就一直光合吗?

⑤有些菜水煮也会掉色，我们为什么用酒精?

可以看出学生们对于生活中现象有自己的独立思考。教师应尊重并充分重视学生提出来的每个问题，不给予否定也不给出答案，鼓励学生大胆尝试，失败也是成功。

3. 教师为学生实践铺路，引导独立解决问题

教师鼓励学生提出问题，但初提问题往往不可探究，学生无从下手，教师利用微信群与学生课下沟通，引导学生一步步将问题细化为可实践的问题，再给学生查阅文献资料的方法，顺势引导其利用互联网查阅文献资料，在学习的基础之上，进行实验设计、开展探究、完善实验方案。比如学生提出的问题：叶子有好多颜色，它们不能光合作用但怎么生长?其实他们想探究的问题具体为彩色叶子没有叶绿素吗?没有叶绿素如何光合?学生通过查阅花青素方面的文献资料并结合课下实践，得出来结论：彩色叶片中其实也有叶绿素，只不过被花青素掩盖了，其实也是可以进行光合作用的，自己的问题得以解决，这也体现了创造教育中生活即教育这一观点。

4. 课堂侧重学生交流，提升学生创新成就感

学生小组将自己的创新成果展示，交流自己从创造性地提出问题、到设计实验、创新改进实验方法、得出结论的过程，实际也是讲好自己的创新故事。同学交流思路，也是互相学习的过程，学习同伴的思维方式、解决问题的方法。同伴的肯定、老师的鼓励与表扬是对学生创新的一种正强化，让学生在创新精神的引领下，去进行实践研究，最终将创新内化为自己的品质。

总之，教师要落实立德树人的根本任务，需要不断进行教学探索，在大数据时代引导同学用好互联网，以创造教育培养学生的创新能力，做到教学做合一，为培养创新型人才贡献自己的力量。